东南亚概论

Dongnanya Gailun

祁广谋 钟智翔 ◎主编

『十二五』国家重点图书出版规划项目

中国出版集团
世界图书出版公司

图书在版编目（CIP）数据

东南亚概论/祁广谋，钟智翔主编 . —广州：世界
图书出版广东有限公司，2013.5（2025.9重印）
ISBN 978-7-5100-6088-5

Ⅰ . ①东… Ⅱ . ①祁… ②钟… Ⅲ . ①东南亚—
概况 Ⅳ . ① K933

中国版本图书馆CIP数据核字（2013）第077306号

书　　名	东南亚概论	
	DONGNANYA GAILUN	
主　　编	祁广谋　钟智翔	
策划编辑	刘正武	
责任编辑	魏志华	
装帧设计	铧　建	
责任技编	刘上锦	
出版发行	世界图书出版有限公司　世界图书出版广东有限公司	
地　　址	广州市新港西路大江冲25号	
邮　　编	510300	
电　　话	020-84184026　84453623	
网　　址	http://www.gdst.com.cn	
邮　　箱	wpc_gdst@163.com	
经　　销	新华书店	
印　　刷	广州小明数码印刷有限公司	
开　　本	787mm×1092mm　1/16	
印　　张	22	
字　　数	430千字	
版　　次	2020年1月第2版　2025年9月第8次印刷	
国际书号	ISBN 978-7-5100-6088-5	
定　　价	48.00元	

咨询、投稿：020-84460251　gzlzw@126.com

前 言

东南亚地区是一个风云激荡又充满活力的地区，不仅地理位置重要，而且具有丰富的战略资源和人力资源。这里民族众多，文化丰富多彩，政治体制呈现多元化特征。这里是大国利益交汇的地区，是各种安全观实践的基地，也是小国集团引领大国进行安全对话的典型。这里是经济活动相当活跃的一个地区，曾经产生过经济腾飞的"小龙"和"小虎"，也曾遭受多次金融危机的沉重打击。这里有团结合作、一个声音对外的东南亚国家联盟，也存在着国家之间的领土、领海纷争，面临着诸多传统与非传统安全的威胁。

东南亚国家是中国的重要邻邦。过去，中国与东南亚国家关系的发展并不是一帆风顺的。当前，中国政府采取"与邻为善、以邻为伴"的周边外交方针以及"和平发展、合作发展、共同发展"的政策理念，不断增进与东南亚国家的政治和战略互信，积极促进与东南亚国家的务实合作和人文交流，不断扩大贸易规模，推进基础设施建设，扩大双边和多边经贸合作。中国与东南亚国家的积极互动，将会推动国家间的合作不断向更高层次、更广领域发展，促使中国与东南亚国家的关系取得历史性的突破。

面对这种发展大势，全面了解和系统研究东南亚国家的历史、文化、民族、宗教、政治、经济、国防、外交以及东南亚国家跟中国的关系就具有越来越重要的意义。本书编写的目的在于为高等院校相关专业的本科生、研究生以及希望了解东南亚国家的读者提供一部教材、一种参考文献以及一卷能帮助拓展知识面的普及读物。

本书是解放军外国语学院亚非语系主任、博士生导师钟智翔教授主持的"十二五"国家重点图书出版规划项目《东南亚研究丛书》中的一种，也是他主持的国家级教学成果二等奖获奖项目系列教材之一。全书的内容设计围绕历史、文化、民族、宗教、政治等专题开展，论述相对集中，不拘泥于单个国家的介绍。架构编排力图方便教学实践，写作方法采用叙与论相结合的方式，既注重知识的介绍，也相应阐明作者的观点和研究心得，力图跟读者进行更好的交流。本书的作者来自高等院校，他们学有专攻，分别承担相关章节的撰写。由于东南亚各国的情况差别比较大，特点多有不同，因此本书没有要求各章在写作内容和体例上完全统一，旨在方便挖掘相关专题的典型特征，体现作者的研究个性和多视角观察问题的方法。东南亚国家联盟在东南亚地区发展中具有重要的地位，因此本书专列一章予以介绍。

本书由祁广谋、钟智翔担任主编，负责全书框架设计与最后统稿。各章撰写人分别为：第一章刘娟娟，第二章蔡向阳，第三章赵小玲，第四章郝勇，第五章张燕，第六章冯超，第七章孔鹏，第八章黄敏、官春，第九章阎元元，第十章祁广谋，第十一章扈琼瑶、张党琼，第十二章唐笑虹。

本书力求点面结合，全面系统地介绍东南亚国家的情况，有针对地探讨相关领域的问题。由于学识和精力的局限，本书还存在疏漏和不足之处，恳请有关专家学者和广大读者批评指正。

编　者

2013 年 4 月

于解放军外国语学院

目　录

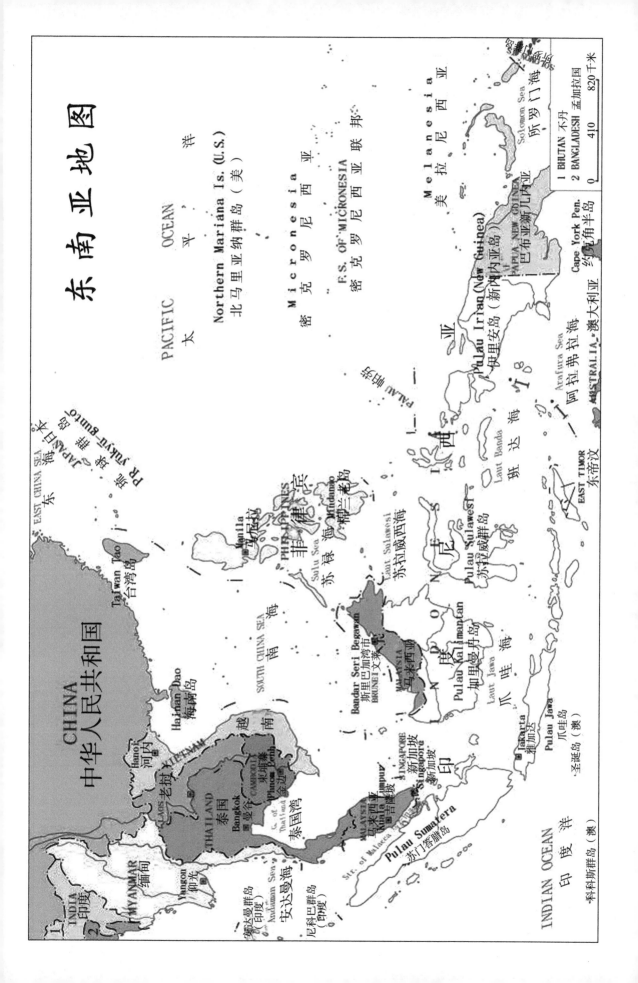

第一章　自然地理

第一节　自然地理概貌

一、位置和面积

东南亚位于亚洲东南部，地处东经93°～141.5°，北纬25°～南纬10°之间，北接中国，南与澳大利亚隔海相望，东濒太平洋，西临印度洋，并与南亚次大陆上的孟加拉国和印度接壤。东南亚在政治上包括东帝汶、菲律宾、柬埔寨、老挝、马来西亚、缅甸、泰国、文莱、新加坡、印度尼西亚和越南11个国家，海陆总面积约1 200万平方千米。其中，陆地面积约449万平方千米，约占亚洲总面积的1/10；海域包括安达曼海、南中国海、爪哇海、帝汶海、阿拉弗拉海、佛罗勒斯海、班达海、苏禄海、苏拉威西海（即西里柏斯海）等，共计750余万平方千米，约占全球海域面积的2.5%。除老挝为唯一的内陆国家外，其余国家都是沿海国家或岛国。东南亚在我国古代地理书上通称为"南海"或"南洋"，意指其位于我国南方，以海洋地形为主。西方因其位于印度以东，称之为"远印度"或"印度群岛"。作为一个地理名称，东南亚得名于二战期间盟军司令部针对亚洲东南部的军事行动而设立的"东南亚最高统帅部"，因其正确地表达了该地区的地理位置，后逐渐被世界各国所通用。

以马来半岛的克拉地峡为界，东南亚在地理上可以分为大陆和海岛两大部分。大陆部分地处亚洲东南部向南伸出的中南半岛上，北与中国的西藏自治区、云南省、广西壮族自治区等毗邻，南抵赤道附近，总面积约200万平方千米。越南、老挝、柬埔寨、泰国、缅甸位于这一区域，故而被统称为"大陆东南亚国家"或"半岛东南亚国家"。海岛部分地处中南半岛的东面和南面，由散布在印度洋和太平洋之间的1.2万余个大小岛屿组成。范围北起菲律宾的吕宋岛以北，南至帝汶岛以南，西起苏门答腊，东至伊里安（新几内亚），南北长约3 500千米，东西宽约6 400千米。因岛屿上的居民以马来族为主，故称马来群岛。马来群岛在地理上覆盖大巽他群岛、小巽他群岛、马鲁古群岛、菲律宾群岛和西伊里安岛等，陆地面积共计248万平方千米，约占世界岛屿总面积的20%，是世界上面积最大、数量最多的群岛。菲律宾、马来西亚、文莱、新加坡、印度尼西亚和东帝汶位于这一区域，故而又被统称为"海洋东南亚国家"或"海岛东南亚国家"。其中，印度尼西亚不仅是东南亚地区面积最大的国家，也是世界最大的群岛国家。

东南亚是连接亚洲和大洋洲、太平洋和印度洋的重要通道，有"十字路口"之称，地理位置十分重要。经由东南亚，北可入中国，南可往大洋洲，东北可进日本，西南可至南亚次大陆和海湾地区，是扼守亚、欧、非、大洋洲海空交通线的战略要地，也是世界海空运输的重要枢纽之一。

二、地形地貌

同属东南亚地区的中南半岛和马来群岛在地形地貌上有很大差异。中南半岛地势北高南低，与我国西南部山水相连，山川河流相间，并多呈南北纵列分布。半岛北部山高谷深，水流湍急，水能资源丰富，地形上以山地、丘陵为主。南部地区河深谷宽，水流平缓，从山间冲积而下的泥沙在此沉积，形成较大的河口三角洲和冲积平原。中南半岛上的山脉大都是在第三纪以前的造山运动中形成的，地面很安定，没有活火山，也很少地震，故又被称为"安定区域"，马来群岛的加里曼丹岛（即婆罗洲）也属于这一区域。马来群岛位于太平洋和地中海—喜马拉雅造山带的火山地震带的会合带上，地形崎岖，河流短促湍急，平原较少。这里汇集了大量的火山，地壳活动非常活跃，地面很不安定，至今还有许多活火山，地震也时常发生，故又被称为"不安定区域"。火山活动地区广泛分布着肥沃的火山灰土壤，有利于农业生产，多为生产集中和人口密集的地区。东南亚地形构造所占比例和区域分布情况如下：

表1-1　东南亚地形构造

地貌类型	所占比例	分布区域
山地和丘陵	80%	中南半岛和马来群岛大部
平　　原	10%	中南半岛的中南部地区、加里曼丹岛的南部地区
高　　原	5%	越南西北部、泰国中北部、老挝大部分地区
沼泽地	5%	苏门答腊岛的北部地区

（一）山脉

东南亚地区的较大山脉大都集中在中南半岛上，且多呈南北走向，主要有西部缅印边界的印缅系列山脉（India-Myanmar Mountains），中部由中国横断山脉（Hengduan Mountains）南延而形成的一系列山脉，以及东部的长山山脉（Truong Son Ra）等。

印缅系列山脉　喜马拉雅山脉从中国西藏向东延伸，至中国云南省和缅甸的交界处折向南行，在中南半岛北部形成印缅系列山脉（又称若开山地），是印缅分界的天然屏障。这些山脉多呈平行状分布，大部分海拔在1 800米以上，从北向南蜿蜒1 100余千米，主要包括那加、雷塔、钦山、若开、巴开和阿拉干等山脉。北部的那加山脉位于缅甸和印度的阿萨姆邦之间，地势较高，海拔在4 000~5 000米之间。缅甸的开卡博峰（Hkakabo Razi）海拔5 887米，是东南亚地区的最高峰。中部的雷塔山脉和钦山山脉，一般海拔在2 000~3 000米之间，最高处为沙拉马地山，海拔3 826米。南段的若开山脉山幅变窄，高度降低，除维多利亚山脉外，一般海拔在1 000米以下。最南端的巴开山和阿拉干山继续向南延伸，经印度洋上的安达曼群岛和尼科马群岛，连接至马来群岛。山脉的走向也逐渐从南北方向转变为西北—东南方向或东西方向，最后并折而成西南至东北走向，整个山脉成为向南凸出的弧形，地理上称之为"巽他弧"，马来群岛的岛屿排列和形状主要受其影响而形成。

横断山脉的南续山脉　位于我国青藏高原东南部的横断山脉出境后继续向南延伸，形成了诸条分支山脉和较高山体，如缅泰边界的他侬通猜山脉和由高黎贡山、登劳山、他念他翁山、比劳克东山等组成的丹那沙林山脉，泰国境内的中央山脉，老泰边界的銮山，以及柬泰边界的扁担山脉（又称唐勒山脉）、豆蔻山脉（又称莫美山脉）和象山山脉等。这些山脉在缅甸北部和泰国东部分别形成了东南亚面积最大的掸邦高原（平均海拔1 000~1 300米）和呵叻高原，并在马来半岛伸入海底后形成林加、廖内等群岛以及勿里洞、邦加等岛屿。山脉的陆地部分地势由西北向东南倾斜，地形复杂，山岭连绵，起伏较大。山间零星分布着面积不大的平原和河谷盆地，地势平缓，道路较多，是主要的人口聚居地。同时，在靠近海岸线的山麓还形成了一系列的海港、海峡或狭小的海滨平原。

长山山脉　旧称"安南山脉"，越南称"长山山脉"，老挝称"富良山脉"，西北—东南走向，全长1 100多千米，宽50~200千米，沿越老边境向越柬边境蜿蜒延伸，斜贯越南全境，是越南、老挝、柬埔寨的天然边界，总体呈东坡陡峻、西坡缓平、北段高狭、南段低宽之势。山脉西坡较缓，在老挝、柬埔寨境内形成了会芬、川圹（又称镇宁高原）、甘蒙（又称纳该高原）和波罗芬（又称富良山区）等高原；山体东坡较陡，逼近海岸，形成许多峭壁和岬角，越南的岘港就是由此而形成的天然良港。以越南的海云关（又称海云隘）为界，长山可以分为南北两段。北长山山路崎岖，山势高耸，不少高峰可达1 500米以上，其中莱岭为最高峰，海拔2 711米。南长山走势由南转向东南，后又转向西南，形成一个巨大的弓形，突出部分面向大海，山势较低，并逐渐向丘陵和波状高原过渡。

表1-2　东南亚山峰

山峰名称	所属国家	海拔高度（米）
开加博峰Hkakabo Razi	缅甸	5 887
查亚峰Puncak Jaya	印度尼西亚	4 884
特里利拉峰Puncak Trikora	印度尼西亚	4 751
曼达拉峰Puncak Mandala	印度尼西亚	4 701
基那巴鲁山Gunung Kinabalu	马来西亚	4 095
葛林芙山Gunung Kerinji	印度尼西亚	3 809
林贾尼山Gunung Rinjani	印度尼西亚	3 727
塞梅鲁山Gunung Semeru	印度尼西亚	3 677
番西邦峰Fansipan	越南	3 143
阿贡山Gunung Agung	印度尼西亚	3 142

(二)岛屿

马来群岛(除加里曼丹岛外)上的山脉和岛屿大多形成于第三纪喜马拉雅运动时期,并位于喜马拉雅山脉入海后南续的"巽他弧"上。这些山岭、岛屿的排列和形状主要受山脉走势的影响,总体呈现为向南凸出的显著弧形。位于巽他弧上的岛屿称为巽他群岛,总体可分为大巽他群岛和小巽他群岛两部分。大巽他群岛包括苏门答腊岛、爪哇岛、马都拉岛、加里曼丹岛(又称婆罗洲)、苏拉威西岛及附近小岛等,总面积140多万平方千米。小巽他群岛又名努沙登加拉群岛,主要包括南北两支弧状排列的岛屿,北支有马厘、龙目、松巴哇、科莫多、弗洛里斯、索洛尔、龙布陵、阿洛诸岛,南支有松巴、萨武、罗地、帝汶等岛,这些岛屿散布于印度洋与帝汶海之间,与大巽他群岛相对。大巽他群岛的诸岛屿地域广阔,又因面临着极深的海洋(爪哇以南海洋最深处达7450米),高低相差很大,构成了很多高山峻岭,平均海拔在3000米以上,如马来西亚境内的伊班山脉、克罗克山脉、吉保山脉,以及印度尼西亚境内的环太平洋山脉和地中海山脉等。小巽他群岛地域狭小,山岭高度一般较低。地处巽他弧上的诸岛屿位于环太平洋地震带上,是世界上地震和火山爆发最多的地区,仅爪哇岛年均地震就达55次。除加里曼丹岛外,其余各岛均有火山分布,地震频繁。其中,印度尼西亚位于亚欧板块、太平洋板块和印度洋板块的交界处,全国共有火山400多座,其中活火山120多座,是世界火山最多的国家,被称为火山国。印度尼西亚较为著名的火山有:巽他海峡的喀拉喀托火山、巴厘岛的阿贡火山、中爪哇的墨拉比火山和东爪哇的斯梅鲁火山等。其中,位于爪哇岛东边松巴哇岛北部的坦博拉火山,高2851米,它在1815年爆发时释放的能量相当于第二次世界大战末期美国投在日本广岛的那颗原子弹爆炸威力的8000万倍,是人类目前所知道的最猛烈的火山爆发。

除大小巽他群岛,马鲁古群岛、菲律宾群岛和伊里安查亚群岛也是马来群岛的主要组成部分。马鲁古(又称摩鹿加或香料)群岛由苏拉威西岛与伊里安查亚之间的约1000个岛屿组成,包括莫罗泰、哈马黑拉、特尔纳特、塞兰、布鲁、安汶岛和奥比、苏拉、班达、西南、塔宁巴尔、阿鲁群岛等,面积7.45005万平方千米,行政区划上属印度尼西亚的马鲁古省。大多数岛屿山多且险峻,许多山峰海拔1000米以上,最高峰为巴漳岛上的西比拉山,高2111米。马鲁古群岛地震频繁,多火山,尤其是特尔纳特和班达岛,有活火山,很多小岛屿上无人居住。菲律宾群岛北隔巴士海峡与中国台湾相望,西临南海,东濒太平洋,南与印度尼西亚和马来西亚的沙巴州隔海相望,东北隔菲律宾海与马里亚纳群岛相望,几乎处于菲律宾国家境内。群岛岛屿众多,在7100多个岛屿中有名称的3000多个,有人居住的岛屿1000个左右,面积在1平方千米以上的有466个。岛屿排列由南至北呈花瓣状,由北向南可以分为吕宋群岛、米沙鄢群岛、棉兰老岛和由吕宋岛向西南方向延伸出去的巴拉望群岛。其中,吕宋岛是最大的岛屿,面积达10.47万平方千米,其次是面积为9.46万平方千米的棉兰老岛。菲律宾群岛上的山岭作为环太平洋岛弧的一部分,排列也呈弧形，山岭东临的太平洋最深处达10 830米，是世界海洋最深的地方。棉兰老岛的阿波火山是菲律宾最高的山峰，海拔2 954米。伊里安查亚（又称西伊里安）群岛，位于新几内亚岛东经141°以西，包括世界第二大岛屿——新几内亚岛西半部及其周边的实珍群岛、亚彭岛、卫古岛、米苏尔岛等，面积42.2万平方千米，行政区划上属印度尼西亚的巴布亚（又称伊里安巴拉）省。岛内中部群山盘结，自西北向东南绵延而成的中央山脉斜贯全境，大部分山地、高原海拔超过4 000米，是世界上海拔最高的岛屿。汇集西部的高耸山脉尽管地处赤道附近，但山顶终年积雪，因而总称为雪山山脉。最高峰查亚峰（又称卡斯滕士峰）海拔5 030米，为大洋洲最高点。马来群岛地壳内层的岩浆呈酸性，含矽质较多，性黏，不易活动，因而火山活动大多是带有爆发性的。

（三）海洋和海峡

东南亚地区海域广阔且地形复杂，横亘在亚洲与大洋洲之间的马来群岛将印度洋与太平洋交界处的海洋分隔或环绕而成为许多形状不同的岛间海或海峡。就深度来说，这些岛间海或海峡大体可以分为浅海和深海两大部分，东南亚地区的有两大块很浅的地方，海洋深度不足200米，被称为大陆棚，它们原是大陆的一部分，而不是深海。南面大洋洲与伊里安岛之间的浅海被称为萨呼尔大陆棚，包括阿拉富拉海的大部，平均深度约100米。北面中南半岛以南的浅海被称为巽他大陆棚，包括南中国海的南部、婆罗湾、爪哇海等，深度一般不足55米。东南亚的深海在地形上主要可以分为两种类型：一类是深海盆地，海底平坦，边缘陡峭，大多呈圆形或长圆形，如苏禄海、西里柏斯海和班达海等，其中班达海就是世界著名的深海，海槽最深处达到7 440米；一类是深海沟，呈弯曲的狭长形，从爪哇以南，经小巽他群岛，直至菲律宾群岛以东，都有这样的深海沟。东南亚地区的主要岛间海有安达曼、爪哇海、苏威拉西海、马鲁古海、班达海、佛罗勒斯海、帝汶海、西伯里斯海以及南中国海的南部等，海峡主要有马六甲、巴士、望加锡、巴林塘和巴布延等。

安达曼海（Andaman Sea） 印度洋东北部的边缘海，位于中南半岛、安达曼群岛、尼科巴群岛和苏门答腊岛之间。东南以苏门答腊岛西北端与普吉岛南端连线和马六甲海峡相连，西以普雷帕里斯海峡、十度海峡和尼科巴海峡与孟加拉湾和印度洋相通。总面积79.8万平方千米，南北长1 200千米，东西宽645千米，深度超过3 000米的海域不到全部海域的5%，但在安达曼—尼科巴海岭以东的一系列海底谷深度则超过4 400米。东北部的三分之一海域水深不到180米，部分是因伊洛瓦底江和萨尔温江在其三角洲地带的泥沙沉积所造成。西部和中部的一半海域水深为900～3 000米，最深处可达4 198米。海水盐度20‰～33‰。沿海主要港口有缅甸的仰光、毛淡棉，印度尼西亚的沙璜和印度的布莱尔港等。

爪哇海（Djawa Sea） 太平洋西部的一部分海域，位于爪哇岛和加里曼丹岛之间。

北接加里曼丹岛,东北连望加锡海峡南端,东邻西里伯斯、佛罗勒斯和巴里海,南达爪哇岛,西南以巽他海峡与印度洋相通,西接苏门答腊岛,西北为邦加和勿里洞岛。总面积约55万平方千米,东西长1450千米,南北宽420千米,平均深度46米,属浅海。岸边多珊瑚礁滩,浅水面积大。整个中西部水深均浅于200米,一般水深仅40~50米,多为沙泥和贝壳底。东端有一片深水区,深度为200~1000米,望加锡海峡南口水深1580米,为海区最深点。每年9月至次年5月,海水表层向西流动,其他月份向东流动。海水含盐度因周围诸岛河水大量注入而降低,平均盐度32‰~34‰。印度尼西亚东部最大的港口——望加锡港(又称乌戎潘当)位于爪哇海的西南角。

南中国海(South China Sea) 因位于中国南侧而得名,中国称南海。整体呈东北—西南走向,其南部边界在南纬3°,位于南苏门答腊群岛和加里曼丹岛之间,北部和东北部接广东、广西、福建、台湾和台湾海峡,东部至菲律宾群岛,西南界至越南与马来半岛,通过巴士海峡、苏禄海和马六甲海峡连接太平洋和印度洋。作为仅次于珊瑚海和阿拉伯海的世界第三大陆缘海,面积356万平方千米,平均水深1212米,最深处为中部的深海平原,达5567米。南海是太平洋和印度洋之间的重要航道,四周大部分为半岛和岛屿。地处低纬度地域,属于热带深海。海水表层水温较高,在25℃到28℃,年温差3℃到4℃,盐度为35‰,潮差平均2米。由于南海属于热带海洋,适于珊瑚繁殖,海底高台处易形成珊瑚岛,南海诸岛的东沙群岛、西沙群岛、中沙群岛和南沙群岛均为珊瑚岛屿;水产主要为海龟、海参、金枪鱼、红鱼、鲨鱼、大龙虾、梭子鱼、墨鱼和鱿鱼等各种热带海产;海底石油与天然气蕴藏丰富。

马六甲海峡(Strait of Malacca) 位于马来半岛和印度尼西亚的苏门答腊岛之间,因临近马来半岛上的古代名城马六甲而得名,是连接南中国海和安达曼海的重要通道。海峡全长1100千米,西北—东南走向,总体呈喇叭形,西北端出口处宽370千米,东南部较窄,并分布有很多小岛,最窄处仅5.4千米。主航道靠近马来半岛一侧,宽2.5~3.6千米,水深25~151米。海峡底部平坦,多为泥沙质,由东南向西北递增,一般可供25万吨级的船舶出入。由于海峡地处赤道无风带,峡道内风力微弱,航标系统完善,航运十分发达。马六甲海峡是间接沟通太平洋与印度洋的国际水道,也是亚洲与大洋洲的十字路口,战略位置十分重要,有"东方直布罗陀"之称,是该地区的咽喉。每年通过马六甲海峡的船只8万多艘,日均通行约220艘,是世界上通航历史最悠久、航运量最大、最繁忙的海峡之一。

巴士海峡(Bashi Channel) 位于我国台湾岛和菲律宾吕宋岛之间,是南海与太平洋的天然分界线。其间被巴坦群岛和巴布延群岛分隔成三部分,自北向南分别称为巴士海峡、巴林塘海峡和巴布延海峡,其中以巴士海峡最宽、最深、最重要,所以人们往往把三个海峡统称为巴士海峡。海峡呈东北—西南走向,平均宽185千米,最窄处95.4千米。

海底地形起伏变化较大，主要是大陆坡，间有海岭海沟，水深大都在2 000米以上，最深处达5 126米。每年7—11月，季风盛行，雷暴雨较多，台风影响频繁，影响通航。

表1-3 东南亚主要海峡

海峡名称	连接海域	所属国家
马六甲海峡	南海与安达曼海	印度尼西亚、马来西亚、新加坡
巽他海峡	爪哇海与印度洋	印度尼西亚
龙目海峡	巴厘海与印度洋	印度尼西亚
望加锡海峡	苏拉威西海和爪哇海	印度尼西亚
马鲁古海峡	苏拉威西海和班达海	印度尼西亚
巴士海峡	南海和太平洋	菲律宾
巴林塘海峡	南海与太平洋，北接巴士海峡	菲律宾
巴布延海峡	南海与菲律宾海	菲律宾

表1-4 东南亚主要港口

港口名称	所属国家
斯里巴加湾市（文莱市）Bandar Seri Begawan	文莱
曼谷 Bangkok	泰国
马辰 Banjarmaisn	印度尼西亚
勃生 Bassein	缅甸
民都鲁 Bintulu	马来西亚
宿务 Cebu	菲律宾
井里汶 Cheribon	印度尼西亚
岘港 Da Nang	越南
乔治市（槟城）Georgetown（Penang）	马来西亚
海防 Hai-Phong	越南
河内 Hanoi	越南
鸿基Hongay	越南
伊洛伊洛（怡朗）Iloilo	菲律宾
雅加达 Jakarta	印度尼西亚
柔佛 Johore	马来西亚
磅逊（西哈努克）Kompong son	柬埔寨
昆坦 Kuantan	马来西亚
吉隆坡 Kuala Lumpur	马来西亚
古晋 Kuching	马来西亚
望加锡 Makasa	印度尼西亚

港口名称	所属国家
马六甲 Malacca	马来西亚
马尼拉 Manila	菲律宾
万鸦老 Menado	印度尼西亚
毛淡棉 Moulmein	缅甸
金边 Phnom Penh	柬埔寨
巴生港（瑞天咸港）Port Kelang（Port Swettenham）	马来西亚
仰光 Rangoon	缅甸
西贡（胡志明市）Saigon	越南
山打根 Sandakan	马来西亚
新加坡 Singapore	新加坡
宋卡 Songkhla	泰国
泗水（苏腊巴亚）Surabaia（Surabaya）	印度尼西亚
沙璜 Sabang	印度尼西亚
丹绒不禄 Tanjung Priok	印度尼西亚
塔巴科 Tabaco	菲律宾
斗湖 Tawau	马来西亚

三、气候

东南亚绝大部分地区处于热带，除中南半岛北部和高山地区气温变化较大、冬季会出现降雪外，其余地区终年温度较高，年均温度多在25℃以上。整个地区的气候类型主要分为热带季风气候和热带雨林气候。

热带季风气候主要分布在中南半岛的大部分地区和菲律宾群岛的北部。这些地区全年高温，并由于海陆热力性质差异和气压带、风带季节性移动所导致降水量的不同而分为旱、雨两季。每年5月中旬至9月底，西南季风盛行，空气湿热，降水丰富，形成雨季；每年10月至次年5月中旬，东北季风盛行，空气干燥，许多地区降雨量不足100毫米，形成旱季。热带季风气候区的年平均降水量多在1 000毫米以上，有些区域的年平均降水量甚至可达5 000毫米。在中南半岛北纬20°以北的地区，每年11月至次年2月气温常降至15℃左右，与最热月份的温度相差近10℃，形成了较为明显的凉季。

热带雨林气候主要分布在马来群岛大部分、马来半岛南部以及菲律宾群岛的南部。这些地区靠近赤道，日照强烈，终年高温多雨，平均气温在25℃以上，温差不大。降水类型以对流雨为主，年平均降水量在2 000毫米以上。在赤道附近，最冷月和最热月的平均气温相差很小，一般不到2℃。但一天内白天的最高气温和夜晚的最低气温却相对相差较大，如加里曼丹岛的坤甸可以达到7.4℃。

东南亚地区地域广大，地形复杂，山地多而平原少，山地上因海拔高度不同，山坡迎风和背风的情况不同，在很短的距离气候也会有较大差别。如在印度尼西亚，地面海拔高度每上升100米，温度平均下降0.6℃。在海拔1 500米的山岭，温度平均要比平原低9℃左右。因此，这些地区的气候已不属于热带气候，而是温带气候。雨量的差别更为显著，迎风坡的年均降水量可达5 000毫米，背风坡或被山岭屏蔽的平原，如伊洛瓦底江和湄公河中游的一些河谷平原地区，因周围山地阻挡海风吹入，年均降水量则一般低于1 000毫米，常常成为干燥地带。缅甸中部就是东南亚最主要的干燥区域。

表1-5　东南亚气候类型一览表

气候类型	气候特征	分布地区	对农业生产的影响
热带雨林气候	全年高温多雨	马来群岛大部、马来半岛南部及菲律宾南部	农作物随时可以播种，四季都有收获
热带季风气候	全年高温，有雨旱两季	中南半岛大部和菲律宾北部	雨季播种，旱季收获

第二节　自然资源

一、土地资源

东南亚土壤以砖红壤为主。这种土壤是热带雨林或季雨林中的土壤在热带季风气候下，发生强度富铝化作用和生物富集作用而发育成的深厚红色土壤，以土壤颜色类似烧的红砖而得名。砖红壤是具有枯枝落叶层、暗红棕色表层和棕红色（10R5／6）铁铝残积B层的强酸性铁铝土。砖红壤的母质通常为数米至十几米的酸性富铝风化壳，具体岩性为各种火成岩、沉积岩的风化物和老的浅海沉积物。东南亚地区形成这种土壤的主要原因是，气候潮湿炎热，化学风化作用（包括微生物作用）非常强烈，组成岩石的主要成分矽质化合物迅速被分解成为可溶性的矿物盐类，被雨水冲淋失去，有机质也迅速被冲走。因此，凡是受风化作用很久的地方，土壤的成分几乎全是黏土和铁的化合物，呈暗红色，质疏松，但经太阳晒干后，就成为非常坚硬的土块，可以作为建筑材料。如马六甲的碉堡和柬埔寨的吴哥窟，一部分就是用这种土块建筑的。裸露的砖红壤表土由于生物积累作用强，呈灰棕色，厚度可在15~30厘米，有机质含量达8%~10%。但矿化作用也强烈，形成的腐殖质，分子结构比较简单，大部分为富铝酸型和简单形态的胡敏酸。其特点是分散性大，絮固作用小，形成的团聚体不稳固。在有森林的地方，土壤剖面常为薄层的含腐殖质较多的黑色森林土，其下即为砖红壤。这些地区的主要树种有黄枝木、荔枝、黄桐、木麻黄、桉树、台湾相思、橡胶、桃金娘、岗松以及鹧鸪草、知风草等草本植物。砖红壤中铁质较多，常聚积于砖红壤表层下而形成一层坚硬的铁盘。在发育良好的地方，砖红壤的厚度可达30米。但东南亚的大部分地方，砖红壤大都还没有充分发育，土壤主要是一种砖红壤化的红色土。在砖红壤中，对植物有益的矿物质和有机质几乎已全部被冲淋失去，养分含量亦很低，特别缺磷、钾。因此，砖红壤在农业上是比较贫瘠的土壤。此外，砖红壤土体深厚，质地偏砂，耕作容易，宜种性广，但如灌溉水源不足，常有干旱威胁。砖红壤地区的农作物可一年三熟，适宜橡胶、椰子、胡椒等生长，是橡胶的主要产区。在橡胶树林间，还可种植云南大叶茶、金鸡纳、可可、肉桂、三七等短期热作，这是充分利用热带土壤资源发展热带经济作物的重要途径。

　　此外，在临近火山喷发的地区，喷出的火山灰风化所成的土壤，因受风化作用的时间不长，土中的可溶性矿物质（钙、磷等）还都大量保存，成为较为肥沃的土壤，如爪哇和苏门答腊岛等。在缅甸和泰国等国境内的干燥地区，由于溶淋作用较弱，土壤中盐类较多，形成热带草原土。在积水的沼泽地带，由于氧气缺乏，微生物作用很弱，腐殖质大量堆积，往往形成厚层的泥炭。从热带森林中冲刷和溶淋出的有机质和矿物盐类，由河流携带搬运，大量堆积在冲积平原和河口三角洲，所以三角洲平原的土壤常为黑色或深棕色的黏土，往往夹有小块泥炭，与周围的红色土壤差别很大。这种土壤中含有丰富的矿物质和有机质，是很肥沃的土壤。此外，由于海拔高度的不同，各地土壤也有很大的差别。如爪哇西部，较低地方为红色土，但到海拔1 500米左右则为棕色土或灰棕色土。在东南亚，冲积土和火山土最适于农作，但它们只为农业发展提供了有利的自然条件，由于生产方式的不同和历史发展的差异，在同样肥沃土壤的区域，农业类型也很不相同。

　　二、水资源

　　东南亚水资源丰富，较大的河流多数分布在中南半岛，随着山脉和地形的走向，大多自北向南流。其中以澜沧江—湄公河、元江—红河、湄南河、怒江—萨尔温江和伊洛瓦底江最为重要。

　　澜沧江—湄公河（Mekong River）　发源于我国青海省玉树藏族自治州的杂多县吉富山，源头海拔5 200米，干流全长4 880千米，其中澜沧江2 130千米，湄公河2 750千米，流域面积达81万平方千米，是东南亚最大的河流，世界排名第六位。在我国境内称澜沧江，流经青海、西藏、云南3省区。流出后称湄公河，经缅甸、老挝、泰国、柬埔寨、越南，在越南胡志明市南面的湄公河三角洲注入太平洋的南海，是亚洲境内流经国家最多的河流。湄公河从中、缅、老边界到老挝首都万象为上游，长1 053千米，流经区域大部分海拔在200~1 500米之间，地形起伏较大，沿途受山脉阻挡，河道几经弯曲，河谷宽窄反复交替，河床坡降较陡，多急流和浅滩，不能通航。万象到老挝的巴色为中游段，长724千米，流经呵叻高原和富良山脉的山地丘陵，大部分地区海拔100~200米，地形起伏不大。其中上段河谷宽广，水流平静。老挝的沙湾拿吉至巴色，河床坡降较陡，多岩礁、浅滩和急流。从巴色到柬埔寨首都金边为下游，长559千米。流经区域多为平坦而略为起伏的准平原，海拔不到100米，河床宽阔，河道分歧，但部分河段有小丘紧束或横亘河中，构成险滩、急流，全河最大的险水孔瀑布就在此段，由此实行水陆联运。金边以下到河口为三角洲河段，长332千米。湄公河在进入越南后，再分成6支，经9个河口入海，故其入海河段又名九龙江。三角洲平均海拔不足2米，面积4.4万平方千米，地势坦荡，水网密集，土壤肥沃，天然溪流与人工渠道纵横交错，是东南亚最重要的稻米产区之一。除了澜沧江的雪山融水，湄公河一半以上的径流量来自于中南半岛流域的降水。

元江—红河（Yuan Chiang-Red River）　越南又称珥河，发源于我国云南省中部魏山县境内，源头海拔2 650米，全长约1 200千米，流域面积87 760平方千米，是越南第一大河。在我国境内上游称元江，流至我国红河尼族彝族自治州后因其河水中夹带大量红土呈红色而始称红河，长692千米。由我国流出后向东南方向进入越南境内，至河内分支后流入太平洋的北部湾，长500多千米。红河在越南老街至安沛段，河谷狭窄，水流湍急，有26个急滩；在安沛至越池附近一段因接纳黑水河（我国称李仙江）和泸江（我国称盘龙江）两大支流，水量剧增，河道加宽；越池以下河段由于河面加宽，水流缓慢，大量泥沙淤积，导致河床越来越高，有些地方甚至高出两岸平原，沿河筑有防洪大堤。红河流域是越南古代文明的发源地，首都河内市即位于红河三角洲，几千年来一直是越南政治、经济、文化的中心。

湄南河（Menam River）　泰国又称昭披耶河，发源于泰国的北部山区，自北而南地纵贯泰国全境，全长1 352千米，流域面积25万平方千米，是泰国第一大河。以那空沙旺为界，湄南河上游有宾河、汪河、荣河、难河四条河流，下游流至猜纳时分为东西两支，东支仍称湄南河，西支则称巴真河，最后注入泰国湾（又称暹罗湾）。湄南河下游水网稠密，主要的还有巴塞河、华富里河、莲河及色梗河等。这些河流在入海口附近形成了广阔的平原，面积约5万平方千米，是泰国人口最集中、经济最发达的地区，有"东方威尼斯"之称的泰国首都曼谷即位于这一地区。

独龙江—伊洛瓦底江（Irrawaddy River）　我国古称大金沙江和丽水，全长2 714千米，流域面积43万平方千米，是缅甸第一大河。其河源有东西两支，东源为发源于我国西藏察隅县境内的伯舒拉山南麓（我国云南境内称之为独龙江）的恩梅开江[①]，西源为发源于缅甸北部山区的迈立开江。两江自北向南延伸，在缅甸北部克钦邦首府密支那（Myitkyina）以北约50千米处的圭道汇合后始称伊洛瓦底江。整个流域受西部山地和掸邦高原的夹束，呈南北长条状，流经曼德勒、德耶谬、蒲甘等地，在缅昂以下进入河口的扇形三角洲，后分为数支，散状南下，注入安达曼海。伊洛瓦底江上游属山地河流性质，滩多水急，先后穿过三条峡谷，水利资源十分丰富。中游河段虽有钦敦江注入，但由于流经缅甸降水最少的干旱地带，水量增加不多。下游则进入河口三角洲地带，这里水量丰富，河道交织如网，运输灌溉都很便利，是缅甸重要的稻谷产区，首都仰光也在这一地区。

---

① 独龙江东南流经云南贡山独龙族怒族自治县西境，然后折转西南，进入缅甸，过贾冈南流，称恩梅开江。

怒江—萨尔温江（Nu Chiang-Salween） 发源于我国青藏高原的唐古拉山脉南麓，全长3 200千米，流域面积32.5万平方千米。河流源头称那曲河（即黑水河），离开源头后改称怒江，经我国西藏、云南向南流入缅甸境内后始称萨尔温江（又称丹伦江）。萨尔温江流入缅甸后，两侧支流渐多，依次接纳了左岸的南定河、南卡江和右岸的南邦河和南滕河等支流。这一段纵穿缅甸东部，深切掸邦高原及南北向纵列山谷，谷深流急，是典型山地河流。下游部分河段为缅、泰两国界河，因主要流经山地，不利航行，主要被利用于浮运柚木。在缅甸孟邦首府毛淡棉（Moulmein）附近分西、南两支注入安达曼海的马达班湾（又称莫塔马湾），并在河口处两支流间形成比卢岛。毛淡棉以下是广阔肥沃的河口三角洲，人口密集，农业发达，是缅甸重要的产稻区。

洞里萨湖 又名金边湖、大湖，位于中南半岛东南部、柬埔寨西部，是东南亚最大的淡水湖泊。它由三部分组成：泥沼平原、小湖和大湖。泥沼平原是一块面积广大的沼泽地，其中有许多沙质小岛；小湖在泥沼平原的北部，长35千米，宽28千米；大湖在小湖的北部，长75千米，宽32千米。洞里萨湖是湄公河的天然蓄水池，湖面面积受季节的影响很大。每年12月至次年6月的枯水期，湖水经洞里萨河向南注入湄公河，这时水位仅1～3米，面积2 500～3 000平方千米，保证了湄公河下游的灌溉和航行；每年7—11月的雨季，湄公河水倒灌入湖中，水位可达10米以上，面积扩至1万多平方千米，极大地缓解了湄公河下游的洪水威胁。洞里萨湖盛产鱼类，周围农田灌溉便利，交通便捷，是世界最富饶的淡水鱼产地之一，也是柬埔寨最重要的稻米产区和经济核心区域之一。

宋卡湖 位于泰国南部马来半岛左岸，濒临泰国湾，面积1 295平方千米，湖口与海水相通，是东南亚最大的咸水湖。宋卡湖渔产丰富。湖中有数百小岛，其中五个岛上有大量燕子栖息，盛产燕窝。湖岛形状各异，并有果树种植园。湖畔风景宜人，是泰国重要的旅游胜地。

中南半岛上的河流因处于热带季风气候区域，受降雨影响，水位和流量自每年5月的雨季开始上升，7—10月为汛位高峰；每年3—4月水位最低。这些河流的上游多流经山区，因此河流的落差大，蕴藏着丰富的水力资源，河流下游地区则地势开阔，水流平缓。此外，由于雨量丰沛、降雨强度大，河流因冲刷山体而夹杂了大量的泥沙，这些泥沙在河流入海处不断沉积，形成较大的河口三角洲和冲积平原。这些区域土壤肥沃、灌溉便利、农业发达，符合城市的区位要求，东南亚的许多大城市都是傍河而建。

表1-6　中南半岛上的主要河流及沿河城市

河流	上游名称	流经国家	注入的海洋	沿河主要城市
红河	元江	中国、越南	太平洋	河内（越南）
湄公河	澜沧江	中国、缅甸、老挝、越南、泰国、柬埔寨	太平洋	金边（柬埔寨）、万象（老挝）
湄南河	湄南河	泰国	太平洋	曼谷（泰国）

续表

河流	上游名称	流经国家	注入的海洋	沿河主要城市
萨尔温江	怒江	中国、缅甸	印度洋的安达曼海	毛淡棉(缅甸)
伊洛瓦底江	独龙江	中国、印度、缅甸	印度洋的安达曼海	仰光(缅甸)

马来群岛上的河流因受岛屿地形和轮廓的限制，大多源短流急，不利船运，但水能资源较为丰富。主要河流有：

棉兰老岛上的棉兰老河（Mindanao River）　发源于菲律宾布基农省东北部山区，全长400千米，菲律宾第一大河。上游为普兰吉河，向南流，汇入卡拜坎河后称棉兰老河，最后注入莫罗湾中的伊拉纳湾。河道曲折，多沼泽，通航里程有限。

吕宋岛北部的卡加延河（Cagayan River）　发源于菲律宾新比斯开省的马德雷（Madre）山，由南向北在阿帕里（Aparri）流入巴布延海峡。全长352千米，流域面积2.54万平方千米。沿河流经中科迪勒拉山脉（Cordillera Central）与马德雷山脉之间的卡加延峡谷，这里是亚洲最著名的烟草和水稻产区。

东马沙捞越州西部的拉让河（Rajang River）　发源于东部边境伊兰山脉西坡，曲折西流，注入南海。全长592千米，流域面积3.9万平方千米。上中游多险滩、瀑布与峡谷，不利航行。下游流贯广阔的海滨平原，河曲发达，河道深阔，海潮可倒灌60千米。

西马东侧的彭亨河（Pahang River）　发源于金马伦高原，汇集吉保山脉以东、大汉山以南、东海岸山脉以西诸水，注入南海。全长434千米，流域面积29 137平方千米，是马来半岛上的最长河流。上游地势陡峻，穿行在山崖中，多险滩与瀑布。中下游河水含沙量大，经常改道，东北季风期间常泛滥成灾。下游两岸沼泽广布，瓜拉立卑以下320千米可通小船，淡马鲁以下可通较大木船。

加里曼丹岛西部的卡布瓦斯河（Kapuas River）　发源于印度尼西亚和马来西亚交界处的巴都布罗克山脉的西部山岭。卡布瓦斯河由东向西流，沿赤道流经整个西加里曼丹省，在入海口附近分两支流注入南海。全长1 010千米，流域面积25.9万平方千米。

加里曼丹岛南部的巴里托河（Barito River）　发源于印度尼西亚的北部边境山区，注入爪哇海。长约880千米，流域面积10万平方千米，流程三分之二可通航。中下游进入平原沼泽地，多河曲浅滩，下游与附近并行的其他大河有运河沟通。

加里曼丹岛东部的马哈坎河（Mahakam River）　发源于印度尼西亚加里曼丹岛的中部山区，东南流分为四条支流，在广阔三角洲注入望加锡海峡，全长约650千米。

新几内亚岛西北部的曼伯拉莫河（Mamberamo River）　由塔里塔图和塔里库两河汇合而成，大致向西北流，在迪维尔角附近注入太平洋。连同上游的塔里塔图河，全长805千米，是巴布亚最大水系。上游流经范雷斯（Van Rees）山脉时形成一系列峡谷和急流，下游河口以上160千米段可通航。

三、生物资源

（一）动物

由于地处亚洲与大洋洲之间的交界地带，亚洲的动物物种和大洋洲的动物物种得以在东南亚交汇，以至这个地区内的动物种类复杂而多样。以英国生物学家华雷斯研究得出的、用以标定亚洲和大洋洲动物分界线的华雷斯线为基础，大多数学者认为，东南亚纯粹的亚洲式动物主要分布于苏拉威西和龙目以西，而纯粹大洋洲式的动物则以伊里安和澳大利亚为界，分布于此间的苏拉威西、摩鹿加群岛和小巽他群岛，是亚洲和大洋洲动物的过渡地带。这种动物的地理分布情况与东南亚地区的地质史是基本吻合的。苏拉威西和龙目以西的地区大部分位于巽他大陆棚浅海区域，各岛之间以及各岛与亚洲大陆之间原有陆地相连，各物种动物可以自由移动和迁徙。因此，岛屿上的动物与亚洲大陆南部的动物种类基本一致。而伊里安与澳大利亚之间的岛屿属于萨呼尔大陆棚浅海，各岛之间以及各岛与大洋洲大陆之间原也有陆地相连，以致这些岛屿上的动物种类与大洋洲几乎相同。两者之间的许多岛屿一直处于地壳变动强烈的不安定区域，这里原有的深海阻隔了亚洲和大洋洲两块大陆板块，同时也阻碍了动物在两洲之间的自由来往。正是由于不安定区域的地质变动，两洲的部分物种得以在东南亚混合，并使该地区成为亚洲和大洋洲动物的过渡地带。具体来说，东南亚地区的亚洲式动物主要有虎、猴、犀牛、象等，而大洋洲式的动物则以袋鼠为主。

（二）植物

由于气候炎热多雨，生长期长，东南亚的植物种类繁多而复杂。在平原地带，东南亚的天然植物大致可以分为三种类型：

赤道雨林　在终年降雨、没有干季的地方，天然植物为茂密的森林，且四季常绿，并不落叶，这种森林叫做赤道雨林。森林中树木种类很多，依其高度，往往分为上下两层，上层的树木高达50多米，下层的树木则不到20米高。树木非常巨大，树干直径可达1米至1.5米，并有许多藤类植物攀援在树干上。赤道雨林中树木种类极多，没有纯粹一种树木的森林，在100平方米的森林中，常常可以有30种不同的树木。这种森林在利用上是有困难的，目前赤道雨林还很少有大规模的砍伐开采。

热带季风森林　在热带季风区域，旱季时天气极干，树木往往落叶，这时森林呈枯秃的景象，与赤道雨林的郁郁苍苍完全不同。但一到雨季，又枝繁叶茂，与赤道雨林相似。不过树木并没有赤道雨林那么高，生长也不及赤道雨林那样茂密。这种森林我们称为热带季风森林。热带季风森林的分布以中南半岛面积为广，在南半球的爪哇岛和小巽他群岛上则范围较小。热带季风森林中常有纯粹一种树木的林地，如柚木和竹，经常成为大片纯林，在经济上很有价值。柚木林多分布在缅甸北部、泰国北部和爪哇东部，竹林则以中南半岛上的发育最好。竹的种类很多，最高可达20多米，直径30多厘米，在建筑上作用很广。

沿海森林　在沿海泥沙淤积的地方，浅水中常长着一种特殊的树木，一般称为红树。红树是一种常绿的树木，根能伸入空气中呼吸。红树的生长阻碍了潮水的进退和河水的外流，使河口或沿海的泥沙迅速沉积，形成陆地。东南亚河流三角洲向海洋伸展迅速，与红树木有很大关系。红树的木材可以作柴薪和木炭，树皮可以制革，有很大的经济价值。东南亚红树分布很广，中南半岛大河的三角洲沿海区域、马六甲半岛西岸、苏门答腊岛东岸和加里曼丹岛的东岸与南岸都有大片的红树林。

赤道雨林或热带季风森林的分布大致限于海拔600米以下的地方，海拔600米以上，热带的树种逐渐减少，取而代之的是温带阔叶树，如青冈、栗树等，1 000米以上则有松树和其他针叶树木。

（三）热带经济作物

由于热带充足的热量和水分、大面积平坦肥沃的平原土壤、丰沛的水利资源和通畅的灌溉条件，使东南亚地区非常有利于热带作物的生长，种植单一经济作物的大规模、密集型商品农业——热带种植园农业在东南亚地区得到普及，使这里成为世界天然橡胶、油棕、椰子、蕉麻（马尼拉麻）和鸡西纳等热带经济作物的最大产地。其中，泰国是最大的橡胶产地，马来西亚是最大的棕油生产国，菲律宾是最大的蕉麻生产国和椰子出口国，印度尼西亚是世界最大的椰子生产国。东南亚的橡胶树是从南美洲引进的，油棕号称"世界油王"。此外，肥沃的平原和河流三角洲以及雨热同期的季风气候也非常有利于水稻的生长，这里是世界最重要的大米产区，其中泰国、越南、缅甸是重要的稻米出口国。

天然橡胶　原产于南美洲亚马孙河热带雨林区，19世纪末殖民者由巴西引入东南亚地区，主要产区分布于印度尼西亚、马来西亚、泰国和柬埔寨等国家，大部分品种为三叶橡胶。目前东南亚橡胶种植面积将近600万公顷，占世界橡胶园总面积的4/5，是世界上最大的天然橡胶生产和出口地区。印度尼西亚是世界第三大天然橡胶生产国，其中小农生产的占总产量的70%，种植园生产占30%。由于小农资金不足，生产技术落后，印度尼西亚90%的橡胶以生胶形式出口，其余在国内加工成各种橡胶制品。

油棕　原产于西非，后作为观赏植物传入马来西亚。油棕的果皮和种仁可榨取棕榈油，果皮油可做肥皂和蜡烛的原料，种仁油可制人造乳酪，果汁可制作饮料，具有极高的经济价值。2008年以前马来西亚一直是世界上最大的棕油及相关制品的生产国和出口国，产量和出口量分别占全球总量的一半以上。近几年，印度尼西亚的油棕种植面积和棕榈油产量大幅增加，并于2008年首次超过马来西亚。2009年印度尼西亚的油棕树种植面积约为710万公顷，产量约2 000万吨，已超过马来西亚成为世界最大的油棕生产国。目前，东南亚是世界上油棕的最大产地和出口地。

椰子　原产于马来群岛，广泛种植于东南亚各国，其中尤以菲律宾、印度尼西亚为主。菲律宾椰子种植区主要集中在吕宋岛东南部、米沙鄢群岛和棉兰老岛沿海地区，总面积达310万公顷，占全国农地面积的26%。据菲律宾椰子管理署统计，2010年上半年菲律宾出口椰子123万吨，全年预计比上年增长12.5%，是全球最大的椰子种植和出口国。兴建于1955年的菲律宾联合椰子化学品公司是东南亚最大的椰子油加工企业，椰子油加工能力为1万吨/年，年产脂肪酸6.45万吨、甘油5 000吨、脂肪醇3万吨。

蕉麻　多年生草本植物，样子很像芭蕉树，故名蕉麻，其纤维细长、坚韧、质轻，海水浸泡也不容易腐烂，是制造鱼网和船用缆绳的优质原料，又可编制席子和地毯，还是优质的麻织衣料。菲律宾是世界蕉麻市场的主要供应国，产量占世界总产量的85%，种植主要分布在吕宋岛东南部、米沙鄢的莱特岛和萨岛以及棉兰老岛的达沃地区。因马尼拉为焦麻出口的主要港口，故又被称为马尼拉麻。

金鸡纳　提炼于金鸡纳树的树皮。金鸡纳树是一种高大乔木，原产于南美洲秘鲁的安第斯山中，19世纪末移植到印度尼西亚的爪哇岛附近。爪哇岛附近海拔1 200~2 000米的热带高原，气候凉爽，雨量丰沛，非常适宜金鸡纳树的生长。目前，印度尼西亚是世界种植金鸡纳树最多的国家，其金鸡纳霜的产量和出口量均居世界首位。

稻米　终年高温多雨的气候类型、肥沃的土壤和当地人丰富的水稻种植经验，使东南亚成为世界上最为重要的大米出口区。二战前，东南亚的稻米出口总量占全世界的75%，战后比重逐渐下降，现在约占30%，但仍是世界上最大的稻米出口区之一。东南亚的稻米主要种植在大河下游的三角洲、中洲的河谷和沿海平原地区，中南半岛上红河、伊洛瓦底江和湄公河三角洲，以及湄南河平原都是世界著名的稻米产区，此外马来诸群岛上的沿海平原也产稻米。除马来西亚、新加坡、文莱三国外，东南亚其余各国都把稻米视作最为重要的农作物，并大力发展。东南亚一年四季都可以播种稻米，主要产国有泰国、缅甸、越南、柬埔寨，全区水稻种植面积占全球27%。泰国素有"东南亚粮仓"的美称，全国60%以上耕地是稻田，所产大米是世界闻名的"暹罗米"，米粒色白，两头尖，细长，晶莹明亮，口感嫩滑清香，软而不粘。泰国每年稻米出口量约占世界的20%，是世界上最大的稻米出口国之一。

四、矿产资源

东南亚处于欧亚板块、太平洋板块和印度洋—澳大利亚板块三大岩石圈板块以及若干小板块交汇和相互作用的地区，是全球古今板块活动最为强烈的地带。在漫长的地质历史时期，多样、复杂、多期的地质作用为矿产的形成和聚集创造了极有利的条件，各种类型构造岩浆带构成了该地区特定的岩浆组合、地球化学特征和成矿环境，使该地区成为世界瞩目的矿产资源富集地带。据勘探统计，中南半岛已发现矿产110余种，已知矿床和矿产地1 100多处，是世界级锡、镍、红蓝宝石、翡翠、钾盐、石油、天然气等矿产的集中分布带，铬、钛、铁、铜、钴、钨、金、稀土、磷、煤及其他非金属矿产在亚洲占有重要地位。马来群岛东、南、西三面环抱的大陆架是亚洲仅次于波斯湾的第二大油气区带，还有全世界最大、最重要的宝玉石产区。东南亚丰富的矿产资源涵盖能源矿产、金属矿产和非金属矿产三大类。其中，能源矿产包括石油、天然气和煤，金属矿产主要有锡、镍、铁、铜、金、铝等，非金属矿产主要有宝玉石、萤石、钾盐和石膏等。此外，东南亚地区还蕴藏着大量硅砂、硅石、硅藻土、长石、风化型高岭土、堆积性黏土、蜡石、陶石、石灰石和白云石等非金属矿产。

石油和天然气 东南亚的油气资源主要分布于印度尼西亚、越南、马来西亚和文莱，缅甸、泰国、菲律宾和东帝汶等国也有少量的油气产区。印度尼西亚是东南亚最为重要的油气大国，也是东南亚地区唯一的石油输出国组织（欧佩克）成员国。已发现沉积盆地60多个，其中具有油气远景的陆上盆地面积80万平方千米，海上盆地面积150万平方千米。石油产区主要分布在苏门答腊、爪哇、加里曼丹、斯兰等岛和巴布亚，天然气产区主要分布在北苏门答腊省、东加里曼丹陆上和海上、东爪哇海洋和巴布亚的一些区域，苏门答腊岛因油气丰富而有"希望之岛"之称。由于老油田的自然减产和油气勘探和开采领域新增投资缺乏，进入21世纪以来印度尼西亚的原油产量总体呈下降趋势。近年来，马来西亚的油气储量呈不断上升态势，石油储量已超过印度尼西亚，成为东南亚最大的石油储产国。马来西亚探明的石油多为轻质油，油质好，含硫低，主要分布在近海地区的三个储油盆地：马来盆地，面积22.4万平方千米；沙捞越盆地，面积22万平方千米；沙巴盆地，面积3.4万平方千米。越南的油气工业发展迅速，已成为东南亚第三大石油生产国，其产区主要分布在南部海区，北部红河盆地也有少量分布，已开发的大油田有白虎油田、东方油田、龙油田和大雄油田等。其中，白虎油田的石油储量2.5亿~3亿桶，天然气储量约300亿立方米。缅甸石油和天然气主要分布在若开山脉与掸邦高原之间、缅甸中部的沉积盆地区和沿海大陆架，目前已经发现陆上油田或油气田19个，海上气田3个。泰国石油储量增长较快，已发现的油气田超过19个，主要分布在泰国湾、安达曼海、南部平原、中部平原、呵叻高原和北部山间盆地6个含油气区，其中泰国湾盆地最为集中。根据《BP（英国石油公司）世界能源统计2010年鉴》，截至2009年底东南亚地区主要的油气储产国量化统计列表如下：

表1-7 东南亚主要油气储产国统计

国家	石油储量（十亿吨）	石油产量（亿桶）	天然气储量（万亿立方米）	天然气产量（十亿立方米）
文莱	0.1	1.1	0.35	11.4
印度尼西亚	0.6	4.4	3.18	71.9
马来西亚	0.7	5.5	2.38	62.7

国家	石油储量 （十亿吨）	石油产量 （亿桶）	天然气储量 （万亿立方米）	天然气产量 （十亿立方米）
缅甸	—	—	0.57	11.5
泰国	0.1	0.5	0.36	30.9
越南	0.6	4.5	0.68	8.0

煤　东南亚的煤矿资源主要分布在印度尼西亚、马来西亚、泰国、越南、缅甸等国。据印度尼西亚能矿部统计，印度尼西亚煤炭资源储量为580亿吨，已探明储量193亿吨，其中54亿吨为商业可开采储量。据美国能源署统计，印度尼西亚是世界第四大煤炭储藏国；据BP（英国石油公司）能源统计，印度尼西亚已探明煤炭储量43.2亿吨，居世界第15位。印度尼西亚已探明煤炭储量主要分布在苏门答腊和加里曼丹两岛，特别是集中在苏门答腊岛的中部和南部，以及加里曼丹岛的中部、东部和南部。印度尼西亚的煤矿多为露天矿，开采条件较好。印度尼西亚无烟煤占总储量的0.36%，烟煤占14.38%，次烟煤占26.63%，褐煤58.63%。印度尼西亚的煤炭多具有高水分、低灰分、低硫分、高挥发等特性。据印度尼西亚能矿部统计，2006—2008年，印度尼西亚的煤炭产量分别为1.83亿吨、2.15亿吨和2.4亿吨；2009年进一步升至2.54亿吨，居世界第7位，其中78%的产量（近2亿吨）用于出口，使印度尼西亚成为世界第一大煤炭出口国。马来西亚共有约17亿吨的煤炭储藏量，主要分布在沙捞越州、沙巴州、霹雳州、雪兰莪州和玻璃市州，其中约82%集中分布于沙捞越州。沙捞越州的美里—皮拉煤田煤层厚1～3米，为高挥发、中灰分、低硫分烟煤，资源量超过3.87亿吨，是马来西亚最大的煤矿。泰国的煤炭主要是褐煤和烟煤，储量约15亿吨，已探明储量8.6亿吨，80%分布在北部的清迈、南奔、达府、帕府和程逸一带，其余分布在南部的素叻他尼府、董里府、甲米府和东北部的呵叻府和加拉信府。越南的煤主要是高质量的无烟煤，集中在北部的广宁省，煤带西起东潮，然后向南呈半弧形沿下龙湾向东北延伸，全长150千米，煤层厚度20～28米，面积220平方千米。如果计算到地下深300米，已探明的储量为35.9亿吨，其中露天煤矿为1.95亿吨。鸿基煤矿是东南亚最大的煤矿。越南煤的品种主要有无烟煤、褐煤、泥煤和肥煤等，多出口至我国南方省份和城市。缅甸的煤炭资源已探明储量约2.58亿吨，为次烟煤—褐煤，主要分布在东北部和中部，产煤层为新生代地层，重点矿床有西北部的葛利瓦煤矿、南马煤矿等。

锡　东南亚是世界上最大的锡矿产地，泰国、马来西亚、印度尼西亚处于东南亚的锡矿带，所产锡矿占世界产量的一半以上。其中，泰国的锡矿储量为150万吨，居世界首位，主要分布在南部的春蓬、拉廊、攀牙、普吉、素叻他尼、洛坤、董里、宋卡、也拉和北大年等府。马来西亚的锡储量居世界第二，是世界上品位最高的锡矿，主要分布在西马。二战以前马来西亚的锡矿产量曾占世界总量的一半以上，是当时世界上最大的锡生产国和出口国。但由于长年开采，锡矿资源已日趋减少。此外，印度尼西亚的锡矿资源储量146万吨，已探明储量约46万吨，主要分布在西部的邦加勿里洞、井里汶岛以及苏门答腊岛的东海岸地区，90%以上用于出口。

镍　东南亚的镍矿资源主要集中在印度尼西亚、菲律宾和缅甸。印度尼西亚也是世界镍矿资源和生产大国，主要分布在马鲁古群岛、南苏拉威西省、东加里曼丹省和巴布亚岛等，其中东苏拉威西的帕玛拉镍矿是印度尼西亚最早的镍生产中心。印度尼西亚镍矿平均矿石品位1.5%~2.5%，主要为基性和超基性岩体风化壳中的红土镍矿，分布在马鲁古群岛的东部，矿带可以从中苏拉威西追踪到哈尔马赫拉、奥比、格贝、加格、瓦伊格奥群岛，以及巴布亚的鸟头半岛和塔纳梅拉地区等。菲律宾镍矿主要集中在东达沃省、巴拉旺省、北苏里高省和三描礼士省等，2007年底镍储量为94万吨，储量基础520万吨，列世界第10位。菲律宾镍矿多为红土带（占99%），大部分镍矿处于浅土层，易于开采且成本低。近年新发现的费尔尼科镍钴矿已知镍资源量158万吨，钴15.8万吨。由中国有色集团和太原钢铁集团共同投资建设的缅甸达贡山镍矿项目矿山系统已于2011年正式投产。该矿每年将提供高品位镍铁8.5万吨。

铁　东南亚的铁矿主要分布在越南，马来西亚、老挝、缅甸等国也有少量分布。根据越南政府的报告，越南已知铁矿床约200个，其中13个储量超过100万吨，已探明铁矿石总储量超过13亿吨。已发现的铁矿主要分布在越北及越中地区，矿石品种包括以褐铁矿和磁铁矿为主的多种类型。其中河静省的石溪铁矿储量最大，证实储量为5.44亿吨，平均铁含量在61%以上，产于矽卡岩，可露采。铁矿是马来西亚仅次于锡的另一重要金属矿产。其铁矿总储量超过1亿吨，矿石种类包括磁铁矿、赤铁矿、褐铁矿、砖红壤铁矿。其中磁铁矿石品位较高，铁含量超过50%。铁矿主要分布在彭亨、丁加奴、柔佛三州。马来西亚铁矿床规模均不大。主要矿床有丁加奴州的武吉伯西、柔佛州的佩莱卡南和沙巴州的塔瓦伊高原铁矿。

铜　东南亚的铜矿主要分布在菲律宾、印度尼西亚、老挝、缅甸等国家。菲律宾是东南亚最大的产铜国，铜矿资源非常丰富，以斑岩铜矿为主，全国各地均有分布。主要的铜矿床分布在北部吕宋山区的三描礼士省、本格特省、新比斯开省和南部棉兰老岛的北苏里高、北三宝颜省、东达沃省、南可打巴托省，以及中部地区的宿务省等地。地质勘探工作显示，已探明铜矿48亿吨，且仍存在大量的铜矿床和铜矿远景点。印度尼西亚是世界铜资源大国，矿床大多分布在巴布亚省的艾斯伯格山和格拉斯贝格，少量分布在苏拉威西、苏门答腊和爪哇，以斑岩型为主。主要矿床有巴布亚省的艾斯伯格、格拉斯贝格，松巴哇岛的巴图希贾乌等铜、金矿床，还有北苏拉威西和巴占岛上的一些铜矿。印度尼西亚铜矿大多未经加工就直接出口海外，是世界第四大铜矿出产国。近年来老挝铜产量增长较快，主要产自沙湾拿吉地区的赛奔矿山、北部的富开姆铜金矿等。

金 东南亚金矿资源丰富，大多数国家都有金矿分布，其中以印度尼西亚最为集中，其次是菲律宾。印度尼西亚是世界金矿资源大国，官方统计的金矿资源达191万吨，储量约3 200吨，居亚洲地区首位。金矿床类型多为与第三纪火山岩有关的浅成热液型金矿床和矽卡岩—斑岩型铜金矿床。几乎所有岛屿都有金矿的分布，分布较集中的地区有苏门答腊岛、苏拉威西、加里曼丹和巴布亚省。巴布亚省的格拉斯贝格铜金矿是印度尼西亚最大的金矿，也是世界最大金矿之一。

铝 铝是世界上仅次于钢铁的重要金属，在东南亚地区主要分布在印度尼西亚、越南、老挝、马来西亚和菲律宾等国。其中，印度尼西亚已知铝土矿资源量20亿多吨，矿储量可达2 400万吨，主要分布在邦加岛、勿里洞岛、西加里曼丹和廖内群岛。印度尼西亚铝土矿属红土型矿床，为含铝的硅酸盐类岩石在潮湿炎热气候条件下风化形成。铝土矿是越南优势矿产之一，据越南地质机构统计，2005年铝土矿总资源量约80亿吨，主要分布在越南中南部的多乐、达农、昆嵩、林同几省，北部地区也有一定分布。矿床类型主要有两种：红土型和沉积型。其中以红土型为主，集中分布在南方新第三纪—早第四纪高原玄武岩风化岩中。面积超过2万平方千米，风化带深可达60米，共有40.5亿吨储量。沉积型铝土矿产蕴藏在晚二叠世的灰岩中，主要分布在北方的河江、高平、谅山等省内，总资源量估计有数亿吨。马来西亚的铝土矿储产量近年也有大幅度的增长，矿床和产区主要集中在柔佛州。

锰 东南亚地区的富锰矿主要分布在泰国、缅甸、越南、印度尼西亚和菲律宾等国。泰国已发现的锰矿已有50余处，大多位于其北部地区。锰矿的形成与古生代和中生代的拗拉谷沉积盆地有关，矿产丰富，已探明储量达700万吨。缅甸的锰矿集中在哥都礼邦以及与我国云南接壤的掸邦地区，沉积变质成因，多为低磷的优质富锰矿，估计规模相当大。越南高平省与我国广西大新接壤处也有较大规模的富锰矿产出。印度尼西亚的锰矿主要集中在爪哇岛、加里曼丹、苏门答腊等地，与上古生界的沉积岩和新生界的火山沉积岩有关，矿产较丰富，仅亚瓦地区就有1 000万吨左右的矿石。菲律宾吕宋岛的杜帕克斯地区也有锰矿矿床。

钛铁矿 东南亚地区的钛铁矿主要分布在越南，马来西亚也有少量分布，分别是世界第五大和第十大钛铁矿生产国。越南是世界第十大钛铁矿资源国，2007年储量160吨，预测储量1 400吨，矿床30余处。类型有原生矿、风化残积矿和滨海砂矿。其中滨海砂矿分布最广，储量最大，几乎纵贯越南全境，北起芒街经清化、荣市、顺化、归仁直至头顿和河仙。两个大型钛矿均为海岸砂矿，分别位于荣市锦化和归仁吉庆。原生钛铁矿为位于太原城西北的盖占矿床，属中型规模。矿体赋存于辉长岩体中，富矿品位可达30%～40%。原生矿体在地表风化后也形成一些残积型矿砂。

宝玉石　缅甸是东南亚宝玉石储量和产量最多的国家，其宝玉石品种多，质地好，储量极为丰富，品种有红宝石、蓝宝石、水晶石、碧玺、紫牙鸦、金刚石、黄玉、翡翠、琥珀等。最著名的产地是曼德勒省东北的抹谷宝石区，面积约400平方千米，矿化面积1 000平方千米，产品主要是红、蓝宝石，以盛产最优质的鸽红血红宝石而享誉世界，素有缅甸"宝地"之美称。缅甸还是翡翠的王国，已知的世界大部分翡翠资源产于此地。矿床主要分布在克钦邦的隆肯、甘马因、密支那以及八莫地区，这些地区有大量的超基性岩、基性岩、花岗岩出露，原生的翡翠矿床则主要集中于隆肯以西的蛇纹石化橄榄岩体的翡翠矿脉中。1984年在甘马因地区发现的一块翡翠重达400吨，是目前已知世界最大的翡翠。此外，泰国也蕴藏有红宝石、蓝宝石、绿宝石、黄玉尖晶石、电气石、锆石、石英和翡翠等，其中以红、蓝宝石最为著名，主要产地分布在占他武里、达呦、是利菊、北碧和帕府等地，占他武里府的宝石产量约占全国总产量的70%。

五、旅游资源

东南亚的旅游资源非常丰富，大致可以分为人文旅游资源和自然旅游资源两大类。

东南亚大多数国家有着悠久的宗教传承历史，以佛塔、寺庙为主体的宗教建筑物是其主要的人文景观，较为著名的有缅甸的瑞德贡大金塔、印度尼西亚的婆罗浮屠、柬埔寨的吴哥古迹、文莱的杰米清真寺、泰国的大王宫以及老挝的塔銮等。除了这些历史悠久的文明古迹，东南亚飞速发展的经济建设还带动了一大批独具特色的现代化城市的涌现，如花园城市新加坡、水上城市曼谷、拥有452米双峰塔的吉隆坡以及东南亚第一大城市雅加达等。

瑞德贡大金塔（Shwe Dagon Pagoda）　世界著名佛塔之一，位于仰光市北茵湖畔的圣丁固达拉山上，是仰光市的标志性建筑，也是缅甸的象征。塔身高110米，表面涂有72吨的黄金，塔顶由近3 000克拉的宝石镶嵌而成。缅甸人将它称作"瑞达光大光塔"。"瑞"即"金"之意，"大光"是缅甸的古称。据佛教传说，释迦牟尼成佛后，为报答缅甸人曾赠蜜糕为食而回赠了八根头发。佛发被迎回缅甸，忽显神力自空中降下金砖，于是众人拾起金砖砌塔，至今已有千余年的历史。整个建筑群非常雄伟，在阳光的照射下显得夺目而耀眼。

婆罗浮屠塔（Borobudur Temple Compunds）　世界最大的古老佛塔之一，位于印度尼西亚爪哇岛日惹市中部马吉冷婆罗浮屠村一座海拔265米的岩石山上。大约于公元750年至850年间由当时统治爪哇岛的夏连特拉王朝统治者兴建。后因火山爆发，使这佛塔群下沉，并隐盖于茂密的热带丛林中，1814年被英国人莱佛士发现，二战后在联合国援助下得以重建。佛塔是由附近河流中的安山岩和玄武岩砌成的，整个建筑分为三层，基座是五个同心方台，呈角锥体；中间是三个环形平台，呈圆锥体，围绕着环形平台有72座精雕细刻的印度塔，内有佛龛，每个佛龛供奉一尊佛像；顶端是佛塔，现存实际高度近35米。1991年被联合国教科文组织世界遗产委员会列为世界文化遗产。

吴哥古迹（Angkor）　柬埔寨古代吴哥王朝的首都遗址，位于柬埔寨西北方暹粒市，是由大小600多座精美石刻浮雕和雄伟石塔构成的石砌建筑群。古迹群散布在45平方千米范围内的森林里，包括吴哥王朝从9世纪到15世纪历代都城和寺庙，如吴哥窟、吴哥城、巴戎寺、女王宫等遗迹。吴哥古迹是柬埔寨古代文明的珍贵遗产，与中国的万里长城、埃及的金字塔、印度尼西亚的婆罗浮屠塔并称为古代东方四大奇迹，1992年联合国教科文组织世界遗产委员会把整个吴哥古迹列为世界文化遗产。

杰米清真寺（Jame' Asr Hassanil Bolkiah Mosque）　又称"国王清真寺"，位于文莱首都斯里巴加湾市内，是文莱第29任苏丹哈吉·哈桑纳尔·博尔基亚于1983年建造而成的新皇宫。清真寺占地约1.21万平方千米，建筑面积3万平方米，共有29个圆拱金顶，由45公斤黄金镀成。清真寺内部由四幢相通的建筑物组成，男女两个朝拜室分别能容纳3 500人和1 000人。这个清真寺又名"蓝色清真寺"。从外面看，淡蓝色的柱子高耸入云，几个金色圆顶在阳光下熠熠生辉，那都是纯金的，包括清真寺外面长长的围墙上无数的小圆顶，也都是纯金打造，行人随时可以摸到。

大王宫（Bangkok Grand Palace）　位于泰国首都曼谷市中心，背对湄南河，由一组布局错落的建筑群组成，暹罗式风格，汇集了泰国绘画、雕刻和装饰艺术的精华。1946年泰皇拉玛九世将住所迁至大王宫东面新建的集拉达宫之前。大王宫是拉玛一世至拉玛八世的国王宫殿，现为国家部分机关的办公场所。宫廷建筑以白色为主，占地面积21.84万平方米，四周筑有白色宫墙。宫墙高约5米，总长1 900米，主要建筑物有阿玛林宫、节基宫、律实宫和玉佛寺等。其中，玉佛寺是泰国王族供奉玉佛像和举行宗教仪式的场所，因寺内供奉着玉佛而得名。玉佛殿是玉佛寺的主体建筑，大殿正中的神龛里供奉着被泰国视为三大国宝之一的玉佛像。玉佛高66厘米，宽48厘米，是由一整块碧玉雕刻而成。大王宫和玉佛寺是曼谷的标志，也是泰国旅游的必到之地。

塔銮（Wat That Luang）　古代佛塔群建筑，意为"大塔"或"皇塔"，位于老挝首都万象市区东北约3千米处的塔銮广场，佛教文化艺术的结晶，被老挝视为国宝，是老挝佛教徒和民众顶礼膜拜的中心。公元1560年赛塔提腊国王统治时期在一古塔的基础上历时6年扩建而成，后屡遭损坏，也屡经修缮，方保存至今。建筑总体呈方形，灰砖结构，建筑风格独特。主塔底部由3层巨大的方座构成，四边正中均有膜拜亭；第二层有30座配塔；第三层矗立主塔，顶端贴以金箔，塔体金光闪烁。塔高45米，宽54米。四周几十米宽的草地外是方形围廊，构成塔銮。

除上述人文景观外，东南亚独特的地理特性和气候类型还造就了一大批风景如画的热带度假胜地，如被称为安达曼海"珍珠"、"热带天堂"的泰国普吉岛，有"千寺之岛"、"艺术之岛"之称的印度尼西亚巴厘岛，享有"东方花园"、"小亚洲"之盛名的马来西亚槟椰屿，被誉为"东方夏威夷"的泰国芭堤雅、"欢乐宝石"的新加坡圣淘沙，以及因景色酷似我国桂林山水而享有"海上桂林"之美名的越南下龙湾等。这些岛屿距离城市较远，海滩类型丰富，自然景观独特，而且发展旅游业较早，服务设施齐全，是东南亚旅游资源的重要支柱，每年都能吸引大量的海外游客。

第二章 简 史

第一节 古代简史

一、史前社会

东南亚有着悠久的历史，早在远古时期，已经有原始人类在东南亚地区繁衍生息。旧石器时代早期的直立人和旧石器时代中晚期的智人的化石在中南半岛地区和海岛地区皆有发现。考古工作者在东南亚地区发现过许多旧石器时代的石器，如石锛、砍砸器和各种粗糙程度不同的石片，还有用动物骨骼制成的骨鱼叉、骨刀等。

大约距今1万年起，东南亚开始由旧石器时代向新石器时代过渡，从目前已知的考古发现来看，半岛地区新石器文化的发展要早于海岛地区。较有代表性的有越南的和平文化、北山文化，泰国的仙人洞、班高文化，缅甸的勒班奇波文化和陶马贡文化等。

在东南亚中南半岛和海岛地区广阔的地域范围内都出土过新石器时代的遗存，以磨制石器和各种陶器为标志，如石刀、石斧刃、石叉（猎叉、渔叉）、石耙齿、石轮轴等磨制石器；在一些地区发掘原始洞穴时还发现了不少岩画、器形丰富的各类陶器等。此外各类植物的遗存以及鹿、牛、猪、狗等动物骨骼化石也多有发现。在海岛地区的一些新石器时代遗址中发现大量的贝制工具，反映了海生贝类动物对当时人类生活的影响。在这些地区还发现过许多金石并用时代的青铜制品，其中包括东南亚原始社会末期最重要的代表性器物——铜鼓。东南亚新石器时代后期在印度尼西亚群岛和中南半岛出现的巨石文化，反映了东南亚原始民族的宗教崇拜和独具一格的艺术水平。

关于东南亚上述各时代的起讫时间，学者的意见不甚一致，但从考古学的证据来看，东南亚原始社会经历了旧石器时代、新石器时代、金石并用时代和一些地区的青铜时代是确凿无疑的。在东南亚半岛地区新石器时代大约持续了七八千年，大部分地区直到公元前1世纪仍处于新石器时代，海岛地区则更晚。

东南亚处于种族和民族迁徙的十字路口，数千年间，亚洲大陆上民族迁移的浪潮，从不同的方向在不同的年代到达东南亚各地，形成了东南亚地区极其复杂的人种、民族。东南亚最早的人群是属于澳大利亚人种的尼格利陀人，也称"小黑人"，他们在东南亚史前文化的创造发展过程中起到了重要作用。随着移民浪潮来到东南亚的人群属于蒙古属系马来型，最初到来的是"原始马来人"，后来到达的被称为"新马来人"，他们带来了更为先进的新石器文化。"马来人"或与居住在主要岛屿沿岸的早期居民混合，或取而代之，最终成为今天海岛地区的主体民族。

在公元前1世纪中又有两个重要的族群——孟高棉系民族和起源于中国南方百越的

越族群体（后演化成越南的京族和泰缅老等国的泰掸系民族）迁入中南半岛。公元前后，来源于中国古代的氐羌族群的藏缅系民族南迁中南半岛。这些从亚洲大陆上迁移来的民族逐渐成为东南亚各国历史的主角。因迁移时间及地理环境不同，各族群不仅形成各有特色的风俗习惯和语言，其社会发展也不平衡。

二、古代历史

东南亚的古代历史是指从早期国家开始出现到东南亚各地统一的封建国家形成、发展、成熟的这段时期的历史，在时间上大致从公元前后到16世纪西方国家开始入侵东南亚从而使东南亚历史进入近代史阶段为止。

公元前后，东南亚历史发生了一个急剧的变化，在社会内部生产力发展和外来文化（尤其是中国和印度的文化）的影响下，无阶级的原始社会过渡到了早期阶级社会。出现了许多早期国家，铁器已开始进入社会生产和日常生活中了。在由旧石器时代发展到铁器时代这一漫长的历史进程中，东南亚的居民从游猎而居过渡到了集体定居，出现了村落和城邦；从猎兽、捕鱼、采集野果过渡到了种植谷物、养殖、畜牧和生产经营。从公元前后到公元10世纪左右，东南亚先后出现过数十个早期国家，这些早期国家既具备了国家的一些基本特点，又大量地保留了原始村社的特点。由于自身发展水平和所受外来影响的不同，它们彼此之间呈现出较大差异，早期诸小国的差异体现了东南亚历史发展的不平衡性。大致来说，在大河流域和河谷地区，较早出现了较为完全意义上的国家，而在山地和高原地区，则较长期地处在原始氏族社会和部落联盟阶段。

到公元10世纪左右，中南半岛上的东南亚主要民族国家缅甸、暹罗、柬埔寨、老挝、越南等国已建立了相对稳定的封建国家，中央集权的政治体制已有不同程度的发展；而马来半岛先后出现过多个小国，但没有统一过马来半岛；在海岛地区，印度尼西亚群岛上虽然出现过一些著名的强国，但主要在爪哇岛、苏门答腊岛，从未统一过印度尼西亚群岛；菲律宾群岛处于分散状态，只有部分地区在这个时期的后期有村社部落发展为带封建性质的小国，在苏禄、棉兰老、吕宋等岛屿建立了伊斯兰苏丹国。

为方便了解东南亚的古代历史，我们以现代东南亚各国的地域为基础对这个时期东南亚出现过的主要国家及其兴亡更替进行梳理、介绍和分析。

（一）越南

越南历史上的最早国家是带有神话传说性质的文郎国、瓯骆国。传说文郎国共存在2 622年，历十八世雄王，雄王为貉龙君与帝来之女姬姬的后裔，系"龙子仙孙"。公元前257年，蜀王子泮灭文郎国，建立瓯骆国。公元前207年，瓯骆国为南越王赵佗所吞并。

中国秦代把五岭以南直至今天越南北部和中部的广大地区统称为"南越"。秦始皇统一六国后挥兵南下，于公元前214年取南越之地，并设桂林、南海、象三郡。其中，象郡包括今天越南北部和中部地区。秦设象郡为中国封建王朝在越南实行郡县统治之始。

　　自此至公元968年丁部领建立"大瞿越"国的1 000多年里，越南一直处于中国封建王朝的统治之下，作为中国的郡县而存在。

　　郡县之初，中国对越南的统治比较松弛。秦朝虽在南越三郡置守令，但仍主要依靠当地人来管理当地事，并向三郡地区大批移民，促进其地的开发及其与中原地区的经济文化交流。秦末天下大乱，公元前207年，秦朝边吏南海郡尉赵佗"击并桂林、象郡"，建南越国，但不久南越国便对西汉王朝称臣纳贡。赵佗把越南分为交趾、九真二郡，对其"从其俗而治"。

　　公元前111年，汉武帝遣伏波将军路博德平定南越国，在其地设交趾部，下设九郡。其中，交趾、九真、日南三郡在今越南北部和中部地区，两汉时期，中国中原地区先进的生产工具、生产技术和政治制度与文化不断传入越南，促进了越南经济文化的发展和社会进步。

　　隋唐时期，中国封建王朝在交州长期设置比较完备的地方军政机构，对交州进行严密、有效的统治。公元604年，隋文帝（杨坚）设置交州道行军总管府，公元607年，改交州为交趾郡。唐朝在交州的建制多次变动，公元679年，唐置安南都护府，治所在交州。"安南"之名始此。隋、唐派往安南的地方高级文武官员均由中央政府直接任免。在隋唐王朝的治理下，安南出现了政治安定、经济繁荣、文化昌盛的局面。

　　唐朝灭亡以后，逐渐壮大起来的越南封建主乘中国动乱之机，纷纷割据称雄。曲承裕、杨廷艺、矫公羡、吴权及丁部领五氏相继崛起，939年，吴权自立为王，在位仅五年且未能统一安南全境。944年吴权死后，越南境内形成为时22年的"十二使君之乱"，中国国内割据政权已无力顾及安南，安南的独立已成必然之势。

　　公元968年，丁部领平定十二使君，统一越南，建立"大瞿越"国。自此，越南摆脱了中国的统治，获得了独立，开始了越南历史上的自主封建王朝时期。公元975年，宋朝封丁部领为交趾郡王，视为"列藩"。从此，越南仍与中国保持"宗藩"关系，直至1885年方告结束。

　　从公元968年丁部领建"大瞿越"国到1945年越南最后一个封建王朝——阮朝，越南封建国家先后经历了丁朝、前黎朝、李朝、陈朝、胡朝、后黎朝、西山朝和阮朝等朝代，在后黎朝后期，曾出现黎、莫对峙的"南北朝"局面和北郑南阮的南北纷争时期。

　　中国对越南千余年的郡县统治，使越南濡染中国文化甚深。越南自主封建国家建立后，在统治制度等各个方面力图效法中国。丁朝（968—980年）和前黎朝（980—1009年）为越南独立自主封建国家的初始阶段，国祚短暂，政局不稳，主要依靠军事力量来进行专制统治，并实行严刑峻法，同时利用佛教势力来维持国内秩序。贵族、官僚、寺院封建主成为丁朝和前黎朝的统治支柱。

　　1009年，李公蕴篡夺黎朝王位，建立李朝。李朝传九世，共存216年，是越南封建国家走向巩固和发展时期。李公蕴即位后，把国都从华闾迁至大罗城，改名为升龙（今河内）。1054年，李日尊（圣宗）即位后，将国号由大瞿越改为大越。1164年，宋孝宗封李天祚（英宗）为安南国王，进一步承认大越的独立地位。李朝中央朝廷以国王为最高统治者，受中国册封。其下文武百官分为九品，地方分为二十四路，下有州和府，最低为社，设社官管户籍，这种统治机构和官制均效法中国。李朝的军队包括步兵、水兵和象兵。在文化方面，李朝奉佛教为国教，李朝也提倡尊孔尚儒，1075年，李朝首次开科取士，是为越南科举考试之始。李朝末年，政治腐败，朝政紊乱，政权傍落。

公元1225年，陈守度逼年仅8岁的李昭皇禅位给陈守度之侄子陈日煚，李朝遂亡，开始了陈朝（1225—1400年）时期。陈朝进一步整顿和完善了李朝的各种制度，国势蒸蒸日上。国王拥有全国土地的最高所有权，并把大量的土地分封给皇室、贵族和功臣，赏赐给寺院。陈太宗时（1225—1258年），土地分为国库田、公田、拓刀田和私田四类。国库田是王室直接经营的田土；公田是农村公社的田土，分给农民耕种，向国家缴纳租税；拓刀田，是国王封赐给功臣的土地；私田即个人占有的私有田地。陈朝时期，越南已经成为一个强盛的国家，在名将陈国峻（兴道王）的率领下，成功地抗击了元朝的三次进攻（1257、1285、1287年），还发动了对占城和老挝的战争。

公元1400年，陈朝外戚胡季犛篡权称帝，建立胡朝（1400—1407年），国号大虞。胡朝建立后，大肆屠杀陈朝宗室，对人民实行残暴的高压手段，这种专制统治引起各种力量的反对，政权极为不稳。1407年，明朝为恢复陈朝，出师越南，推翻了胡氏。陈朝借助明军得以暂时恢复，但不久明朝即在越南设交趾布政使司，对越南进行直接统治，出现了短暂的"属明时期"（1407—1427年）。1418年，黎利发动蓝山起义，反抗明朝的统治。

公元1428年，黎利驱逐明军，建立黎朝（后黎朝：1428—1789年），国号大越。后黎朝可分为前期和后期两个阶段，从1428—1527年莫登庸篡权，为后黎朝前期；1527—1789年为后黎朝后期。后黎朝前期是越南封建制度高度发展的时期，尤其是黎圣宗在位期间（1460—1497年）达于鼎盛。地方官吏的权力被削弱，中央集权制的封建国家机器得到进一步加强，科举制度日趋严密。国家实行募兵制，选拔壮丁入伍，建立了庞大的常备军。从16世纪开始，越南封建国家进入衰落阶段，朝政紊乱，废立频仍，中央政权被削弱，国家长期陷入分裂和内战。1527年，后黎朝权臣莫登庸篡夺黎朝的帝位，自立为王。以阮淦为首的一部分黎朝旧臣在清化、义安一带拥立黎维宁为帝，称黎庄宗，与莫氏政权相抗衡。这样，从1527年至1592年，就形成了黎、莫对峙的"南北朝"局面。1592年南朝击败莫氏，结束了越南历史上的南北朝。黎氏击败莫氏主要依靠大将郑松和阮潢的力量，1592年郑松攻下河内，控制了军政大权，阮潢则于1600年在顺化称王，与北方的郑氏相抗衡。从1627年至1672年，北方的郑氏和南方的阮氏两大封建主集团之间在维护黎氏王朝的名义下进行了近半个世纪的内战，最后不分胜负，便以溇江为界，各据一方。

南、北两个封建主集团长期对峙纷争，史称南北纷争（或郑、阮纷争）时期。南北纷争使越南的社会危机日益严重，农民起义不断发生。1771年由阮岳、阮惠和阮侣三兄弟领导发动了西山起义。起义军转战20年，推翻了南阮北郑的统治，结束了黎氏王朝，击退了暹罗和清朝军队的武装干涉。1788年，阮惠称帝，号光中，建立西山王朝（史称新阮）。当取得胜利后，阮氏兄弟阋墙，1802年，西山政权被阮福映勾结法国殖民者推翻。

1802年，阮福映定都富春（顺化），建立了越南历史上最后一个封建王朝——阮朝。1804年改国号为越南。阮朝是在封建制度危机的情况下依靠外国势力建立起来的，因而缺乏稳固的社会基础和民族支持。越南封建社会发展到阮朝已日趋衰落。阮朝恢复了官僚集权制，强化君主专制统治。嘉隆帝时期，中央设置六部：吏部、礼部、户部、兵部、刑部和士部。朝廷不设宰相，以保障国王的绝对权威。阮朝把土地集中于皇族之手，致使社会危机日益加深。1858年，法国开始发动了对越南的殖民侵略战争，越南逐步沦为法国的殖民地。

（二）老挝

公元1—12世纪，老挝地区的主要居民为孟—吉蔑人，他们建立起许多奴隶制小国，其中以川圹和甘蒙一带的西科达蒙较为强盛，中国史书称之为"堂明"。6世纪，真腊兴起，兼并堂明国，今万象以南尽为其所有。8世纪初，真腊分裂为二：南部为水真腊，北部以今老挝地区为中心形成了陆真腊。

9世纪初水、陆真腊重新统一，真腊成为中南半岛强国。10世纪以后，相继迁入老挝地区的泰佬人开始兴起，建立了许多小国，以琅勃拉邦的孟斯瓦国最为强盛。

1353年，孟斯瓦王子法昂在真腊的帮助下，统一老挝全境，建立了以佬族为主体的封建国家——澜沧王国，定都琅勃拉邦，这是老挝历史上第一个统一的中央集权制封建国家。此后，法昂又多次出征，于1356年攻占万象与文坎，在当时的中南半岛上雄极一时。法昂登位不久，就请求真腊国王派高僧到老挝传播小乘佛教。从此，小乘佛教在老挝地区得到广泛传播，并逐渐发展成为国教。而法昂在王后巧肯雅去世后变得颓废消沉，幕僚们将他废黜流放。由其子陶温孟继承王位，即桑森泰王（1373—1417年）。桑森泰王和兰坎登王（1417—1428年）执政时期，是澜沧王国的繁荣和发展时期。兰坎登王死后，澜沧王国经历了一个内讧时期，国力受到了很大削弱。

到了维苏腊国王（1500—1520年）和其子波提萨拉腊王（1520—1550年）统治时期，澜沧王国再度繁荣，封建社会已进入相当繁荣阶段，封建等级制度进一步完善。最高一级称"帕沙拉"，即国王；第二级为"色纳"，即国王的顾问；第三级称"阿玛"，为各级官吏；最下一级为"约特"。各级官吏按贵族等级获得相应的田地作为自己的俸禄，这种制度被称为"萨迪那"。根据老挝封建土地制度，其土地分为国有土地和村社土地。村社土地所有权属于国王，只是交由村社使用。实行农奴式的"贡滥"剥削，地租和赋税合而为一。同时，寺院占有大量的土地，在老挝社会中起着举足轻重的作用。

1550年，塞塔提腊王登基。1560年塞塔提腊王决定将首都从琅勃拉邦迁到万象。并在万象大兴土木，修建了王宫、寺院及著名的塔銮。

1572年，塞塔提腊王去世，由于其子诺蒙亲王年幼，外戚森苏林自立为王，引起了国家的混乱。而缅甸趁澜沧王国内乱于1574年再次对其发动了进攻，并攻陷万象，掳走国王森苏林和诺蒙亲王。1633年，苏里亚旺萨击败所有对手，登上王位。在他当政期间，老挝重新获得了和平与繁荣，并且与邻国缔结了一系列协定，明确地划定了王国的边界。

苏里亚旺萨去世之后，发生了王位继承权的争斗，先是大臣蒙占攫取了王位，后来翁洛率军攻杀了蒙占，翁洛又被那空的长官南塔腊杀死。1698年，苏里亚旺萨侄儿赛·翁·顺化在越南军队的帮助下，攻占万象，杀死南塔腊，登上王位，自立为万象国王，并派其兄陶农亲王占领并统治琅勃拉邦。

1707年，逃到西双版纳的景基萨腊和英塔松率军攻占琅勃拉邦，接着向万象进军。在暹罗大城国王调停下，双方正式承认以南腾河为界，各自建立国家。澜沧王国正式分裂为两个国家，即琅勃拉邦王国和万象王国。1713年，苏里亚旺萨的外孙诺卡萨亲王在老挝南部又建立了占巴塞王国。此外，当时在老挝地区还存在着一些小的侯国或邦国，如：川圹、孟新、乌怒等。至法国占领老挝之前，他们之间相互敌视，纷争不息，使各方都日渐衰落，不得不依附邻近的暹罗（泰国）和越南。

1778年，暹罗派兵攻陷占巴塞，接着征服万象，同时强迫琅勃拉邦王国接受其宗主权。至此，老挝的三个王国丧失了独立，沦为暹罗的附属国。在此期间，老挝各王国虽然保留了原有的政治制度，但王位继承与高级官员的任命均由暹罗决定。1825年，万象国王昭阿努起兵反抗暹罗统治，被暹罗军队镇压，昭阿努被俘。万象王国被暹罗完全占领。不久，川圹也被越南军队占领，改名镇宁府，并入清化省。这种状况一直延续到19世纪末法国殖民主义者侵入老挝。

（三）柬埔寨

据中国史书记载，在柬埔寨最早出现的国家叫"扶南"。公元1世纪时，扶南女王名柳叶，有"徼国"的"事鬼神"者混填泛海至扶南，混填和柳叶结合后建立了混氏王朝。混填将印度的政治制度、语言文字、法律、宗教等带进了扶南，使这个国家开始了一个印度化的过程。后来，混填将他的7个儿子进行"分封"，他们同混填之间既是父与子的关系，也是国王同诸侯的关系。继混填之后是他的儿子混盘况为王，混盘况开疆扩土，扩大了统治领域，使扶南日益强盛。继混盘况之后为王的是他的儿子混盘盘。混盘盘只当了3年国王就死了，他的死宣告了混氏王朝的结束。

掌握军政大权的范蔓篡权建立了范氏王朝，扶南王国的发展壮大始于范蔓时代。范蔓自恃国力强盛，兵强将勇，便以武力征伐邻国，使扶南称雄于东南亚地区，范蔓因而自封为"扶南大王"。范蔓死后，大将范寻等相继为王。

到东晋穆帝升平元年（公元357年）扶南国已由竺旃檀当政了。竺旃檀可能是逃到扶南的印度贵族，因为他使用的是印度贵霜王朝的王族头衔"檀"。旃檀以后的国王大都带有"跋摩"的称号，故史学家称其为"跋摩"王朝。

继旃檀之后为王的是憍陈如，他是一位来自南印度的婆罗门教徒。憍陈如入主扶南后在扶南推行印度化，在他的倡导下，婆罗门教更加兴盛；同时大乘佛教广为传播，并拥有为数不少的信徒；印度的文字、历法乃至风俗习惯也被带进扶南。憍陈如虽然在扶南大力推行印度化，但是在印度文化与扶南本土文化相结合的过程中，高棉人也逐渐形成了自己特有的民族文化。

憍陈如死后，扶南逐渐衰落，公元6世纪中叶，扶南的北方属国——另一个高棉人的王国真腊崛起，至7世纪中叶，终于将扶南王国完全征服，开创了柬埔寨历史上的真腊时代。

拔婆跋摩（540—600年）是真腊王国的开国之君。其弟摩诃因陀罗跋摩在征服扶南的战争中，战功卓著，之后继承王位，继续奉行拔婆跋摩制定的政策。伊奢那跋摩最终完成了征服扶南的大业，奠定了吴哥王朝的基础。其后拔婆跋摩二世推崇湿婆教，修建了大量圣塔。阇耶拔摩一世大力提倡湿婆和毗湿奴合为一个天神的宗教，而排斥佛教。公元710—717年间，真腊因王位继承问题而发生政治动乱，最后分裂为南北两国：南部因靠海而被称为水真腊；北部因多是山地而被称为陆真腊（又名文单国）。

公元9世纪初，阇耶跋摩二世统一了水、陆真腊，迁都吴哥地区，建立了吴哥王朝。他死后，由儿子阇耶跋摩三世继位，之后，他的表兄弟因陀罗跋摩一世继位，他是第一个在吴哥地区修建水利工程的国王。他死后，其子耶输跋摩一世继位，由他在吴哥地区建立了第一个吴哥城，并在都城修建了东巴莱大水库。他还开疆扩土，使王国的疆土跟扶南全盛时期的疆土一样大。

苏利耶跋摩一世创造了吴哥第二时期的辉煌，他兴建了一批著名的建筑，其中最具代表性的是素有"天宫"之称的披梅那卡寺和第一座用砂岩建成的高棉庙宇——茶胶寺。他还是柬埔寨历史上第一个皈依大乘佛教的国王。在他之后继位的是乌迭蒂耶跋摩二世，该国王统治时期的代表性建筑是巴普昂寺，他还在吴哥城的西郊开凿了西巴莱湖。在紧接其后的几位国王当政期间，为了表达对宗教的虔诚，继续修建寺庙，这些寺庙成为吴哥文化的组成部分。之后，苏利耶跋摩二世继位，他是柬埔寨历史上一位战功显赫、建树颇多的国王，他使吴哥王朝日益昌盛。他不断向外扩张，使真腊王国疆域辽阔。他还大肆修建庙宇，主持建造了全世界最大的宗教建筑物——吴哥寺（吴哥窟）。

常年大规模的庙宇修建耗尽了吴哥国力，使吴哥王朝一度出现衰落的趋势。于是，占婆乘机大举入侵，占领吴哥。

阇耶跋摩七世作为吴哥王室的后裔，带领人民打败了占婆占领者，被拥戴为王。他是吴哥王朝最有名的君主，正是他把吴哥王朝推向了鼎盛时期。他的对外扩张使吴哥的版图成为柬埔寨历史上最大的版图。他还是一位虔诚的佛教徒，他动用了庞大的人力、物力和财力重建了吴哥城。常年对外用兵和大规模地修建王城、寺院和皇宫，耗尽了国力，社会开始出现动荡的局面。自阇耶跋摩七世死后，吴哥王朝便急剧地衰落了。公元1238年，泰族人摆脱吴哥王朝的统治而宣布独立，建立了素可泰王国，此后不断侵扰真腊。公元1350年，更为强大的阿瑜陀耶王朝取代了素可泰王朝，对真腊造成了更大的威胁。公元1351至1432年间，阿瑜陀耶王朝向真腊王国发动了三次大规模的侵略战争，三次洗劫吴哥。由于吴哥离西邻强敌太近，因此当时的国王蓬里阿·亚特将国都迁至湄公河东岸的巴桑。但一年后湄公河洪水泛滥，迫使其再度迁都，最终于1434年定都金边。吴哥王都的放弃，标志着吴哥王朝的结束。

自真腊迁都金边之后，国内的王位纷争一直没有停止，国力也日渐衰微。暹罗乘机干预真腊内政，扶持安赞为王。但此后，安赞努力摆脱暹罗对真腊的控制。并且为了免受暹罗的骚扰，他迁都洛韦。暹罗国王纳黎萱于1594年攻占了洛韦，对其进行了洗劫和焚毁。洛韦的陷落，标志着柬埔寨历史进入了一个完全衰落乃至被宰割的时期。

洛韦陷落后，真腊国王索塔之弟索里约波被俘。暹罗于1600年将其护送回国，扶植为柬埔寨国王，并正式宣布柬埔寨为暹罗的附属国。继索里约波之后为王的吉·哲塔二世希望摆脱暹罗的控制，使国家获得独立与复兴。为此他迁都乌栋，求助于东邻——越南的阮氏政权，希望借助越南人去对付暹罗人。自此越南人开始参与对柬埔寨控制权的争夺。到了18世纪后半叶，越南完成了对整个下柬埔寨的吞并。但是，由于当时的越南正处于北郑南阮的割据局面，因此，暹罗此时在这场争夺中占据优势，柬埔寨基本上仍处于暹罗的控制之下。而自1802年越南全国统一后，又重新开始了与暹罗对柬埔寨的新一轮争夺战。在1811年和1833年的争夺柬埔寨的暹越之战中，暹罗均以失败告终。越南两次武装护送柬埔寨国王安赞回国执政，柬埔寨成为越南军队保护下的属国，暹罗逐渐丧失了对柬埔寨的控制权。1835年，安赞病逝，越南立其次女安眉为高棉郡主，并派"保护真腊官"和"权监国事"，这表明柬埔寨实际上已成为越南管辖下的一个行政区域。至此，越南终于暂时实现了对整个柬埔寨的直接统治。

自越南完全控制了整个柬埔寨后，暹罗在柬埔寨的权益彻底丧失。暹罗人利用1840年的反越大起义这一良机，打着支持柬埔寨合法王位继承人继位的旗号，派兵护送安东（安赞王之弟）回国，从而引发了一场暹越之战。双方在这场延续了七年之久的战争中相持不下，严重消耗了两国的国力。并且，越南此时也正面临着西班牙和法国的威胁，急需从这场战争中脱身。因此，双方最后达成妥协，签订了和约，使柬埔寨由越南的单独统治变成暹越两国的共同控制，沦为两国共同的附属国。此后不久，越南、暹罗和柬埔寨相继沦为西方列强的殖民地或半殖民地，从而结束了柬埔寨被越暹共同奴役的历史。

（四）泰国

在泰国的土地上最早出现的国家是孟人建立的，公元3世纪前，孟人就在湄南河盆地建立了两个国家，中国史籍称为林阳和金邻，6世纪以后，孟人在湄南河下游建立了堕罗钵底国，堕罗钵底国崇奉佛教，在泰国佛教艺术史上占有重要地位，10世纪时堕罗钵底国被当时强盛的吴哥王朝征服，13世纪前，吴哥王朝是中南半岛上的强国，泰国领土上的不少部族、部落国家都隶属吴哥王朝管辖，自阇耶跋摩七世死后，吴哥王朝便急剧地衰落了。与此同时，泰国地区的泰族开始发展起来，公元1238年，泰族首领坤·邦克郎刀联合另一个泰族首领向驻在素可泰的真腊军队发起进攻，打败了真腊军队，泰族人摆脱了吴哥王朝的统治而宣布独立，建立了素可泰王国。泰国官方和学术界都把素可泰王国视为泰国历史上第一个有文字记载的国家。素可泰王国建立后，不断向外扩张，到坤兰甘亨国王统治时期，素可泰王国已成为中南半岛上的强国，坤兰甘亨国王在位时期，素可泰王国实行军政合一的统治制度，国王是最高军事统帅，国中成年男子平时生产，战时为兵。坤兰甘亨国王重视发展生产，大力弘扬佛教，并创造了统一的文字，为今日的泰文奠定了基础。坤兰甘亨国王死后，素可泰王国日渐衰微，国家处于分崩离析的状态，1350年，南部阿瑜陀耶王国兴起，发兵进攻素可泰，1378年素可泰被阿瑜陀耶王国降服。

阿瑜陀耶王朝是继素可泰之后的又一个重要王朝，历时417年，是泰国历史上持续时间最长的王朝。阿瑜陀耶王朝建立初期沿袭了素可泰王朝的一些统治制度，在戴莱洛迦纳王统治时期（1448—1488年）建立了以部为基础的中央集权行政系统，同时为了加强各级封建主对土地的控制颁布了"萨迪纳制"，贵族、官吏按照爵位、官职大小被授予一定的土地，农奴必须通过承担缴纳贡赋、服兵役劳役等封建义务才能从封建主那里获得土地，"萨迪纳制"通过土地授受关系产生人身依附关系。"萨迪纳制"在泰国沿袭数百年，直到19世纪末才被废除。

16世纪中叶，阿瑜陀耶西边的缅甸东吁王朝日渐强盛，从1549年起，缅军开始大规模进攻阿瑜陀耶，1569年缅王莽应龙的军队征服了阿瑜陀耶，阿瑜陀耶成为缅甸东吁王朝的附属国，1584年纳黎萱王经过斗争又使阿瑜陀耶重新获得独立，此后100多年间阿瑜陀耶重新走向强盛。18世纪后阿瑜陀耶国内分立割据日益严重，缅甸贡榜王朝国王孟驳趁阿瑜陀耶国力衰弱于1765年发动对阿瑜陀耶的战争，1767年缅军攻占阿瑜陀耶城，并在大肆掳掠之后将该城付之一炬，阿瑜陀耶王朝灭亡。

阿瑜陀耶灭亡后，青年统帅郑信（其父郑镛原籍中国广东澄海，早年迁居泰国）顺应人民驱缅复国的强烈愿望，举兵抗击缅军，1767年10月郑信的军队歼灭了缅甸守军，光复了阿瑜陀耶城。由于阿瑜陀耶城已被摧毁，郑信便在阿瑜陀耶南部的湄南河西岸的吞武里建立都城，1767年12月郑信登基，建立吞武里王朝。郑信统一全国后又开始对周围国家的征战，1781年郑王派大将披耶却克里率大军进攻柬埔寨，由于1782年国内发生动荡，披耶却克里闻讯赶回吞武里并处死郑王，历时15年的吞武里王朝即告灭亡。

1782年4月披耶却克里自立为王，将首都迁往曼谷，建立了曼谷王朝，亦称却克里王朝，国祚延续至今，披耶却克里号称拉玛一世，今天的泰国国王普密蓬·阿杜德是第九世国王。

（五）缅甸

公元前后缅甸最初形成的主要城邦国家有缅甸北部帖族和同系民族建立的太公国、掸傣族先民建立的掸国、西部若开族人建立的呋舍离国、南方孟族人建立的直通国、伊洛瓦底江流域骠族人建立的骠国等。

太公国和掸国都是当时中国与罗马通商交往的通道之一。直通国位于海岸线上，地处中国、印度及东南亚各国贸易往来的必经之地。先进的外来文化对这些地区的发展产生了一定影响，5世纪以后直通国成为缅甸小乘佛教的中心。

骠国在4世纪进入全盛时期，农业发达，手工业具有相当水平；与中国、印度和东南亚各国有贸易往来。骠国盛行佛教，使用自己创造的文字——骠文，也使用从印度传入的梵文，音乐舞蹈艺术有高度发展。832年，云南的南诏地方政权攻陷骠国都城。此后，大量骠国居民向蒲甘等地迁移，逐渐和缅族融合。

缅族来源于中国古代的氐羌族群，战国时期大规模南迁。古羌分支中的白狼人经历了几个世纪的迁徙历程，7世纪时越过掸邦高原，9世纪中叶分批沿萨尔温江、湄公河、伊洛瓦底江通道南下，进入缅甸中部的叫栖地区聚集起来。他们吸收南诏、掸人和孟人的优秀文化，兴修水利，发展农业，并随着人力的充沛和经济的发展，逐渐将他们居住和活动的中心扩大到伊洛瓦底江流域，在蒲甘周围地区定居下来，于849年修筑蒲甘城，建立了缅族人最初的王国。

10至11世纪，缅族的势力越来越强大。1044年，阿奴律陀登基为王，建立了蒲甘王朝。阿奴律陀凭借其强大的经济和军事力量，开始了统一缅甸的战争。1057年阿奴律陀率军南下攻陷直通国，得到许多佛教经典和珍宝，带回众多僧侣、工匠，并把直通纳入了自己的版图，从而得到一条出海通道。随后阿奴律陀的军队又西征若开，北战南诏，并征服掸人，统一了缅甸大部分地区。

阿奴律陀在位期间国运昌盛，佛教弘达。1077年，阿奴律陀之子修罗即位。不久孟人即发动反叛。江喜陀奉召回京，很快平息了叛乱。1084年，江喜陀即位为王，他采取团结孟族的政策，巩固了国家的统一。江喜陀的外孙阿隆悉都（1112—1167年在位）和那罗波帝悉都（1173—1210年在位）统治时期，蒲甘王朝臻于极盛。

蒲甘王朝时期确立了小乘佛教在缅甸的统治地位，当时的蒲甘成为整个东南亚地区的佛教中心。阿奴律陀和江喜陀积极扶持佛教，广建佛寺，后继的诸王也都把兴建佛寺视为一项功德。佛教的兴起，促使了文学的广泛发展，也促进了民族文化水平的提高，缅文也逐渐发展起来并开始进入上升阶段。

13世纪中叶后，蒲甘国力开始走向衰落。中央政权的分裂、寺院经济过度发展而导致的封建王朝经济基础的动摇、强大的蒙古势力的入侵等一系列内外动因，致使蒲甘王朝面临全面危机。1287年，那罗梯诃波帝王被其子杀死于卑谬。憍苴王继位后蒲甘王朝已名存实亡。蒲甘以北的掸族，南方的孟族，西部的若开族纷纷自立，拒不向蒲甘朝廷纳贡称臣。特别是掸族势力增长很快，蒲甘实际上已控制在"掸族三兄弟"手中。

蒲甘王朝统治结束后，缅甸陷入四分五裂的局面，进入了封建割据时期。在上缅甸，"掸族三兄弟"中的僧哥速于1312年建立邦牙城，立国为王。他拖弥婆耶于1364年结束了掸族首领分治的局面，建立阿瓦城，立国为王，称"阿瓦王朝"。在下缅甸，孟族首领伐丽流于1281年在马都八建都为王，1369年迁都于勃固，称"勃固王朝"。从1386年起，阿瓦王朝出于经济利益和向下缅甸移民的需要与勃固王朝进行了长达四十年的战争。1425年后，上缅甸由于长年的战祸，阿瓦的国力逐渐衰弱。下缅甸也同样受到战争灾害。勃固王国在女王信修浮（1453—1472年在位）和其夫婿达摩悉提（1472—1492年在位）执政时期一度得到恢复发展，国家繁荣兴盛，人民安居乐业。两位国王都特别热心佛教，但政局却并不稳固。

进入16世纪后，缅甸境内形成三股主要政治势力：北部包括阿瓦在内的掸—缅族势力、南部以勃固为基地的孟族势力和以东吁为中心的缅族势力。东吁位于锡唐河流域的中部，当阿瓦和勃固因四十年战争而国力削弱濒于灭亡时，东吁却由于免遭战乱而得以积蓄力量逐渐强盛起来。特别是1527年以思洪发为首的掸北人占领阿瓦夺取王位后采取迫害人民和焚经杀僧的政策，使佛教遭受空前浩劫，大批高僧、文人和百姓纷纷逃奔东吁，也使东吁力量更为加强。

1530年，东吁首领明吉瑜逝世，其子莽瑞体即位，建立东吁王朝。莽瑞体与其手下大将莽应龙一起开始了再次统一缅甸的战争。1541年，莽瑞体征服了下缅甸勃固王国，并在1544年将其势力范围延伸至上缅甸。1545年，莽瑞体进军若开地区。1548年，又折兵远征暹罗，取得了一系列胜利。但从1549年起，莽瑞体开始放松朝政，沙廉、大光的一些孟族王室人员趁机反叛。就在莽应龙前往平定反叛时，1550年莽瑞体遭孟人暗害。莽应龙继承莽瑞体统一缅甸的大业，于1551年收复了被孟族首领占领的汉礁瓦底，登基为王。统一了下缅甸后，莽应龙于1554年率军北伐，攻克阿瓦。此后几年中，莽应龙的军队又占领了缅甸北部各邦、掸邦北部和南部以及暹罗北部，最终于1562年实现了缅甸的第二次统一。

统一后的缅甸未能得到长久的稳定，缅暹两国经常发生战争，连年征战造成军费开支浩大，劳役和兵役负担严重影响了人民的生产和生活。1581年莽应龙逝世后，其子莽应里继位。莽应里过分好战，不重视国内经济的恢复，各地连续发生饥荒。卑谬、阿瓦、良渊等地相继发生暴动。卑谬侯、东吁侯相继反叛。就在东吁王朝衰落的时候，一些葡萄牙人混入若开军队充当雇佣兵，后又占领了沙廉。1599年，东吁侯与若开国王联手攻下了汉礁瓦底，莽应里被押往东吁监狱，于1600年被东吁侯之子那信囊诛杀。至此，统一的缅甸再次分裂，产生了许多小国，国力日益衰弱。

1597年，莽应龙的次子良渊侯明耶南达梅以阿瓦为基地统一了缅甸北部和掸邦地区，登上了王位。1605年，明耶南达梅之子阿那毕隆继位后，除巩固北方外，又收复了南方的卑谬、东吁、汉礁瓦底等地，夺回了被葡萄牙殖民者占领的沙廉和暹罗占领的马都八等地，占领了除丹那沙林和若开以外的整个缅甸，实现了缅甸的第三次统一，史称"良渊时期"。1629年，阿那毕隆之弟他隆继位，始在汉礁瓦底建都，几年后又迁回阿瓦。他隆是一位主张和平安定的君王，注重发展经济恢复国力，弘扬佛教，实行了一系列的改革措施，国家出现了繁荣景象。但1648年他隆王去世后，国力又开始衰落，各地封建领主纷纷独立。18世纪初，东吁王朝处境更为危急，曼尼坡不断发兵侵犯，从外部威胁着缅甸边境地区。在同一时期，下缅甸的孟族势力逐渐强大，1740年爆发的孟族起义又从内部动摇了东吁王朝的统治。1752年，孟族首领彬尼亚德拉的军队攻陷阿瓦，俘虏了当时的缅王摩诃陀摩耶沙底波帝。至此，统治缅甸200余年的东吁—良渊王朝遂告结束。

孟族人攻克阿瓦后，并未能控制全缅甸。就在1752年阿瓦陷落的当年，瑞帽地区木连城早有力量积蓄的缅族首领雍籍牙便揭竿而起，联合周围46个村庄的群众反抗孟族统治。雍籍牙被拥戴为王，号"阿朗帕耶"。1752年底，雍籍牙控制了伊洛瓦底江以西和阿瓦以北的地区。1753年定国号为"贡榜"。1754年，雍籍牙收复阿瓦，很快把整个上缅甸置于自己的控制之下。随后带兵南征，于1755年1月攻下卑谬、大光（今仰光）。最后在1757年占领孟人首府汉礁瓦底，实现了缅甸历史上的第四次统一。

莽纪觉之弟孟驳继位时将首都从瑞波迁回了阿瓦。在他统治期间，国势有所强盛，但1764年的暹缅战争和1765年的缅清战争影响了经济的发展，国内财政经济危机一直延续到赘角牙执政时期。在孟云（1782—1819年）执政期间，重视兴修水利，发展农业生产；加强国家行政管理，改革税收制度，铸造银币，发展贸易和商业；宏扬佛教和缅甸古代文化，收集文物碑铭，编纂史书，繁荣文学创作；与印度交换外交使节，派遣留学生，从梵文等文字翻译了医学、哲学等著作百余部；并与中国及周围邻国建立了良好的邦交关系。由于孟云在政治、经济、文化、军事各方面采取的有效措施，贡榜王朝曾盛极一时。但他在民族问题上采取的强硬镇压政策，却加深了缅、孟、掸、若开等民族之间的矛盾，留下了隐患。孟云在位期间，曾出兵曼尼坡和阿萨姆，在统治权问题上与英殖民者发生冲突，这成为后来英国挑起战争的借口。孟云之孙孟既即位后不久，英国于1824年发动了第一次侵缅战争，缅甸从此开始逐步沦为英国的殖民地。

（六）马来半岛

公元初，马来半岛北部出现了一个叫羯荼（位于今吉打）的重要国家。由于该地盛产樟脑、檀香、黄金和锡，而且位于古印度和中国交通要道的中途，十分适合过往商船停泊和交换商品，所以很快就成为当时重要的海外贸易中心。羯荼和印度的关系十分密切，深受印度文化的影响。印度人不仅带来了水稻种植的技术，而且带来了宗教（印度教与佛教）和政治制度。到9世纪时，吉陀国取代了羯荼；11世纪初，印度南部的注辇王朝派兵远征吉陀，房王掠物，吉陀王朝逐渐衰败；14世纪，该地区出现了马来人统治的吉打国，并臣服于暹罗的素可泰王朝。

约公元2世纪，马来半岛东北部（今吉打至北大年一带）还出现了另一个深受印度文化影响的国家——狼牙修，狼牙修也是一个贸易中心。公元2—5世纪，它被扶南国征服，直到6世纪扶南国衰落后才强盛起来，并与印度、中国有官方往来。这个古国的统治一直延续到16世纪初。

公元7—8世纪后，马来半岛还先后出现了吉兰丹、登牙侬、淡马锡（今新加坡）等政权。它们大多受印度文化的影响，以农业和贸易为主要经济形态，具备一定规模的政治法律制度，在人口组成上由逐渐迁移而来的马来人所组成。

公元7世纪左右，众多的马来古国纷纷臣服苏门答腊强大的室利佛逝王国。到13世纪末，室利佛逝为爪哇兴起的满者伯夷所灭，部分马来王国转而臣服麻喏巴歇。同时，暹罗王国也控制了马来半岛北部的小王国。

15世纪兴起的马六甲王朝（1402—1511年）虽然只存在了109年，但它在政治、军事、外交、经济和文化等方面都取得了巨大成就，对后世有重大影响，因而在马来半岛乃至整个东南亚历史上占有重要地位。

关于马六甲王朝是如何建立的，学术界说法不一。《马来纪年》的记载是，14世纪末，苏门答腊麻喏巴歇王国派兵攻陷淡马锡王国，淡马锡国王拜里米苏剌渡过柔佛海峡北逃，于1402年到达位于现马六甲城的一个小渔村，在这里建立起马六甲王朝，成为马六甲王朝的第一个国王。另一个传说是拜里米苏剌原是室利佛逝的王子，因参加反麻喏巴歇的暴动失败，逃到暹罗王国控制的淡马锡，得到暹罗庇护。不久，他杀死暹罗官员自立为王，暹罗立刻派出军队要捕杀他，于是拜里米苏剌外逃到马六甲另建王国。

马六甲王朝濒临太平洋与印度洋的海上交通要道——马六甲海峡，地理位置十分优越，很快便发展成为东南亚的国际贸易中心。港口船桅林立，各种肤色的人摩肩接踵。

随着贸易的发展，马六甲的港口贸易制度逐步健全。当时通用以锡和金制造的通货以及一种公认的度量衡。政府设立四个港主专司港口事务。四个港主分别管理各个区域来的商船，为他们引见盘陀诃罗（相当于首相），分配货栈，发送货物，安排食宿和预定象只，并决定和征收他们的港税。按规定，西方来的商船要按其货价缴6%的税，土著及东方来的商船则免税或征3%的税。除了按规定缴税外，商人往往还要向港主及有关官员和国王赠送礼品、货物。马六甲的苏丹贵族及各级官员均因港口贸易繁荣而致富。

到1445—1459年期间，伊斯兰教成为马六甲国教，国王也依伊斯兰教改称为苏丹。三世国王斯里麻刺统治时期（1424—1444年），马六甲建立起较为完备的君主制度。国王是国家的最高元首，其下有三位大臣分别掌管政务。他们分别称为盘陀诃罗、天猛公和奔呼卢盘诃黎，分别司首相位、军务大臣位与司法和财政大臣位。

15世纪中叶，著名政治家、军事家和外交家敦·霹雳连任三朝盘陀诃罗（1445—1498年），马六甲在外交和军事上均取得重大胜利。四世时，经过武装斗争，与暹罗达成互不侵犯协定；五世时，以武力征服了马六甲海峡沿岸各国，其疆域和势力范围几乎包括整个马来半岛和苏门答腊，成为东南亚最强大的国家之一，进入鼎盛时期。

1488年七世国王玛末继位后，由于统治集团内部尖锐的矛盾斗争，王国逐渐衰落。至1511年，在葡萄牙军舰的炮火中，持续了一个多世纪，曾雄踞东南亚的马六甲王朝灭亡。

（七）印度尼西亚群岛

印度尼西亚群岛上有文字可考的最早的古王国为公元400年位于加里曼丹的古戴。同一时期在爪哇出现了多罗摩王国和耶婆提王国。多罗摩领土包括今天的茂物、雅加达和加拉横等地。耶婆提位于中爪哇。

诃陵于7世纪中叶兴起于中爪哇。7世纪后期国人推女子悉莫为王，征服了中爪哇和东爪哇的28个小国。国内刑法严明，路不拾遗。8世纪中叶后成为夏连特拉王国的属国，公元832年才获独立，后建马打兰国。与之同期并雄的"山帝之国"夏连特拉，从国名和立国时间分析，有史学家认为是扶南王国后裔在爪哇建立起来的一个国家。此时，印度文化对印度尼西亚在政治法律、文化艺术方面的影响达到了顶峰。在宗教领域，佛教全面地替代了婆罗门教的地位。至因德拉（782—812年）统治时，夏连特拉势力达到鼎盛，曾一度征服柬埔寨的水真腊。约公元800—850年，在爪哇中部日惹西北郊区修建了著名的婆罗浮屠佛塔。

此外，当时印度尼西亚还曾有其他国家存在，如干陀利、巴邻旁、末罗游等。

印度尼西亚历史上第一个强大的帝国室利佛逝7世纪末兴起于苏门答腊东南部，首都巴邻旁。公元686年，占据巴邻旁东北的邦加岛和末罗游，接着又控制了马来半岛南端和加里曼丹西部的吉打，并降服爪哇的多罗摩。

室利佛逝的强大促进了印度尼西亚社会经济的发展。其都巴邻旁是中国与印度海上贸易的中转站，又是印度尼西亚香料中心，一时间港口舟船辐辏，繁荣异常。佛教随之极度兴盛，中国由海道求学取经之僧人往往先在室利佛逝学习梵文，然后再去印度。唐朝的义净在此潜心研佛长达四年之久，他描述当时的室利佛逝："僧众千余，学部为怀，并多行钵。所有学读，乃与中国无殊。"

室利佛逝在公元695—742年间一直与中国有经济、政治联系，后突然中断。904年与中国恢复通好后中国史书称之为三佛齐（904—1397年）。三佛齐10世纪后国势强盛，它控制着苏门答腊和马来半岛南部及廖内、西爪哇、邦加等地。11世纪初期，印度的注辇王国向外扩张。1025年注辇王国攻打三佛齐都城巨港，三佛齐被迫迁都占碑，自此势微。随着三佛齐逐渐衰弱，东爪哇的三佛齐属地马打兰宣告独立。后马打兰分裂为两个国家，东部为戎东路、西部为谏义里。12世纪末，谏义里国王卡默首罗迎娶了戎东路的公主，两国遂合并成一个国家，谏义里逐渐强大起来。13世纪初，谏义里爆发大规模的起义，杜马坡的地方长官庚·阿洛宣布独立，1222年推翻谏义里王国，建立新柯沙里王国。

1289年，元世祖派使者到新柯沙里，要求国王格尔达纳卡拉亲自或派亲属到中国觐见忽必烈。格尔达纳卡拉自恃国力强盛，将元使黥面逐归。元世祖盛怒之下，派将领史弼、亦黑迷失、高兴率兵二万、船千艘远征爪哇。远征军到达前，格尔达纳卡拉的统治已经被查耶卡旺推翻了。格尔达纳卡拉的女婿拉登·韦查耶率残部逃到一个村庄，该村庄以"苦果玛查"出名，音译即为麻喏巴歇。拉登·韦查耶"以其国山川、户口及葛郎国地图迎降"，并表示愿把格尔达纳卡拉的女儿献给元朝皇帝以换取元军的支持。在元军的帮助下，拉登·韦查耶击败了查耶卡旺。而当元军撤出爪哇时，拉登·韦查耶乘其不备，突然发动袭击打败元军。在大获全胜后，拉登·韦查耶在布兰达斯河下游地区的麻喏巴歇地区建国。

麻喏巴歇国经宰相卡查·玛达（1331—1364年在位）的努力，东征巴厘、松巴岛，西平四分五裂的三佛齐，往北控制了加里曼丹，基本奠定了今天印度尼西亚版图的基础。哈延·乌禄统治时期（1350—1389年），麻喏巴歇通过征服和联姻使帝国势力达到了顶点。麻喏巴歇国（1293—1478年）是继室利佛逝后的又一强盛帝国，这一时期，印度尼西亚的经济有了很大发展。农业上，王国注重开垦田地，鼓励耕种。对外贸易也相当发达，其农产品、香料、手工业品和木材源源不断地运往中国、印度和中南半岛各国。随着商业的发展，出现了一些繁荣的港口城市，其中包括杜板、革儿昔、泗水等。

印度文化对印度尼西亚的主导性作用一直持续到15世纪，这时封建帝国麻喏巴歇由盛而衰，在内忧外患的困境中趋于瓦解。小国林立的局面不久便重现，而伊斯兰教也逐渐地取得了统治地位。

第二节　近代简史

东南亚近代史发端于16世纪初（以1511年葡萄牙占领马六甲为标志），迄于19世纪末叶，这个时期东南亚国家一步步地沦为西方国家的殖民地。东南亚近代史可以分为两个时期：16—18世纪是第一时期，首先到达东南亚的西方殖民者是葡萄牙人和西班牙人，接踵而至的是荷兰、英国、法国，此时西方国家处于原始资本积累阶段，西方殖民活动是以赤裸裸的暴力掠夺为特征的，主要在东南亚国家沿海建立商馆和兵站，还未深入东南亚国家的腹地。19世纪是东南亚殖民化的第二时期，也是最重要的时期，西方殖民势力日益深入东南亚国家内地，殖民国家对东南亚领地的政治统治体制逐步确立，东南亚开始卷入世界资本主义市场，东南亚国家的社会形态发生了质的变化。

东南亚近代史是一部东南亚国家一步步沦为殖民地和遭受殖民统治的历史，殖民地化的东南亚各国分别受到不同的宗主国的统治，东南亚各国与不同宗主国之间的垂直联系比东南亚国家之间的水平联系更为密切，建立了隶属于宗主国直接控制下的总督集权统治，行政、立法、司法、外交、军事等所有重要权力全部集中于总督手中。除暹罗（泰国）以外，东南亚国家均沦为西方列强的殖民地、保护国，到第二次世界大战前，整个东南亚的状况是：英国占有缅甸、马来亚、文莱、沙巴、沙捞越和新加坡；法国占有越南、老挝、柬埔寨，建立法属印度支那联邦；荷兰占有印度尼西亚群岛，建立荷属东印度；葡萄牙占有东帝汶；菲律宾群岛先被西班牙所占，后西班牙被美国取代；英、法还以湄南河河谷为界划分了双方在暹罗（泰国）的势力范围。

一、葡萄牙、荷兰、英国在马来亚相继进行的殖民统治

从10世纪起，东西方之间的贸易，特别是东方的香料贸易，完全由穆斯林商人垄断。欧洲一些国家为了打破垄断，直接从东方产地取得香料和其他原料，从14世纪后期便纷纷到东方寻找新的贸易通道和伙伴，葡萄牙就是最早产生这种兴趣的殖民主义国家。由于马六甲所处的战略位置十分重要，加之当时又是东南亚国际贸易中心，因此成为葡萄牙的重要目标。

1509年，葡萄牙军舰首次到达马六甲港，被苏丹玛末派兵赶走，并捕捉了20多个葡萄牙人。两年之后，由18艘军舰组成的葡萄牙舰队再次来到马六甲，提出释放葡人等要求。由于要求未得到完全满足，葡军便开始进攻马六甲。经过半个月的顽强抵抗，装备落后的马六甲守军终不敌进攻之敌。马六甲陷落。

葡萄牙人占领马六甲后，烧杀抢掠，拆除伊斯兰教堂，建造城堡和基督教教堂，强迫人们皈依基督教。

由于当地人民的反抗和葡萄牙殖民者的政策，葡萄牙人统治的范围仅限于马六甲城及近郊一些地方。当时的最高长官称为总督，并有由大法官、市长、主教等人组成的咨询委员会协助总督处理行政事务。将军协助总督处理军务，是海陆军的最高统帅。当时马六甲军队的规模为500~600人，并有1~2艘装备齐全的军舰。

由于葡萄牙人在经济方面加征高额税赋，并对宗教敌人——英国商人和穆斯林商人百般刁难，使贸易受到很大影响，马六甲逐渐衰落，至16世纪后期，其东南亚国际贸易中心的地位被苏门答腊新兴的强国亚齐所取代。

16世纪末，葡萄牙的海军力量开始走向衰微。荷兰作为新崛起的欧洲国家，将目光投向远东。荷兰东印度公司于1602年成立后，开始策划占领马六甲。荷兰人通过允许伊斯兰教的存在，取得柔佛和亚齐两国的支持。经过长达十几年的海上封锁与进攻，于1641年1月占领马六甲，结束了葡萄牙人长达130年的统治。

荷兰人统治时期，由于继续执行高税赋政策，经济发展日渐凋敝，最后荷兰人只能像海盗一样赶商船前来贸易。

早在16世纪末，英国人为了在马六甲海峡沿岸寻找和建立贸易基地，就曾与葡萄牙人发生过多次冲突，后来被迫转到印度和今印度尼西亚等地。为了开辟商品市场，控制对华贸易通道，并在英法战争中建立海军基地，18世纪后期，英国殖民者再次来到马六甲海峡。

英国东印度公司通过支付少许金钱或武力强迫等手段，收买、强占了马来亚的一些地方，特别是1819年，为了有效地控制马来半岛的商业，英国以每年8 000元西班牙元的代价，取得新加坡为其殖民地。新加坡由于其优越的地理位置和殖民者的自由贸易政策，港口贸易得到迅猛发展。至1820年，贸易额超过马六甲，5年之后，远远超过马六甲和槟榔屿。新加坡成为英国向东方进行掠夺的重要基地。

英法战争期间，荷兰作为英国的盟国也遭到法国的进攻，为防止法军占领殖民地，荷兰国王要求各海外殖民地将行政权移交给英国。据此，英军于1795—1818年占领马六甲。1824年英荷签订《伦敦协定》，重新划分势力范围，荷兰把马六甲让给英国，同意不再在马来半岛建立殖民地，英国则把苏门答腊等地划归荷兰，答应不再在新加坡以南的岛屿建立殖民地。从此，英国正式占领马六甲。

1826年，英国把槟榔屿、马六甲和新加坡合并，建立海峡殖民地。1832年，海峡殖民地的行政中心从槟榔屿迁到新加坡。1830—1851年，海峡殖民地由孟加拉总督管辖，后归印度大总督管辖，1867年转由英国殖民部管辖，海峡殖民地成为英国皇家殖民地。

海峡殖民地的建立，奠定了英国在远东的霸权。起初，英国只对贸易霸权感兴趣，后来为了抢占原料与矿产资源，自1870年起对内地各邦转而采取了积极干预的政策。1874年1月，海峡殖民地总督克拉克以平息霹雳地区内部矛盾为由，与侨领和各邦酋长在霹雳州邦咯岛签订了《邦咯条约》。同年雪兰莪苏丹也被迫签订类似的条约，接受英国的保护。此后，彭亨和森美兰两邦也分别于1884年和1895年接受了英国的保护。1895年，英国政府将上述四邦联合起来组成马来联邦。

1909年，英国政府通过《曼谷条约》从暹罗手中取得对半岛北部四邦（吉打、吉兰丹、玻璃市和丁加奴）的宗主权，后又与它们分别签订了保护条约。1914年，马来半岛最后一个独立的土邦柔佛王国也被迫与英政府签订条约，成为英国的保护国。以上诸邦不久便组成马来属邦。至此，英国全部占有马来亚。

英国殖民政府将马来亚分为海峡殖民地、马来联邦、马来属邦三个行政区域进行统治，这种模式一直持续到二战前。虽然英国政府在马来亚设立了各种形式、不同级别的立法会议，但殖民总督和各级驻扎官对殖民地和保护国的重大问题始终拥有绝对的决定权。英国的分区统治制度使马来亚长期处于分裂状态。

二、荷兰在印度尼西亚群岛的殖民统治

荷兰经过尼德兰资产阶级革命，在16世纪下半叶建立起资产阶级政权。出于原始资本积累的需要，商业资产阶级积极发展航运，扩张对外贸易。经过了近半个世纪的争斗和扩张后终于取代葡萄牙建立了在印度尼西亚群岛的殖民统治地位。

1595年，荷兰远方国家协会商业贸易公司出资组建的第一支远征队启程前往"香料群岛"，17个月后到达苏门答腊。1598年，第二支远征队带回的香料获利四倍。到1602年荷兰东印度公司成立为止，荷兰派出过13个远征队，并在西爪哇的万丹建立了一个殖民据点。1605年荷兰占领安汶，1619年侵占巴达维亚，设立总督府，印度尼西亚历史上的荷兰殖民统治时期就此开始。

作为在印度尼西亚群岛上行使统治权力和进行掠夺的工具，东印度公司成立的初衷是为了减少本国公司之间的竞争和加强与葡萄牙、西班牙以及英国争夺的力量。公司在一定区域可以招募军队、发行纸币、任命官吏，甚至可以代表荷兰政府与外国缔结条约。在公司统治期间，其目标是建立一个能控制原料产地、掠夺原料和垄断原料贸易的商业殖民地。为此，荷兰把葡萄牙人赶出安汶后，又于1609年与西班牙签订休战协定，获得了马鲁古群岛的控制权。同一时期，英国进占马鲁古群岛的企图失败。经过十余年的争夺后，英国也终于全面地从印度尼西亚撤出。荷兰人用分化瓦解各个击破的策略，相继使苏拉威西岛上的望加锡、爪哇岛上的马打兰承认东印度公司的统治权。在万丹，殖民者利用苏丹与其子阿蒲加哈的矛盾，于1684年签订不平等条约，确认荷兰在万丹及苏门答腊属地楠榜享有贸易垄断权，并由当地政府支付荷兰军队的战费。

荷兰殖民者用"分而治之"的政策将所占领的印度尼西亚土地分为直辖地和藩属土邦两部分。直辖地由荷兰人直接监督当地摄政官（由封建王公和贵族担任）为公司服务，至于藩属土邦则在名义上独立，但需依所签条约为公司提供产品，内部事务也受荷兰派驻官员的监督。在经济政策上，荷兰东印度公司采取了实物定额纳税制和强迫供应制，前者在公司直接统治的地区使用，按生产的收获量规定各地应承担的贡赋份额；在藩属土邦，公司与之签订专制条约，规定供应的土产种类与数量，公司以极低价格购买。利用这些制度，荷兰殖民者控制了印度尼西亚的主要产品——香料和咖啡，并靠它们在欧洲市场上的销售获取了巨额利润。在1602—1610年间，公司每年平均利润为32.5%，1650

年激增至500%。

荷兰东印度公司的残酷剥削激起了印度尼西亚人民长期不屈的抗争，武装起义此起彼伏，这些起义虽以失败告终，但却在不同程度上打击了荷兰人的统治，荷兰东印度公司为此支付了巨额军费开支。另一方面，荷英的争霸、内部的贪污、走私活动的猖獗进一步恶化了公司的财政。第四次英荷战争就使公司的负债增加一倍多。到1789年，东印度公司财政赤字达7 400万盾，两年后增加到9 600万盾。

1800年，荷兰政府解散了东印度公司，此时要保持在印度尼西亚的垄断已相当困难。1811年，英国顺利攻占爪哇，荷兰人被迫将爪哇及其所属之巨港、帝汶、望加锡拱手交出。莱佛士就任爪哇及其辖地的总督。

在短暂的英国统治期间（1811—1816年），莱佛士在印度尼西亚推行了多项代表英国工商业资产阶级利益的改革。首先是宣布土地国有，取消强迫种植制和强迫供应制，以土地课税制取而代之；其次完善了司法和行政体系，以加强中央集权。随着荷兰重新获得独立及其后英荷伦敦条约的签订，印度尼西亚在1816年8月1日正式被移交给荷兰。

荷兰曾尝试沿用英国人在印度尼西亚实行的制度，但很快便发现莱佛士相对自由的贸易政策并不适合工业还比较薄弱的荷兰的利益，荷兰政府决心恢复旧的封建殖民制度，对外实行关税制以保证荷兰的贸易垄断地位，对内重新施行实物赋税和强迫供应制。强迫种植制在范登波斯任殖民地总督时出台，这项制度要求爪哇农民拿出1/5的土地种植政府规定的植物，无土地者及不适于种植经济作物地区的农民必须为殖民者服徭役。实际上，高达1/3至1/2的土地被迫用于种植甘蔗、咖啡、蓝靛、棉花、烟草等作物。谷物产量急剧萎缩使得爪哇连年饥荒，饿殍遍地。仅1848至1849年爪哇中部的大饥荒就造成13万人饿死。而在1830—1870年的40年内，荷兰获得的殖民地贡税却高达8.32亿盾，从根本上改善了本国的财政状况，并为其迈向工业化提供了充足的资金保障。

荷兰人对土著王公经济利益的剥夺及对王宫内政的干涉引起了封建主的强烈不满。1825年，日惹王子蒂博尼哥罗领导了一场持续5年的反荷起义。1830年，处于被分割包围状态的起义军内部发生权力纷争，实力受到削弱。蒂博尼哥罗在进行停战谈判时被捕，后被流放于万鸦老。

1848年，巴厘王公被迫承认荷兰的统治；1860年，荷兰吞并了加里曼丹的马辰。到18世纪70年代，外岛基本沦为荷兰的殖民地。但亚齐战争自1873年始，1904年才结束，成为殖民地延续时间最长的一场反殖战争。

三、法国的入侵与印度支那联邦的形成

法国殖民者觊觎越南由来已久。1858年，黎峨指挥的法国舰队联合西班牙舰队炮轰岘港，发动了对越南的殖民侵略战争。越南历史进入了80年抗法斗争时期（1858—1945年）。1862年，法、越签订《第一次西贡条约》，越南割让南圻东部三省和昆仑岛给法国。

1874年，越、法在西贡签订《越法和平同盟条约》（即《第二次西贡条约》）。这个条约使越南进一步丧失了政治、经济和外交自主权，进一步加深了越南沦为法国的殖民地的危机。1882年，法军攻占河内。1883年，阮氏朝廷为争夺王位发生内讧，法军乘机进攻首都顺化，迫使阮朝进一步屈膝投降，签订了第一次《顺化条约》。1884年6月6日，法、越又签订了第二次《顺化条约》。这个条约的签订，标志着越南完全沦为法国的殖民地。1885年中法战争后，清朝政府与法国签订了丧权辱国的《中法会订越南条约》（又称《天津条约》），中国正式承认法国对越南的保护权，至此，中越宗藩关系结束。

1856年，法国驻上海领事蒙迪宜欲乘柬埔寨国王安东正处于内外交困之机，诱迫他在《法柬条约》这个旨在使柬埔寨丧失国家主权的奴役性条约上签字，遭到安东国王的拒绝。1863年8月11日，法国以部队和军舰为后盾，向新继位的国王诺罗敦（安东之子）发出最后通牒，诺罗敦被迫草签了《法柬条约》。1864年4月，法国又强迫他在《法柬条约》上正式签字，使柬埔寨沦为法国的保护国。

1884年6月24日，法国驻交趾支那总督汤姆逊带兵闯入柬埔寨王宫，强迫国王签署了另一项不平等条约。该条约将1863年条约中留给国王的某些行政权力剥夺殆尽，从而使法国获得了柬埔寨的全部政治权力，柬埔寨的独立和主权完全丧失。

19世纪下半叶法国开始了吞并老挝的行动。1886年，法国在琅勃拉邦设立领事馆。1893年，法国以"帕约事件"为借口，以武力迫使暹罗签订《法暹曼谷条约》，老挝由暹罗的属国变为法国的保护国。

1887年，法国将越南南、中、北三圻与柬埔寨一起组成法属印度支那联邦，1899年又将老挝并入该联邦，这样，法属印度支那终于形成了。

法国对印支三国采取的是总督集权基础上分而治之的殖民政策，印支三国被划分为五个地区，越南的国土分为三圻：南圻称交趾支那，为法国的殖民地；中圻称安南，是法国的保护国；北圻称东京，是法国的保护地。柬埔寨和老挝则是两个保护领。

表面上看，传统的老挝3个王国依然存在：北部的琅勃拉邦为王都，其国王代表全国；中部的万象是行政首都，设副王，管理国防、行政、财政；南部的占巴塞王管理社会福利。但实际上一切大权都掌握在法国最高驻扎官手里，最高驻扎官则通过各地驻扎官进行统治。柬埔寨的君主制仍被保留，但国王只是名义上的最高统治者，实际上掌握最高统治权的是法国派驻柬埔寨的留守使，国家的一切重大决议都需经过他的批准才可生效。

四、三次英缅战争与英国在缅甸殖民统治的确立

早在18世纪初，英国在印度站住脚之后，便向缅甸扩张。英国东印度公司多次派代表来缅甸，要求签约通商，屡遭缅甸朝廷拒绝。于是英国便伺机寻找借口，企图以武力达到目的。1824年，英国借口缅甸威胁英属印度的安全，于3月5日向缅甸宣战，发动了第一次侵缅战争。英军向阿萨姆、曼尼坡和若开地区发动进攻。缅甸军队在班都拉将军

指挥下奋勇抵抗，在印缅边界的吉大港附近重创敌人，使英军全线溃败。5月间，集结在安达曼岛上的1万多英军士兵乘缅甸南方沿海兵力空虚之际，从海路向缅甸发动大规模进攻，当班都拉率部南下增援仰光时，仰光已被英军占领。班都拉退守直柳漂，阻击英军北上，不幸于1825年4月1日以身殉职。英军攻陷直柳漂后，北上一直进犯到距京都阿瓦仅45千米的杨达波村。缅王为平息战争，被迫签订了屈辱的《杨达波条约》，将阿萨姆、曼尼坡、若开和丹那沙林割让给英国，支付战争赔款1 000万缅元。

第一次英缅战争后，英国殖民者以丹那沙林沿海港口为基地，扩大贸易，加紧对缅甸的经济掠夺，引起缅甸人民强烈不满。缅王孟坑公开宣布不承认《杨达波条约》。1840年，英国东印度公司的代表撤离缅甸。1851年，仰光市长下令处罚了两名违法的英国船长，英国驻印度总督闻讯后借题发挥，于1852年4月1日不宣而战，发动了第二次侵缅战争。英军在缅甸南部沿海一带登陆，缅王蒲甘曼昏庸无能，无法阻止敌人进攻，整个下缅甸很快落入英国人手中。同年12月，英国在仰光宣布勃固地区为英国殖民领地，并与若开、丹那沙林地区合并为缅甸省，并入印度联合省。

1853年，曼同发动宫廷政变夺得王位，将都城从阿瓦迁至曼德勒。为保住半壁江山，曼同王与其弟加囊亲王一起推行了一系列改革措施。在外交上采取妥协退让政策；在国内扩大枢密院的权力，改革税收制度和官员薪俸；在经济上一方面发放农业贷款，扩大农田面积，另一方面建立了大米、木材、军火等一系列制造和加工工厂，并铸造硬币，发展贸易；在文化方面举行了佛经第五结集，鼓励开设西式学校，翻译外国科技著作，出版了第一份缅文报纸《瓦城报》。曼同王和加囊亲王的改革引起英国殖民者的不安，也遭到宫廷内部保守派的反对。1866年力主改革的加囊亲王在一次宫廷政变中被杀，改革遂半途而废。1878年曼同王去世后，其幼子锡袍继位。锡袍王昏庸无能，又挥霍无度。为了借助法国势力遏制英国的进一步侵略，1885年初锡袍王同法国签订《缅法条约》，允许法国在上缅甸开设银行、修筑铁路及开采矿产和砍伐木材。法国则向缅甸提供武器、帮助训练军队和给予技术援助。法国势力侵入缅甸，英国唯恐丧失在缅利益，遂抢在《缅法条约》生效之前，借口柚木事件发动了第三次侵缅战争。1885年11月12日，驻缅英军北上进攻上缅甸，轻而易举地攻入京城曼德勒，俘虏了缅王锡袍。1886年1月，英国宣布上缅甸为英国属地。从此整个缅甸沦为英国的殖民地。

英国占领缅甸后，将缅甸并入印度，由印度总督统治。总督委派专员到缅甸总揽行政、军事、司法和财政大权。为了镇压缅甸各族人民的抗英斗争，在最初10年中，一直实行军事管制。1897年，缅甸被升格为"自治省"，由英国驻印度副总督兼任省督。设立立法会议，省督任议长，并任命全部议员。这个立法会议实际上只是咨询机关，并无立法权。总督还任命下属的区、镇、村各级官员进行行政管理。英国殖民当局在缅甸推行"以印治缅"，对缅甸本土和少数民族地区实行"分而治之"的民族政策，对缅印关系和缅甸民族关系的发展产生了深远而恶劣的影响。

第三节 现代简史

从20世纪初开始东南亚进入现代史阶段，现代史的初期是西方国家在东南亚殖民体系完全形成和东南亚各国民族主义运动兴起和蓬勃发展的时期，1945年反法西斯的第二次世界大战的胜利结束标志着东南亚的现代历史进入了新的阶段，西方殖民体系开始瓦解，东南亚各国纷纷取得政治独立。由于各国国情与社会的差异，东南亚各国的民族独立运动有着不同类型的发展道路：既有经过长期武装斗争，发动全国起义争得独立的国家（如越南）；也有经过武装斗争与和平谈判两者交替赢得独立的国家（如缅甸、印度尼西亚）；还有经过群众运动与政治谈判，和平移交政权的国家（如菲律宾、马来西亚和新加坡）。不过，纵观东南亚民族独立运动的过程，可以看到东南亚国家都经历了长期的争取独立和维护独立的激烈斗争，到20世纪60年代，东南亚的非殖民化进程基本完成。在先后获得独立之后东南亚国家的历史进入了建设民族独立国家，发展民族经济、文化的当代史阶段。

一、印度尼西亚的民族解放运动和争取独立的斗争

随着印度尼西亚民族意识的觉醒，一些受过西方现代文化教育、具有民族自尊心的知识分子开始要求发展民族经济、普及教育、享有与欧洲人平等的权利。印度尼西亚第一个民族主义组织至善社于1908年5月20日由爪哇退休医生哇希丁创建，这个主要由小贵族组成的保守组织关心的是如何复兴爪哇文化及鼓励爪哇人创业，没有提出民族独立的明确目标。但鉴于其在促进民族主义运动的兴起方面所起的积极作用，5月20日这一天在独立后被确定为"民族觉醒日"。第一个真正意义上的民族主义组织是资产阶级商人于1912年9月10日建立的伊斯兰联盟，由于具有宗教和商业双重性质，该组织的群众基础深厚，到1919年它号称拥有200万会员。

印度尼西亚历史上第一批近代产业工人和农业工人在20世纪初因近代工业和种植园的发展而出现。在这一基础上，印度尼西亚无产阶级的政党——印度尼西亚共产党出现了。印度尼西亚共产党的前身是1914年成立于泗水的东印度社会民主联盟，1924年正式更名为"印度尼西亚共产党"。在纲领中，印度尼西亚共产党提出了印度尼西亚独立及工厂、矿山、银行、种植园、运输业国有化等要求和主张。共产党成立后试图改造伊斯兰联盟，然而在1921年，两支力量的分歧终于公开化。10月，伊斯兰联盟代表大会采取"党的纪律"，禁止其成员同时具有共产党员的身份。

一战后，荷兰为摆脱经济危机而加强了对原住民的剥削，殖民地民族矛盾空前尖锐。1923年，印度尼西亚共组织铁路电车工会罢工，2万名铁路职工中的1.3万人加入了罢工

者的行列。印度尼西亚工农运动的大发展使印度尼西亚共产党认为武装起义的时机已经来临，但就在准备期间，许多领导人被捕，其余领导人在路线方针问题上出现了严重分歧。1926年11月12日，起义在万丹、巴达维亚和勃良安爆发，暴动中，约2万人被捕，其中约4 500人被处死或判刑，1 000多人遭流放。这是印度尼西亚第一次民族大起义，对印度尼西亚民族主义运动产生了深刻的影响。

1927年，代表印度尼西亚民族资产阶级利益的印度尼西亚民族协会在万隆成立，次年更名为"印度尼西亚民族党"。领导人苏加诺意识到，为了达到独立的目的，代表民族主义、伊斯兰教和马克思主义的力量必须团结起来，于是他整合上述三种学说形成所谓的"贫民主义"，吸引了各阶层的印度尼西亚原住民。印度尼西亚民族党提倡以非暴力不合作的方式合法地向殖民者施压，温和渐进地寻求印度尼西亚政治、经济上的独立。1929年12月14日，苏加诺等领袖被捕，民族党被宣布为非法组织并分裂为印度尼西亚党和新民族党，后者由哈达领导。苏加诺出狱后加入印度尼西亚党，但在1933年8月再次入狱，直至1942年才获得自由。右翼的新民族党在1934年哈达被捕后也解散了。印度尼西亚民族解放运动走向低谷。

1937年，印度尼西亚人民运动党宣告成立。它提出了联合日本抗击荷兰，争取建立印度尼西亚自治政府的主张。1939年5月，该党联合其他民族主义组织共同成立一个新的统一战线组织印度尼西亚政治联盟。同年12月，在印度尼西亚政治联盟倡导下召开了"印度尼西亚人民代表大会"，确定以印度尼西亚语为国语，红白旗为国旗，大印度尼西亚歌为国歌，并建议印度尼西亚自治。

太平洋战争爆发后，1942年3月日军击溃英美荷联合舰队，荷属东印度军队投降，日本占领了印度尼西亚。1942年至1945年日本军政府残酷的剥削使这三年半成为印度尼西亚两个世纪中人口没有大量增长的唯一时期。将独立希望寄托于日本人的苏加诺与哈达仍决定全面合作。1942年，苏加诺等民族主义领导人表示承认日本扶持的印度尼西亚大伊斯兰理事会为他们的中央领导机构。1943年，大理事会被取消，代之以印度尼西亚穆斯林联合会理事会（或称马斯友美）。1944年，太平洋战争形势的逆转使日本被迫许诺给予未来印度尼西亚"独立"地位以换取印度尼西亚人的继续支持。次年，印度尼西亚独立准备调查委员会成立，在1945年6月1日该委员会第一次全体会议上，苏加诺发表了著名的"建国五基原则"，力图将当时印度尼西亚存在的各种思想统一于民族主义的目标下。

1945年8月17日苏加诺在住宅前宣读了独立宣言，宣告印度尼西亚独立。随即在全国范围内掀起了"八月革命"的高潮。1945年9月，负责"印度尼西亚安全事务"的英军在雅加达登陆，得到英方支持的荷兰人也重返印度尼西亚。英荷军队以受降的名义接管和侵占了印度尼西亚大城市和重要战略据点。在美国的调停下，荷兰与第二届沙里尔政府于1946年2月10日开始谈判并达成《林芽椰蒂协定》。根据协定，印度尼西亚共和国和其他荷兰占领地组成印度尼西亚联邦，建立以荷兰女王为元首的荷兰—印度尼西亚联盟。此外，印度尼西亚恢复和赔偿外国资本在印度尼西亚的财产和利益。印度尼西亚共和国实际上降到了荷兰附属国的地位。对荷兰人来说，这是一个恢复殖民政权的时机。

1948年1月17日，得寸进尺的荷兰人通过"警察行动"又与印度尼西亚沙里弗丁政府签订《伦维尔协定》，使印度尼西亚最为富庶和最具有战略地位的地区落入荷兰殖民者之手。在各方压力下，沙里弗丁政府被迫辞职。1948年9月，发生了残杀共产党人的"茉莉芬事件"。荷兰人趁机不宣而战，发动第二次"警察行动"，俘获苏加诺、哈达、沙里尔等高层官员。这次行动的结果是双方于1949年8月在海牙达成的《圆桌会议协议》，在世界舆论的普遍谴责下荷兰同意移交主权（伊里安查亚除外），同时殖民者在印度尼西亚的各方面利益与特权均得以保留。1950年，"印度尼西亚联邦共和国"和"印度尼西亚共和国"统一成为"印度尼西亚共和国"。

二、从马来亚的独立运动到马来西亚联邦的建立

日本在发动太平洋战争后不久，就对英属马来亚发起进攻。日军于1941年12月8日发动攻势后，英国守军一溃不可收拾，两艘主力舰被击沉。到1942年1月30日，马来半岛全部沦陷。2月8日，日军强渡柔佛海峡，进攻新加坡，新加坡的英国守军作了顽强的抵抗，2月15日，新加坡英国守军投降。至此，日军占领了马来亚全境。

日军侵占马来亚后，对当地人民烧杀抢掠，马来亚进入历史上最黑暗的时期。为了掠夺战略物资，控制马来亚经济，巩固统治，日本军政府占领新加坡后不久，即在各地将居民集中一处，进行"大检证"。凡被认为是抗日分子的便被枪杀，被害者达数万人。其后，又建立起庞大的警察部队，以防范和镇压人民的反抗。日本军政府还加紧灌输"日本大东亚共荣圈"的思想，继续承认马来亚各州苏丹的特殊地位，征集马来人为各级官员和警察，成立各种马来人的社会宗教组织，日本失败前夕，还许诺让马来亚在大印度尼西亚内独立。日军还有意挑拨马、华两大民族的关系，日军专门用马来人组成的警察部队镇压以华侨为主的抗日队伍，并散布华侨掠夺马来财富等言论，致使马、华两族矛盾日益尖锐，为战后民族矛盾激化埋下了隐患。

1945年8月15日日本宣布投降。同日，盟军宣布在马来亚建立军政统治。10月10日，英国政府在国会透露了对马来亚的战后政策，即马来亚联邦计划。随后，英国政府派使团赴马，强迫各州苏丹签约放弃权力。1946年1月22日，马来亚联邦计划以《马来亚政策白皮书》的形式正式公布，由于战争已经使马来亚发生了深刻的变化，马来亚联邦计划遭到普遍反对，英国加强殖民统治的政策难以实现。其中，马来人的反抗最为激烈。1945年12月发生了第一次万人抗议示威。1946年3月1日，在马来亚成立的马来人协会领袖聚集吉隆坡，宣布苏丹被迫签订的协议无效，并决定建立马来联合统一组织（简称"巫统"）。1946年4月1日，巫统发动全体苏丹和马来人开展不合作运动，抵制马来亚联

邦的成立。不合作运动扩大到拒交地税、警察辞职和暴力袭击英国人。

面对马来人掀起的民族运动高潮，英国政府被迫让步。经过英国人代表、苏丹和巫统领导人的多次协商，1948年2月马来亚联合邦成立，代替原来的马来亚联邦。

新建的马来亚联合邦，由高级专员代替总督。联合邦中央设行政、立法和苏丹三会议，由高级专员指定并对其负责的行政、立法会议拥有行政、立法和财政权力。苏丹宫廷统治继续存在，每州也设行政和立法会议。英国政府出卖了非马来人的公民权利，以获得马来人政治上的妥协，而英国人独掌大权的马来亚殖民地性质并未得到改变。

1955年，分别代表马来人、华人及印度人的三个政党，即巫统、马华公会及印度国大党联合组成联盟。联盟由东姑·拉赫曼领导，主要目的是为了向英殖民政府争取马来亚联合邦的独立，因为英殖民政府不会允许只代表一个种族的政党争取独立。第一届马来亚联合邦大选于1955年7月27日举行，联盟在52席中赢得了51席，这使得联盟有更大的信心向英国政府争取独立。在经过多次和英政府谈判后，马来亚联合邦终于1957年8月31日宣布独立，这一天也被定为马来西亚的独立纪念日。

1961年，东姑·拉赫曼建议马来亚联合邦、新加坡、沙巴、沙捞越和文莱合并，组成一个名为马来西亚的新国家。开始时，几乎所有沙巴及沙捞越的政党都反对成立马来西亚，因为他们担心这两州将受到马来人统治。不过，经过一番解释工作之后，1962年进行的民意调查显示，70%的沙巴及沙捞越人民支持成立马来西亚。文莱则拒绝加入。于是，1963年成立的马来西亚就由马来亚、新加坡、沙巴及沙捞越组成。

1965年，巫统不满由李光耀领导的人民行动党要把政治势力由新加坡向马来半岛伸展，导致民族间关系紧张，最后李光耀被迫于1965年8月9日宣布新加坡脱离马来西亚，成为另一个独立的国家。从此，马来西亚联邦由西马（马来半岛各州）和东马（沙巴和沙捞越）两部分组成的政治格局一直延续至今。

三、缅甸的独立斗争

20世纪初，一些青年知识分子开始寻求和探索争取缅甸独立的方法和途径。1906年，爱国青年知识分子发起成立了"缅甸佛教青年会"，并在各地建立了分支机构。该会宗旨是：为促进民族语言、宗教和教育的发展而努力。尽管该会是以宗教名义组织起来的，但它致力于维护缅甸人民的民族利益，唤起了缅甸人民民族意识的觉醒，为民族解放运动的发展奠定了基础。

1920年，缅甸佛教青年会扩大组织，改名为"缅甸人民团体总会"，成为当时领导民族运动的主要政治组织。总会建立初期就在全国掀起"温达努"（意即：爱国主义者）运动，号召人们发扬爱国精神、弘扬民族文化。1920年12月5日，仰光大学爆发了首次大罢课，抗议殖民政府颁布的大学条例，抵制殖民主义教育制度。罢课得到了全缅学生的响应和各阶层人民的同情与支持，并迅速发展成为全缅学生的总罢课运动和国民教育运动，形成了一次广泛的反帝爱国斗争高潮。1921年10月，缅甸人民团体总会通过决议，将举行首次大罢课的第一天定为民族节。

进入20世纪20年代后，缅甸的工人、农民、少数民族、爱国僧侣等力量都积极参加反帝爱国斗争。1930年12月，农民的深重苦难和民族意识的空前高涨引发了缅甸历史上规模最大的农民大起义，即塞耶山领导的"咖咙会"农民大起义，英殖民当局派遣大批军警进行围剿，起义军最后被殖民当局残酷镇压了。

成立于1930年的"我缅人协会"（即"德钦党"）在大起义的影响下发动了更加广泛的反帝反殖政治斗争，激发了缅甸人民的爱国情感和民族自豪感。英国政府为了缓和缅甸人民的反英情绪，1935年7月，英国国会通过了《1935年缅甸政府组织法》，规定从1937年4月1日起缅甸与印度分治，单独建立政府。新政府共设立98个部门，其中财政、国防、外交、少数民族特区等7个主要部门由英国驻缅甸总督直接管理，其余91个部门由民选的缅甸议员担任领导，故又称为"91部门政制"。这个新政制从形式上看缅甸人比过去有了较多的行政管理权，但主要部门的行政管理权仍操纵在英国统治者手中。

1936年2月，仰光大学爆发了第二次学生大罢课，这是我缅人协会领导的一次学生运动，罢课迅速蔓延到全国，一直坚持三个多月。在社会各阶层人民的声援和支持下，罢课终于取得了胜利。

我缅人协会成为民族解放运动的领导力量。著名的"（缅历）1300年运动"（即1938年由石油工人大罢工发展而来的全国性反英示威运动）就是我缅人协会领导的一次规模最大的反英群众运动。

1939年4月，我缅人协会在讨论世界局势与缅甸关系以及如何争取缅甸独立的问题时就提出了"英国的困难是缅甸的良机"的口号，决定争取外国军事援助，摆脱英国殖民统治。1940年8月，德钦昂山和德钦拉棉受命秘密乘船去中国，在厦门被日本特务机关发现，将他们送往东京，德钦昂山轻易相信了日本愿意帮助缅甸获得独立的许诺，缅甸独立运动的主要领导人走上了联日抗英争取独立的道路。1941年3月以后，昂山等"三十志士"分批赴日后，又被派往当时已被日本占领的中国海南岛接受军训。训练结束后从海南岛转移到泰国，于1941年12月在泰国曼谷正式成立了缅甸独立军。1942年1月4日，日军大举进攻缅甸，在缅甸独立军的配合下，日军只用了6个月的时间就占领了缅甸。缅甸独立军在作战中受到缅甸人民的拥护和支援，队伍迅速壮大，到1942年7月已发展到2.3万人。日本占领缅甸后，根本不履行诺言，不但不准许缅甸宣布独立，还将独立军缩编为只有3 000人的国民军，虽仍由昂山任司令，但在各分队中都设有日本"顾问"。

日本占领缅甸后，对缅甸实行法西斯军事统治，疯狂地掠夺缅甸的资源。日本人的行径引起缅甸人民和国民军爱国兵士的强烈不满和反抗。1943年以后，国际形势的发展对法西斯越来越不利。为了缓和缅甸人民的不满和反抗情绪，日本当局于1943年8月1日宣布准予缅甸"独立",成立了以巴莫为首的"缅甸政府"。但新成立的缅甸政府各部门都设有日本顾问,统治权仍掌握在日本人手中,缅甸人民得到的只是"独立"的空名。

1944年8月,缅甸共产党、人民革命党、昂山领导的国民军、少数民族组织等秘密组成"缅甸反法西斯人民自由同盟",由昂山任主席,德钦丹东任总书记。自由同盟以完全彻底干净地消灭日本法西斯、实现真正的民族独立为组织纲领,对内统一协调各抗日武装力量,对外与盟军取得联系,配合盟军作战。1945年3月27日,自由同盟发动全国抗日武装起义,向日军发起全面猛烈的攻势。1945年9月2日,日本正式投降,缅甸人民的抗日武装斗争以胜利结束。

1945年,英国军队利用自由同盟与盟国军队协同作战的机会从印度攻入缅甸,并宣布实行军事管制。1945年5月,英国工党政府发表了关于缅甸问题白皮书,声称"战争结束后缅甸先由英国总督统治3年,然后取得英联邦自治领的地位"。10月,总督史密斯从印度回到仰光,英国军队把缅甸政权移交给总督控制下的"行政委员会"。史密斯不仅拒绝自由同盟关于成立临时政府的要求,而且还把自由同盟的代表排斥在行政委员会之外。

英国重建殖民统治的阴谋激起了缅甸人民的强烈反对。抗日武装的许多官兵不愿放下武器,他们进入丛林开展反英游击战争。1946年,英国政府被迫作出让步,派兰斯任新总督,并指定由昂山将军组成新的临时政府。

1947年1月,自由同盟主席昂山率代表团前往伦敦,与英国首相艾德礼就缅甸独立问题进行谈判。双方签订了《昂山—艾德礼协定》,但协定没有规定何时给予缅甸独立,行政委员会仍由总督控制,英军仍留在缅甸。

1947年2月,自由同盟在掸邦彬龙镇召开少数民族代表会议。昂山重申了缅甸各民族一律平等,尊重少数民族自主权等主张。昂山等自由同盟领导人与各少数民族代表签署了《彬龙协议》,决定缅甸本部与边疆各少数民族地区同时宣布独立,建立缅甸联邦。

1947年4月,缅甸举行制宪议会选举。自由同盟获得了绝大多数的席位,选举之后成立了以昂山为首的自由同盟政府。6月9日,制宪议会通过《关于缅甸独立的决议》。并由吴努率领代表团赴伦敦,同英国谈判缅甸独立的具体事宜,未获结果。7月13日,昂山发表声明,表示争取完全独立的决心。7月19日,英国唆使缅甸反动政客吴素派出暴徒持枪冲入政府秘书厅枪杀了正在开会的昂山和另外6位部长。这一骇人听闻的政治谋杀案震动了缅甸和全世界。昂山的不幸遇难使缅甸民族独立事业受到重大损失。昂山遇难后,由吴努接任自由同盟主席和临时政府总理,苏瑞泰接任制宪议会议长。1947年9月24日,制宪议会通过了《缅甸联邦宪法》。10月17日,吴努和英国首相艾德礼签定了《努—艾德礼协定》,就缅甸独立的具体事宜达成了协议。1948年1月4日,缅甸正式宣告独立,成立缅甸联邦。

四、印支三国争取独立的斗争

法国在印支三国实行的是资本主义和封建方式相结合的殖民掠夺政策，殖民地经济成为宗主国的附庸。在残酷的经济掠夺和政治压迫下，民族矛盾尖锐，印支三国人民的反法斗争风起云涌，民族解放运动贯穿于殖民统治的全过程。

20世纪初，越南工人阶级不断成长壮大，逐渐担负起了领导越南抗法斗争的历史重任。1930年2月胡志明把"印度支那共产党"、"安南共产党"、"印度支那共产主义联盟"这三个组织合并为统一的"越南共产党"，同年10月改名为"印度支那共产党"。在共产党的领导下，越南出现了1930—1931年的革命高潮，1931年，法、越反动派联合镇压了这次运动，革命进入低潮，转为地下斗争。但1935年后革命的烈火又在许多地方重新燃烧起来，共产党领导人民从南到北展开了各种形式的公开斗争。

二战爆发后，日本为达到其建立"大东亚共荣圈"的目的，于1940年9月22日强迫法国签订了《关于日军进驻印度支那的决定》。同年12月9日，又签订了《共同防守法属印度支那地方军事协定》。日本于1940年9月入侵越南，越南变成了日、法两国共同统治的殖民地。在老挝，日本保留了法国的行政机构，日本给琅勃拉邦朝廷委派一名最高顾问，同时委派一名高级顾问代替法国最高驻扎官。日本于1941年12月进驻柬埔寨，与越南、老挝一样，日本利用法国在柬埔寨的殖民机构，对柬埔寨实行"间接统治"。印支三国人民遭受着日、法的双重剥削和奴役，处在更加苦难的深渊中。

1945年3月9日，日本发动"三九政变"，解除了法军武装，独占印支三国，直接对印支三国人民实行法西斯统治。为遮人耳目，日本还拼凑傀儡政府，宣布印支三国在"大东亚共荣圈"中"独立"，但是所有这一切都不能挽回它即将灭亡的命运。

1945年8月，日本宣布无条件投降，第二次世界大战结束。印支三国人民要求国家真正独立的呼声日益高涨，纷纷起来进行革命斗争，从日本法西斯手里夺取政权，统治阶级之中的有识之士也顺应了这一历史潮流。越南共产党发动"八月革命"，河内、顺化和西贡起义相继胜利。25日，阮朝末代皇帝阮永瑞（保大）宣布退位。9月2日，胡志明主席在河内巴亭广场发布《独立宣言》，宣告越南民主共和国成立。八月革命获得了胜利。

1945年9月15日，琅勃拉邦王国副王兼首相佩差拉不顾国王的反对，在万象宣布老挝的统一。10月12日，老挝临时政府成立，宣告老挝独立，实施临时宪法。随后又解放了琅勃拉邦、川圹等省。

1945年9月，法国又卷土重来，要在印支三国重建殖民统治。在越南南方，法国殖民者扶持保大复辟，成立所谓的"越南国"。从1945年11月开始，法军一步步进占老挝，1946年3月，法军占领中寮重镇他曲，制造"他曲惨案"；4月24日进占万象；5月13日，占领琅勃拉邦，老挝临时政府不得不流亡泰国。1945年10月5日，法国空降部队占领金边。随后迅速控制了整个柬埔寨。面对战后柬埔寨人民强烈要求国家独立的呼声，为了掩盖其殖民统治的实质，法国殖民者在统治方式上玩弄花招。1946年1月7日，它与柬埔寨签订了一项临时协定，该协定承认柬埔寨是"法兰西联邦内的一个自治国"，但是这种"自治国"有名无实，本质上依然是法国的一个殖民地。

从1945年至1947年，由于敌强我弱，越南人民的抗法战争处于防御阶段。1947年10月越南人民军粉碎了法军对越北根据地的进攻后，战争进入相持阶段。1949年中华人民共和国成立后，中国对越南提供了无私的帮助，成为越南可靠的后方。在中国的大力支援下，越南军民于1950年发动了"边界战役"，掌握了北部战场军事主动权。

在美、法两国共同加强对印支三国侵略的严峻形势下，1950年11月，印支三国人民的代表举行了会晤，共商联合反法斗争的问题，并成立了筹备委员会。1951年3月3日，印支三国的抗法组织联合起来，组成了"越南、高棉、寮国人民联盟"。三国人民联盟的成立，大力推动了民族解放运动的进程。

法国重新占领老挝后宣布西萨旺·冯为国王，任命与法国合作的占巴塞文翁亲王为首相。同时大肆搜刮老挝人民的人力和物力。在法国控制的一些地区，税额比1945年以前竟增加了20倍，下寮农民一年粮食产量的4/5被其征收；法军还到处抓壮丁，借以补足他们日益消耗的兵力。1947年1月，老挝进行普选，梭发那·富马亲王担任新的内阁首相。1949年7月19日，老挝王国政府同法国政府在巴黎签约，正式确定老挝为法兰西联邦内的独立国家。1953年10月，又签订《法老友好联合条约》，再度确认老挝是法兰西联邦内的独立国家。但国防、财政、外交等大权仍然掌握在法国手中。

为了争取国家的真正独立，老挝人民纷纷起来进行抗法斗争。从1946年至1950年，在全国开展了广泛的游击战争。1950年，各地爱国力量举行全国人民代表大会，组建了以苏发努冯亲王为主席的伊沙拉（自由）阵线，并成立了以他为首的寮国抗战政府。到1953年，伊沙拉部队已解放了桑怒、川圹及琅勃拉邦部分地区。1953年12月，在中寮战役中，伊沙拉部队解放了甘蒙省的大部分和沙湾拿吉省的一部分，使法国军队陷入被分割状态，上、中、下寮之间的联系也被切断，而解放区的面积达4万多平方千米。

1946年8月，在高棉伊沙拉克（自由）阵线的领导下柬埔寨人民建立了抗法武装力量。1950年4月，全国各地的爱国武装力量和抗法组织举行代表大会，会上宣布成立高棉解放运动中央委员会（即高棉中央人民解放委员会）。委员会最后发展成为全国抗战政府，领导全国的抗法斗争。

在三国人民武装斗争的推动下，西哈努克国王作出了正确的选择，决定与人民站在一起，他主要通过与法国进行外交斗争，来争取国家独立。为此，从1953年2月9日前往法国至1953年11月8日重返金边，西哈努克国王到法国、日本、美国和泰国进行一系列外交活动，通过多种策略的运用，使柬埔寨获得真正的独立。这一运动在有利的国际环境和人民武装力量的支持下，使法国被迫让步，从1953年下半年开始，逐渐交出部分权力。1953年11月9日，法、柬两国在金边王宫前举行了权力移交仪式，法国军队从金边撤出，同时宣布停止法国殖民机构的活动。柬埔寨从而获得完全独立，因而这一天被定为柬埔寨的"独立日"。

1953年夏，法军在美国的支持下制定了"纳瓦尔计划"，妄图在18个月内消灭越南抗战力量。在中国的支援和帮助下，越南军民于1954年3月13日开始发动著名的"奠边府战役"，经过55天的奋战，至5月7日结束战役，全歼法军主力1.6万余人，赢得了轰动世界的"奠边府大捷"。通过印支三国人民共同的武装斗争，法国侵略者最终获得惨败，迫使法国于1954年7月20日在恢复印度支那和平的《日内瓦协议》上签字。《日内瓦协议》包括《关于在越南停止敌对行动的协定》、《关于在柬埔寨停止敌对行动的协定》、《关于在老挝停止敌对行动的协定》以及《日内瓦会议最后宣言》等文件。

《日内瓦协议》规定，在越南北纬17度线以南、九号公路稍北划一条临时军事分界线，该线以北为越南北方，归越南民主共和国管辖；该线以南为越南南方，归南越政权管辖。越南民主共和国的军队在该线以北集结，法军在该线以南集结。至此，越南北方全部解放，持续8年的抗法战争结束。日内瓦会议同时也要求从柬埔寨、老挝完全撤出法军，并保证尊重柬埔寨、老挝的独立、主权和领土完整，这些原则也得到与会各国的一致承认。至此，法国在印度支那的殖民统治宣告结束。

五、西班牙、美国长期殖民统治下菲律宾争取建立民族独立国家的艰难历程

1521年西班牙人麦哲伦率船队到达今天的菲律宾群岛，当时他将这一群岛命名为圣拉扎罗群岛，到1542年，西班牙殖民者为表示对王储菲力普的敬意，将这一群岛改称为菲律宾。1564年西班牙派遣黎牙实比率船队前往菲律宾，1565年4月黎牙实比在宿务岛登陆，建立了西班牙第一个殖民地，西班牙人将统治扩展到其他岛，1571年黎牙实比占领了马尼拉，将它定为西属菲律宾群岛的首都。

菲律宾沦为西班牙殖民地后，西班牙设殖民总督，菲律宾总督名义上隶属墨西哥总督府，实际上具有对菲律宾的统治权。西班牙把本国的救封制度用于菲律宾，把菲律宾人的村社合并成领地，领主对农民进行残酷压迫和剥削。西班牙殖民者还控制了菲律宾的对外贸易，1565年至1815年的250年间菲律宾和墨西哥之间一直保持着用大帆船进行的贸易活动，西班牙于1593年颁布一项救令，规定由西班牙王室垄断大帆船贸易。

西班牙殖民者的残酷统治激起了菲律宾人民的不断反抗，从19世纪后半期起，菲律宾的民族解放运动开始兴起，以何塞·黎萨尔为代表的爱国知识分子发起宣传运动，唤起了菲律宾人的民族觉悟。1892年7月2日，以波尼法秀为创始人的"卡蒂普南"（"民族儿女最尊贵协会"）成立了，卡蒂普南明确主张通过武装斗争实现菲律宾独立。在卡蒂普南的领导下，1896年8月爆发了反对西班牙殖民统治的菲律宾革命，正当菲律宾反西班牙的革命高涨之际，1898年4月25日美西战争爆发，5月曾经流亡国外的反西革命领导人阿

奎纳多乘美国军舰返抵菲律宾，阿奎纳多把各种抵抗组织吸引到他的旗帜下，菲律宾全国的西班牙军队据点纷纷落入革命军之手，西班牙军队只能龟缩于马尼拉城内，西班牙的殖民统治已实际被推翻。

阿奎纳多1898年6月12日宣布菲律宾独立，11月29日颁布了著名的《马洛洛斯宪法》，1899年1月23日在马洛洛斯举行了第一菲律宾共和国成立典礼，它是亚洲出现的第一个民主政体的共和国。在这期间，美国军队在消灭西班牙海军后用舰队封锁马尼拉湾，让菲律宾革命军同西班牙军队厮杀，同时不断从美国增派援军到菲律宾，待美军兵力加强之后，美国便撕下"盟友"的假面具，于1899年2月4日发动侵略菲律宾的战争。经过两年的曲折斗争，阿奎纳多总统被俘后投降美国，1901年3月第一菲律宾共和国解体。同年7月，美国宣布在菲律宾建立文治政府，菲律宾进入美国殖民统治时期。美国是一个后起的发达资本主义国家，它在菲律宾的殖民政策与西班牙大不相同，美国军事征服和政治攻势并用，注重输入美国的政治制度和文化教育，使菲律宾迅速"美国化"，经济上实行"免税贸易"，使菲律宾的经济完全依附于美国，美国出于多种考虑还实行所谓"菲律宾化"政策，美国政府先后派遣了"舒曼委员会"和"塔夫脱委员会"到菲律宾进行活动，笼络菲律宾上层人士，1916年美国国会通过"菲律宾自治法"，给予了菲律宾人较大的自治权，后随着菲律宾争取独立斗争的高涨，1932年美国国会终于通过《菲律宾独立法案》，该法案规定在10年过渡期后给予菲律宾独立，过渡时期建立一个自治政府，1935年9月组建了自治政府，奎松和奥斯敏纳分别当选为自治政府的正副总统，这样菲律宾就成为东南亚各殖民地中最早获得自治的国家。

太平洋战争爆发后，日军进攻东南亚，菲律宾首当其冲，日军不到半年便摧垮了麦克阿瑟指挥的美菲军队，建立了法西斯统治。日本为巩固其统治，还一手导演了"菲律宾共和国"的丑剧，宣布给予菲律宾所谓"独立"。日占期间，菲律宾人民的抗日斗争在群岛各地蓬勃开展。随着日本在太平洋战场的接连败北，1944年底美军开始在菲律宾登陆，在菲律宾抗日力量的配合下1945年美军重新占领马尼拉，日本在菲律宾的统治彻底崩溃。第二次世界大战给菲律宾造成了巨大的破坏，1946年的国民生产总值还不足1937年的40%。以奥斯敏纳为首的菲律宾自治政府把经济重建的希望寄托于美国政府。1946年4月菲律宾举行战后第一次总统选举，罗哈斯战胜奥斯敏纳任菲律宾自治政府总统。1946年7月4日菲律宾宣布独立，建立菲律宾共和国，罗哈斯任菲律宾共和国总统，但宣布独立的菲律宾同美国签订的一系列不平等条约，使它在政治、经济、军事等方面继续受到美国的控制。

六、文莱摆脱被保护国地位最终获得完全独立

文莱是东南亚的古国，最早从公元5世纪中叶开始在中国的史籍中就有了关于婆利（浡泥、渤泥）的记载，指的就是文莱。9世纪中叶开始，文莱一度被苏门答腊的室利佛逝王国征服，到10世纪末才恢复独立。在其后400余年中，国力强盛，版图辽阔，商业繁荣，与中国和阿拉伯地区来往密切。

14世纪末，文莱又被爪哇的麻喏巴歇王国占领，成为其附属国。到15世纪初，文莱国王麻那惹加那为摆脱麻喏巴歇的控制，亲自率家属和大臣到中国明朝访问求援，后病逝于南京。麻那惹加那的儿子遐旺·阿拉克·贝塔塔尔继承王位，他转而与当时强盛的马六甲王国联姻结盟，马六甲苏丹授予他文莱苏丹头衔，这样遐旺·阿拉克·贝塔塔尔成为文莱的第一个苏丹，在他的推动下，伊斯兰教开始在当地迅速传播。15世纪末，文莱在第五世苏丹博尔基亚的治理下变得空前强盛，不仅将文莱的疆域扩展至整个婆罗洲，还数度派军队远征爪哇、马六甲、吕宋等地。由于国力强大，文莱在15至16世纪成为了东南亚地区伊斯兰教的传播中心。

16世纪中叶以后，葡萄牙、西班牙、荷兰、英国等西方殖民者相继入侵，加上文莱国内贵族之间的争权夺利乃至内战，国势日益衰微，国土屡次被分割，最后在1888年沦为英国的保护国。

1888年9月17日文莱与英国签订保护协定，规定文莱苏丹继续行使国内统治权，外交权则交由英国代管，该协定还明确承认了沙巴和沙捞越从文莱分离。文莱变为英国的保护国后，其领土完整并没有得到真正保护，国土继续被肢解。1903年文莱发现石油，英国政府转而决定把文莱直接置于自己的控制之下，以便控制文莱的石油资源。1906年，英国在文莱设立驻扎官，掌管文莱的一切政务。从此，文莱的一切内政、外交和国防大权都落入英国人手中。英国殖民者大肆掠夺经济资源，夺取土地种植橡胶，操纵森林资源开发，大量开采石油，英国殖民者得到巨额利润，而文莱的民族经济则受到极大摧残。在驻扎官制度下文莱名义上仍是一个苏丹国，苏丹王朝继续保留，所剩不多的领土也得以保存，但实质上文莱已完全沦为英国的殖民地。

第二次世界大战期间，文莱被日本占领，并与近邻沙捞越和沙巴合并为一个行政区。在日本占领期间文莱的各项事业遭到严重破坏。

二战结束后英国人卷土重来，文莱又被置于英国的军事管制之下。1946年7月，英国宣布沙巴和沙捞越为英国的直属殖民地，文莱仍维持被保护国地位。与此同时，文莱的民族民主运动也逐渐兴起，50年代后半期出现第一批政党，最早的是1956年成立的文莱人民党。在民族民主运动压力下，1959年4月，英国把沙巴、沙捞越与文莱分开，文莱成为英联邦下的自治邦，颁布宪法，撤销驻扎官，实行部分内部自治和行政改革，建立地方议会和立法会议，但英国仍控制国防、治安等大权。

1962年文莱开始议会选举，人民党获得绝大多数议席。这时马来亚联合邦在英国支持下，正积极推行包括文莱在内的马来西亚联邦计划，这一计划尽管得到了文莱苏丹的赞同，但文莱人民党则坚决反对加入马来西亚。1962年12月8日，文莱爆发了人民党领导的大规模武装起义，起义的参加者主要是人民党的地下武装"北婆罗洲国民军"的成员，达2万多人。英国殖民当局出兵镇压，起义失败，人民党成员流亡国外。随后，文莱政府开始实施紧急状态法令。

1971年，文莱与英国修订了1959年两国达成的协定，文莱获得"完全的内部独立"，但外交事务仍由英国掌管，国防事务由双方共同负责。1979年1月，文莱与英国签订了一项新的协定，规定文莱将于1983年12月31日后成为完全独立的国家。1984年元旦，文莱苏丹穆达·哈桑·博尔基亚·穆伊扎丁·瓦达乌拉发表《独立宣言》，宣布文莱已成为一个完全独立的"马来穆斯林君主国"。1984年1月7日文莱正式加入东盟，9月加入联合国。

七、泰国的近代化改革及君主立宪政体的确立

泰国与其他东南亚国家情况有所不同，在其他东南亚国家均沦为西方列强殖民地的时代，它是东南亚唯一保持相对政治独立的国家，因此泰国的近、现代历史有着与其他东南亚国家不同的走向。

1855年英国派鲍林率使团赴泰国，在英国的威逼下双方签署《英暹条约》(《鲍林条约》)，这个不平等条约严重损害了泰国主权，此后西方列强纷纷强迫泰国签订类似条约，西方势力涌入泰国，泰国逐渐成为列强的商品倾销市场和廉价原料供应地。在严峻的形势下，泰国王室开始实行自上而下的改革，拉玛四世蒙固国王拉开了改革的序幕，蒙固国王去世后，其子朱拉隆功国王（1868—1910年在位）又进行了长达30多年的更为全面深刻的改革，主要包括：废除奴隶制，废除封爵授田的"萨迪纳制"，取消封建人身依附关系，取消封建徭役；效仿西方议会制，建立内阁；推行新的法律制度，加强立法，建立司法机关；改革财政，取消"包税制"，发行统一货币；改革教育制度，推行西式教育；实现新的军事制度，建立常备军，实行义务兵役制；发展现代交通、邮电事业等。这些改革措施对泰国的社会、经济发展产生了重大影响。

第一次世界大战结束后泰国由于加入协约国而获得战胜国地位，泰国利用这一有利地位通过与列强谈判废除了治外法权，并收回了关税自主权等。此后一个时期泰国的资本主义有了较大发展，西方资产阶级民主思想得到深入传播。由知识分子、青年军官、中小官员组成的民党于1932年发动"6·24"政变推翻了君主专制政体，建立君主立宪政体，在此后的镇压保皇党复辟的过程中以披汶·颂堪为首的军人集团兴起，从此，军人集团一直在泰国政治生活中起着举足轻重的作用。披汶·颂堪逐步实行军人独裁统治，对内推行"国家主义"，大搞"泰化运动"，对非泰族人采取歧视政策；对外推行"大泰唯国主义"和亲日政策。太平洋战争爆发后，日军在泰国登陆进攻马来亚和缅甸，披汶政府与日本签署《日泰同盟条约》并向英美宣战，将泰国绑上了日本"大东亚战争"的战车。日本占领泰国后对泰国进行疯狂的经济掠夺，在政治、军事、文化上加强控制，深受日本占领之苦的泰国人民奋起反抗，对披汶政府不满的爱国人士于1941年底创立开展自由

泰运动，1944年7月亲日的披汶政府下台，成立了以宽·阿派旺为总理的新政府，宽内阁取消了戒严令并暗中保护地下反抗运动，泰国的抗日力量迅速发展壮大，并提出在1945年春发动武装起义，由于盟军不希望泰国过早采取行动，使武装起义未能实现。日本宣布投降后的1945年8月16日，摄政比里·帕依荣以泰国国王的名义公布和平宣言，宣布披汶政府对英美宣战的布告无效，放弃大战期间占领的柬埔寨、老挝、马来亚、缅甸的领土。9月2日，盟军进驻泰国接受日军投降。

八、东南亚最晚获得独立的国家——东帝汶

16世纪前，帝汶岛曾先后由以苏门答腊为中心的室利佛逝王国和以爪哇为中心的麻喏巴歇王国统治。1512年，葡萄牙占领帝汶岛，对其开始了漫长的殖民统治。1613年，荷兰势力侵入，于1618年在西帝汶建立基地，将葡萄牙势力排挤至东部地区。1749年，荷兰与葡萄牙开战，荷兰军队占据西帝汶，帝汶岛分裂为东、西两部分。18世纪时英国殖民者曾短暂控制西帝汶。1816年，荷兰恢复对帝汶岛的殖民地位。1859年，葡、荷两国签订条约，重新瓜分帝汶岛，帝汶岛的东部归葡萄牙，西部则并入荷属东印度。1942年日本占领东帝汶。二战后澳大利亚曾一度负责管理东帝汶，不久后葡萄牙恢复对东帝汶的殖民统治，1951年葡萄牙将东帝汶改为海外省。1960年第15届联合国大会通过1542号决议，宣布东帝汶岛及附属地为"非自治领土"，由葡萄牙管理。

1974年4月25日葡萄牙爆发"武装部队运动"推翻了独裁政权，葡开始民主化和非殖民化进程，葡萄牙政府决定放弃对东帝汶的殖民政策。1975年葡政府允许东帝汶举行公民投票，实行民族自决。主张独立的东帝汶独立革命阵线、主张同葡维持关系的民主联盟、主张同印度尼西亚合并的帝汶人民民主协会三方之间因政见不同引发内战。1975年11月，独立革命阵线宣布东帝汶独立，成立东帝汶民主共和国。1975年12月7日，印度尼西亚出兵东帝汶，次年7月，印度尼西亚总统苏哈托签署特别法案，宣布东帝汶归并印度尼西亚，成为印度尼西亚的第27个省。然而，印度尼西亚的这一做法始终没有获得国际社会的承认。东帝汶抵抗组织也由此展开了旷日持久的民族独立斗争。1981年，东帝汶独立革命阵线成立军事组织"东帝汶民族解放军"，该党主席夏纳纳·古斯芒兼任总司令，抵抗斗争向纵深发展。1992年11月20日，印度尼西亚军队以"颠覆罪"逮捕了古斯芒。东帝汶问题引起国际社会的普遍关注，1975年12月联合国大会通过决议，要求印度尼西亚撤军，呼吁各国尊重东帝汶的领土完整和人民自决权利。此后联合国大会多次审议东帝汶问题，1982年联大表决通过支持东帝汶人民自决的决议，从1983年至1998年，在联合国秘书长斡旋下，葡萄牙与印度尼西亚政府就东帝汶问题进行了十几轮谈判。

1997年亚洲金融危机爆发后印度尼西亚的苏哈托政权下台。1999年1月，印度尼西亚总统哈比比同意东帝汶通过全民公决选择自治或脱离印度尼西亚。1999年2月4日，印度尼西亚哈比比政府同意东帝汶享有广泛自治，同年5月，印度尼西亚和葡萄牙在联合

国签署了有关东帝汶问题的3项决议，其中包括东帝汶实行特别自治的宪政框架、东帝汶人民对自治方案进行直接投票的安全安排以及具体操作程序。6月11日，联合国安理会通过决议成立联合国驻东帝汶特派团，于8月30日主持东帝汶全民公决。东帝汶的45万登记选民中有44万人参加了投票，其中78.5%赞成独立，哈比比总统当日表示接受投票结果。投票后的9月4日至14日间，东帝汶的亲印度尼西亚的民兵组织与独立派发生流血冲突，造成近千人丧生，约23万人背井离乡。东帝汶社会形势骤然恶化，联合国特派团被迫撤出。9月，哈比比总统宣布同意多国部队进驻东帝汶，1999年9月7日，东帝汶独立运动领袖夏纳纳·古斯芒获印度尼西亚哈比比政府特赦，不久后重返东帝汶。安理会通过决议授权成立由澳大利亚为首、约八千人组成的多国部队，并于9月20日正式进驻东帝汶，与印度尼西亚驻军进行权力移交。1999年10月20日，印度尼西亚最高权力机构——人民协商会议通过决议，正式批准东帝汶的全民公决结果。10月25日，联合国安理会通过第1272号决议，成立联合国东帝汶过渡行政当局，负责管理东帝汶在独立前的一切事务。10月30日，最后一批印度尼西亚军警撤离东帝汶，标志着印度尼西亚对东帝汶统治的终结。

1999年11月，东帝汶成立具有准内阁、准立法机构性质的全国协商委员会，2000年7月成立首届过渡内阁，2001年8月30日，在联合国监督下，东帝汶举行由16个政党参加的制宪议会选举，东帝汶独立革命阵线赢得了57.3%的选票，成为最大政党。2002年3月22日，制宪议会通过了东帝汶第一部宪法。2002年4月举行总统选举，东帝汶独立运动领袖夏纳纳·古斯芒以高达82.69%的得票率当选东帝汶开国总统。2002年5月20日零时钟声敲响之际，联合国秘书长安南正式将东帝汶的行政权力移交给东帝汶国会议会议长卢奥洛，东帝汶民主共和国正式成立。至此，东帝汶在经历了葡萄牙长达450多年的殖民统治、印度尼西亚24年的强制统治后终于迎来了历史性的独立。

第三章　民　族

第一节　东南亚民族概况

一、东南亚各民族的来源

东南亚在地理环境、民族构成等方面都是当今世界上最错综复杂的地区之一。通过考古材料，我们可以清晰地看出这一地区出土的石器与铜铁器时代的遗物惊人地相似，有着共同的特征。这也反映了东南亚地区各个民族的居民数千年来对这一复杂环境的适应与变革，在这一地区内迁徙、接触与融合，形成多元性文化的最初历程。人类在东南亚居住的记录可以往回追溯大约100万年。东南亚各国诸民族形成的过程，经过了复杂的反复多次迁徙、适应、融合、分化的经历，才形成了今日东南亚民族分布的态势。现在东南亚各土著民族按民族学谱系划分的办法分别属于四大族系，即澳大利亚—美拉尼西亚人、南岛语系人、南亚语系人和汉藏语系人，其中后三者均属南蒙古人种，共约百余种民族。[①] 在近现代史上，又有来自中国、印度、西方各国以及非洲的各色人种迁徙至东南亚，虽然规模不如前三次的民族大迁徙，但人数也蔚为可观，形成了各自特殊的族群，并在东南亚民族国家的形成和发展中发挥了重要的作用，成为各国民族组成中不可忽视的一部分，我们将他们统称为外来民族。

（一）尼格利陀人

目前生活在东南亚的澳大利亚—美拉尼西亚人数量较小。今日的尼格利陀人（Negrito）就是这一族系的代表，马来西亚的塞芒人或班干人、泰国的诸格人、菲律宾的海胆人或埃达人、安达曼群岛的安达曼人等实际上都是尼格利陀人的分支。

尼格利陀是西班牙文，最初是西班牙人给菲律宾当地属于这个种的民族所起的名字，含义为"小黑人"或"矮小的黑人"，通称"矮黑人"。后来，把凡是属这个人种的民族统称为尼格利陀人。尼格利陀已成为属于这一系统的民族的代名词。但是，东南亚地区的尼格利陀人，并不属于非洲刚果河流域热带森林中的矮黑人——皮格迈人（一般身高140厘米）系统的民族。现在西方人类学者比较成熟的看法是，把澳大利亚人和尼格利陀人都看作是"爪哇更新世末期瓦贾克人的子孙"，把他们归属为"澳大利亚—尼格罗人种"。尼格利陀人的特征是：头大，黑色卷发，脸圆，鼻扁平，唇厚；皮肤深褐色（略带黄色的黑色皮肤），体毛很少，有的老年人长胡须；身材矮小而壮实，男子身高一般不超过150厘米，妇女一般不超过140厘米。上古时期，属于澳大利亚—尼格利陀系统的民族曾广泛分布在东南亚各地以及印度次大陆，是这两个地区的原始居民。约在公元1世

---

① 李谋：《析东南亚民族的形成与分布》，《东南亚》2007年第2期。

纪以前，属于这一人种系统的尼格利陀人已分布到中南半岛北部和云南境内。关于这一种族的情况，中外史料中都有过相关记载。只是所称族名不同，所述内容也比较简单而已。比如，《不列颠百科全书》中"安达曼岛"条中就写有"九世纪中叶的时候，阿拉伯作家告诉我们这个岛上的居民吃生人，他们人口约有二千，色黑，发如羊毛，眼睛与形貌，使人可怕……他们裸而徒跣……假使有船到此而缺吃水，而找他们供给的话，可能就被他们杀死。"《简明不列颠百科全书》中"安达曼人"条中也写有"操安达曼语的约有1 000人。直到19世纪中叶，安达曼人由于住地遥远，极端排外，屠杀一切外人，在物质或文化上都没有重大变化。残留的部落现仍不识耕种，仅靠打猎和采集为生。是唯一不知取火方法的民族。"

时至今日仅在泰国南部与马来半岛中部的边缘不发达的蛮荒地带、安达曼群岛、菲律宾中部和北部偏远地区还能见到少数尼格利陀人。而且他们之中许多人已不再使用他们的原始语言，改操临近民族的南岛语系或南亚语系语言，生活习性和谋生方式也有了很大改变。菲律宾群岛的吕宋岛西部、东部比较低的山岳地带，班乃岛以及内格罗斯岛内陆的高地，棉兰老岛北部，米沙鄢岛和巴拉望岛北部的高地等热带丛林中，分布着尼格利陀人集团，其总数约有三万人。此外，在苏门答腊岛上的奥朗阿基特人，爪哇岛上的巴兑人，也都是属于尼格利陀系统的民族。

（二）南岛语系人

南岛语系（Austronesian family）或直接音译为奥斯特罗尼西亚语系，旧称马来·波利尼西亚语。是东南亚的主体民族最大的语言集团，古代分布最广。如今在台湾（高山族语言）、菲律宾（他加禄语、比萨扬语等）、中南半岛（占语、马来语等）、南洋群岛（印度尼西亚语、爪哇语等）生活着操南岛语系语言的各民族。

学者们对该语系民族的发祥地有过多种说法。大体有两种主张：一是大陆起源说，一是海洋起源说。两种观点的争论至今仍未停息。大多数学者认为该语系人的故乡在中国大陆。从中国大陆腹地至华南沿海、台湾，后南传至菲律宾，再东至马来群岛，进而向东、向西、向南扩张。这一语系的民族大约也是第一批从境外迁入东南亚的民族，经过7 000年至1 000多年前若干次的大迁徙，到了公元初的几个世纪形成了今日南岛语系各族在东南亚的布局。按照他们来到的时间的先后，以及体质和文化程度上的差异，通常把最早到来而又比较落后的称为"原始马来"（又叫"第一马来"或"古马来"）；后来的被称为新马来（又叫"开化马来"或"第二马来"），他们吸收了大多数原始马来人，并与东南亚当地的尼格利陀等土著民族相融合，演变成为现在的马来人。他们的特征是：身材较矮，皮肤为淡褐色或暗褐色，头发光滑而黑，鼻平唇厚。现在，马来西亚、印度尼西亚和菲律宾的大多数民族，均为马来人血统；所操语言皆属马来·波利尼西亚语系。其中某些民族成了东南亚海岛诸国的主体民族。东南亚菲律宾的比萨扬、他加禄、伊洛克、比利尔人，印度尼西亚的爪哇、巽他、马都拉、米南加保、巴达人，印度尼西亚和马来西亚的马来人，越南和柬埔寨的占人等都属于这一语系人种。

（三）南亚语系人

在南岛语系人成批迁入东南亚后，东南亚民族再一次大迁徙发生于距今约3 000年前后。这一次徙人的是南亚语系人。南亚语系（Austro-Asiatic family）又称澳斯特罗·亚细亚语系，分布于中国云南的西南部、南亚和东南亚，约包括150种语言，其中多数语言各有许多方言，使用人口约4 000万。南亚语系有两个主要语族，即蒙达语族（或译门挞语族）和孟高棉语族。

操蒙达语族语言者20世纪70年代约有500万人，分散居于印度中部和东部；东南亚大陆的孟高棉语族是这一语系的主体，此语族中包括了东南亚大陆地区的几种历史记录较长的重要语言，如越南语、高棉语和孟语等，使用者超过3 500万人。

京族又称越族，是今日越南的主体民族，占越南总人口的89%。另在中国广西一带、老挝、柬埔寨、泰国境内也有少量京人。

高棉人是当今柬埔寨的主体民族。据2004年统计，在柬埔寨国内该族已有1 178万人，越南、老挝和泰国境内也有一些高棉人散居。高棉人自称Khmer，泰国人称为Khamen，缅甸人称其为Khamar，越南人称之为Caomien，阿拉伯人称他们Comar。在中国的史籍中也早有这一族名出现。

孟族主要居住在下缅甸和泰国中西部地区。在缅甸境内约有13万人，占缅甸总人口的2.8%左右。缅甸联邦在缅甸设有一孟邦，现在缅甸境内的孟族人大多集聚于此。在德宁达依、勃固、仰光、伊洛瓦底等省和克伦邦也散居着一些孟族人，泰国境内有10万人左右，散居于阿瑜陀耶、华富里、干乍那武里府以及曼谷周围一带。

（四）汉藏语系人

历史上出现民族大批向东南亚地区迁徙的最后一次是在公元初始前后发生的，这次迁徙的是汉藏语系人，主要有骠人、缅人、若开人、克伦人、克钦人、掸人、泰人、寮（老挝）人等。[①]迁徙的族群中属于该语系的藏缅语族、壮侗语族（亦有称之为：壮泰语族或台（泰）—卡岱语者）者最多，也有少数属于苗瑶语族的。

藏缅语族人中最早进入东南亚的是骠人。从缅甸考古材料得知公元1世纪至9世纪缅甸境内曾出现过骠国，《缅甸大百科全书》中说："骠人所操语言是藏缅语之一，和缅语很接近。"大多数中国学者根据中国古籍材料也推断骠人源于我国西北。根据考古所得和各方面史料对应考察可以得出的结论是：在公元前早些时候骠族已经进入今日缅甸中部，公元初始时开始建国，公元9世纪中叶骠国被其同族的南诏国所灭，其后骠人逐步被后

---

① 上述列出的一些民族，少数学者们有一些不同的见解，认为他们本就不属于汉藏语系。见李谋：《析东南亚民族的形成与分布》，《东南亚》2007年第2期。

来进入缅甸境内的缅族同化。

缅人是继骠人以后进入今日缅甸境内的另一批藏缅语族人。缅人与骠人的关系非常密切。首先，骠、缅两族皆源自中国西北的羌人，他们南迁的路线基本一致。20世纪30年代研究缅甸问题的英国学者卢斯根据对中国史籍的研究，认定缅族先民是生活在甘肃一带羌族的一支逐步南迁来的民族。公元后到达云南澜沧江以西，7至8世纪间才进入缅甸。他还考证了缅语和11世纪生活在甘肃一带羌族一支党项人的语言有着密切的关系。①卢斯的观点得到了大多数缅甸学者的认同。我国学者岑仲勉曾指出《史记·西南夷列传》中所说的"靡莫"可能就是缅族的前身。刻于1102年的孟文碑铭《江喜陀王建宫碑》中出现了孟人称缅人的Mirmar一词，到1342年以后Mirmar一词才逐步被Mrammar或Myanmar所取代。靡莫与Mirmar应当是同一个词在不同文字中的不同写法。

东南亚当今居民中属壮侗语族的人主要是泰佬语支的泰、佬、掸族人等。这一语支人的发源地传统有多种说法。综合考古发现和中国古籍中所述，笔者认为：汉藏语系壮侗语族人在两汉时期发生过较大的变迁，其中一部分泰佬语支人南迁进入中南半岛，而其余大部分包括部分泰佬语支人仍留在云南、贵州、广西一带，成为中国西南地区壮族、傣族等的先民。

（五）外来民族

东南亚的外来民族主要有华人、印度人、阿拉伯人和西方人。其中华人在所有外来民族中人口最多，印度人、阿拉伯人和西方人等外来少数民族人口总数远远少于华人。

伴随西欧列强对东南亚的殖民统治，殖民地宗主国的人大批移居东南亚。同时，殖民地需要大批劳工，华人、印度的泰米尔人等也纷至沓来，成为东南亚国际移民的重要组成部分。中国人大规模迁移海外是在明朝中叶以后，也就是在"地理大发现"之后。"据一般估计，从1840年鸦片战争至1941年太平洋战争爆发前夕，中国人出国累积超过1 000万，平均每年在10万人以上。"而中国的海外移民约80%分布在东南亚地区。②华人作为东南亚人口最多的外来民族，遍布于该地区各个国家。

印度人在马来西亚最多，约有112.5万，占马来西亚总人口的8.7%，他们大多分布在半岛马来西亚的吉隆坡、巴生港、马六甲一带。新加坡约有16万印度人，其中泰米尔族大约占66%。印度尼西亚约有5万印度人，主要分布在各大城市。文莱也有少数印度人。

阿拉伯人比印度人少得多，在马来西亚约有5 000人，印度尼西亚的阿拉伯人较多，约有10万人。

西方人在马来西亚有1万多，主要是英国人。新加坡有9 000英国人、7 000美国人和部分欧洲人的混血。东帝汶有所谓"黑色葡萄牙人"（葡萄牙人与当地人混血的后裔），人

---

① ［英］卢斯：《前蒲甘时期的缅甸》，牛津大学1983年版，转引自李谋：《析东南亚民族的形成与分布》，《东南亚》2007年第2期。
② 曾少聪：《东南亚的国际移民与民族问题》，《世界民族》2006年第5期。

数不明。印度尼西亚的西方人中以荷兰人为多，约有1万人，此外还有很少的英国人、美国人和日本人。

二、东南亚民族特点

（一）民族众多，各国都有主体民族

东南亚各国都是多民族国家，在多民族的人口组成中，都有一个占全国人口大多数的主体民族，这个主体民族同时也是该国的统治民族。少数民族虽然有数十个，但加起来的总人数所占比例仍然不大。越南有54个民族，京族占总人口89%，少数民族仅占11%，岱依族、傣族、芒族、华人、侬族、高棉族人口均超过50万；老挝分为49个民族，分属老泰语族系、孟—高棉语族系、苗—瑶语族系、汉—藏语族系，老族占全国总人口的一半以上；[①]缅甸共有135个民族，主要有缅族、克伦族、掸族、克钦族、钦族、克耶族、孟族和若开族等，缅族约占总人口的65%，各少数民族均有自己的语言，其中克钦、克伦、掸和孟等族有文字；泰国共有30多个民族。泰族为主要民族，占人口总数的40%，其余为老挝族，华族，马来族，高棉族，以及苗、瑶、桂、汶、克伦、掸、塞芒、沙盖等山地民族；印度尼西亚有100多个民族，其中爪哇族45%，巽他族14%，马都拉族7.5%，马来族7.5%，其他26%；菲律宾马来族占全国人口的85%以上，包括他加禄人、伊洛戈人、邦班牙人、维萨亚人和比科尔人等，少数民族及外来后裔有华人、阿拉伯人、印度人、西班牙人和美国人，还有为数不多的原住民；柬埔寨有20多个民族，高棉族是主体民族，占总人口的80%，少数民族有占族、普农族、老族、泰族、斯丁族等；新加坡华人占75%左右，其余为马来人、印度人和其他种族。[②]

（二）杂居和跨境

同一区域内，往往多种民族杂居，形成各民族大杂居、小聚居的局面，在一个大范围内呈现出多个民族交错、垂直分布的态势。比如，缅甸缅族聚居的伊洛瓦底江流域，就有克伦、克耶、孟、若开等少数民族居住；掸族集中的高原地带，则间有缅、克伦、崩龙、低、苗、瑶、克钦、傈僳等民族的村落。至于克钦、钦、仇和那加等民族的主要聚居区内，也常有其他民族村寨交错其间。

许多民族跨境而居。如泰（掸）族、苗族、瑶族、哈尼（阿卡）族、拉祜族、克木族（人）等民族跨缅、泰、越、老、中5国而居；克耶族、克伦族、孟族、仇（拉低）族在缅、泰、老3国都有分布；马来族、莫肯族跨缅、泰、马3国而居；越、老、缅3国与中国云南省有数千千米的共同边界，有16个民族是跨境民族，即壮、傣、布依、苗、瑶、彝、哈尼、景颇、傈僳、拉祜、怒、独龙、佤、德昂、布朗和京等族。

---

① 按照老挝国王时期公布的数据，老挝共有68个民族，老挝人民革命党和爱国阵线在夺取全国政权之前，为了团结老挝各民族人民，争取民族独立，将老挝民族分成三大部分，称三大民族（即老龙族，老听族，老松族），现老挝政府仍沿用三大民族的划法。见马树洪、方芸：《列国志·老挝》，社会科学文献出版社2004年版，第36页。

② 以上数据均引自中国外交部网站。

　　东南亚地区民族混杂居住的范围大、程度深。以中国南方与大陆东南亚接壤地区为例，跨国民族地区民族发展的过程就是多民族社会不断混合的过程。本地区不同族群之间的各种联系是如此广泛而深刻，以至于我们只能用"混合"一词来表述各族群之间难解难分的关系。东南亚各民族的杂居不仅表现在本地区村镇广泛存在的非单一民族居住格局，还表现在普遍存在的血缘混合的现象。根据周建新在老挝北部地区的田野调查，当地居民肤色差异很大，有的略白一些，有的较黑一些，属于不同族群。肤色较白的是有中国血统的，而且多属贵族阶层。当地居民也没有对其他略黑一些的人群歧视，只是说明族群之间的人种血缘混合程度很高。因为族群之间的血缘混合，已经不能通过具体的个体来说明，只能通过整个族群的体质特征来说明。[①]

（三）各民族经济、社会发展极不平衡

　　依靠土地营生的各民族的经济生活基本上又可分为以下三个层次：一是以种植水稻为主的定居型农业，包括一切定居于平原地区的先进民族，如京族、泰族、缅族和老族等，这些民族已不同程度地处在向工业化过渡的阶段。二是刀耕火种型，主要流行于山居民族中。缅甸山地中用于刀耕火种的土地，至少有200余万公顷，泰国西部和北部山地的呵叻高原东部，从事刀耕火种的少数民族有100万人。在越南和老挝的山区，依赖刀耕火种为生的人超过150万。三是渔猎采集型，包括热带雨林中的一些部落和海上居民，如黄蕉叶人、塞芒人、塞诺伊人和莫肯人等。

　　山区和平原的居民经济、社会状况差异很大。在号称"新兴工业化国家"的泰国，山民的收入远低于一般水平。1985年泰国人均收入为26412铢，而贫困的东北部地区人均收入只有8142铢，后者只相当于前者的30%。贫困人口也多集中在少数民族聚居的山区，1988年泰国贫困线以下的人口比例在曼谷地区为3.5%，而在东北部高达34.6%。至90年代，北部人均收入虽有所提高，但与中部差距却日甚悬殊。[②]山民的社会发展程度仍处于极低的层次。以现代社会的标准来衡量，其居住条件和生活环境极其恶劣，教育落后，绝大多数山民都是文盲，文化的落后又加深了山民的愚昧，崇奉自然神灵的迷信活动十分盛行。医疗水平低下，山区缺医少药，有病得不到医治，很多人依赖巫医或者吞食鸦片来减轻病痛。

　　与大多数东南亚国家情况一样，马来人的经济比华人经济落后，1970年马来西亚人每户月收入为187.7元，印度人为310.4元，高于马来人120多元，华人为387.4元，是马来人的两倍多。从就业上看，马来人主要从事农业、渔业和服务业，生活在农村进行稻种农业的比率高达90%，[③]与华人主要生活在城市并从事工商业形成了鲜明的对比。

---

① 周建新：《大陆东南亚跨国民族"和平跨居"文化模式分析》，《社会科学战线》2008年第8期。

② 陈衍德等：《全球化进程中的东南亚民族问题研究》，厦门大学出版社2008年版，第139页。

③ 何西湖：《马来西亚华人政策的演变和发展》，《广西民族学院学报》（哲学社会科学版）2004年第12期。

（四）民族关系复杂

东南亚的民族关系以其错综复杂而闻名。就一国范围之内而言，大体上可分为两大类型：土著民族与外来民族的关系，土著民族中的主体民族与少数民族的关系。在第一大类中，又可以分为两种类型：土著民族中的主体民族与外来民族的关系，土著民族中的少数民族与外来民族的关系。在第二大类中，又可以派生出少数民族与少数民族的关系等。倘若超越一国范围来看待民族关系，又会遇到跨境民族这样的文化民族与政治民族错位以至民族的内外部关系叠加交织的局面。

以马来西亚为例，其最大的种族马来人占总人口的49.3%，外来民族华人占38.4%，印度人占10.8%。马来人和非马来人之间的关系较为紧张，尤其是人数位居一二的马来人和华人之间的关系极其敏感。马来西亚的主体民族和外来民族之间的关系问题，在马来西亚独立运动和国家建设中始终是一个全局性的问题，也是马来西亚政治斗争的焦点。

三、东南亚各民族分布

世界各国习惯把越南、老挝、柬埔寨、泰国、缅甸五国称为东南亚的"陆地国家"或"半岛国家"；而将马来西亚、新加坡、印度尼西亚、文莱、菲律宾五国称为东南亚的"海洋国家"或"海岛国家"。这两类国家的民族分布都体现出主体民族居住在中心地区，非主体民族居住在边缘地区的特点。下面分而述之。

（一）半岛国家的民族分布

生产力比较先进的大民族都居住在肥沃平坦的平原或河谷平坝地区，而众多生产力较落后的少数民族则主要分布在高原或山区。在越南，越族作为主体民族，约占全国总人口的89%，居住在经济文化较发达的平原地区和城镇交通沿线；少数民族约占总人口的11%，除高棉族、占族和部分华族住在平原地区外，其余分布在北部和西部靠近越中、越老和越柬边境的广大山区和河谷盆地，其居住的面积占全国总面积的2/3以上。[①]在柬埔寨，主体民族高棉族在全国各地的居民中都占多数，但最主要的聚居区是湄公河、洞里萨河和洞里萨湖周围的低平地区以及过渡性平原和沿海地带。在缅甸，缅族是第一大民族，在全缅各地均有分布，其中伊洛瓦底江中下游地区是缅族人口最集中的地区。克伦族、掸族、若开族、孟族、克钦族、钦族和克耶族等较大民族部分生活在平原地区，部分生活在山区，而其他少数民族则生活在山区。在老挝，老族主要居住在社会经济较为发达的平坝、江河沿线和城镇地区，以万象平原、沙湾拿吉平原、巴色平原和湄公河沿岸为中心聚居，约占这些地区总人口的80%。在泰国，泰、老两族主要居住在中部和南部平原，山民主要分布于北部和东北部山区，马来人聚居在靠近马来西亚边境的南部五府。泰国泰族主要居住在泥南河平原，北部山区则主要居住着被称为"山民"的各少数民族。泰国山民集中的北部和东北部的34个府，约占全国总面积的65%，资源丰富，但社

---

① 王士录：《当代越南》，四川人民出版社1992年版，第243～244页。

会经济长期落后，与本国发达地区相去甚远；泰南社会经济也落后于中部发达地区。

（二）海洋国家的民族分布

岛屿国家的各民族聚居分布在各个岛屿上，主体民族居住在社会经济文化较发达的岛屿或中心地带，而非主体民族聚居于欠发达地区。主体民族聚居区与其他民族的聚居区之间是明显的中心——边缘的关系。

在印度尼西亚，爪哇族是人口最多的民族，主要分布于中、东爪哇；巽他族是第二大民族，主要分布于西爪哇南部沿海地区，并向该岛北部和东部扩散；马来族主要分布在苏门答腊东部、廖内群岛、邦加、勿里洞以及加里曼丹岛的沿海地区，亚齐族分布在苏门答腊的亚齐特别区，马拉都族主要居住在马拉都岛和爪哇岛的东部地区，米南加保族主要分布于西苏门答腊省西部沿海的高原地带。在菲律宾有60多个山地少数民族，他们生活在内陆山区，人口较少，主要从事狩猎、采集、捕鱼及简单农业，包括阿埃塔人、伊富高人、比兰人、苏巴农人、邦都人、坎卡奈人、布基农人和纳巴洛伊人等。他们在国家的政治、经济和社会文化生活中处于被边缘化的地位，成为"濒危"部落和民族。马来西亚和文莱的主体民族为马来人，其次为华人。新加坡的主体民族为华人，占全部人口的75%左右。

第二节　东南亚各国的民族政策

民族政策，即一个国家处理和解决民族问题的方式方法，具体包括理论和实践两个方面。东南亚各民族在反抗殖民统治建立民族国家的过程中，共同的目标使他们联合起来，团结协作。因此，从东南亚各独立的民族国家诞生之日起，就形成了多民族并存的现实。建国后，经济生活迫使各民族之间的联系和交往越发密切。例如擅长经商特别是经营零售业的华族，与东南亚各地的土著民族相互依存。广泛分布于新、马、缅等国的印度族，也与所在国形成了不可分割的共生关系。土著民族和外来民族之间如此，土著民族之间更无例外。鉴于此，总体而言东南亚各国施行的是多民族共荣的民族政策，而各个国家根据具体的民族状况，采取了各不相同的民族政策，而这些政策都有一些失误之处。

一、各国民族政策简介

（一）越南的民族平等政策

越南民族政策经历了一个发展变化的过程。越南民主共和国民族政策的核心是实行民族区域自治。1975年越南统一后，随着国际关系的变化，越南政府取消了民族区域自治，并对从中国迁来并跨境而居的少数民族加强了控制，结果使民族问题日趋严重。近年来，越南党和政府对民族政策进行了检讨和反省，提出了新的民族政策的纲领性文件

《关于山区社会经济大发展的几点政策主张的决议》，主要内容是：（1）为实现各民族一律平等的权利，一方面要有保障各民族一律平等的法律；另一方面要大力帮助少数民族聚居的山区发展经济文化，中心是在民族地区深化经济改革，加快对外开放。（2）重视培养和造就当地民族干部，尊重和发扬各民族优良的文化传统与风俗习惯，发展山区文化教育、医疗卫生事业。这一新的政策已收到了一定成效，越南民族矛盾已逐渐缓和。但在经济改革不断深入、市场机制逐渐确立的形势下，如何消除各民族之间的差距，消除实际上的不平等，这些问题已成为越南下一步必须解决的难题。

（二）老挝的"无为而治"政策

老挝处理民族问题的方式又别具一格。其对少数民族实行的是一种"无为而治"的政策。政治上，老挝没有搞民族区域自治，但也没有把少数民族拒之于国家政治生活之外，而是通过增大少数民族在党和政府的领导机构中比例的办法来将他们引入主流社会。经济上，建国之初采取了两项措施：重新安置和合作化。但因操之过急，动作太大，这一政策遭到失败。近年来老挝政府调整了政策，延缓重新安置计划，放慢合作化进程，广泛推行农业家庭承包责任制，使情况有所好转。文化上，对少数民族实行宽松的宗教文化政策，同时积极发展少数民族地区的文教卫生事业。总的来看，老挝的民族政策有失误也有成功之处。近年来随着整个国家政治经济形势的好转，老挝的民族问题也在朝积极的方向转化。[①]

（三）泰国的民族融合政策

泰国少数民族中问题较突出的主要是南部马来族和泰北山地民族，其民族政策也主要是针对这些民族制定的。泰国先前针对南部少数民族推行同化政策，即在法律上拒不承认少数民族与主体民族的差别，而是强调全体国民的一体化。20世纪40年代，披汶政府开始强制南部四府的穆斯林接受泰语、泰装等泰国主体民族泰人的传统文化。20世纪60年代，泰国中央政府又在南部四府推行初等义务教育，增加泰语的学习、授课时间，并在教科书中增加了与佛教有关的内容。与此同时，还把当地伊斯兰教的传统宗教学校改编成现代伊斯兰宗教学校，以便于统一管理。泰国政府对山民的政策包括：通过引进经济作物和其他职业取代罂粟种植，用现代化的定居农业取代刀耕火种农业；实行同化政策；发展当地文化教育和医疗卫生事业。总的来看，泰国民族政策的实质是实行民族同化。[②]这一政策对泰国华人而言是比较成功的，其山民政策也取得了一定成绩，但对于宗教、民族意识强烈，分布集中的泰南马来族来说，同化政策不仅不奏效，而且还成为引发民族冲突的主要原因。

---

① 申旭：《云南周边国家民族问题与政策论略》，《东南亚》1994年第2期。

② 也有学者持不同看法，认为泰国政府从80年代起开始在南部穆斯林地区采取比较符合实际的政策来缓解与南部穆斯林的矛盾。首先是摒弃同化政策，尊重穆斯林的文化和宗教；其次是发展南部经济，缩小南部与中心地区的经济差距；提拔南部穆斯林行政官员中的穆斯林名额；加强中部与南部的交流。见施雪琴：《战后东南亚民族分离主义运动评述》，《世界历史》2002年第6期。

（四）缅甸的分化瓦解及边境开发政策

缅甸的民族政策按其内容特点可划分为三个时期。1948年独立到1962年反法西斯人民自由同盟执政时期为第一阶段。这一时期，缅甸民族政策的核心是通过引入联邦制，实行民族自决和民族自治来解决民族问题，但因为未把握好民族自决与国家统一的关系，民族冲突连绵不断。1962—1988年奈温政府统治时期为第二阶段，其民族政策的主要特点是以中央集权的单一制取代联邦制，依靠军事强权对少数民族进行统治，结果进一步激化了民族矛盾，形成多支少数民族反政府武装与政府相持、对峙的格局。1988年军政府接管政权至今为第三阶段，其民族政策基本沿袭奈温政府的模式，但在策略上进行了调整：一是对各少数民族反政府武装采取剿抚并行、分化瓦解的策略；二是制定"边境地区开发计划"，促进少数民族地区的经济发展；三是增设边境地区民族发展部，力图将少数民族引入主流政治。这些努力收到了一定成效，民族矛盾有所缓和，政府对边境民族地区的控制加强，但要真正消除民族冲突和实现国内全面和平，还有一段较长的路要走。

（五）菲律宾的整合与压制政策

菲律宾独立后的二十年里，一直对南部穆斯林地区实施"整合政策"，其目的可以概括为"维持和平、促进融合、发展经济"。整合政策实际上沿袭了战前自治政府的"摩洛政策"，其内容可以分为两个方面：一是加快北部天主教徒向南部的移民，以促进南部融入作为整体的国家；二是向穆斯林传播天主教和灌输西方文化，并以政治拉拢和西式教育来"同化"穆斯林，以改变摩洛人的"野蛮"和"落后"的状况。天主教徒的南移使摩洛人占南部人口的比例不断下降，并造成南部资源的重新分配，导致了生存空间的争夺。整合政策的实施招致了南部穆斯林的普遍不满。

为发展经济，历届政府都实行开发计划，通过采伐森林、开采矿山和种植经济作物来换取外汇和偿还外债，进而带动经济全面发展。所谓"文明进步"和"现代化"计划给山地少数民族造成了灾难性后果，导致部落或民族解体。部落解体包含经济贫困、政治上丧失自治权、社会失序和文化消亡等内容。

1965年马科斯上台后的20年既是菲律宾现代化进程加快、经济快速发展的时期，也是国内贫富分化加剧、各种矛盾相互激荡的时期。在经济发展进程中，棉兰老地区的土地资源被加速掠夺和霸占，摩洛人和政府的矛盾进一步加深。面对摩洛人的反抗，政府采取了压制政策，边打边拉，以打为主。

（六）马来西亚的马来人优势政策

马来西亚实行马来人优势的民族政策，在就业、经济、文化政策上处处显示马来人优于其他民族。马来西亚对政府公务员实行的配额制，严重地损害了非马来人的利益。1957年马来亚独立之后，公共服务委员会（Public Service Commission）沿袭英国殖民时代尽量保留公共服务职位予马来人的传统做法，并将其配额予以制度化。有关马来人和非马来人比例的具体规定是：民事服务部门为4∶1；外交部门、司法部门、海关为3∶1。在1950—1957年间，马来人高级文官的人数增长了3倍，而至1970年时这个数字又增加了1倍。由于实行公务员的配额制，使得马来人顺利地、大量地进入国家官僚体系，而把大批的华人和印度人排挤在公务员系列之外。

马来人和华人的关系是马来西亚民族问题的关键，只有协调和平衡马来人和华人的利益才能实现种族和谐。在经济上，马来西亚政府实行保护和扶植土著经济的政策，限制华人经济的发展。1969年"5·13"族群暴动平息之后，政府开始推行新经济政策。这项计划的两大目标是：第一，重组社会，以纠正由于财富拥有权的不平衡而产生的以经济活动辨识种族的现象；第二，消除贫穷。[①]新经济政策也叫"土著政策"，其目的是大力扶植马来人经济，束缚和限制非马来人的经济发展，以此纠正马来人与非马来人的经济不均衡状态。为了有效地推行新经济政策，从1970年起还颁布了一系列法律、法令。如1975年颁布的《工业调整法》规定，华人、印度人企业领取执照时必须把30%的股权留给马来人；雇用的工人当中必须有40%~50%的名额留给马来人等等。经过新经济政策的推行，马来西亚经济的民族构成发生了变化，在股份资本总额中，马来人资本所占的比例由1971年的4.3%上升到1978年的10.3%，非马来人的经济势力相对下降，失业率上升。值得注意的是，在这项政策下，原处于被歧视地位的华人大资本家巧妙地避开了与马来新兴资产阶级的正面冲突，迂回发展出各式特定的、与后者合作的模式，从而维护自身的利益。在文化上，马来西亚政府也实行种族歧视的政策。语言是传承民族文化的工具。自马来西亚独立之后，华文教育经常受到政府的限制和干扰。

（七）新加坡的多元文化政策

新加坡是在多元包容中繁荣发展的成功范例。新加坡居民由华人、马来人、印度人和其他种族四大族群组成，曾存在族际隔阂的诸多因素。李光耀在新加坡成为独立共和国的1965年8月9日谈到民族问题时，明确提出："在新加坡，我们将是一个多元种族国家。这个国家不是一个马来人的国家，不是一个华人的国家，不是一个印度人的国家。"独立以来，新加坡政府推行了多元文化主义，实行尊重各民族及其文化多元性的民族平等政策。同时，政府在语言和教育、宗教政策、政治、经济以及社会文化等方面采取了一系列相应措施，在国家现代化建设进程中成功实现族际和睦，各族在保持各自文化特征同时确立了对国家高度的认同感。近年来新加坡政府能够居安思危，通过营造"族际互信圈"等举措，有意识地加强不同族群之间的沟通和互信，进一步巩固各民族的团结和睦局面。

新加坡多元文化主义政策包含了以下三方面内容：一是"4M原则"，即多元种族、多元语言、多元文化和多元宗教。"4M原则"承认新加坡是由各自独立、各具特色的各个族

---

① 参见华社资料研究中心：《马来西亚种族两极化之根源》，吉隆坡华社资料研究中心1987年，第42页。

群平等组成，新加坡的整个民族文化便是建立在种族、语言、文化、宗教的多元性基础之上。二是"CMIO"模式，即新加坡社会是由四大族群"华人、马来人、印度人及其他种族"组成的总和。三是"新加坡人"概念，即各族群在保持各自特点的基础上求同存异，组成一个复合民族"新加坡人"，倡导"一个国家、一个民族、一种命运"，把新加坡作为自己的祖国，患难与共、同舟共济，在团结和谐中共同建设好"新加坡人的新加坡"。

（八）印度尼西亚从强迫同化政策到民族和解政策

在苏加诺"有领导的民主"时期，印度尼西亚政府的核心任务就是进行"民族建构"，苏哈托时期则致力于建立"新秩序"：在现代化的号召下，以现代的工业化取代自给自足的农业；以理性取代迷信、盲从和伊斯兰庇护制度；以讲求实效的程序化制度（专业集团的统治）取代此前具有广泛群众基础的政党制度。这样，尊重地方独立自主的地域主义也作为一种"传统的"事物被这种现代化政策抛诸脑后。为此，苏哈托政府以国家语言政策、教育制度等在全国范围内强制推行一体化运动，对各个地区、各民族之间的差异性视而不见。一体化运动在民族政策上演变为对非主体民族的压制和剥夺。苏哈托时期，亚齐的资源开发和输出所得的资金中大部分用于发展爪哇的基础设施和经济建设，作为核心区域的爪哇得到长足的进步，而亚齐并没有因能源及其他资源的开发获得好处。

印度尼西亚自1945年独立以后在对待华人的政策上既没有沿用印度尼西亚历史上出现过的、较为成功的华人自然融合的政策，也没有采取像大多数东南亚国家所实行的较为"温和"的民族同化政策，而是对华人实行强制同化政策。苏哈托的强制同化政策主要包括两方面的内容：一是加强华人的政治同化，二是加速华人的文化同化，如鼓励华人加入伊斯兰教，要求华人改名换姓，禁止使用华语等等。华人的文化同化政策无疑是要从根本上改变华人的民族特性，从而最终解决华人与当地民族的关系问题。经过几十年的强迫同化，印度尼西亚华人的中青年阶层绝大部分不使用中文姓名，不会讲华语，不了解本族群的文化，与父辈之间没有多少文化上的联系。[①]

瓦希德和梅加瓦蒂政府实行民族和解政策，一定程度上缓解了民族间矛盾。中央政府在经济利益分配上做出重大让步，中央2002年度财政预算案增大对亚齐的投入，其中建设预算从6 170亿盾增加到1.1万亿盾，提高了78.3%。尊重各民族的文化、母语教育和风俗习惯，废除了若干项对华人的歧视政策。

苏希洛总统自2004年起致力于解决地方分离主义问题，2005年8月，印度尼西亚政府与"亚齐独立运动"组织达成和平协议。2006年7月，印度尼西亚国会通过亚齐管理法。12月，亚齐举行地方选举，前"亚独运动"领导人伊尔万迪·尤素夫和穆罕默德·纳扎尔当选正副省长。2006年7月，印度尼西亚国会通过新《国籍法》，取消部分种族歧视、性别歧视内容。2008年10月，印度尼西亚国会通过《消除种族歧视法》。

---

① 邓仕超：《同化，融合，还是共存？》，《东南亚研究》2002年第3期。

二、民族政策的失误

东南亚国家在独立后所执行的民族政策较为普遍地存在着重大失误，具体表现在以下几个方面：

(一)政治上实行中央集权统治

从60年代中期到80年代初，一些东南亚国家政治发展的特征是实行不同程度的军人专制的集权主义政治。在印度尼西亚、泰国和缅甸，以苏哈托、沙立和奈温为首的军人集团，依靠军队的力量登上政治舞台，建立了军人政权。他们把军队作为主要的政治力量，通过政变方式排除异己政治势力，把军人安排到从中央到地方各级政权和重要的国营经济部门中，从而建立了严密的军人统治。

如缅甸，1962年3月奈温将军通过军事政变掌握了国家政权。1974年奈温军人政府制定的第二部宪法，取消了第一部宪法中规定的民族自治邦所拥有的自治权，国家体制由联邦制变成了军人统治下的中央集权，这是导致民族分离运动产生的直接原因。

独立后的印度尼西亚被称为"新的家长专制型国家"，特别是1965年的军事政变后，政治体制也由苏加诺时代的"议会民主"转变为苏哈托时代的"有领导的民主"。在印度尼西亚的政治生活中，爪哇岛一直是中心，中央在分配国家政治资源时，大搞宗派主义，特别是在一些重要的机构如议会和军人集团里，爪哇人占有绝对优势。如在印度尼西亚革命时期的决策层里，爪哇人大概占50%，在苏加诺统治时期，议会里的爪哇人占55%，在向"有领导的民主"转变时期，爪哇人在议会里的比例上升到57%，而在苏哈托统治时期，爪哇人在议会的比例上升到60%以上。爪哇人在军队上层人物里的比例更是高得惊人。在苏哈托"新秩序"初期的军队上层人物里，爪哇人占66%，而在1977年时，上升到74%，到1978年时，更是高达80%，并且在外岛的军区司令中有14%~15%是爪哇人。

在菲律宾特别是在马科斯实行独裁统治的20多年里，军队的许多高级官员都是从其伊洛戈人同乡中选用，马科斯夫妇与一部分至亲好友分享着国家的军、政、经济权力，营私致富，发展为所谓的"亲朋资本主义"。

在泰国，南部穆斯林地区行政机构里的官员也主要是佛教徒，并且他们当中许多人不会讲马来语，这妨碍了政府与当地社会的有效沟通，导致双方关系恶化。再加上许多官员滥用职权、贪污腐化以及任意监禁穆斯林、冠以叛乱罪名，穆斯林的不满情绪日增。

(二)经济政策失衡

随着战后工业化进程的发展，一些东南亚国家也开始加快对少数民族地区的经济开发。在对少数民族地区的经济开发过程中，这些国家的中央政府实行严重失衡的经济政策，导致少数民族地区的经济发展滞后，同主体民族地区的贫富差距越发显著。

中央政府对少数民族地区的各种资源进行掠夺式的开发，导致当地民族生存环境的严重恶化。少数民族地区为国家工业化的发展做出了巨大的贡献，但是却获益甚少。自

70年代中期以来，由于大量石油、天然气的出口使亚齐很快就成为印度尼西亚最富裕的地区，但是多年来中央控制了亚齐绝大部分的财政收入，地方政府只能得到利润的5%，当地人民的生活水平多年来没有得到提高，人均收入同资源极度贫乏的东帝汶一样属最低层次。亚齐在政治、经济上遭受着双重剥削，他们把爪哇看成是新殖民者，"印度尼西亚这个名词是可笑的，它是荷属东印度公司的别名，只不过由爪哇人代替了荷兰人"。所以，自70年代中期以来，亚齐地区分离运动的发展呈现出新的特点：伊斯兰教的复兴与经济利益的争夺并重，反抗"殖民剥削"和"压迫"，建立独立的伊斯兰国家的呼声越来越高。菲律宾的山地少数民族在政府的"现代化"计划实施过程中，可以利用的林地和田地面积大幅度缩小，致使可以利用的传统自然资源（植物和动物）锐减，依靠狩猎、采集的生活难以为继。由于失去了土地控制权，周边民族自由进入山地少数民族的生存环境掠取自然资源，这进一步加剧了山地少数民族的贫困化。为了补贴生计，部分山地少数民族只好外出打工，与外部经济联系的加强导致了山地少数民族经济独立的丧失和对外部产生依赖性。

同时中央政府在社会福利方面也区别对待少数民族地区。如在菲律宾，在所有看得见的物质量度与经济福利方面，棉兰老穆斯林自治区都处于或接近这个国家的最低水平。在政府提供的服务中，从得到出生前的照顾到低收入学生得到学院助学金，棉兰老穆斯林自治区都排在（全国的）最后，然而，居民的贫困率却以57%高居榜首，高出东南亚平均贫困率17个百分点。

（三）文化上的强迫同化政策

东南亚国家在独立后，积极在法律、文化、教育等方面推行同化政策。比如，用世俗法规代替穆斯林社会传统的习惯法，在穆斯林地区推行新式的世俗教育，逐步取消伊斯兰的传统学校。这些做法对穆斯林地区的社会发展有积极意义，因此赢得一些比较开明的穆斯林的支持。但是一些国家在推行同化政策时，丝毫不考虑民族的风俗习惯和民族感情，抹杀民族的特征，实行强迫同化，结果招致少数民族的强烈反对。

泰国从1932年开始就在南部马来穆斯林中推行"泰化"政策，唱泰国国歌、学泰国历史、讲泰语。在1938年披汶政府上台后，极端歧视马来语言和文化，宣布废除穆斯林的婚姻法和继承法，禁止马来人穿"沙笼"，男子必须穿西式的长裤和戴礼帽，禁止嚼槟榔等。泰国政府认为穆斯林私立学校（旁克多）构成了穆斯林社区被泰文化同化的主要障碍，所以力图将其改造成政府控制下的世俗教育机构，并禁止未经登记的旁克多继续存在。1968—1971年间，旁克多从535间减少为426间，至1991年则减少为189间。被穆斯林视为其文化传承的载体的旁克多的大量减少无疑激起了他们的义愤。

菲律宾独立后，在民族政策上还是沿袭了西班牙和美国殖民者的殖民主义思想，其基本出发点是要把少数民族的文化、政治、经济等等方面整合到菲律宾社会以天主教文化为中心的主流文化当中。政府宣布泰加洛语为官方语言，在南部穆斯林地区大量兴办公立学校，推行英语教学，宣扬天主教文化，遭到许多穆斯林的抵触。

泰国、菲律宾政府在文化教育方面的政策反映了主流文化对穆斯林宗教、文化及历史的轻视，而这些正是穆斯林民族心理和社会认同的基石。这种情况在缅甸也同样存在，佛教被宣布为国教，遭到少数民族的反对，他们认为政府把缅族信仰的宗教强加给他们，违反了宗教自由的原则。同时，政府用于修建佛塔和举办赕佛活动而花费的大量金钱，成为经济落后的少数民族地区不堪忍受的重负。

（四）强制移民政策

一些国家的中央政府把少数民族地区作为释放经济发达地区人口压力的"泄洪区"，大量向少数民族地区移民，造成外来民族与当地民族在经济、政治生活等领域的竞争与冲突。如菲律宾独立后，为缓和中部岛屿的人口压力，政府鼓励大量天主教徒向南部穆斯林地区迁移，结果天主教移民的增多使穆斯林的人口比例急剧下降，仅占该地区总人口的22%。人口比例的改变破坏了原来穆斯林社会的政治、经济结构，带来了一系列严重的政治、经济、社会问题。同样，泰国在对泰南穆斯林地区的经济开发中，大约有10万佛教徒从泰国的中部到南部定居。泰国政府在南部穆斯林地区实施了"土地拓居计划"，把一些土地分配给外省来的无地移民。这项计划被大多数穆斯林马来人看作是"领土入侵"，遭到当地马来穆斯林的强烈反对。

第三节 东南亚国家的民族问题

一、东南亚民族问题的缘由

民族问题即不同民族和民族集团间在社会生活的各个领域发生的各种矛盾，其实质就是不同民族之间的关系问题，往往表现在政治、经济、文化、语言、生活方式和风俗习惯等方面。民族问题属于一定的历史范畴，在不同的历史时期和社会条件下，民族问题具有不同的内容和性质。

在构建近代民族国家的过程中，作为文化意义上的血缘民族共同体将加进政治法律的意义，从而转变成为一种新型的共同体——民族国家，这时，"民族"（Nation）即与"国家"（State）开始同一。在这个意义上，"民族主义"（Nationalism）也就与"爱国主义"（Patriotism）开始同一。第二次世界大战后，一大批亚、非、拉国家摆脱了殖民统治，获得了独立。民族主义在构建国家过程中发挥了重大的作用。如1928年的印度尼西亚《青年宣言》中提出了一个响亮的政治口号，即"我们，印度尼西亚儿女，承认一个民族——印度尼西亚民族；我们，印度尼西亚儿女，承认一个祖国——印度尼西亚祖国；我们，印度尼西亚儿女，承认一种语言——印度尼西亚语言。"从此之后，这一口号在维护印度尼西亚的民族团结和国家统一方面一直发挥着重要作用。这里的"印度尼西亚民族"显然不是指印度尼西亚只有一个民族，而是指由众多的民族组成的共同体，是印度尼西亚各民族的总称。

　　然而在东南亚各国摆脱殖民统治后开始发展民族国家的进程中，在全球化的发展趋势下，一些少数民族由于固守自己的文化传统，不能融入统一的全球经济，因而加剧了自身的贫困化和边缘化，继而出现了危及国家主权完整与地区安全的民族分离主义的逆流。印度尼西亚、菲律宾等国土著少数民族争取自身权利的运动，在获得主体民族主导的国家政权的种种让步之后，依然毫不妥协地要求得到更多的自治权利，直至提出独立建国的目标。

　　东南亚国家相继摆脱殖民统治独立建国后，面临发展民族经济的紧迫任务。随着工业化与城市化的发展，各阶层各社会集团都被卷入经济生活当中，由于市场经济并不会自发地调整效率与公平的关系，政府的介入又难以做到不偏不倚，因此，必然产生一些集团比另一些集团发展更快的结果。虽然东南亚一些"新兴工业化国家"的经济建设成就显著，但其国内的少数民族非但没有享受到经济建设的成果，反而遭遇新一轮的边缘化：政治上被排斥，经济上遭剥夺，文化上被同化。因此，在东南亚国家里，"合法"的国家现代化运动中日益被边缘化的少数民族，也展开了自认为具有"合法性"的政治与文化诉求运动——建立"伊斯兰教国"，希冀以此来强化本民族的文化认同，并以此作为摆脱边缘化的唯一途径。[①] 全球化进程中的东南亚各国，其经济—文化双重结构所造成的少数民族贫困与边缘化，乃是引发持续的民族分离运动的根本原因；而贫困与边缘化之所以引发民族分离运动，其深层原因在于东南亚少数民族文化自主权的丧失，文化（而不是经济）才是推动东南亚少数民族分离运动的根本力量。全球化推动了文化的传播与交流，但并没有也不可能带来彻底的文化趋同，全球化在推动世界经济一体化的同时，不仅强化了民族主义，而且凸显了文化的差异与冲突，这是导致族群冲突的一个重要根源。

　　利亚·格林菲尔德认为，在社会中，每个社会成员会在政治或文化等方面对既定的社会产生认同，构成了社会的同一性，这种同一性使社会保持着稳定。在一定的社会形势下，当社会中某个特定集团的社会地位受到了威胁，具有了社会危机感时，在价值形态上，他们面临着"错乱"和"社会反常"。也就是说，他们已无法在原来的社会同一体中生存，他们的认同也与社会现存的同一性发生冲突和对立。这样，他们在这个社会中就被推向了"边际"——即在其中又不在其中，他们的真实地位不能符合呼应着传统的社会同一性。因此，他们开始采用宣传民族主义来动员人民以"代表全民族"的面目出现，通过民族主义的媒介重建了民族的同一性，由此也获得了地位的稳固。所以，重建民族的同一性既是民族主义的目标，也是民族主义的源泉。艾勒·凯杜里认为民族主义的倡

① 施雪琴：《对全球化、边缘化与族群冲突的独到分析——评〈全球化进程中的东南亚民族问题研究〉》，《世界民族》2008年第6期。

导者和宣传者是那些不满意于他们所在的现存社会的一批人，他们接受的观念、政治行为都与他们的上一代人不同，他们要表达的一切也与现存社会非常"离异"（alienation）。东南亚的民族问题实质是民族分离主义。"有国家而没有民族"是分离主义者对当今民族—国家的理解："国家"是属于主体民族的，而自己的"民族"却不被承认。他们认为本民族应该建立单一民族的"国家"，因而不承认自身是构成现存的民族国家的一部分；他们不会自认为是在搞分离运动，而只是要建立自己的"民族国家"。

二、民族问题的表现

（一）政治上，表现为民族矛盾甚至是民族分离主义

缅甸是东南亚地区民族问题最尖锐的国家，由于多方面的原因，缅甸自1948年独立以来，一直未能妥善地处理好少数民族与国家的关系问题，以致引发出政府与各民族反对党派之间长期的武装冲突。缅甸的民族矛盾，实际上就是代表主体民族的中央政府与不承认这一政府的少数民族之间的对立。缅甸的民族问题包括两个方面：对缅甸政府来说，民族问题就是完成国家统一和统治的问题；对少数民族而言，它则是争取民族自治的问题。缅甸国内的民族纠纷，既是少数民族对主体民族统治的反抗，又是被主体民族视为对中央政府的反叛。国内反政府武装同外部势力相结合，民族矛盾与要求民主化的斗争相交织，使得局势更加复杂化。如果从民族关系的变迁来观察民族问题的历史，以缅甸独立为分界线，就可以清楚地看出从"松散分化关系"到"不平等关系"的变化过程。独立以前，英国"分而治之"、"以夷制夷"的殖民政策使少数民族加大了对国家的离心倾向，其与主体民族和国家的关系是一种松散的，并处在不断分化中的关系。独立以后，由于缅族在独立运动中起着主导作用，大缅族主义有所抬头，再加上1962年以来的联邦制的名存实亡，"松散分化关系"在独立后变成了缅族优越于其他民族的不平等关系。这种不平等关系又随着政府推行中央集权制和同化政策而得到了加强，这样又进一步刺激了少数民族的民族意识、民族情感，使民族分离主义运动长期延续下来，民族矛盾日益激化。

在泰国，南部马来族同泰国的主体民族和政府之间长期存在着一条鸿沟，并由此引发了连绵不断的民族冲突和反政府活动。泰南马来族形形色色的抵抗组织有十余个，其目标是争取南部诸府的独立和自治，摆脱泰国政府的"殖民统治"。因此，南部马来族的抵抗运动实质上就是民族分离运动。泰国政府近年来对泰南马来族采取了一系列宽容政策，但在自治权问题上却寸步不让。原因在于：（1）中央集权和民族同化是泰国政府民族政策的两个基本点。泰国政府认为，分散行政权力或强化特定民族或地方集团的权力，都有可能加强少数民族地区的分离倾向，危及国家的完整。（2）马来族是一个民族意识很强的民族，政府认为这种民族性、特殊性即是产生民族主义和分离主义的基础，而民族自治的结果只会使这种特殊性不断加强。（3）南部各府有过长期骚乱的历史，马来族是一

个跨境民族，而且在与泰南接壤的马来西亚是主体民族，这就使问题变得更加复杂而敏感，致使泰国政府在处理这一问题时更加谨慎小心，不会轻易给予特殊许诺。而对于泰南马来族来说，历史上的冲突，政府民族政策的失误，宗教文化上的差异，使他们对主体民族泰族和泰国政府产生的隔阂变得根深蒂固，因而也不会轻易放弃自治的要求。只有在政府切实保障少数民族的各种权利，大力发展少数民族地区的经济文化，缩小少数民族与泰族在政治上、经济上的不平等的条件下，民族关系才会朝着健康的方向发展。

越南、老挝也不同程度地存在着少数民族与主体民族和国家之间的矛盾冲突。越南民主共和国时期曾实行过民族自治政策，但南北统一后即撤销了越北自治区和西北泰族苗族自治区，并加强了对少数民族地区的控制，使民族关系一度趋于紧张。苗、瑶等少数民族中的一部分人加入难民的队伍，远走异国他乡。一些山区少数民族还组成了反政府武装，离心倾向不断加强。在老挝，1975年老挝人民民主共和国成立后为解决民族问题采取了一系列措施，如对参加过反对巴特寮武装的少数民族进行思想改造，对长期实行刀耕火种的少数民族实行重新安置，然而未收到预期效果。许多少数民族对新政权采取不合作的态度，纷纷从"再教育营地"和重新安置地区逃跑。同时，还出现了不少以山区少数民族地区为基地、以少数民族为主力的反政府武装。

菲律宾摩洛分离主义运动。"摩洛问题"（Moro Problem）特指菲律宾南部棉兰老岛、苏禄群岛等地的穆斯林分离倾向及由此引发的暴力冲突。菲律宾穆斯林主要聚居在菲律宾南部的棉兰老岛、苏禄群岛和巴拉望岛等地，其人口约占全国总人口的4.9%，主要由13个部族组成，每个部族都有各自的聚居区、语言、习俗，信仰伊斯兰教成为维系他们之间团结的纽带。菲律宾南部居民自从接受伊斯兰教以来，为保卫自己的宗教信仰和生存环境，不断地反抗外来入侵势力与"优势文化"，并在斗争中发展了自身的文化和经济。二战后，伊斯兰复兴热潮在全球兴起，处于现代与传统、分离与融合"夹缝"中的菲律宾穆斯林，仍在斗争中寻找着自己的生存发展之路。但由于无法认同于菲律宾的主流文化——天主教文化，加之政府政策失误，导致菲律宾南部的穆斯林问题凸显。[1]以萨尔马特（Hashim Salamat）为代表的留学中东的穆斯林青年深受伊斯兰激进思想的影响，他们回国后便组织穆斯林青年，以真主"安拉"的名义向由天主教徒组成的菲律宾政府提出"控诉"，发起各种形式的组织和活动，极大地化解了原先部族间的矛盾，菲律宾南部的穆斯林开始共同关注如何在天主教徒为主的政权下保持本族群的发展。而随着菲律宾国内形势的恶化和伊斯兰世界交流的频繁，该国南部穆斯林的宗教情感空前高涨起来，以密苏阿里（NurMisuari）和萨尔马特为代表的青年一代振臂一呼，掀起了二战后菲律宾南部穆斯林反抗运动的高潮。

印度尼西亚境内的分离主义运动。印度尼西亚自独立以来，就存在各种分离主义运

---

① 彭慧：《伊斯兰复兴运动与菲律宾穆斯林分离运动》，《世界民族》2007年第6期。

动。东帝汶的独立，极大地鼓舞了印度尼西亚其他地区的民族分离主义运动，亚齐、巴布亚、马鲁古、伊利安、廖内等地的独立运动越闹越烈，其中以亚齐的局势最为严重。亚齐是印度尼西亚苏门答腊岛西北端的一个特别行政区，人口400多万，拥有丰富的石油、天然气等资源。印度尼西亚于1945年8月独立后，中央政府大力开采亚齐的自然资源并收走因此产生的大部分经济收入，亚齐人的生活条件没有得到根本改善，加之伊斯兰文化不被重视，亚齐人为保护自身的利益要求成立自治省，用伊斯兰教的宗教法作为亚齐省的法律，但是1950年亚齐却被并入北苏门答腊省，这引起了亚齐人的不满。1953年在达乌德·贝鲁的领导下，爆发了反对印度尼西亚中央政府的叛乱，宣布在亚齐不存在潘查希拉政府。1956年，雅加达方面作出让步，给予亚齐自治的地位，并允许实行伊斯兰教法，但是这一切并没有写进宪法，亚齐问题没有得到解决。"9·30事变"后，苏哈托军人政权推翻了苏加诺政权，开始了所谓的"新秩序"时期。在苏哈托统治印度尼西亚的30多年里，政治体制里的裙带主义、宗派主义、任人唯亲等弊病仍然盛行不已，亚齐人不仅在参与政治活动上受到歧视，并且从70年代以来，亚齐地区经济上遭受的剥削也越发严重。[①] 1976年终于爆发了"自由亚齐运动"，开始对中央政府展开武装对抗，把在亚齐建立独立的伊斯兰国家作为政治目标。

巴布亚原属荷兰殖民地，1961年获得独立。1963年，联合国与印度尼西亚共同管理巴布亚。1969年，巴布亚举行公民投票，绝大多数人赞成巴布亚与印度尼西亚合并。从此，巴布亚划入印度尼西亚版图。但巴布亚独立组织领导的"自由巴布亚运动"（OPM）一直以游击战的方式与印度尼西亚政府进行武装对抗。2000年，由2 700多名巴布亚人代表组成的"巴布亚全国代表大会"通过一项决议草案，强调巴布亚将脱离印度尼西亚统治，成为一个"独立的国家"，但被印度尼西亚政府宣布为非法，也没有得到国际社会的承认。马鲁古也曾是荷兰殖民地。1950年，一批效忠荷兰殖民主义者的安汶人组建了"南马鲁古共和国运动"，试图同新生的印度尼西亚共和国对抗，但遭到印度尼西亚政府的镇压，被迫流亡到荷兰，继续开展活动。1998年，印度尼西亚苏哈托政府垮台后，马鲁古地区的穆斯林和基督教徒陷入了长达3年的教派冲突，流亡在荷兰的"南马鲁古共和国运动"人士则乘机恢复在马鲁古的分离主义活动。

（二）经济上，表现为落后民族与先进民族经济发展的差距不断拉大，并由此产生了一系列的负面影响和社会问题

在民族问题产生及发展的过程中，经济因素是一个极其重要的因素，有时甚至是决定性的因素。云南周边的越、老、缅、泰等国，在法律上一般都有民族平等、反对民族歧视的规定，但由于各民族社会、经济发展极不平衡，各民族之间在经济、文化、生活等方面的差距甚大，因此，各民族之间"事实上的不平等"现象仍很突出，民族问题也就

---

① 施雪琴：《战后东南亚民族分离主义运动评述》，《世界历史》2002年第6期。

不能从根本上得到解决。

由于历史的原因，越、老、缅、泰等国的主体民族都居住在经济文化较发达的肥沃平坦的平原低地或河谷平坝地区，从事以水稻种植为主的定居农业，并正在向工业化迈进；而少数民族则主要分布在偏僻落后的高原山区或丘陵地带，从事以刀耕火种为主的山地农业，兼以捕猎和采集，并不同程度地保留有封建制度、村社制度以及原始氏族制度的残余。在这些国家开始工业化的进程中，主体民族与少数民族之间经济上的差距有被进一步拉大的态势，"穷的越穷、富的越富"的马太效应日益明显，各民族围绕经济利益而产生的纠纷、矛盾也就在民族问题中占有越来越大的比重。经济文化发展落后的少数民族，即便在形式上享有各种平等权利，但在实际上他们却很难有效地去享用和行使这些权利。道理很简单，一个根本没有或者很少有现代工业和科学技术，没有自己的产业工人和知识分子，文化教育和卫生事业几乎是空白，以原始农业为生并保留有一些落后风俗习惯的民族，也不能够真正享有各种平等权利，参与国家政治生活。与此同时，经济文化发展水平上的巨大差距还会加深民族隔阂，使少数民族对主体民族的不信任心理更加强烈，由此造成了一系列消极影响。

1. 相对落后的少数民族经济

总的来看，越、老、缅、泰诸国少数民族经济发展水平都比较低。如越北山区10省面积占全国总面积的26.5%，但粮食产量仅占全国总产量的7.9%，吃饭问题至今尚未完全解决。越北山区的工业、文教、医疗卫生事业也十分落后。据越南政府的经济专家估计，越南少数民族村寨的生活标准仅及河内水平的1/14。又如泰南马来族地区的稻谷产量，人均收入都在全国平均线之下。据泰国官方统计资料，1980年南部马来族聚居诸府的人均收入比全国平均水平要低23%，其中北大年府只及全国平均水平的55%。而泰国山民更为贫困，1980年，泰国山民人均收入3 000～5 000铢，大大低于全国人均水平的1.3万铢。"事实上的不平等"已成为这些国家民族问题的关键所在。

2. 生态的恶化

刀耕火种是东南亚山地民族普遍采用的传统生产方式，在越、老、缅、泰等国的山区，都不同程度地存在着这种原始的生产方式，刀耕火种的生产方式及其造成的一系列后果，构成了这些国家民族问题的一个组成部分。据估计，东南亚土地总面积中的1/3是用刀耕火种方式进行耕作的。缅甸约有250万人从事刀耕火种农业，越南约有200万人也以此为生，泰国数十万山民和部分山区泰人长期采用这一生产方式，人数近百万。老挝的老松、老听族系民族也大部分以此为生计，人数在100万以上。数百万山地民族年复一年地毁林开荒，严重破坏了这些国家的森林资源和自然生态平衡。越南自1945年以来，已有700万公顷森林被毁，全国森林覆盖面积从1943年的40.7%下降到1985年的22%。1973—1977年，通过卫星拍照发现，泰北森林面积已从95 842平方千米减少到68 588平方千米。缅甸森林的年损失率在10万~25万公顷之间。老挝官方估计每年有20万公顷森林毁于刀耕火种和乱砍滥伐。随着自然生态的被破坏，社会生态也逐渐失去平衡，主要表现在人口的增长速度超过物质资料的增长速度，人们的经济生活同社会的发展要求发生冲突等方面。另外，由于东南亚山地民族大多居住在边境地区，刀耕火种导致他们过着居无定所、游耕游居的生活，因而许多人没有国籍观念，或者是民族观念超过国家观念，从而对国家产生离心倾向，加深了民族矛盾。如何有效地控制山地民族分布的边境地区，已成为有关国家较为棘手的问题。

3. 罂粟种植及其危害

泰、缅、老3国交界地区是以罂粟种植闻名于世的"金三角"，这一地区总面积近20万平方千米，人口上百万，主要有苗、瑶、掸、拉枯、佤、傈僳、克钦、克耶、哈尼等十几个民族，大多种植罂粟。此外，在老挝北部、越南北部靠近中国边境的地区，也有不少民族种植罂粟。"金三角"和老、越北部边境，已成为东南亚主要毒品产地。据国际缉毒机构估计，1988/1989年度和1989/1990年度"金三角"鸦片产量均超过2 000吨（有资料说为4 000吨），其中约80%提炼为海洛因。"金三角"的罂粟种植和毒品输出之所以如此严重，是由多方面因素造成的。这一地区又是少数民族聚居的地区，因此罂粟种植与民族问题也有着密切的联系。从经济方面的因素来看，东南亚种植罂粟的大多是经济发展较为落后的少数民族。而这些少数民族生活居住的地区，也多为有关各国的山区、边境地区，社会经济发展水平低下。少数民族地区经济文化的不发达、刀耕火种生产方式的长期存在是罂粟种植的温床。对于僻处深山、穷困落后、除山地农业外没有其他谋生手段的少数民族来说，罂粟种植是一种比较便捷、合算的维持生计的办法。从政治上看，少数民族反政府武装大都以罂粟种植和毒品加工为重要的经费来源，这是他们与政府抗衡的经济支撑，也是他们与政府讨价还价的筹码，因此纷纷经营毒品生产和贸易。为了割据一方，反政府武装需要毒品生产；而毒品生产的存在和发展，又加强了他们的经济实力，强化了对中央政府的离心倾向。缅、老、越、泰等国山区少数民族大量种植罂粟和生产鸦片，造成了多方面的危害：一是扩大了刀耕火种的范围和深度，从而破坏森林和生态；二是使少数民族地区进一步贫困化，并危害少数民族人们的身心健康；三是加剧了少数民族与国家的矛盾，国家和少数民族围绕毒品问题进行的常年战争使民族冲突更加激化；四是对国际社会也产生了巨大危害。

（三）文化上，表现为民族文化的冲突与碰撞

民族文化是一个民族区别于其他民族的主要标志。各民族在相互交往和联系的过程中，不可避免地会发生文化之间的交流碰撞，必然会引起不同民族之间相互敌对和排斥的文化冲突。这种冲突一般表现为统治民族与被统治民族之间同化与反同化的斗争。

在缅甸，宗教信仰曾是引发民族冲突的原因之一。缅甸以缅族为主的85%以上的人口信仰佛教。1961年8月，吴努政府宣布把佛教定为国教，立即引起了基督教、伊斯兰教等非佛教信徒的强烈不满，当时克钦族的基督教徒以此为由组建了"克钦独立军"，以后逐渐发展壮大，成为对政府威胁较大的反政府武装。

在泰国南部马来族地区，民族同化政策往往是引起骚乱和反抗斗争的重要原因和导火索。马来人通过伊斯兰教维持族群统一，自觉或不自觉地与其他民族划分出文化鸿沟或族群界线。在穆斯林看来，泰族佛教徒是无信仰的族类。南部马来人排斥泰文教育，只有比例不高的学龄儿童进入泰文学校学习。旁克多的教学语言是马来文，人们的日常生活用语以马来语为主。马来人为自己的文化传统而自豪，他们认为马来语是伊斯兰的语言，是民族的标志。泰国政府在南部推行同化政策引起了穆斯林精神和信仰上的恐慌，并进一步演变为穆斯林和作为行政官员的佛教徒之间的冲突。1938年披汶上台后，极端歧视马来人的语言和文化，宣布废除穆斯林的婚姻法和继承法，强制南部马来人着泰装、说泰语、采用泰人习俗等，并封闭伊斯兰学校，结果引起当地马来人的不满和敌视。此后泰南马来人反政府组织和武装便一直以反对民族同化政策为旗帜进行民族分离运动。

第四节　华人与东南亚社会

一、东南亚的华人政策

（一）菲律宾华人政策

菲律宾政府对待华人的政策，按其内容和实质，可以分为两个阶段，并以1966年为转折。在此之前为第一阶段，这个时期的华人政策以菲律宾化（以下简称"菲化"）为特色，以立法为手段，以限制和排斥华人为目的。为了谋求经济上的独立，该时期菲律宾政府对华人经济实施一系列菲化政策，全面排斥华侨在菲律宾经济事业中的地位，欲使菲律宾人依靠这些特殊保护与支持，取代华人的经济地位。1962年，以马卡帕加尔担任总统为界线，菲化运动由高潮逐渐趋向低潮。特别是在1966年马科斯任总统以后，菲化浪潮已成为过去，对华侨的政策趋于积极，由排斥和限制转为利用，对待华人的政策也比较宽容。战后菲律宾对华人的政策从马科斯执政时起，开始进入一个新的时期，这个时期的重点是：以开放入籍解决华人问题；以宽容为特色；以利用华人的资金、技术、经验于菲律宾经济建设为目的。

（二）马来西亚华人政策

战后历史发展证明，独立后的马来西亚华人政策有起有落，但大体上沿着确保马来人优先的前提下兼顾华人的利益的轨道发展。在化解民族矛盾、推进种族和谐上成效显著。[①]

---

① 何西湖：《马来西亚华人政策的演变和发展》，《广西民族学院学报》（哲学社会科学版）2004年第12期。

从1957年8月31日获得独立到1969年"5·13事件"是马来西亚华人政策的第一阶段，马来西亚政府推行了一系列温和但对华人显然歧视的政策。遵循独立前在英国人主持下达成的协议：马华公会承认马来人在政治上和文化上的特殊地位，作为交换条件，马来民族统一机构则对华人经济优势给予承认和保护。在政治和文化上削弱华人的地位和影响，而经济上则听任华人发展经济。

1969年"5·13"事件到1990年新经济政策结束是马来西亚华人政策的第二阶段。在新经济政策的总体目标中系统地扶马抑华，带有明显歧视华人的倾向，使华人的整体处境一度恶化，但手段上的温和，执行中的适度调整，降低了扶马抑华政策的风险。它通过提高马来人的经济地位和教育水平以缩小种族差距、推进种族和谐的做法有历史的合理性，在改善马华关系上功不可没。华人社会对这一政策颇多抱怨，但亦没有走向全面对抗，大体上是接受并执行的。

1991年至今是马来西亚华人政策的第三阶段，即"国家发展政策"阶段。华人政策转向强调发挥华人在国家发展中的作用，肯定和落实华人作为马来西亚人的政治权利，带有歧视倾向的政策逐渐退出，华人整体被看作是马来西亚共荣社会的组成部分，其处境和与马来人的关系逐渐改善。在经济政策上，国家发展政策不再硬性规定原住民在有限公司中实现30%股权的目标；与此同时，政府颁布优惠措施，鼓励华人和马来人的经济合作。

（三）新加坡的华人政策

新加坡是华人在政治领域享受充分权利的唯一东南亚国家。从新加坡立国开始，当政者就努力塑造本国的国家意识，凝聚国民的国家认同，并将新加坡定位于与东南亚其他国家利益共存的国家，在相当长的时间中实行政治上疏离中国的政策。新加坡政府采取塑造国家意识的"新加坡化政策"，强调国家利益高于族群利益，希望借此消除族群对立，建立国家统一的基础。"新加坡化政策"对华人的意义在于使华人意识到，他们不再是与中国利益共存的中国移民，他们的命运取决于新加坡国家的命运。新加坡在与中国建交方面持谨慎立场，是东盟中最后与中国建交的国家。

（四）印度尼西亚的华人政策

印度尼西亚独立以来长期奉行歧视华人的政策。众所周知，印度尼西亚独立后，散居在印度尼西亚群岛的各族群依托于统一的国家，组成了一个民族共同体，称为印度尼西亚民族。但是，印度尼西亚土著民族民族主义者"拾取荷兰殖民者的种族隔离政策，并用至其极，称印度尼西亚民族为'原居民'，称华人为'非原居民'"。这样界定印度尼西亚华人身份的要害是把印度尼西亚华人排除在印度尼西亚民族之外，不承认印度尼西亚华人为印度尼西亚民族的一部分，不承认印度尼西亚华人为印度尼西亚民族共同体中的一个族群，置华人于与印度尼西亚民族相对立的地位。印度尼西亚独立后，一些人其至提出要把当地华人作为外国人驱逐出印度尼西亚。在难以实现驱逐华人的状况下，印度尼西亚土著民族民族主义者采取了强迫同化的民族政策，试图消灭华人的特征，从而实现其"一个民族、一个国家、一个语言"的目标。①

在一系列涉及华侨、华人国籍和经济活动的政策方面，比如，不论是苏加诺时期还是苏哈托时期，都不是一成不变的，始终包含对华人的歧视。比如，在解决了华人的国籍问题后，华人身份证上依然打有特殊的族裔记号；华人几乎不能参加任何政党活动，录用公务员时原住民优先，华人公教人员很难得到升迁机会，华人学生报考国立大学只能录取10%，华文报刊几乎被禁止，禁止华裔过农历新年等等。在1997年的东南亚金融风暴中，印度尼西亚再次爆发大规模排华活动，华人再次成为社会冲突的替罪羊。

苏哈托政权垮台后，印度尼西亚新政府逐渐改变排华政策，鼓励华人参政，允许华人结社。尤其是瓦希德当选印度尼西亚总统后，多次发出善待印度尼西亚华人的信息，开始实行多元文化政策。2000年1月17日，瓦希德总统签署了提倡民族平等的2000年第6号总统令，不再歧视华人。他说，华人是印度尼西亚社会大家庭中的一员，是和其他民族享有同等权利的少数民族之一。在宗教方面，宣布华人信仰的孔教为合法的宗教。废除了歧视华人的十多项法规条例，华人政治地位有所改善。2001年7月梅加瓦蒂取代瓦希德成为印度尼西亚总统，基本上延续了瓦希德对待华人的政策。

二、华人的经济贡献

在大多数东南亚国家华人经济在所在国的社会经济中都占有较大比重，如占总人口10%的华族其经济量占泰国经济总量的70%；菲律宾华族人口只占该国人口的约2%，但华人经济在菲国民经济中的影响举足轻重。②东南亚一些国家的华人经济以众多的大型财团为龙头，具有庞大的经济实力。1995年香港的《Forbes资本家》杂志发布的世界华人富豪榜上，泰国、马来西亚、印度尼西亚分别有50人、37人、26人上榜，上榜人的总资产分别达到764亿美元、342亿美元和471亿美元。另外还有菲律宾为25人，上榜总资产247亿美元；新加坡20人，资产238亿美元。③

目前缅甸华侨华人及其后裔的总人数约为100万，占人口的2.2%。华人资本量较少，企业规模小，与东南亚大多数国家相比，华人经济在缅甸国家经济中所占的份额较小而并不显得那么重要，也谈不上有什么经济控制力。但是缅甸华人社会经济的发展已有100年的历史，在不同的历史阶段曾经对缅甸国民经济建设发挥了非同小可的促进作用。在历史上的英国殖民统治时期，华人经济在缅甸国民经济中占有的份额很小，独立后的吴努政府时期，华侨华人的社会处境较好，华人经济的恢复和发展也进入了一个黄金时期。

---

① 杨振华：《印度尼西亚实行强制同化华人政策的原因探析》，《世界民族》2003年第5期。
② 单纯：《海外华人经济研究》，海天出版社1999年版，第361页。
③ 侯松岭、聂爱生：《浅析缅甸华人经济的现状、特点与发展》，《东南亚纵横》2003年第5期。

据1962年的资料，当时缅甸华人经营的工商业，占缅甸私营工商业的75%左右。[①]奈温上台后，由于片面推行"缅甸式社会主义"的国家主导型的计划经济，实行对外资和部分民族资本收归国有的政策，限制私人工商业发展，限制引进外资，使华人经济基本上失去了进一步发展的空间。20世纪60年代至80年代，正当东盟国家华人经济突飞猛进的时候，缅甸的华人经济却受到致命的摧残和打击。面对国民经济日益恶化，各种社会矛盾不断加深的情况，从1973年开始，奈温政府不得不调整经济政策，承认私人对企业的所有权和经营权，开始允许私人投资工商业。缅甸华人这才重操旧业，惨淡经营，逐步恢复和发展包括加工业、商贸、服务业和餐饮业等在内的传统行业。虽然20年来，华人经济发展走上了正常的发展轨道，但其在缅甸国民经济中的地位已远不如从前。缅甸国家恢复法律与秩序委员会接管政权，实现民族和解，放弃了奈温政权长达26年之久的闭关锁国政策和计划经济体制，宣布经济改革和开放，实行市场经济和鼓励私有化的政策，采取了一系列经济改革措施，积极利用外资，鼓励发展私营经济，加强同周边国家特别是中国、印度、泰国等的边贸关系。这些积极的经济政策使得近年来缅甸经济取得了令人瞩目的发展成就。缅甸华人经济是缅甸国民经济的重要组成部分，随着作为母体的缅甸国民经济的较快发展，华人经济在军政府时期也获得了新的发展机遇。十多年来，缅甸华人几乎涉足缅甸社会经济的各个领域，从事的经济行业非常广泛，从目前的统计资料来看，主要分布在商贸业、服务业、农林渔牧业、制造加工业等行业。总体来说，缅甸华人经济尚处于恢复发展阶段。

印度尼西亚华人占全国人口的4%，达800万人，华族成为印度尼西亚爪哇族、巽他族之后的第三大族群。华人对当地国的政治发展、经济建设和社会繁荣都做出了巨大的贡献，华人经济已成为当地国民经济的重要组成部分。早期华人从事生产和商业活动，促进城乡物资交流。印度尼西亚华人早期从事农产品、日用消费品和工业用品交易的商业活动，所需资金不大，加上华人有自己的商业网络，又有商业管理经验，华人经济在商业领域有较大的优势，对促进城乡物资交流起了积极的作用。华人经济对印度尼西亚和马来西亚经济起飞做出了巨大贡献。苏哈托上台后开始实行开放和以经济建设为重点的政策。从1969年到1994年完成5个五年建设计划，此间经济增长率年均达7%，实现经济快速发展。政府鼓励华人向工业领域发展，许多华人以商业为基础，从代理经营销售外国公司产品发展到与外商合作经营，尤其是制造业和第三产业发展迅速。华人经济水涨船高，经济力量日趋强大，许多小商家上升为中型企业，并涌现出一批华人企业集团。梅加瓦蒂总统和工商部长莉妮都在公开场合肯定了华人在印度尼西亚经济建设和社会发展中所作出的巨大贡献。

---

① 方雄普：《朱波散记——缅甸华人社会掠影》，南岛出版社2000年版，第159页。

三、华人在东南亚的政治参与

(一)政治上的不平等待遇

政治权利是族群和个体的根本权利,是经济利益的根本保障,政治参与能够帮助东南亚华人顺利地进入当地政治生活,提升政治诉求的影响力,维护和实现合法权益。二战以后,东南亚国家的华人逐渐成为当地公民,但他们对当地国家的忠诚仍不同程度地受到怀疑。或是由法令规定,或是因执法者歧视,他们大多不能享有与土著相同的政治权利,其经济成果也就缺乏牢固之基础。①

在政治认同层面,以绝大部分华人加入当地国籍为标志,至20世纪80年代,东南亚华人已基本上完成国家认同的转向,仍持中国护照的华侨极少,且在华人社会中影响甚微。到80年代,东南亚国家的华人基本上加入当地国籍,成为当地公民。但他们事实上并没能享有充分的公民权利,形式上的平等掩盖了事实上的不平等。另外更有马来西亚和缅甸在公民法和政治权利方面明确规定"原住民"政治权利优先。根据1974年缅甸制定的新宪法第177条规定,父母双方都是公民的公民,才能被选为各级人民代表。这种以宪法规定的公民政治权利的差别待遇主要针对的是华人和印度人的。同时《缅甸公民法》将华人归入准公民和归化公民之列,规定不能竞选公职和担任政府机构职务。1988年军人政权建立以来,缅甸实行经济开放政策,华人的经济地位有所提高,但无论作为群体或者个人,缅甸华人仍然不可能作为公民平等地参与政治。

(二)华人参政的发展

20世纪80年代中期以来东南亚民主制度复兴,菲、马和印度尼西亚政府相继完善了包括政党制度、选举制度在内的政治结构,赋予了当地华人相对完整的公民资格,使其在参政意识、方式、水平等方面都有了很大程度的发展。

民主化进程深刻地改变了东南亚国家的政治形态及大众政治理念,对华人的公民资格及其在政治过程中的活动空间、组织原则等都进行了重新确认,直接推动了华人政治参与的扩大和发展。民主化进程开放了各国的政治参与空间,为华人参政提供了可能,但其间出现的身份或地位的不平等则从另一个侧面使其深刻地认识到,要维护既有的基本权利,要在经济发展中赢取更大的政策空间,就必须通过政治参与来增进政治系统和当地社会对他们的了解与信任,消除民族偏见。这是民主化进程中华人政治参与不断扩大的主要原因。

1986年,菲律宾推翻马科斯独裁政治,实现了民主制度的复兴。华人参政议政的热情和行动也达到前所未有的高潮,主要表现为关注并积极参与各种类型的选举。1987年的菲律宾选举有3名华裔进入参议员候选人名单,71名华裔参与众议员的竞争。在此后的几次大选中,参与竞选的华人进一步增加,一批华人政治家开始崭露头角。不过,由

① 庄国土:《东南亚华人参政的特点和前景》,《当代亚太》2003年第9期。

于人数较少，菲华人并未组建自己的政党，而是常常借助各种社会团体来进行利益表达。菲律宾是东南亚华人人均拥有社团数量最多的国家之一。菲律宾的华裔人口不到120万，但华人社团总数已逾2 000个。这些社团构成一个个利益代表系统，可以单独与政府进行直接交涉、沟通和协商，也时常被政府邀请参与相关政策的制定。菲华人还通过举办论坛、创办各种形式的华文媒体来不断拓展自己的利益表达渠道。

（三）华人参政的类型、方式和范围

东南亚民主化进程中的华人政治参与并非一帆风顺，各国存在较大差异，且此种差异与其民主制度的发育程度之间不存在直接的对应关系，甚至还会出现紧张或对立，各国民主化进程推动华人政治参与的具体影响方式、影响范围和影响力大小是不确定的。

东南亚华人参与当地政治活动可分为两种类型：一是华人政党或社团代表华族群体参与，如新加坡、马来西亚和印度尼西亚，但唯有新加坡华族能平等参与社会政治；二是以公民身份参政，不凸显华族身份，不代表华族群体，如泰国、菲律宾和越南。东南亚华人政治参与的模式迥然不同，大致可分为三种，即以菲律宾为代表的合作型参与、以马来西亚为代表的竞争型参与和以印度尼西亚为代表的依附型参与。[①]

菲华人政治参与的自立性较强，他们可以高调参与各种类型的竞选，利用各种社会团体为华社利益呐喊助威，很少受政治领导人和特殊利益集团的控制。马来西亚华人尽管拥有自己的政党、利益集团和传媒，但由于人口相对较少，不能对巫统形成有效制衡，以致于在激烈的政治竞争中很难取得话语主导权，利用上述渠道进行利益表达时的自主性往往要打一些折扣。印度尼西亚华人在此则遭遇最大的困境。他们很少以华人身份公开露面；他们投票或作出其他政治选择往往出自对传统权威的忠诚，而非指导政策制定的欲望。即便当某些政策或公共行动危及华人社会利益之时，他们也大多是试图利用私人网络寻求纵向的权力庇护，而不太愿意将其上升为社会公共问题。1998年骚乱后，情况有所好转，但仍是印度尼西亚华人政治参与面临的重要问题。

通常认为，少数族裔的参政权包括两个层次：一是对自身事务的自治权，二是对国家事务的共同管理权。华人参与决策影响的公共事务范围受制于其在所在国的社会政治地位。由于菲华人与政府、国会都保持着经常性的联系和交往，所以参政范围不仅涉及那些有关华人切身利益的政治、经济领域，而且也涉及诸多关涉菲律宾整体利益的公共决策，为菲律宾的国家建设出谋划策。与此不同，马来西亚和印度尼西亚华人的政治参与则具有相当的局限性，参与目的大多局限于为华人争取平等的公民权，对其他公共事务鲜有发言权。特别是印度尼西亚华人的政治参与还具有某种"问题化"趋向，即只参与对个别具体问题的决策，大多时候只就已经发生并对华人社会产生严重危害的事件作出回应。

---

① 孔祥利：《民主化进程中东南亚国家的华人政治参与——以菲律宾、马来西亚和印度尼西亚为例》，《东南亚研究》2008年第5期。

　　大体而言，新加坡、泰国、菲律宾华人华裔的政治地位已和东南亚原住民相当，马来西亚华人的政治地位仍有希望提升，印度尼西亚、缅甸华人的政治地位较低，但近年来已有改善。东南亚与中国关系的发展、世界华商网络的发展、台湾对东南亚的大规模投资和中国经济的崛起等因素都有助于东南亚华人政治地位的改善和华人文化的复兴，也会进一步唤起华人的参政意识。但华人也应更关心当地社会经济、族群关系和原住民的利益。只有东南亚各族群均衡发展，社会冲突减少，华人的政治权益才能得到根本的保障。

第四章 宗 教

第一节 东南亚地区宗教概述

东南亚的地理位置和历史进程，造就了汉儒文明、印度文明、伊斯兰文明和基督教文明在这里汇合碰撞，更有佛教、伊斯兰教、基督教、印度教、道教和各种原始宗教交汇并存。在东南亚的11个国家中，佛教在柬埔寨、泰国、缅甸、老挝、越南、新加坡具有较大影响，其中，柬埔寨与泰国尊佛教为国教；伊斯兰教在印度尼西亚、马来西亚和文莱具有较大影响，其中，马来西亚和文莱尊伊斯兰教为国教；基督教（主要是天主教）在菲律宾和东帝汶具有较大影响。除了世界三大宗教，在缅甸、泰国、新加坡和印度尼西亚等国，还有少量印度教的信奉者；在新加坡、马来西亚和泰国等国的部分华人中还流行一种新兴的民间宗教——德教；在泰国有与印度锡克教组织关系密切的锡克教；在越南有综合了佛教、道教、基督教和儒学等基本教义的高台教以及从佛教中分离出来的和好教；在缅甸、菲律宾和东帝汶等国，还有原始拜物教等原始宗教信仰。但是，由于信徒人数较少，这些非主流宗教在国家的社会生活中一直处于边缘位置，其影响仅限于信徒个人或个别小群体。本章将重点探讨世界三大宗教——佛教、伊斯兰教和基督教——在东南亚的传播与发展情况以及在东南亚国家政治生活中的作用与影响。

佛教在亚洲各地的传播可分为南北两条路线。南传首先传入斯里兰卡，再由斯里兰卡传入缅甸、泰国、柬埔寨、老挝等国；北传经帕米尔高原传入中国，又由中国传入朝鲜、日本、越南等国。南传佛教以上座部（Theravada）为主，因其经典是用巴利文编纂的，故称之为巴利文佛经。北传佛教以大乘佛教（Mahayana）为主，最初的经典是用梵文编写的，后来被陆续译成汉文和藏文。佛教传到各国后，为了适应当地统治阶级的政治需要和社会风俗习惯，在形式和内容上都发生了相应的变化。东南亚的佛教以南传上座部佛教为主。上座部佛教徒占人口绝大多数比例的国家有柬埔寨（95%）、泰国（94.6%）、缅甸（90%）和老挝（67%），其中柬埔寨、泰国以佛教为国教。在越南和新加坡，佛教均是最大的宗教，约有81%的越南人口和42.5%的新加坡人口信仰大乘佛教，新加坡的佛教徒主要集中在华人社区。在马来西亚和文莱，佛教是仅次于国教伊斯兰教的第二大宗教，约有19.2%的马来西亚人口（主要是华人）和7%的文莱人口信仰大乘佛教。在印度尼西亚、菲律宾和东帝汶等伊斯兰教和天主教占有绝对优势的国家，佛教的信徒极少，占人口比例不足1%。[①]

基督教在东南亚的传播与西方殖民活动的展开密切相关。1511年葡萄牙占领了马六

---

① 数字来源于CIA World FactBook, *The US State Department's International Religious Freedom Report 2010*.

甲，以此为基地和据点向东南亚其他地区扩张。1540年以后，耶稣会士到达该地区传教，之后，基督教传入马来西亚、印度尼西亚、泰国、缅甸、新加坡等地。1571年，西班牙占领马尼拉，西班牙教会的势力也随着西班牙对菲律宾的占领而深入该地。随着葡萄牙与西班牙对东南亚的殖民统治，该地区基督教的传播便由这两个天主教国家所控制，天主教在东南亚较为盛行。

　　1588年，英国海军击败西班牙的"无敌舰队"，使得西班牙一蹶不振。从此，英、法殖民势力崛起，逐渐取代了葡、西两国在东南亚的地位，进而获得该地区基督教传播的主要控制权。法国传教士所传的主要是天主教。1615年，法国在越南成立法国耶稣会；1668年，又成立外方传教会，取得了在越南的传教权；17世纪中叶，开始成为泰国的主要传教力量；1855年，在柬埔寨传教也获得成功。1602年成立的荷兰东印度公司，也以印度尼西亚群岛为侵略东方的第一目标。基督教势力又随着荷兰殖民者而开始进入东南亚。由于荷兰殖民者在东南亚的发展经历过一个漫长的扩展与蚕食过程，所以其在东南亚的宗教势力的发展亦较为缓慢。荷兰于1641年进入马来西亚，1814年在马来西亚组织传教会，传入了卫理公会、浸礼会、路德会、圣公会等新教派别。1795年，专门从事海外传教工作的英国伦敦传道会成立，标志着近代基督教海外传教事业的兴起。与此同时，英国殖民者开始大规模进入东南亚地区，1786年占领槟榔屿，1819年占领新加坡，1824年从荷兰殖民者手中接管马六甲。英国传道会的传教士接踵而至，在东南亚地区广泛传播新教，特别是在缅甸、新加坡、泰国等地先后成立了各类教会组织。19世纪初，美国的新教势力也在东南亚蔚然兴起。1831年，他们将浸礼会传入缅甸与泰国，而且美国长老会很快成为在泰国传播新教的主要力量；1846年，美国又成为在新加坡传播新教的主力。进入20世纪，美国教会进入柬埔寨与菲律宾传教，特别是菲律宾已全部置于美国教会的掌控之下。

　　由于各国家、各民族的文化背景不同，尤其是第二次世界大战以后，随着各国民族独立运动的开展与成功，基督教在东南亚各国的情况发生了一些变化。概括地说，基督教在泰国（小于1%）、柬埔寨（2%）、缅甸（4%）、老挝（2%）、越南（8%）、新加坡（15%）等以佛教为传统宗教的国家中，在印度尼西亚（9%）、马来西亚（9%）、文莱（3%）等以伊斯兰教为传统宗教的国家中，影响较小。而在菲律宾、东帝汶等国的影响则较大。目前，约有86%的菲律宾人口、99%的东帝汶人口信奉基督教，其中尤以天主教影响深远，分别占两国人口比例的80%和98%。[①]

　　东南亚最早的伊斯兰教在公元10世纪末、11世纪初随阿拉伯和印度穆斯林商人而来。但一般认为，伊斯兰教在东南亚地区较大规模的传播是在13世纪以后的事，以苏门答腊的伊斯兰教化为开端，向北扩展到泰国南部，并经过印度尼西亚群岛的北部海岸向南和

---

① 数字来源于CIA World FactBook, *The US State Department's International Religious Freedom Report 2010.*

向东扩展，然后再从文莱向北传播到菲律宾的吕宋岛，到16世纪，东南亚海岛大部分地区的伊斯兰教化已经基本完成。伊斯兰教传播的路线大致呈现出由西向东、由沿海向内地以及自南而北的特点；在方式上主要以伴随贸易交往过程中的潜移默化为主。目前东南亚11个国家的穆斯林人口大约有2.2亿，约占全球穆斯林总人口的20%，占该地区总人口的40%。东南亚最主要的伊斯兰教社会存在于印度尼西亚、马来西亚和文莱。其中，印度尼西亚是世界上穆斯林人口最多的国家，有2亿穆斯林，约占总人口的88%；文莱的穆斯林约占总人口的82%；马来西亚的穆斯林约占总人口的60%。新加坡的穆斯林约占总人口的15%；菲律宾和泰国的穆斯林分别只占总人口的5%左右，较集中地居住在两国的南部地区；缅甸和柬埔寨的穆斯林分别只占总人口的4%和3.5%；越南、老挝、东帝汶的穆斯林占总人口的比例非常小，不到1%。[①]

第二节　东南亚地区的佛教

一、越南

越南的佛教以大乘佛教为主，约80%以上的越南人信奉大乘佛教。上座部佛教仅流行于柬越边界的高棉人中间，不足人口4%。佛教约于公元2世纪由中国传入越南。公元10世纪至14世纪是越南佛教发展史上的鼎盛期。这个时期出现了"百姓大举为僧，国内到处皆寺"的局面。中越两国僧侣来往频繁，一同译注佛教经典，促进了两国的学术思想和文化交流。公元13世纪末，陈朝第三代国王仁宗创建竹林禅宗派，这是越南本国创立的第一个佛教宗派，该派曾派使节到中国求取大藏经，使佛教获得进一步发展。15世纪，后黎朝建立，由于受到中国的影响，越南封建统治者实行抑佛重儒政策，把儒学奉为国学，佛教逐渐衰落。后又下令不准贵族信佛，越南佛教便由贵族宗教转化为以平民信仰为主的民间宗教。公元16至17世纪，越南出现了南北分立的封建割据局面，北方的郑氏与南方的阮氏试图重建佛教以赢取民心，曾延请中国高僧讲解佛经，并命令建立和重修许多有名的寺院或佛塔，佛教开始复兴。17世纪以来，新的教派由中国传入，越南本土也开创新的教派。19世纪初，阮朝兴起，奉儒教为国教，但国民大部分皈依佛教。从法国殖民统治越南开始，由于法国殖民政府支持天主教，颁布各种限制佛教发展的法令，佛教遭遇了许多困难，地位明显下降。19世纪末20世纪初，在亚洲佛教改革浪潮的影响下，越南佛教界也发起佛教复兴运动，他们组织佛教协会，创办学校，推行现代佛教教学。1945年以后，越南人民摆脱了法国殖民统治，获得了解放。在1945年八月革命之后临时革命政府第一次会议上，胡志明就强调了宗教问题是越南民主共和国六大主要重点之一，提出"不要侵犯人民的信仰与风俗习惯"，但"各宗教也不要演变成一个不可

① 数字来源于 *The US State Department's International Religious Freedom Report 2010.*

侵犯的独立王国，而要像其他人民团体一样，遵守越南民主共和国的法律"。

20世纪60年代的抗美救国战争期间，南越政府领导人吴庭艳是天主教徒，对佛教采取歧视政策，打击压制佛教徒。越南佛教徒和僧侣开展了一系列反美斗争。1963年5月，爆发了声势浩大的抗议美吴集团暴行的斗争。1975年越南抗美救国战争取得最后胜利，南北两方实现统一，南北方各个佛教组织的代表在河内正式成立统一的"越南佛教联合会"。1975年后，南方佛教徒因与南方地方政府存在矛盾，许多佛教徒和僧侣流亡到法国、美国和日本等地，在这些国家建造寺庙，成立佛教组织，开展各种宗教活动。

1986年革新开放以来，越南佛教取得了很大的发展。越南各个时期的宪法（1946年、1959年、1992年）都规定公民信仰自由和坚持政教分离的原则，将宗教活动严格控制在政策和法律允许的范围内，防止出现宗教狂热和极端主义倾向。实行革新开放政策以来，越南政府又通过与颁行了一系列法规政策，保护合法的宗教信仰和宗教活动，包括1991年3月部长联席会议通过的《政府关于宗教活动的第69号部长联席会议决议》、1999年4月越南政府通过的《关于宗教活动的第26号政府决议》、2000年越南政府颁布的《新时期宗教工作问题》、2004年6月越南政府通过的《宗教信仰法》等。为防止外国敌对势力利用宗教搞颠覆活动，越南在1996年颁布了《外国驻越非政府组织活动规定》，加强了对某些西方宗教组织活动的监控，防止这些组织到边远山区和少数民族地区传播歪理邪说。与此同时，越南党和政府在宗教问题上保持了日益开放的态度，释放了一些持有不同政见的僧侣，并允许一些海外僧侣回国，加强与其他国家尤其是西方国家在宗教问题上的交流与沟通，邀请国际宗教界人士访问越南，了解越南的宗教发展情况。尤其是2007年越南政府宗教事务委员会出版了《越南的宗教与宗教政策》白皮书，增进了国内外对越南宗教现状和国家宗教政策的了解。

二、老挝

公元初期，大乘佛教和婆罗门教曾一度流行于老挝南部。14世纪中叶，柬埔寨的两名高僧将上座部佛教传入老挝，当时的老挝国王法昂王尊奉佛教为国教，老挝的佛教得到了广泛的流传。16世纪中期，在国王昭塞塔提罗多的扶植下，老挝成为东南亚佛教中心之一。17世纪中叶，国王苏里亚旺萨在位期间，老挝佛教达到全盛时期，创办了老挝的第一所佛教学校，并且第一次任命僧王、制定僧阶，使僧侣组织得到了完善，把佛教组织纳入了王权统一管理之下。此后，由于国内战乱，佛教受到影响，随着国势衰微，佛教进入了低潮时期。进入19世纪后，老挝先后受到泰国和越南的入侵，1893年沦为法国的殖民地，老挝傀儡政府颁布敕令将僧伽的活动纳入政府的控制之下，佛教遭到极大损害。20世纪初，尤其是1930年后，随着老挝民族解放运动高潮的到来，老挝佛教开始复兴。第二次世界大战后，法国殖民者改变策略，采取"以夷制夷"的宗教政策，扶植利用佛教。1955年，法国殖民势力退出老挝，美国趁机而入。刚刚获得独立的老挝再次陷入战火，佛教也深受其害，佛教活动受到影响，政府对僧伽组织的控制也越来越严。1961年王国政府颁布宪法，规定佛教是国教，国王是佛教的最高保护者，而且必须是虔诚的佛教徒。国王、国家和佛教被视为是老挝的三个组成部分。战争并没有造成人民对传统宗教的背离，相反更促进人们对宗教的回归，佛教曾一度发展很快，受到僧俗两界人士的拥护。1975年12月，老挝废除君主制，成立老挝人民民主共和国，取消王国宪法，佛教不再是国教，国王也不是佛教的保护者。但政府仍然重视宗教，政府内阁设立了教育、体育和宗教部，1976年成立了全国性的佛教组织"老挝佛教徒联合会"，建立了200多所佛教学校，出版了老挝文的巴利三藏典籍，佛教得到持续发展。但是，新政府的佛教政策曾过分强调佛教要统一在社会主义思想之下，把宗教问题转变为政治问题，招致僧伽的逆反，1979年曾出现僧王出逃泰国的事件。

1980年以后，老挝政府的佛教政策有所缓和，进入佛寺礼佛的人数又陆续增多，全国的僧人数量逐步增加，国家和军队领导人逐渐出席佛教庆祝活动。老挝佛教再次获得了新生。1991年老挝人民革命党"五大"政治报告指出，佛教僧侣在过去的民族解放斗争事业以及目前保卫和建设国家的事业中发挥了重要的作用。老挝人民革命党将继续贯彻执行实践证明正确的宗教政策，尊重公民的宗教信仰自由，尊重各种宗教在法律上的平等地位，为各种宗教，特别是佛教的发展创造便利条件，使佛教界可以自由地宣传佛理，为把佛教信徒培养为好公民作出贡献。1991年颁布的宪法宣布，国家尊重和保护佛教徒及其他信教者的合法活动，鼓励僧侣和其他信教者积极参加各项有利于国家、有利于人民的活动，禁止一切分裂国家、分裂人民的行为。

1996年老挝人民革命党"六大"政治报告进一步指出，宗教，特别是佛教对老挝人民的精神生活有着重要的意义，它是保存老挝民族特有的宝贵文化遗产和独特的风俗习惯的载体，同时也起到引导广大佛教信徒参与建国前的解放事业和当前的保卫和建设祖国事业的重要作用。在实际工作中，老挝党和政府很重视做好佛教僧侣的工作，在各级政府机构中都有僧侣的参与，老挝的佛教协会享有同工会、妇联等组织同等的权益。老挝党和政府也很重视佛教寺塔和其他设施的建设，城市和乡村中，最为辉煌的建筑物大多是佛寺。老挝党、政、军、警领导人也积极参与宗教的活动，每逢塔銮节（皇塔节）和宋干节（佛历新年），主要领导人大多参与佛事活动，并派出警察部队维持秩序。老挝政府还扶持在佛寺中举办科技、文化和外语等学习班，并兴建了佛教学院，专门培养佛教人才，弘扬佛教文化。

三、柬埔寨

柬埔寨在公元1世纪时称为扶南国，而在公元初印度教和上座部佛教就已传入扶南。公元3世纪左右，又从中、印两国传入大乘佛教，到6世纪时，扶南已成为东南亚佛教中心。6世纪末扶南国被真腊国取代，这时的佛教和印度教相互融合，构成了受印度教影响的真腊佛教。12世纪至13世纪真腊佛教发展达到高潮。14世纪以后，真腊被称为柬埔寨。这一时期随着泰国的屡次入侵，斯里兰卡的上座部佛教传入柬埔寨，使其成为直至今日的清一色的上座部佛教国家。19世纪末柬埔寨沦为法国的保护国。法国在柬埔寨推行高棉人法国化的政策，佛教受到抑制。19世纪至20世纪初，柬埔寨佛教徒和僧侣是反抗法国殖民者的重要力量。20世纪初，在民族解放斗争中，佛教有较大发展，创建了柬埔寨第一所巴利语学校、成立了佛教三藏编译委员会等。1954年柬埔寨获得独立。1941年至1970年西哈努克亲王执政期间，佛教一直被尊奉为国教，取得很大发展，全国兴建了多所佛教学校，建立佛教组织，50年代成立了西哈努克佛教大学和佛教研究所，并出版了高棉字母的巴利语三藏典籍，僧侣人数曾一度超过军队人数，1952年佛教各派联合成立了国家最高级佛教徒组织——柬埔寨佛教共和会。1970年郎诺发动政变后，郎诺集团一方面对佛教界采取安抚措施，一方面对僧伽施加压力，强迫僧侣必须服从国家政权的领导，迫使僧侣就范。1975年柬埔寨人民解放军解放金边。1976年，"柬埔寨王国民族团结政府"忽略了佛教在社会生活中的重要性，新宪法取消了佛教的国教地位，对佛教僧侣及寺院采取了过火行动，佛教受到致命打击。1979年，韩桑林政府成立后，宣布实行宗教信仰自由，但是对佛教采取严格的限制政策，把佛教组织及活动牢牢控制在国家政权的管理之下。1985年洪森政府逐步放松对佛教的控制。在柬埔寨人民积极不懈的斗争下，1989年9月26日，最后一批越军撤离柬埔寨。1989年的新宪法重新确立了佛教的国教地位。随着1991年10月23日全面解决柬埔寨问题的《巴黎和平协议》的签署，1992年联合国驻柬临时权力机构（简称UNTAC）的成立，以及1993年5月23日，柬埔寨在该机构监督下首次大选的举行，战火熄灭后的柬埔寨开始焕发新的生机，当地人民的生活逐渐恢复了往日的平静。在这段漫长的岁月里，佛教也伴随着柬埔寨人民走过战火纷飞的年代，迎来和平发展的曙光。2003年5月22日，第12届全国佛教徒大会在金边举行，至此，柬埔寨全国共有寺院3 907座，僧侣55 755名。现在柬埔寨的上座部佛教，主要有大部派和法相应部派，两派都有同政权机构相平行的自治组织机构。社会上，以佛陀故事为主题的塑像随处可见，在为佛陀悟道时遮风挡雨的五头蛇或七头蛇的形象成了柬埔寨吉祥的标志。在许多单位门口的两边，都会摆上两尊这样的石刻，以起到门神的作用。在金边的首饰店里，也常看到以这个内容为主题，用象牙或珍贵木材所雕刻出来的挂件或摆设。

四、泰国

公元前3世纪前后，佛教传入缅甸、泰国等中南半岛地区。公元4至11世纪，大乘佛教在泰国北部、中部盛行。公元7至13世纪，大乘密教曾在泰国南部流传。公元11世纪，缅甸和斯里兰卡的上座部佛教先后传入泰国。13世纪，泰国素可泰王朝第三代国王兰摩甘亨确立上座部佛教为国教。14世纪后，阿瑜陀耶王朝和曼谷王朝的历代统治者都笃信佛教，以不同方式扶植佛教的发展，他们或遣高僧去锡兰布施，或召开佛教的结集大会，聘请高僧校订三藏。曼谷王朝蒙固国王时期，泰国的佛教制度逐渐中心化和等级化，与国家的联系也更加机制化。朱拉隆功国王执政后，继续推进宗教制度改革。19世纪中期，国王拉玛四世亲自对佛教进行改革，组织了法相应部，当时只许王族、贵族参加，1932年"立宪革命"后开始允许平民参加。其余的僧侣统称为大部派，为泰国正统上座部教派，参加者均属中下层平民。1902年，《佛教制度法》出台，新的佛教等级制度因此被"正式而永久地确定下来"，构成了现代泰国僧侣行政制度的基石。

泰国是东南亚地区较早进行体制改革和走资本主义道路的国家。1932年以来的各部宪法都承认信仰各种宗教的自由和上座部佛教的国教地位，规定国王是佛教的最高赞助人，必须是虔诚的佛教徒。现代泰国佛教主要是在国王普密蓬·阿杜德的领导下发展起来的。泰国王室对佛教非常虔诚，拥有自己的皇家佛寺，供养了一大批佛教僧侣。每逢佛教节日，国王全家必到佛寺礼佛膜拜，斋僧布施，发愿祈福。20世纪60年代，泰国佛教仍持续发展，尽管国家对僧伽加紧控制，但是仍然扶持佛教，鼓励人民学佛崇佛，同时还支持世界性的佛教活动。1963年，"世佛联"总部从缅甸仰光迁至曼谷。泰国政府专门划出土地、拨出专款为其建造总部大楼并同意总部永久设在泰国。60年代中期，通过"传法使计划"和"弘法计划"，泰国人民对佛教的信念增强，宗教实践也取得了成就。20世纪70年代以来，泰国政局动荡，但佛教作为传统宗教在社会生活中占有绝对重要的地位。泰国1997年宪法虽未明确规定佛教是国教，但写明"国王必须是佛教徒，国家、宗教和国王神圣不可侵犯"。泰国宪法的前言是用佛教界使用的语言——巴利文撰写，全国通行佛历。泰王国三色国旗中的白色即代表佛教。每个男子一生中必须出家一次，才能取得成年人资格，王族亦不例外。但是僧伽的活动受到国家的控制，不能脱离国王和政府的领导与管理。整个僧伽行政区域划分与政府划分的行政机构相一致，但是政府有权对僧伽进行管理和监督，并且规定僧人不得参与政治，比丘、沙弥、修道者不得行使选举权。

五、缅甸

佛教在印度阿育王时代传入缅甸。公元前3世纪，阿育王在华氏城结集后派出使团到各地弘法。在这些弘法使团中，高僧苏那迦和郁陀罗两位长老被派至金地传教。金地就是缅甸南部萨尔温江口附近的直通。公元5世纪后，大乘佛教和上座部佛教在缅甸都很流行。11世纪中期，蒲甘王朝的阿奴律陀统一缅甸后，从斯里兰卡引入了上座部佛教，用缅文拼写了巴利文的三藏典籍，尊崇佛教为国教，缅甸开始成为清一色的上座部佛教国家。蒲甘王朝诸王都热心扶持佛教，建立了大批佛寺、佛塔，11世纪至13世纪的蒲甘王朝是缅甸佛教发展的黄金时期。经过几代国王的热心护法、传教长老的竭力弘法，直通孟族地区的上座部佛教传统在全缅发扬光大。蒲甘威名远扬四方，更使得佛教精要汇集于蒲甘。蒲甘的壁画、雕刻、建筑艺术在繁荣的佛教的推动下有了长足的进步。蒲甘成为当时东南亚名副其实的佛教艺术中心。13世纪后期至19世纪中叶是缅甸佛教的大发展时期。上座部佛教经过蒲甘王朝的辉煌后继续蓬勃发展。佛教从孟缅地区向境内其他少数民族地区的传播取得了更好的成效。佛教深入人心，僧侣学者对佛经的研究风气日盛，缅甸佛教在锡兰民众中的威望不断提升。1885年，英国通过3次英缅战争吞并了整个缅甸，缅甸从此沦为英属印度的一个省。在英国的殖民统治时期（1886—1947年），由于帝国主义对佛教的文化排挤和打压政策，佛教失去了政府的扶持，缅甸佛教僧侣的宗教作用和社会地位大为降低，佛教遭受了越来越多的压制和排挤，暂时进入衰落期。

1948年缅甸获得独立后，佛教在吴努政府时期获得了复兴与再发展。缅甸独立后的第一部宪法承认了佛教为联邦绝大多数公民信奉的宗教这一特殊地位。政府先后设立了宗教部、佛教评议会，从斯里兰卡迎回佛牙在各大城市巡回展出，并组织了第六次结集。1962年国防军政变上台后，奈温军政府采取了严格的政教分离措施，解散了佛教评议会，加强了对佛教僧侣的控制，对佛事活动进行干预与压制，不允许佛教参与世俗政务。1988年，以苏貌将军为首的国防军发动政变掌权，成立"国家恢复法律和秩序委员会"（简称"恢委会"）。新的军政府上台之初基本继承了奈温时期的佛教政策，但迫于形势不得不采取一些安抚措施。1990年的宗教抵制运动使缅甸政府对佛教的态度有了根本性的转变，对佛教的重视和依赖从被动变为主动，从佛教的角度采取了一系列措施来稳固政权，丹瑞的上台标志着这种转变的完成。缅甸政府一方面推崇和弘扬佛教，一方面通过各种途径加强对僧侣的控制。进一步完善了佛教管理机构和僧侣组织。1990年，缅甸颁布《僧侣组织法》，以法律条文的形式禁止僧侣参加示威游行，禁止俗人在寺院常住，规定短期出家必须到寺院一星期后才能剃度。1991年5月缅甸政府成立了内政宗教部下属的佛教传播发展局。1992年3月又单独设立了宗教部，下设宗教管理局和佛教传播发展局，省（邦）和镇区恢委会设有对应的机构，以加强管理。缅甸政府通过国家僧侣大主席团管理僧侣，每5年举行一次全国僧侣代表大会，选举产生各级僧侣组织和专门委员会。1994年4月和1996年11月，缅甸政府两次迎请中国佛牙来到缅甸，供佛教徒瞻拜。政府从僧侣内部和外部颁布一系列指示与法令，运用法律和军事暴力相结合的手段加强对僧侣、寺院的控制，防止僧侣参与民主斗争，影响政局。缅甸还十分重视舆论对佛教的监督，利用报纸、电视和广播宣讲僧规戒律，谴责不法僧侣。

六、马来西亚

在马来西亚，佛教是仅次于国教伊斯兰教的第二大宗教，约有19.2%的马来西亚人（主要是华人）信仰大乘佛教。佛教在马来西亚的发展已有几个世纪。大约在公元5世纪，由于苏玛达拉地区的国王信奉大乘佛教并极力推崇，马来西亚的大乘佛教开始兴旺起来。此外，中国的高僧义净大师在其西行印度求法回国途中，也曾到马来西亚居留弘法。他对汉传佛教在马来亚半岛的传播起到了重要的作用。到了公元7世纪，汉传佛教在马来西亚更为盛行。到了公元12世纪，伊斯兰教开始在东南亚包括马来西亚迅速发展起来，佛教逐渐在马来西亚失去了往日的辉煌。公元15世纪初，马六甲王朝建立，奉伊斯兰教为国教，佛教开始衰落。公元17世纪后，大量中国移民来到马来西亚，使马来西亚的佛教开始恢复和发展。19世纪末，有更多中国移民来到马来西亚。1887年，中国福州僧人妙莲法师来到槟榔屿并开始筹建极乐寺，该寺于1905年正式落成，成为大乘佛教沙弥和沙弥尼传授戒法的重要场所。20世纪50年代以后，大乘佛教有较大发展。1960年，成立了全国性佛教组织——马来西亚佛教总会，总部设于槟榔屿。目前，马来西亚的佛教中心是槟榔屿和吉隆坡，其中，槟榔屿约70%的华人信奉大乘佛教。在马来西亚，少数泰国、缅甸、僧伽罗人的后裔信奉上座部佛教，他们大都居住在马来西亚北部的佩里什州、吉打州、吉兰丹州地区。

七、新加坡

新加坡的佛教以大乘佛教为主，约有40%以上的新加坡人信奉大乘佛教，主要集中在华人社区。另外有少数上座部佛教徒，主要是斯里兰卡人。19世纪初，大批华人到新加坡定居，从事开垦和经商，他们把佛教传进了新加坡。1898年，最早来到新加坡的福建和广东和尚贤慧、会辉、转道等人兴建了新加坡佛教首刹莲山双林禅寺，汉传佛教正式扎根立足。1903年，爱尔兰和尚达摩卢迦创建了第一个佛教组织——新加坡佛教传教会。1926年，中国和尚太虚赴新加坡组织星洲讲经会，后又组织新加坡中华佛教会和佛教会青年部等。20世纪40年代末，从中国大陆前去新加坡的僧侣增多，随着移民人数的不断增加，新加坡大乘佛教界逐渐形成了闽派和粤派两大派系，这两大派系大多属中国佛教的禅宗和净土宗。20世纪50年代后期一些台湾僧侣到新加坡传教。新加坡的一些佛教上层同台湾佛教界上层的关系很密切，经常出席台湾所召开的国际佛教会议。两地僧人来往密切，很多新加坡僧人在台湾的佛寺出家或做过住持。20世纪60年代以来，新加坡的佛教上层特别加强在青年中的弘法活动，开展了"新加坡佛教青年运动"，创办各种佛教星期学校，编写各种佛教教材，还在大学里建立佛教组织，鼓励青年从事佛学研究。在新加坡有很大一部分人把佛教看成是一种融佛、儒、道三教及中国传统民间宗教相混合的一种宗教，出现了佛教徒在拜佛陀的同时，又拜玉皇、关公、妈祖及孔子、老子的现象。新加坡素有"两巷一庵、一街三寺"之称，各种寺、庙、庵、堂毗邻相连，随处可见。新加坡的主要佛教组织有"新加坡佛教僧伽联合会"、"世界佛学社"等。新加坡政府对待宗教问题一向坚持政教分离的原则，强调宗教不能干预政治，宪法规定公民有宗教信仰和传教的自由，同时规定在行使这一自由和权利时，不能与其他法律中有关公共安全、卫生和公德的规定相抵触。1989年，新加坡政府发布了《维持宗教和谐》白皮书，新加坡国会于1990年通过了《维持宗教和谐法案》，根据新加坡不同种族、语言和宗教共存的特点，尊重和保持各宗教文化，提倡各宗教的平等、互相尊重、和谐共处，使各宗教的传统文化都有自由成长的空间。根据《维持宗教和谐法案》的规定，新加坡政府于1992年8月成立了"宗教和谐总统理事会"。这是一个协调机构，主要由新加坡各宗教团体的代表组成，包括了来自佛教、伊斯兰教、罗马天主教、基督教新教、印度教、锡克教教团的代表。该理事会的主要任务是确保各宗教团体的和谐。

第三节　东南亚地区的基督教

一、菲律宾

在东南亚国家中，基督教势力发展最充分的无疑是菲律宾。在东帝汶民主共和国成立之前，菲律宾素有"亚洲唯一的天主教国家"之称。菲律宾的天主教最初由西班牙殖民者在1521年传入。传入伊始，受到伊斯兰教的抵制，进展不快。19世纪后半期，天主教信徒开始激增。此后，随着菲律宾民族独立运动的高涨，菲律宾人民要求组织自己的教会，反对西班牙的殖民统治和罗马教皇的权威，出现了"菲律宾化教会运动"（教区菲化运动），又称"政教分离运动"，主张改革教会，实行政教分离，要求由本地神父接管教会，受到广大群众的支持。但美国于1901年侵入菲律宾，接管了当地教会，实行了美国化的教会革新。此后，菲律宾的天主教基本上受到美国的影响，信徒人数也越来越多。由于历史的原因，菲律宾的天主教会有西班牙化教会与美国化教会两大类，而美国化教会数量较多。菲律宾全国共划分为90个主教区，有两个红衣主教，掌管马尼拉教区和宿务教区，共有120位主教，4 300多名神父，7 000多名修女。全国性的组织有菲律宾天主教会议和菲律宾大修道院院长联合会，前者是菲律宾教会的最高权力机构。

菲律宾的新教势力比天主教小得多。在长期的发展过程中，新教逐渐形成了长老会、卫理公会等许多教派。新教还拥有全国性的统一组织，如菲律宾全国基督教联合会、菲律宾福音教会联合会等。

基督教介入菲律宾日常生活的方方面面。基督教的活动在社会上处处可见，政府、军队、医院、商业大楼等重要部门，一般插有基督教的教旗，并定期举行宗教仪式。一些重要的政治场合和会议，首先也要由神职人员进行布道说教。一般的公众集会、公司企业成立等仪式，通常以神父的布道说教作为第一个节目。基督教还大力发展文教、卫生等社会事业，积极创办学校、医院、养老院、幼儿园等。据菲律宾1985年的统计，全国69所大学中，18所是教会经办的，其中最大的圣托马斯大学是天主教会创办的。新教各派也积极从事这方面的工作。如长老会经办着著名的西利曼大学；浸礼会创建了中央菲律宾大学；基督教与传教士联盟到1970年办有4所圣经学校；圣公会在没有教会的地区及少数民族居住的地区传教，积极开办小学、中学、医院，并建立了圣安德鲁神学院。在菲律宾每年的60多个节日中，有三分之二以上是基督教节日，主要节日有圣诞节、万圣节等。首都马尼拉每年6月24日在三环区举行泼水节，这一节日在20世纪20年代传入菲律宾，其目的是纪念施洗者圣约翰。每年3月底的圣周是菲律宾最为特殊的基督教节日。节日期间，信徒的各种集会、各种仪式非常频繁，尤其是星期五，首都马尼拉以及北吕宋岛的不少信徒为了表达自己的虔诚与忏悔，背上沉重的十字架，任人鞭打，以表示自己的赎罪心情。

在生育问题上，菲律宾天主教会严格执行罗马教廷的戒律，不准离婚，不得实行计划生育，不许堕胎。由于深受天主教教义的影响，很多菲律宾家庭没有节制生育的观念，因此近年来人口增长速度较快。人口的高速增长已经成为发展经济的一个重要制约因素，也成为造成社会贫困的主要原因之一。

二、东帝汶

16世纪初叶和17世纪，葡萄牙和荷兰殖民者先后入侵帝汶岛，天主教随之传入东帝汶。最初的信仰者主要是葡萄牙殖民者及其混血后裔，土著极少加入天主教。几个世纪以来，土著居民一直顽强地抵制外来宗教的传播。20世纪70年代以前，东帝汶以原始泛神信仰为主，多种宗教并存，先后在印度尼西亚占据主导地位的佛教、印度教和伊斯兰教在这里并没有留下很深的痕迹。1975年12月，印度尼西亚出兵东帝汶，次年7月将其合并为印度尼西亚的第27个省。但因国际社会不予承认，更由于东帝汶人不屈的抵抗，印度尼西亚始终无法在东帝汶建立起正常有效的行政管理。印度尼西亚军事当局对东帝汶实行高压统治，禁止一切政党和组织活动。只有宗教组织能避开印度尼西亚清洗，获许继续存在，并享有一定的独立权利。东帝汶的泛神信仰不在印度尼西亚官方承认的宗教（伊斯兰教、基督教、佛教和印度教）之列，为避免迫害，东帝汶人不得不改变宗教信仰。由于东帝汶人对印度尼西亚的军事占领和高压统治普遍不满，不愿接受和皈依印度尼西亚近88%人口信仰的、作为印度尼西亚社会文化象征的伊斯兰教。在东帝汶，除基督教外，其他外来宗教的信仰者不足人口的1%，传教基础薄弱。而天主教会的影响仅次于泛神信仰，长期以来富有向土著传教的经验。因此，在土著大规模改宗的过程中，天主教凭着已有的优势，成为东帝汶最具吸引力的宗教，天主教徒迅速增多，东帝汶的宗教构成发生了根本性的转变。东帝汶内战和印度尼西亚入侵后，葡籍教士和大量混血后裔撤离东帝汶，帝力主教辞职。1977年，东帝汶人马丁胡·达·科斯塔·洛佩斯出任帝力主教。东帝汶历史上首次有了自己的教会领袖，这是东帝汶天主教会发展的转折点。虽然1975年后，东帝汶天主教会被迫中断了与葡萄牙天主教会的关系，但它一直拒绝与印度尼西亚天主教会合并，而是直接隶属于罗马教廷。东帝汶天主教会反对印度尼西亚政府要求用印度尼西亚语取代葡萄牙语传教，进而要求罗马教廷准许把当地通用语——德顿语作为传教用语，加强了教会和人民的联系，大大便利了土著接受天主教。20世纪80年代中后期以来，东帝汶天主教会不但在团结和领导人民上替代了当初东帝汶独立革命阵线（简称"革阵"）的角色，而且也是东帝汶人争取国际支持的主要力量。教会在"中立"的外表下，支持独立的倾向是显而易见的。

2002年5月20日，东帝汶民主共和国正式成立，成为21世纪第一个新生国家。罗马天主教徒约占全国人口98%，基督教新教徒约占全国人口1%。东帝汶天主教现有帝力（Dili）、包考（Baucau）和马利亚那（Maliana）三个教区，主教分别为里卡多（Ricardo）、纳西门托（Nascimento）和诺伯托（Norberto）。东帝汶的各地教会办起孤儿院，使众多的孤儿得到照顾，而这些孤儿许多是独立运动战士的后代。教会还广泛组建以教区为基础的诊所医疗保健体系。教育方面，教会通过自己的圣保罗教育基金会，建立有93所小学、30所初级中学、11所高中和4所技校。在东帝汶的三所高等院校中，位于第二大城市包考的法图马卡技术学校就是天主教主办的。

第四节　东南亚地区的伊斯兰教

一、印度尼西亚

史学家们对于伊斯兰教何时传入印度尼西亚意见不一致，比较统一的说法是：在7世纪阿拉伯商人到中国的途中经过苏门答腊北部，在短暂的停留中传播伊斯兰教。但是大批的穆斯林来到印度尼西亚是在13世纪，印度的古吉拉特商人和波斯商人来到这些岛屿，向这里的居民传播伊斯兰教，尔后在苏门答腊和爪哇沿海地区定居下来。13世纪末，苏门答腊岛上的须文达那—巴赛建立了印度尼西亚第一个伊斯兰王国，成为这一地区传播伊斯兰教的中心。尽管伊斯兰教在爪哇的传播受到当地印度教、佛教的反对而进展缓慢，但到了1527年爪哇也全部伊斯兰化。印度、波斯商人又将伊斯兰教传入印度尼西亚东部和马鲁古诸岛。16世纪中叶伊斯兰教传入加里曼丹。从此伊斯兰教遍及印度尼西亚的主要岛屿。17世纪以后，荷兰殖民者侵占印度尼西亚。自1602年荷兰人在印度尼西亚建立东印度公司开始，印度尼西亚人民从来就没有停止过反对荷兰殖民者的斗争。这些斗争大都是在伊斯兰教的旗帜下进行的。17—19世纪，印度尼西亚全岛发生了上百次起义和反抗斗争。1873—1904年的亚齐战争，持续时间长达40年之久。1945年8月17日，印度尼西亚共和国正式宣布独立，350余年的殖民统治宣告结束。

苏加诺总统于1945年6月创立的建国五项原则"潘查希拉"（Pancasila，即信仰神道、人道主义、民族主义、民主和社会公正）规定，所有的印度尼西亚人不要信奉单一的神明，他们有权信奉自己选择的神明，这一规定旨在防止伊斯兰教的政治抱负引起国内动乱。1945年制定的宪法第29条明确规定信教自由。政府对正常的宗教活动采取保护和支持的政策，政府设有宗教部，主管宗教事务。宪法中还规定了政教分离的原则。苏加诺十分重视争取广大穆斯林的支持。他多次与穆斯林一起在清真寺祈祷，筹建清真寺，在伊斯兰经学院发表演讲，出席伊斯兰教政党的一些重大活动，并于1955年去麦加朝圣。1967年以后的印度尼西亚由苏哈托统治，国家进入"新秩序"时期。苏哈托政府对伊斯兰教的政策与苏加诺时期有很多共同点，既争取广大穆斯林的支持、扶植正常的伊斯兰教活动，又对伊斯兰教政党采取利用兼限制的政策，同时坚决镇压伊斯兰教极端分子的叛国活动。1973年1月，所有的穆斯林政党合并为建设团结党，该党的党纲规定"潘查希拉"是其唯一宗旨。1998年5月苏哈托下台后，印度尼西亚政党解禁，伊斯兰政党迅速崛起，成为与民族主义势力、军方势力三足鼎立的政治力量。目前，印度尼西亚最大的两个伊斯兰教团体是拥有4 000万信徒的伊斯兰教师联合会与拥有3 000万信徒的穆罕默德协会。印度尼西亚是"伊斯兰会议组织"、"世界伊斯兰大会"和"伊斯兰世界联盟"的成员国。印度尼西亚全国各岛屿有清真寺和大小礼拜堂约36万座，仅雅加达就有清真寺1 000多座，礼拜堂4 000多座，并拥有东南亚地区最大的清真寺——国家独立清真寺，可容纳10万人礼拜。2006年，印度尼西亚总统苏西洛在第二届印度尼西亚佛教协会全国代表大会上致辞时称，印度尼西亚是一个多元民族与文化的国家，所有合法的宗教都受到尊重，每个公民都有宗教信仰自由，因此，政府有责任保护在印度尼西亚的合法宗教及其信徒，使他们不受不法分子的干扰。但他同时指出，个人的自由必须顾及他人，个人自由必须服从大多数人的利益，服从社会秩序和国家法律。

二、马来西亚

伊斯兰教传入马来半岛大约在14世纪。早在13世纪，苏门答腊北部与马六甲隔海相望的须文达那即已伊斯兰教化。须文达那国王巴赛保护阿拉伯的商人和传教士，大力传播伊斯兰教。马来半岛上的马六甲王朝第二代国王伊斯坎达·沙（1414—1423年在位）仰慕阿拉伯商人的富有，对伊斯兰教渐有好感，遂与巴赛公主结婚，改宗伊斯兰教。到第五代君主穆扎法尔·沙（1445—1458年在位）当朝时，开始采用穆斯林君主"苏丹"尊号，立伊斯兰教为国教。当时正值马六甲王朝全盛时期，马六甲王国取代须文达那—巴赛，成为向东南亚传播伊斯兰教的根据地。至1511年，在葡萄牙殖民者的侵犯下，马六甲王朝宣告解体。到20世纪初，马来亚全部沦为英国殖民地。1957年，马来亚联合邦在英联邦内独立。1963年宣告成立马来西亚。

马来西亚多年来对维持民族关系的稳定非常重视，一方面给少数民族以安抚，另一方面在经济等方面又给马来族以特别照顾。1957年的宪法保留了宗教和民族认同的条款——承认伊斯兰教、苏丹和马来族穆斯林的特殊地位。马来族信仰伊斯兰教、说马来语，遵守马来族社会习俗，保证马来族在教育领域、政府机构、商业系统中占一定数量名额的特权。伊斯兰教在国家和各州中都是官方宗教，苏丹被看作是宗教领袖，在各州建立了宗教事务部和宗教法庭，征收宗教赋税（札卡特），进行宣教活动，并有权实施道德和宗教义务。宪法还规定了非穆斯林有宗教信仰自由，他们有权信仰自己的宗教，成立教派组织，处理内部事务，但不允许在穆斯林中散布或宣传他们的信仰。宪法反映了马来西亚民族认同、宗教和民族内在相关的问题。马来西亚的绝大多数穆斯林崇尚逊尼派的沙斐仪教法学派，主要集中在马来半岛，而在沙捞越和沙巴则只有少数信徒。马来西亚是"伊斯兰会议组织"、"世界伊斯兰大会"和"伊斯兰世界联盟"的成员国，"国际伊斯兰新闻社"设在吉隆坡。马来西亚有数千座清真寺，并拥有著名的马来西亚国家清真寺和马来西亚国际伊斯兰大学。

三、文莱

文莱自古为酋长统治。伊斯兰教于1371年传入，15世纪建立了苏丹国，16世纪初达到鼎盛时期。后来由于葡萄牙、西班牙、荷兰、英国等殖民主义的相继入侵，到16世纪末逐渐衰弱。1888年沦为英国保护国，1941年被日本占领，5年以后再次沦为英国保护国。1971年5月与英国签约规定文莱除外交事务由英国管理外的自治，直至1984年1月1日文莱才宣布完全独立，伊斯兰教为国教，苏丹为国家元首。文莱作为一个"主权、民主和独立的马来穆斯林君主国"在东南亚是独特的。与印度尼西亚和马来西亚不同的是，文莱从未受到那种以伊斯兰教为手段的政治挑战。

文莱穆斯林属逊尼派沙斐仪教法学派。全国伊斯兰教的最高领导是苏丹本人。政府设宗教事务部，下设行政事务司、教法事务司、伊斯兰研究司、朝觐司和伊斯兰传教中心。文莱的司法机构除上诉法院和高级法院组成的最高法院外，还有伊斯兰教法院专门负责审理涉及到伊斯兰教方面的一些问题。文莱政府对发展伊斯兰教育事业非常重视，办有伊斯兰男子中学和伊斯兰女子中学，旨在培养一代既懂得伊斯兰教又懂得科学文化的现代人才，使毕业的学生可以考入国内外任何一所大学，可以进入并适应政府机关中的各种工作。早在1966年前许多从马来西亚学习回来的宗教教师，创办了伊斯兰师范学院，专门培养具有伊斯兰教学识的师资。该学院学制3年，课程设置不仅有伊斯兰教各种学科，而且有背诵《古兰经》、诵读《古兰经》学等课程，以培养一部分清真寺的伊玛目（阿訇）。同时在清真寺里对儿童和青少年进行《古兰经》课的教授。伊斯兰传教中心经常组织人到边远地区进行传教活动，使非穆斯林加入伊斯兰教，然后再对这些新入教的穆斯林进行伊斯兰教知识的教育和培养。该中心还举办国际性伊斯兰讨论会，邀请印度尼西亚、马来西亚和巴基斯坦的伊斯兰教学者出席，举办展览，展出伊斯兰传入文莱的历史情况和通过报刊、广播、电视宣传伊斯兰及其活动情况等。每逢先知穆罕默德的诞辰和伊斯兰教历新年，宗教部都要组织当地男女穆斯林进行纪念与庆祝活动。

政府对穆斯林的朝觐十分关心。为奖励那些在政府部门工作15年以上者，政府给予免费提供赴麦加朝觐一次的机会。对每年的朝觐者，宗教事务部下属朝觐司都要进行朝觐及其他知识的培训，并在办理一切手续方面给予帮助。同时每年派出工作人员和护士随同为朝觐者服务。宗教事务部每年举办一次全国性的《古兰经》朗诵比赛，并派出代表参加一些国际性的《古兰经》朗诵比赛,特别是邻国和东南亚地区举办的比赛。宗教事务部还派出代表出席一些国际伊斯兰教会议。文莱完全独立后曾举行过东南亚与太平洋地区穆斯林青年会议,并且邀请了许多来自欧洲和邻近国家的学者前来访问,以建立友好关系和增进对文莱的了解。

第五节 宗教对东南亚国家政治的影响

一、佛教对东南亚国家政治的影响

(一)民族解放运动

东南亚的缅甸、柬埔寨、老挝、越南等国都曾沦为帝国主义的殖民地,在各国争取民族解放的运动中,佛教是各国人民反抗外来侵略、争取民族独立的思想武器。许多佛教徒和僧侣积极投身于民族解放运动,有的甚至献出了生命。

19世纪下半叶,缅甸沦为英国殖民地。广大的爱国僧侣普遍认识到振兴佛教、争取僧侣权益与反对殖民统治、维护民族尊严、争取民族独立是分不开的。缅甸佛教协会(1891年)、护法会(1898年)、仰光佛教学会(1904年)、佛教青年会(1906年)、仰光僧伽团(1918年)和曼德勒僧伽团(1920年)等佛教与政治相结合的组织相继成立。1920年,缅甸佛教团体总会成立,标志着以佛教为旗帜的各种进步思想汇集成为一股抗英反帝的政治力量。吴欧德玛法师和吴威沙拉法师是佛教界争取独立斗争的杰出代表。吴欧德玛法师支持缅甸佛教青年会推行民族自觉与政治改革的反殖民主张,创建佛教团体总会,组织僧侣和信徒参加反英示威游行,曾数次被捕入狱。受吴欧德玛法师的影响,吴威沙拉法师也开始走上为争取国家独立和民族解放的道路。他因在演讲中抨击政府、从事反对殖民当局的斗争先后两次被捕入狱,在狱中他以绝食进行抗议。吴威沙拉法师是为缅甸独立和民族解放献出生命的第一个佛教僧人。高僧的英雄事迹震动了佛教界和整个缅甸社会,极大地鼓舞了缅甸人民的抗英斗争。1930年,在塞雅山起义中,许多佛教僧侣成为塞雅山的追随者和各地起义军的领导者。寺庙成了起义军"迦龙会"会址和起义指挥中心。僧侣们还是1938年全国反帝大罢工的积极参与者和支持者。在反抗殖民统治、争取民族独立的斗争中,有许多僧侣献出了生命。

19世纪末柬埔寨沦为法国的保护国。柬埔寨人民在法国的殖民统治下,曾不断地反抗,进行了多次的反法运动。19世纪至20世纪初,柬埔寨佛教徒和僧侣是反抗法国殖民者的重要力量。在第二次世界大战期间,柬埔寨一位高僧叫阿查汗鸠,因宣传爱国思想而被法国当局逮捕放逐。这件事引起柬埔寨人民的抗议,在仰光集合了数千群众和佛教徒举行示威游行,要求释放阿查汗鸠。

1893年老挝沦为法国殖民地。老挝人民抗法革命运动在全国各地广泛开展,一些僧人和寺院积极参加这一活动。僧人们在教徒集会上宣传革命主张，寺庙成为革命运动的基地。法国殖民势力退出老挝后，美国乘机而入。老挝佛教僧侣在万象塔銮寺成立了全国性组织老挝佛教联盟，提出"团结、斗争、中立、和平"的口号，团结全国佛教徒，积极支持爱国战线反对美国和右派集团的斗争。1973年老挝各派签订了《关于在老挝恢复和平实现民族和睦的协定》，佛教僧伽在促成签约方面起了一定的作用。总理凯山·丰威汉在1975年新年祝辞中感慨地说："在我们民族英雄和个人中，有一个突出的优点，这也是我们民族在坚强的斗争中值得自豪的一点，这就是僧尼所发挥的作用。他们把佛家的道理与爱国之心，和崇高的民族团结精神结合起来，为救国事业做出了重要贡献。"

　　19世纪末20世纪初，在亚洲佛教改革浪潮的影响下，越南佛教界也发起佛教复兴运动，不少爱国的佛教徒试图利用佛教作为提高民族意识的一种手段，开展反法斗争，起到了重要的鼓舞作用。在越南人民反法和抗日斗争中，佛教徒和僧侣还组织各种战斗组织开展斗争，例如范世龙和尚组织的"越南佛教救国会"，会员达6 000人。1945年以后，越南人民陷于美国的侵略中。在抗美救国期间，越南佛教徒和僧侣开展了一系列反美斗争。1947年8月30日，胡志明在给越南佛教界人士的信中就肯定和赞扬了越南佛教是革命的重要力量，在革命事业中作出了巨大贡献。1949年，在素莲、智海大师领导下，越南佛教界重修寺院、整顿制度、创办佛学院，此外又推动恢复翻译、著作、出版等佛教文化工作，并设立慈善机构等。其间，很多越南佛教宗派成立。其中，越南乞士僧伽佛教教会爱国爱民，特别是尼界乞士佛教教会黄莲尼长曾经参加爱国抗美运动、妇女抗美运动等。1961年河内成立了越南统一佛教会，该会在越南共产党领导下，对祖国统一和建设社会主义做出了贡献，到1974年底已拥有信徒500多万。在南越解放区，民族解放阵线领导下的佛教徒成立了越南南方六和佛教徒联合会。1969年南越解放区成立革命政府，印光寺派敦厚法师和阮杂法师分别担任了革命政府中副总理等职。佛教僧侣还支持革命政府，为越南人民解放军送情报，宣传革命思想，把寺院作为斗争据点，被革命政府誉为"爱国僧侣"。

　　1963年爆发了声势浩大的抗议美吴集团暴行的斗争，广德等7位僧尼先后自焚，引起国际社会的广泛关注。事件的导火索是，顺化市政当局在5月8日调动军队镇压抗议政府阻挠佛教祀佛活动的大批群众，开枪杀死8人。事发之后，佛教徒举行示威游行。5月30日，顺化僧尼1 000人举行集体绝食，吴庭艳被迫接见了佛教徒代表，更换了顺化市长。美吴集团的暴行也引起西贡等地佛教徒的愤怒，他们接连举行示威游行，抗议政府枪杀手无寸铁的无辜平民。此后，反对美吴集团的活动开始高涨。6月1日，顺化4 000名佛教徒沿着香河西岸前往市政府大街游行，僧尼绝食，商人罢市，示威者要求停止对佛教徒的迫害。岘港数百名僧尼也到市长官邸前请愿，声援受害同胞。6月3日，西贡数以千计的佛教徒和青年学生举行集会示威，政府军队使用了糜烂性毒气弹，数十人受伤，

35人被捕。在顺化，数百名配有军犬的警察和军队使用催泪弹、燃烧弹和刺刀野蛮镇压1 200名佛教徒、青年和大学生，造成25人伤亡，另有多人被捕。6月11日，数千僧尼在西贡为5月8日被军警打死的人举行超度。一位名叫释广德的70多岁的老和尚在市中心全身泼上汽油，点火自焚，表示对当局的不满和愤怒。6月16日，西贡佛教徒为广德和尚举行了隆重的葬礼，数以万计的群众前往舍利寺向广德法师遗体告别。吴庭艳当局为了阻止大规模的群众示威游行，试图把僧尼和群众隔开，遂将西贡的大多数寺院用铁丝网和障碍物封锁，不许任何人进入。7月以后南越佛教徒和群众的抗议活动仍没停止。土伦、芹苴、美湫等其他大小城市的寺院纷纷举行超度法会、群众集会和示威游行等请愿活动。8月，佛教徒反对美吴集团暴政活动再次进入高潮，先后又有释善美、妙光、释善惠、光香、释清穗和释元香等6位僧尼在藩切、顺化和宁和等地自焚。面对大规模的群众抗议示威运动，吴庭艳集团惊恐万分，8月20日宣布在南越实施戒严。顺化、西贡的寺院受到搜查和毁坏，几乎西贡的佛教领导人被逮捕，被捕僧侣约2 000人，学生1 000多人，被捕者遭到了严刑拷打和非人折磨。南越佛教徒的斗争和悲惨遭遇引起了南方解放区群众和越南北方人民的义愤和支持，还受到全世界佛教徒和主持正义的国家与人民的支持。这次事件是现代佛教史上的一件大事，震惊世界，显示了佛教民族主义在越南的广泛影响，以及在反帝反殖斗争中的重要作用。

（二）当代政治生活中的佛教

当代佛教在各国的政治生活中也扮演了举足轻重的角色。在缅甸，佛教在政治民主进程中起到了推进作用；在泰国，佛教在维护社会稳定方面发挥了至关重要的作用，并在很大程度上被统治者利用；在柬埔寨，佛教在不同时期也扮演了不同的角色，既成为国家的道德支撑，又成为反动集团政治活动的傀儡；在老挝，政治生活中始终离不开宗教的内容，离不开僧人的作用。

1954年5月佛诞日至1956年5月佛诞日，缅甸佛教评议会和宗教部联合组织了佛教第六次结集。结集结束后，有3个佛教团体向吴努总理和宗教部提出了"佛教国教化"议案。缅甸的佛教国教化问题由来已久，早在1947年5月制宪委员会起草宪法时就有人提出了佛教国教化问题，由于考虑到信仰其他宗教的一些少数民族的立场而没有通过。佛教国教化议案再度提出后，吴努总理表示原则上同意，但担心会产生教派冲突，未敢作出决断。1956年6月吴努暂时离职以处理佛教问题。此时自由同盟内部主张优先发展农林业的吴努派与主张工农并举及着重工业化的吴觉迎派各树一帜，把佛教国教化问题扯进了政见之争，导致1958年春两派的公开决裂和吴努总理的辞职。1960年以吴努为首的廉洁派在大选中获胜。廉洁派政府执政后成立了以吴登貌为首的"国教问题顾问委员会"探讨国教化问题。该委员会于1961年向议会提出了宪法第三次修正案，将佛教定为国教并获得通过，政府随即制定了《国教推进条例》，详细地规定了佛教与社会生活的关系。

这些举措引起了非佛教徒的强烈不满，导致国内政局动荡不安。以奈温为首的国防军于1962年3月发动军事政变，推翻了吴努政府，成立了革命委员会。革命委员会执政后，采取了严格的政教分离措施，解散了佛教评议会，不允许佛教参与世俗政务。

从1988年3月开始，缅甸爆发了长达数月的民主运动，导致奈温政府垮台。在这一次运动中，大约有1.5万名僧侣上街为示威游行群众维持秩序，散发传单。僧侣们还为反政府人士提供住宿、经费和建议，许多佛塔寺院成了民主运动的指挥中心。曼德勒的僧侣政治倾向更强，他们自发组织起来保护市民举办的"民主墙"，包围军火库，阻止军警取弹药。由于僧侣的特殊身份，军警也奈何不得。在全国各地还成立了许多支持民主运动的僧侣组织，如曼德勒四方僧侣联盟、住持法师僧侣团体协会等。许多僧侣成为民主斗争的领导人，如曼德勒四方僧侣同盟主席吴耶瓦达。僧侣在组织反政府斗争、维护社会稳定等方面都发挥了巨大作用，也因此一度被视为和大学生、民盟并列的三大民主力量。

为了纪念"四个八运动"（1988年8月8日爆发的全国性示威游行）二周年和抗议恢委会拒不交权，1990年8月8日约1 500名僧侣和学生在曼德勒市中心举行示威游行，并与前来制止的安全部队发生冲突。当晚外电纷纷报道在冲突中有多名僧侣和学生被打死。恢委会虽反复强调安全部队使用的是橡皮子弹，没有打死人，但仍有很多人不相信，民众对恢委会的抵触情绪更加强烈，于是僧侣在全国范围内发起了一场宗教抵制运动。1990年8月27日，曼德勒8 000多名僧侣拒绝为军人及其家属举行任何宗教仪式，并且拒绝接受他们的布施。随即宗教抵制运动波及仰光、望濑、实皆、瑞波等城市。公众也响应了僧侣的宗教抵制运动，他们拒绝和军人同乘一辆公共汽车，拒绝卖商品给军人家属。宗教抵制运动使缅甸政府和军人处于非常尴尬的地位。在缅甸这样的佛教国家，一个佛教徒如果得不到社会的承认，也就没有社会地位，不给军人做佛事就意味着开除了军人的佛教教籍，对军队的稳定极为不利。恢委会在和僧侣谈判没有取得成功的情况下断然采取措施，宣布宗教抵制是非法的政治行为，勒令所有涉嫌政治活动的僧侣团体解散，对曼德勒地区的133所寺院强行搜查，逮捕了民主派僧侣领袖吴耶瓦达在内的几十名僧侣。在这种情况下僧侣才放弃了对军人及其家属的宗教抵制，大约300名僧侣逃往泰缅边境。

2007年9月，缅甸发生了近20年来规模最大的示威活动，数万民众随僧侣走上街头。游行队伍中身穿袈裟的僧侣方阵静静地走在队伍前面，尤为引人注目。就是在国外，也出现很多缅甸僧侣抗议的身影。甚至有西方媒体将这次运动比喻为"藏红花革命"或"袈裟革命"。缅甸局势再次引起国际社会强烈关注。2007年10月5日，在联合国安理会会议上，联合国秘书长特使甘巴里做了关于近期缅甸局势的简要报告。他说，过去几周发生在缅甸的示威活动主要是民众对缅甸国内社会经济形势不满所致，贫困化的加剧和社会服务体系无法满足民众基本生活需要是缅甸的主要问题所在。英国驻缅甸大使在接受媒体采访时表示，此次缅甸的抗议活动跨越了大半个国家，街头抗议活动秩序井然，策略得当，僧人们的表现温和而坚定。虽然许多僧侣渴望民主，希望政府进行改革，但僧侣不愿意社会动荡不安，而佛教的发展与繁荣也需要政府的扶持。可以说，僧侣们这次走上街头，主要还是因其民生诉求。

1932年革命后，泰国政治出现了一个引人注目的现象，即上层军事政变频繁发生。迄今共发生了20次军事政变，其中14次成功；仅在1932年至1957年的25年间，就发生了10次政变；最近的一次军事政变发生在2006年。泰国虽然上层政变频繁，但整个社会却是安定的，并没有发生普遍动荡。究其根源，佛教在其中起到了重要的作用。一方面，佛教观念中的宿命色彩和对权威人格的认可对现代化冲击下的人们能够产生安抚作用和心理补偿效果，从而增强了人民对现代化带来的负面影响的承受能力；另一方面，佛教被统治者有意识地加以利用，逐渐成为了一种统治工具。1932年政变后，以不参加任何派别身份出现的僧王以调停者形象出现，帮助国家尽快度过困难的转换时期。在1973年学生运动发生后，政府把许多学生领袖送到寺庙中以便"让他们弥补罪过"。同时，从各地招揽和尚们加入到政府资助的祈祷仪式中，祈祷国家早日恢复安宁。70年代中期，泰国外交部长塔纳·科曼和总理他侬都多次到寺庙中忏悔，通过公开铺张的虔诚的佛教仪式来使自己的权力合法化，希望以此改变他们在群众眼中的形象，获得新的合法性与权威性。从1966年开始，泰国佛教界配合泰国发展社会经济的需要，培训和派遣比丘到全国各地宣传泰国政府关于发展国民经济的计划，对人民进行宗教道德教育。自1997年泰国发生金融危机以来，佛教团体依靠佛教的巨大影响和在社会上的崇高地位，在全国各地积极活动，倡导善男信女使用泰国货以利恢复经济，号召信徒募捐美元、黄金和泰铢，协助解决国家的金融危机。

1954年柬埔寨获得独立。翌年制定的柬埔寨宪法仍然遵循1947年宪法的内容，规定佛教为国教。佛教影响着柬埔寨的方方面面，上至国王的遴选，下至人民的生活。在负责推选国王工作的王位委员会的成员中，佛教力量占到了28.5%。柬埔寨王国王位最高委员会的职能主要是解决王族内部问题、王位继承问题并对政府政策起咨询作用。由王室家庭会议主席、内阁首相、国民议会议长、王国议会议长、高级僧侣二人和最高法院院长组成。国家元首西哈努克勾画了佛教与国家政治生活的关系："柬埔寨好像一辆马车，由两个车轮支撑。此二轮一个是国家，另一个是佛教。前者象征驱动力，后者为宗教道德。马车前进两轮须同时运转，这个道理同样适用于柬埔寨在和平与精进的道路上稳步向前。"西哈努克的"二轮理论"形象地指明新国家的宗教道路，成为国家制定宗教政策和治国的依据，反映了佛教国家的传统和特点。西哈努克提出的"高棉佛教社会主义"的理论在柬埔寨颇有影响，是他所领导的人民社会同盟和政府的指导思想，佛教教义成为建立高棉社会主义的基础。在郎诺集团掌权时期，郎诺出钱要议员们走访所在各地区的佛教僧侣首领，请求他们参加反对西哈努克国王的活动，一些议员要和尚陪同他们到选区进行"说服"活动。1970年5月底，两派领导人被迫承认新政府，表示"愿意"和政府合作。与此同时，郎诺政府为了分化和控制僧伽，授意和支持成立了柬埔寨宗教学生共和会（1970）、柬埔寨佛教青年会（1971）、章纳协会（1972）等佛教组织，政界要人在各组织中担任负责人，并给予强有力的财政资助，与原有的僧伽组织对抗。1971年10月，政府还组织了4 000多僧侣和军队士兵一起举行支持国内"和平"的官方游行。游行者抬着两个棺材，一个覆盖国旗，一个覆盖佛教教旗，佛教领袖宣称"这是僧伽和国家、僧伽和军队融合一体的特殊象征"。

1975年，老挝人民民主共和国成立。人民革命党在国内政治生活中强调佛教与社会主义的共同性和契合点，试图把佛教融于社会主义理论之中，而不是过多地考虑两者的差别性，并且在政治生活中始终离不开宗教的内容，离不开僧人的作用。僧人们应政府的邀请参加国庆节庆祝活动。副总理兼财政部长诺哈·冯沙万亲自主持佛教塔銮节活动，并且资助佛教界和僧伽出版佛教著述，帮助修复受到损坏的寺院。但是，新政府在实施佛教政策时也有一些过火的举动。为了改造佛教僧人的世界观和统一思想，政府对僧人的要求过高，把宗教问题转变为政治问题，过分强调佛教要统一在社会主义思想之下，产生了抹煞佛教的倾向，佛教自身的特征表现不出，招致僧伽的不满。过多的政治学习使僧人们感到厌倦，产生了逆反心理。据报道，在再教育运动中，有1.5万名僧侣先后受到轮训，许多僧人离开寺院，僧侣人数锐减，寺院教育大规模减少。1979年3月，老挝法宗派87岁的僧王、佛教联合会名誉主席帕·坦雅诺乘汽车轮胎越过湄公河逃到泰国。安排这次出逃的僧王秘书则说僧王在琅勃拉邦的居住地已不能进行弘法活动了。加入僧伽的年轻人感到沮丧，僧人教育仅仅反映了政府的愿望，并宣称在巴特寮的统治下，僧人的数目由过去的2万人下降到1 700人。1980年以后，老挝政府的佛教政策有所缓和。1981年以后进入佛寺礼佛的人又陆续增多。1985年亚洲佛教和平会在万象举行。1988年老挝国家主席和军队领导人参加了塔銮寺举行的佛教节庆活动。1990年老挝的宪法草案还将佛教的菩提树叶作为国旗的图案。

二、基督教对东南亚国家政治的影响

由于东南亚各国的基督教发展不平衡，对东南亚各国政治的影响也是不均衡的。在以佛教和伊斯兰教为传统宗教的国家中，基督教只是国内多种宗教之一，对国家的政治生活影响较小。在菲律宾和东帝汶，由于在宗教上的绝对优势地位，天主教对国家的政治生活影响较大。

（一）菲律宾

受美国的影响，菲律宾采取政教分离政策。菲律宾政府不设负责宗教事务的专门部门，各种宗教团体、派别、产业等的管理由取得法人资格并向政府备案的宗教领袖负责。

1973年1月颁布的新宪法规定：国家保护宗教与崇拜活动的自由，对各种宗教不抱任何偏见。宪法的基本精神是宗教与政治的分离是不容违背的。尽管如此，菲律宾基督教对于政治的影响也是非常重大的。

菲律宾的国会议员大多信仰基督教，因此，政府的每一项议案的提出与执行均要考虑教会的态度。一般的政治会议开始时都有神父进行说教。总统的就职誓词也以"愿上帝保佑"结尾。菲律宾基督教有自己的政党——基督教社会民主联盟。该党成立于1968年，主张社会自由和社会改革，是菲律宾的主要政党之一，历次选举都占有一定议席份额，在政府中有一定的地位。

现代菲律宾教会影响政治最典型的实例是两次"人民力量"运动。

1986年菲律宾"二月革命"时，马尼拉红衣主教海棉·辛公开指责马科斯的欺诈行为，对于兵变中转而支持阿基诺的部队表示了欢迎，呼吁国民都来支持兵变部队。马科斯派遣军队前去镇压兵变部队时，辛主教号召数以千计的信徒前往通向兵变营地的公路上祈祷，民众手拉着手形成人墙，阻挡政府军的前进，使政府军的装甲车和军车陷入人群之中。辛主教还通过"真理"电台不断呼吁政府军不要向手无寸铁的教徒开枪，鼓励反对马科斯政权的群众和兵变部队为最后的胜利继续战斗。"辛主教、菲律宾天主教会以及教会的真理电台在号召人民保护兵变部队和促成阿基诺上台中发挥了重要的作用……他们的缺席将使推翻马科斯成为毫无可能的幻想。"最后，败局已定的马科斯仓惶逃离菲律宾，结束了长达21年的统治。

阿基诺之后的历届政府都对教会的影响倍加重视，教会的作用得到加强，其影响在2001年又一次达到了顶峰。由于埃斯特拉达的受贿案无法在法律程序上使民众得到满意的结果，弹劾程序无果而终，广大民众再一次选择了"人民力量"的形式表达自身的要求，大量的群众走上街头，进行抗议游行，菲律宾社会重新陷入了短暂的无序状态，民众对法律和政府的信任急剧下降。在这种情况下，教会的影响凸显出来。1月16日，辛主教号召群众集中到1986年"人民力量"革命推翻马科斯独裁统治的起义地点进行抗议，天主教成为决定政局发展的重要力量。面对民众自发和教会推动的街头运动，包括财政部长、内政部长、经济计划部长和旅游部长等在内的大批内阁成员宣布辞职，导致政府处于濒临瘫痪状态。而武装部队总参谋长雷耶斯、国防部长梅尔卡多、全国警察总长拉克松等军方和警方领导人在关键时刻宣布不再支持总统。辛主教在报纸上刊登通告要求总统辞职，以便菲律宾人民能够继续按照道德的准则来振兴国家。面对教会与反对派共同发起和推动的群众街头运动，埃斯特拉达最终选择了妥协。

天主教会影响菲律宾政府的另一个表现是关于死刑的执行问题。由于菲律宾教会遵循传统的罗马教会教义，所以菲律宾教会一直都在反对执行死刑，并通过民众和道德的力量向政府施加压力，迫使很多死刑无法执行。二战后的近20年内，菲律宾约有30多人被处以死刑。马科斯时期，被处死的犯人也只有12人。1987年，阿基诺政府对所有罪行都免除死刑，而之前被判处死刑的500多名犯人都改判终身监禁，菲律宾唯一的一把实施死刑的电椅也被烧毁。当时，政府和国会做出这项重大决定依据之一就是生命是神赐予的，人类法庭无权决定。1994年1月，死刑再次在菲律宾生效，但没有一名犯人被真正处决，直至1999年，埃斯特拉达上台，才有一名犯人被处死。此后两年间，先后又有6人被处死。然而，埃斯特拉达总统为了保住自己岌岌可危的地位，再次中止死刑的执行，以换取天主教徒的支持。2004年7月26日，菲律宾天主教会在美国驻菲律宾大使馆前举行示威，强烈要求总统阿罗约夫人尊重人类生命，废除死刑，推动一个能够遏制罪行和保护社会却不会损害生命的法律体系。2004年10月11日是世界反对死刑日，菲律宾天主教会主教团利用这个机会再次向总统阿罗约夫人发出强烈呼吁，要求彻底取缔死刑。主教们强调，政府应该给违法的公民进行再教育，给被关押的犯人创造重新做人的机会。天主教认为死刑根本不可能制止泛滥的犯罪现象，而且还会因为司法审判中的疏漏而牺牲无辜的人。由于教会的压力，菲律宾政府对执行死刑的态度并不积极，例如作为宣布恢复死刑的政府最高领导人，当阿罗约总统在得知最高法院判定两名绑架犯推迟执行死刑时，她的第一反应居然是"解脱"。这种态度的由来不仅是个人信仰的作用，更是教会巨大压力的结果。

（二）东帝汶

在东帝汶近现代历史上，天主教既是葡萄牙殖民入侵的后果，也是维护和稳固殖民统治的工具。在20世纪70年代中期的政治巨变中，东帝汶天主教会经历了冲击、分化和重组。革阵著名领导人阿马拉尔、洛巴托和拉莫斯·奥尔塔都是天主教徒。70年代初，他们就开始利用教会报刊宣传民族主义思想。1974年5月东帝汶民族独立运动兴起后，受教育的青年天主教徒是革阵的骨干和支持者。1977年，东帝汶人马丁胡·达·科斯塔·洛佩斯出任帝力主教。东帝汶历史上首次有了自己的教会领袖，这是东帝汶天主教会发展的转折点。教会在政治上必须保持中立，但它同情受难人民，因而也以各种方式为人民代言。天主教由一种为殖民活动服务的外来宗教转变为东帝汶民族的宗教。洛佩斯主教及其继任者贝洛主教多次公开批评印度尼西亚的军事统治给东帝汶人民带来的苦难，呼吁国际社会关注东帝汶的局势发展。

1984年后，国际国内形势对东帝汶极其不利，印度尼西亚已控制东帝汶全境，联合国也无限期推迟审议东帝汶问题。然而贝洛主教领导下的东帝汶天主教会没有接受既成事实，态度反而更加明朗化。1989年2月，贝洛主教致信联合国秘书长，指出印度尼西亚在东帝汶存在大量违反人权的行为，要求让东帝汶人进行公决。1991年11月，帝力发生印度尼西亚军警屠杀示威群众的事件。这一事件使贝洛成为印度尼西亚统治政策更加坚定的批评者。他指责印度尼西亚政府在东帝汶建立的是一个"警察国家"。贝洛把许多示威者藏在他的教堂和寓所里加以保护。事后，他公开谴责印度尼西亚军人对平民的军事镇压，并为死难者举行弥撒。1994年7月，在致印度尼西亚政府的公开信中，贝洛表达了对东帝汶人民命运的关注，要求印度尼西亚减少驻军，取消压制政策，扩大教会的自由，允许言论自由，开展与国际组织间的对话，允许东帝汶民主公决以及立法给予东帝汶特别地位和更大的自由。因为印度尼西亚政府没有做出任何积极的回应，贝洛在1995年后甚至拒绝参加印度尼西亚的国庆庆祝活动。

90年代后，冷战结束，西方大国开始推行"人权"外交。国际上的天主教势力与人权势力对天主教地区的政治干预明显加强。1994年，教皇谈到东帝汶人民的正当愿望，说教廷可能愿意接受合并之外的其他方案，鼓励东帝汶天主教会发挥更大的作用。美国天主教会议专设有东帝汶问题顾问，并通过新闻媒体不断报道东帝汶教会的消息，提起人们对几近遗忘的东帝汶问题的注意。1994年10月，贝洛主教和独立运动海外领导人拉莫斯·奥尔塔获得诺贝尔和平奖。

在1998年后东帝汶问题的解决中，教会独特的重要性得到充分体现。为了达到独立或自治的目的，各派政治力量较量争斗，暴力冲突不断升级。然而，无论是独立运动组织、支持独立的群众，还是印度尼西亚政府、亲印度尼西亚的群众，抑或是印度尼西亚的政治反对派以及国际组织，都对东帝汶天主教会表现出格外的尊重，都想争取到教会的支持和合作。教会的一贯立场是呼吁和平与民族和解，谴责亲印度尼西亚民兵的暴行，为受害者提供帮助并举行大型和平集会。1998年9月和1999年6月，教会两次主持邀请各派召开东帝汶对话与和解会议。冲突派别每次达成和平协议都有教会代表在场。1999年4月21日，各派和平协议在贝洛主教的寓所签署。在国际社会的压力和天主教会的调停下，亲印度尼西亚民兵和东帝汶解放军终于在全民公决前夕签署停火协议，从而使联合国主持的公决投票得以顺利进行。在此过程中，教会一直呼吁国际社会进行干预，要求向印度尼西亚施压，派出国际维和部队进驻东帝汶。教会始终没有明确地表态是赞成自治还是愿意独立，贝洛主教只是号召教徒无所畏惧地走向投票箱，按照良知投票并平静地接受投票结果。正因地位超然和态度"中立"，东帝汶天主教会才在关键时刻最大限度地发挥了自己的作用。

三、伊斯兰教对东南亚国家政治的影响

伊斯兰教由于其本身的特点，与政治的关系最为引人关注。伊斯兰教对政治发展的影响在不同的东南亚国家也各有不同。在印度尼西亚、马来西亚和文莱，在政教关系方面，伊斯兰教对政治具有全国性的影响；在菲律宾、泰国，主要是两国南部地区即穆斯林聚居区的局部地区的问题，较为集中；在缅甸，主要在穆斯林聚居的若开邦，对缅甸全国性的政治发展影响有限；在新加坡，由于该国是一个高度发达的城市国家又有较为成熟的政治制度，长期较好地处理了政教关系，因而避免了宗教问题影响政治的稳定和

发展；在柬埔寨、东帝汶、越南、老挝，伊斯兰教的发展更为缓慢，伊斯兰教的影响更弱，特别是后两个国家几乎与伊斯兰教没有什么关系。1997年东南亚金融危机后，尤其是2001年"9·11事件"后，东南亚伊斯兰教的政治影响力、分离主义与恐怖主义成为影响东南亚政治发展的焦点，引起国际社会的广泛关注。

（一）政治势力

政教关系是东南亚伊斯兰教对政治发展具有根本性和全局性影响的问题。印度尼西亚和马来西亚都是政教分离的世俗国家，但近年来，合法的伊斯兰教政治势力对国家政局的影响越来越大。

进入20世纪90年代，印度尼西亚苏哈托政府虽然在经济方面取得了一定成就，但是贫富悬殊，贪污腐化日趋严重，很多穆斯林对此不满。为了争取穆斯林的支持，1990年苏哈托携夫人去麦加朝觐。1990年12月，印度尼西亚成立了印度尼西亚穆斯林知识分子联合会。1998年5月苏哈托下台后，印度尼西亚政党解禁，伊斯兰政党迅速崛起，成为与民族主义势力、军方势力三足鼎立的政治力量。1999年大选中，48个参选政党中的大部分是伊斯兰政党或具有伊斯兰背景，传统派伊斯兰教师联合会主席瓦希德当选总统，现代派穆罕默德协会主席赖斯出任人民协商会议议长。2001年瓦希德下台后，新当选副总统哈姆扎·哈兹来自伊斯兰政党。2001年8月，印度尼西亚人协举行年会时，一些伊斯兰政党如建设团结党和星月党，在伊斯兰教强硬派支持下，提出修改1945年宪法的动议，企图把1945年《雅加达宪章》中的一段话写进宪法："国家以信仰真主为基础，每个信仰者要履行伊斯兰教法规。"而在穆斯林人口占总人口88%的印度尼西亚要求履行伊斯兰教法规就等于建立伊斯兰教国。在2002年8月的人协会议上，这个提议虽被否决，但仍可能是印度尼西亚社会今后面临的一个重大问题。2004年的大选中，7个有伊斯兰教背景的政党获得总共550个议席中的231席，其中4个以原教旨主义为原则的政党共获得127席，伊斯兰教政党直接左右政局。2009年的大选中，4个有伊斯兰教背景的政党获得总共560个议席中的169席。虽然所占议会席位较2004年大选有所减少，但伊斯兰教政党仍在很大程度上能够对政局施加影响。

马来西亚在独立的最初10年间，国家奉行多党制政府，实行政教分离、民族和睦政策，政教关系比较和谐稳定。1969年的种族骚乱，成为马来西亚伊斯兰政治的分水岭。掌握政权而经济状况不佳的马来族穆斯林一直对"外来人"（华族、印度族等）在经济、教育领域内的优势地位不满。议会选举揭晓后的第二天，吉隆坡发生马来族与华族的械斗，数百人死伤。全国处于紧急状态，议会活动停止，组成以深受马来族穆斯林信任的副总理阿卜杜拉·拉札克为首的全国行动委员会。1971年，紧急状态取消，重新实施宪法。政治上，尽管马来西亚民族统一机构（简称"巫统"）起初拒绝非马来族人加入政权，但非马来族人口的绝对数量使政治妥协与合作成为必然，由此产生了以巫统为首的执政党联盟国民阵线（简称"国阵"）。伊斯兰教党（PAS）是马来西亚最大的伊斯兰政党，即通常所称的"回教党"。它是1951年从巫统中脱离出来而成立的，曾称泛马伊斯兰教党，目前拥有党员约30万，是马来西亚最大的反对党。1997年东南亚金融危机和安华事件曾对马政局造成冲击。1999年第10届全国大选中，国阵虽继续保持国会三分之二以上议席，但在马来人中支持率有所下降；反对党势力上升，主张建立政教合一政权的伊斯兰教党在吉兰丹州和丁加奴州取得政权，并且要在这两个州全面推行伊斯兰教法。该党的目标是通过和平方式和议会道路，一个州一个州地取得胜利，最后夺取联邦政权。"9·11事件"后，伊斯兰教党的极端宗教色彩受到质疑，处境被动。国阵在3次地方补选中获胜，凝聚力增强，执政地位得到巩固。2003年11月，伊斯兰教党又公布了建立伊斯兰教国的框架文件《伊斯兰教国备忘录》，这是马来西亚独立以来第一次比较完整地表达伊斯兰教国理念的文献，提出以《古兰经》与《圣训》作为超越现有联邦宪法的至高无上的法律，但保证非伊斯兰教徒的信仰和自由。2008年3月，马来西亚举行第12届大选，反对党即人民公正党、人民行动党及伊斯兰教党在国会选举中赢得了82席，粉碎了国阵多年来的三分之二大多数议席的优势地位，其中伊斯兰教党获得23席。在地方议会的选举中，反对党取得了历史性的胜利，拿下了吉兰丹、吉打、槟榔屿、雪兰莪和霹雳5个州的控制权，伊斯兰教党党员出任吉兰丹、吉打和霹雳3个州的州务大臣。这是马来西亚独立以来从未有过的，马来西亚伊斯兰政治势力的新发展以及伊斯兰教党政策的走向将继续深刻影响着马来西亚的政治发展。

（二）分离主义

东南亚的伊斯兰教分离主义表现为以民族自治或独立为诉求的武装分离运动，并且与政治民主运动互相搀杂，涉及范围广，持续时间长，一些分离主义势力甚至与宗教极端主义的恐怖主义结合，对东南亚的地区安全与稳定产生了重要的影响，引起国际社会的广泛关注。伊斯兰教分离主义主要在东南亚部分国家的边缘地区，由一些伊斯兰教分离主义组织领导，主要涉及印度尼西亚、菲律宾、泰国三国，在缅甸若开地区也存在。

印度尼西亚的分离主义活动主要是在苏门答腊西北部的亚齐（主要分离主义组织有"自由亚齐运动"和"亚齐民族解放阵线"）、印度尼西亚群岛东端的西伊里安查亚（巴布亚）、马鲁古群岛特别是安汶、加里曼丹西部以及苏拉威西等地。印度尼西亚独立后，亚齐希望成为一个自治省，用伊斯兰教的宗教法作为亚齐省的法律，但是1950年亚齐却被并入北苏门答腊省，这引起了亚齐人的不满。1953年在达乌德·贝鲁的领导下，爆发了反对印度尼西亚中央政府的叛乱，宣布在亚齐不存在潘查希拉政府。1956年，雅加达方面做出让步，给予亚齐自治的地位并允许实行伊斯兰教法，但是这一切并没有写进宪法，亚齐问题没有得到解决。"9·30事变"后，苏哈托军人政权推翻了苏加诺政权，开始了所谓的"新秩序"时期。在苏哈托统治印度尼西亚的30多年里，政治体制里的裙带主义、宗派主义、任人唯亲等弊病仍然盛行不已，亚齐人不仅在参与政治活动上受到歧视，并且从70年代以来，亚齐地区经济上遭受的剥削也越发严重。1976年终于爆发了"自由亚齐运动"，要求建立一个独立的伊斯兰教国家。苏哈托政府派出军队迅速平息了叛乱，"自由亚齐运动"转入地下。苏哈托下台后，亚齐的分离主义情绪日益高涨，与中央政府的矛盾日益尖锐，政府派军队镇压。亚齐宗教领袖东姑·班达莫亚赫及其50名追随者被包围杀害，3 000多平民死亡或失踪。血腥的暴力更激起亚齐人民和"自由亚齐运动"领导人争取亚齐独立的强烈愿望，他们认为"自由亚齐运动"不为亚齐自治而战，也不为联邦而战，而是为亚齐独立而战。雅加达政府认为，一旦亚齐公决独立，印度尼西亚将面临分崩离析的危险，诱发外岛省份要求独立的骨牌效应，同时，由于亚齐地处海上交通要道——马六甲海峡，有关国家不愿现有地缘政治、经济格局被打破并进行重新分配。因此，1999年瓦希德当选总统后公开表示，亚齐问题的全民公决只是有关推行伊斯兰法令的问题，不涉及自治或独立的议题。2000年开始，印度尼西亚中央政府和"自由亚齐运动"开始进行政治谈判。2005 年1月至7 月，在芬兰前总统阿赫蒂萨里的调解下，印度尼西亚政府和"自由亚齐运动"代表在芬兰首都赫尔辛基举行了五轮和谈。8月15日，双方正式签订和平协定。协定规定，政府特赦亚齐独立运动成员并解除其武装，印度尼西亚军人分期分批撤离亚齐；欧盟和亚洲的官员监督协定的实施。这个协定不仅事关亚齐停火和安全问题，更重要的是构建了亚齐地区未来的政治框架。2006 年7 月印度尼西亚国会通过了新的《亚齐自治法》，并宣布在同年12 月进行地方选举。2006年12月，亚齐地方选举顺利进行，前"自由亚齐运动"发言人伊旺尔达·尤素福当选为亚齐省长，选举结果也得到了印度尼西亚中央政府的承认。联合国秘书长安南称赞这是一次"历史性"选举，前往观察选举的欧盟首席代表福特也说，选举显示了"亚齐人致力于巩固和加强民主进程的决心"。

此外，在印度尼西亚最东端的伊里安查亚省，原住民也在要求独立。2000年分离主义再度抬头。2000年5月29日至6月4日，来自伊里安查亚省14县和世界各地的2 700名巴布亚人在该省首府查亚普拉召开了"巴布亚全国代表大会"。会议通过了一项决议草案，声称要成为一个独立国家，彻底脱离印度尼西亚的统治。此次代表大会就是长期从事分裂活动的巴布亚独立组织召开的。伊里安查亚问题既有当地人民的民族认同与宗教归属问题，又有外来移民与当地土著的矛盾问题，既有印度尼西亚国内的政治积怨、流血冲突以及经济利益分配问题，又有国际上的外部势力或明或暗插手干预的问题。据2002年3月29日的《联合早报》报道，大约3 000名"圣战军"成员从爪哇等地乘船进入伊里安查亚。"圣战军"承认的确有200名成员到了那里，但不是搞"圣战"，而是进行"宣教"。宗教介入使解决问题的难度进一步加大。

菲律宾南部以棉兰老岛为中心的穆斯林分离运动主要组织是声称有1.5万名武装人员

的"摩洛伊斯兰解放阵线",以及虽然人数不多(约300人)但以制造绑架、爆炸事件著称的"阿布沙耶夫"反政府武装。菲律宾独立后,政府为缓解中部地区的人口压力,鼓励天主教徒向南部穆斯林地区迁移,天主教移民的蜂拥而至改变了穆斯林地区的人口结构和土地制度,导致二者之间的矛盾加深、冲突频繁。自1968年"棉兰老独立运动"爆发,特别是1972年马科斯宣布实行"军管法",下令收缴全国的私人武装后,分离运动更加蓬勃发展。"摩洛伊斯兰解放阵线"在南部建立了根据地,以自治或独立为目标长期与政府抗衡,引起了国际社会,特别是伊斯兰世界的广泛关注和干涉。自70年代以来,菲律宾政府对南部穆斯林分离武装采取政治谈判和军事围剿相结合的策略。进入90年代后,菲律宾穆斯林问题逐渐缓和。1993年,拉莫斯政府和"摩洛伊斯兰解放阵线"签署了停战协议和一揽子和平计划;2001年6月,"摩洛伊斯兰解放阵线"也与政府签定了停战协议。但是一些极端民族分离组织近年来却继续顽抗并且发展成为一个集民族分离主义、极端宗教主义和国际恐怖主义三位一体的恐怖主义组织,其中最引人注目的是"阿布沙耶夫"反政府武装,近年来该组织以绑架勒索人质而臭名昭著。

泰国南部尤其是北大年的穆斯林分离运动主要组织有"北大年统一解放组织"和"北大年民族解放阵线"等。马来穆斯林在1909年被正式并入泰国后,其中心北大年就经常发生叛乱。1947年,北大年伊斯兰同盟提出7项自治要求遭到拒绝后,叛乱开始升级。20世纪60年代发展成为武装反对中央政府的分离运动。60年代末至整个70年代,泰国的马来穆斯林分离运动也达到高潮。1975年1万多名马来穆斯林在北大年举行抗议集会。各种分离主义武装如"北大年统一解放组织"、"北大年民族解放阵线"也经常发动有组织的军事活动。泰国政府从80年代起开始在南部穆斯林地区采取比较符合实际的政策来缓解与南部穆斯林的矛盾。首先是摒弃同化政策,尊重穆斯林的文化和宗教;其次是发展南部经济,缩小南部与中心地区的经济差距;增加南部穆斯林行政官员中的穆斯林名额;加强中部与南部的交流。由于采取比较积极的政策,泰国南部穆斯林问题在80年代就大为缓解。分离组织在该地区的影响逐渐减弱,骚乱也日见减少,该地区的经济得到较大发展。

此外,在缅甸西部若开地区存在着由罗兴亚民族组织领导的分离运动。罗兴亚族是缅甸西部若开邦一个古老的、信仰逊尼派伊斯兰教的少数民族,其历史已超过1 300年,目前是缅甸最大的穆斯林群体。多年以来罗兴亚人生存状况恶劣,基本公民权利得不到保障。缅甸政府强硬的穆斯林政策导致罗兴亚穆斯林与政府关系恶化,催生了若干支罗兴亚穆斯林反政府武装,如"若开罗兴亚伊斯兰阵线"、"罗兴亚穆斯林团结组织"等。前者成立于1987年,其活动过去几年已基本停止。后者是一支在缅甸与孟加拉国活动、势力比较强大的罗兴亚反政府武装力量,其历史比较悠久,前身是二战末期成立的"穆加黑"武装部队。1978年,"穆加黑"改称"罗兴亚穆斯林团结组织"并组建了罗兴亚穆斯林游击队，其目标是建立"若开独立国"。"罗兴亚穆斯林团结组织"长期以来在孟加拉国的支持和帮助下，武装势力不断壮大。在缅甸政府1978年和1991年对上述两个镇区进行大规模清剿后，大量穆斯林被迫逃到孟加拉国避难。罗兴亚问题不但威胁到缅甸的国家安全，也给缅孟的国家关系造成了负面影响，而且可能引发伊斯兰宗教极端势力向罗兴亚族渗透，进一步威胁地区安全与稳定。

（三）宗教极端主义与恐怖主义

宗教极端主义和恐怖主义近年来对东南亚政治稳定和政治发展有着更直接的冲击和破坏作用。重大的恐怖袭击事件曾几度成为东南亚内部和国际社会关注的焦点，尤其是2002年10月的巴厘岛爆炸事件、2003年8月的雅加达万豪酒店爆炸事件以及2005年10月巴厘岛再次发生的爆炸事件。

早在20世纪50年代，印度尼西亚的伊斯兰极端分子就掀起"伊斯兰救国运动"。1957年11月，一批穆斯林极端分子用手榴弹谋害苏加诺未遂，就逃往苏门答腊。1958年初，一些马斯友美党人在苏门答腊发动叛乱，建立所谓"印度尼西亚共和国革命政府"。在1979年伊朗爆发的"伊斯兰革命"的影响下，印度尼西亚的一些伊斯兰极端分子组成"印度尼西亚伊斯兰革命委员会"，曾劫持印度尼西亚飞往泰国的飞机，组织袭击警察局；"伊斯兰救国运动"也鼓励"为印度尼西亚伊斯兰的尊严而殉教"，制造了多起流血事件。目前在东南亚地区，菲律宾、印度尼西亚和马来西亚都存在恐怖组织，主要活动于印度尼西亚的"伊斯兰团"（又称"伊斯兰祈祷团"）、马来西亚的"马来西亚圣战组织"、菲律宾的"阿布沙耶夫"等都被认为是东南亚地区恐怖组织的代表。"伊斯兰祈祷团"的前身是20世纪40年代印度尼西亚的一个称为"伊斯兰之家"的反抗荷兰殖民统治的组织，印度尼西亚独立后其继续为建立伊斯兰政权的理想展开暴力斗争而受到政府镇压。1985年，"伊斯兰之家"一批激进分子潜入马来西亚，重整旗鼓，易名为"伊斯兰祈祷团"，并在印度尼西亚、马来西亚、新加坡等招募新成员。1998年苏哈托政府垮台后，一些"伊斯兰祈祷团"的领导成员返回印度尼西亚，开始频频兴风作浪。其不少骨干或参加过阿富汗抗苏圣战，或到"基地组织"阿富汗大本营受过培训，"基地组织"在东南亚的联络人汉巴利（又名伊萨穆丁）也成为该组织的重要首领。自从1999年4月以来，"伊斯兰祈祷团"已经在印度尼西亚进行了50次成功的和未遂的爆炸事件。这个由侨居在马来西亚的印度尼西亚人为主要骨干组成的极端组织同"基地组织"建立了联系，并在印度尼西亚、马来西亚、新加坡和菲律宾南部以及泰国与缅甸等地组成了有众多信徒的网络，已成为东南亚恐怖主义活动的核心和最大的恐怖组织。

"9·11事件"后东南亚成为国际恐怖主义活动的重灾区。从2002年元旦雅加达某购物中心发生手榴弹爆炸案开始，截至当年9月，恐怖分子在印度尼西亚（多为首都雅加达）制造了至少5起恐怖爆炸事件，导致几十人伤亡。"9·11"后东南亚恐怖主义浪潮反弹的高峰当属震惊世界的2002年10月12日的巴厘岛爆炸案。当日晚上，在印度尼西亚旅游胜地巴厘岛发生了明显针对外国人的特大恐怖袭击系列爆炸案，造成216人死亡、309人受伤，死伤者多为澳大利亚人，这是继"9·11事件"后发生的伤亡最为惨重的恐怖主义袭击事件。2002年11月，印度尼西亚警方宣布抓获巴厘岛爆炸案主犯、"伊斯兰祈祷团"成员伊马姆·萨姆德拉及其同伙。巴厘岛爆炸案发生不到两个月，在2002年12月5日，印度尼西亚东部望加锡一家麦当劳餐厅又发生爆炸案，导致3人死亡，11人受伤。2003年印度尼西亚恐怖爆炸案更是接连不断，总数不下6起。当年2月至7月在首都雅加达的国家警察总部、国际机场、国会大厦等地先后发生了4起恐怖爆炸案。而在8月5日中午，雅加达万豪大酒店门前再次发生举世震惊的恐怖爆炸案，造成12人死亡、149人受伤。次日，"伊斯兰祈祷团"宣布对爆炸事件负责，气焰嚣张地称之为对政府审判其涉嫌制造巴厘岛爆炸案同伙的报复和威胁。2004年9月9日，澳大利亚驻印度尼西亚大使馆门前发生汽车炸弹爆炸事件，造成11人死亡和180多人受伤。2005年10月1日，"伊斯兰祈祷团"在巴厘岛制造了一连串爆炸事件，在金巴兰和库塔广场有3个地点同时爆炸，造成26人死亡（包括3个自杀式爆炸袭击者），100多人受伤。近两年来印度尼西亚发生的恐怖活动大为减少，这与印度尼西亚政局的稳定和印度尼西亚政府的反恐政策密切相关。2011年5月9日，印度尼西亚首都雅加达南区法院宣布，"伊斯兰祈祷团"精神领袖巴希尔犯有鼓励激进分子募集资金，部分或全部用于恐怖主义行动罪。这一罪名可能使巴希尔被判终身监禁，这是其第三次面临恐怖主义相关的罪名指控。因为证据不足，印度尼西亚检察官取消了针对巴希尔的两项恐怖罪名指控。巴希尔可以据此免于死刑。印度尼西亚方面希望通过对巴希尔处以终身监禁，显示出其对伊斯兰极端主义分子的"零容忍"政策。

在印度尼西亚东部的马鲁古群岛，自1999年1月以来，基督教徒与伊斯兰教徒的宗教冲突持续不断、此起彼伏。伊斯兰教极端主义的介入更是火上浇油，导致冲突蔓延。冲突初起时，马鲁古与苏拉威西各地的基督教徒略占上风，于是其他地方的一些伊斯兰教极端团体纷纷前来支援"穆斯林兄弟"，号召进行大规模的"圣战"，要夺回基督教占领的地盘，并派人员和运送武器到安汶和马鲁古地区。"圣战军"、"圣战者组织"以及"基督军"等民间非法武装的出现，使得马鲁古群岛的宗教冲突愈演愈烈。2000年初，持续一年多的马鲁古宗教冲突骤然激化。伊斯兰教徒同基督教徒在首府安汶和其他5个岛屿相互残杀，大批建筑物被烧，车辆被毁，1 100人丧生，2 000多人受伤，数万人沦为难民。2002年2月，在印度尼西亚政府斡旋下，包括35个基督教徒代表、35个穆斯林代表在内的100名代表在南苏拉威西签署和平协定，决定成立两个委员会，监督冲突双方停火，禁止民兵组织活动，要求冲突双方解除武装。但是，参加谈判的"圣战军"代表团拒绝签字，解决马鲁古问题的希望化为泡影。

在菲律宾，2002年6月部署在菲律宾南部巴西兰岛的美军也遭到"阿布沙耶夫"武装发动的恐怖袭击。面对美菲联合反恐的军事压力，恐怖主义势力展开疯狂的反扑，其高潮也是在2002年10月。10月2日和10日，两起炸弹爆炸案导致10人死亡、20多人受伤。在巴厘岛爆炸案后第五天，10月17日菲南部城市三宝颜接连发生两次恐怖爆炸，造成至少6人死亡、143人受伤。2003年在菲律宾南部棉兰老岛上最大的城市达沃，从3月4日至4月3日一个月内就在国际机场、港口和清真寺外接连发生3次严重炸弹袭击事件，导致至少22人死亡、150多人受伤。2004年1月4日，在菲律宾南部马京达瑙帕朗镇发生了一起土制炸弹爆炸事件，造成至少12人死亡，40多人受伤。2005年至2007年，菲律宾恐怖活动造成的人员死亡数明显上升。2005年为144人，2006年增加到291人，2007年虽有所下降，但仍达209人。2007年菲律宾恐怖分子绑架的人质达480人。爆炸、袭击和绑架仍然是菲律宾恐怖活动的主要方式。面对严峻的恐怖主义形势，2004年以来菲律宾进一步加强了反恐力度。2005年至2006年，菲律宾政府军在美军支持下，在南部的霍洛岛多次开展清剿行动，经过打压，"阿布沙耶夫"的活动空间进一步缩小。2007年初，该组织首领达菲·亚尼亚兰尼被击毙。12月6日，菲律宾首都马尼拉塔吉格地区审判法庭判处14名"阿布沙耶夫"成员终身监禁。

另外，2002年到2003年，在泰国、越南等国也先后发生系列恐怖主义纵火案和爆炸案。2004年1月4日至7日，泰国南部的伊斯兰极端势力发起了一系列令人震惊的暴力袭击事件，袭击军营、警察局，造成6人死亡，数十人受伤。泰国南部穆斯林分离主义组织"北大年伊斯兰圣战者"和"革命国民阵线"等涉嫌实施这些袭击事件。4月28日凌晨，在泰国南部宋卡、也拉和北大年三个府，数百名伊斯兰极端武装分子又向15处军方据点、警察岗亭等发动猛烈进攻，107名暴徒被政府军警击毙，政府方面也有5名军人死亡，15人受伤。泰国政府的镇压以及10月25日78名穆斯林被闷车闷死事件极大地刺激了泰南穆斯林的民族宗教情绪。此外，泰国政府坚决支持美国的反恐行动也激起了泰南穆斯林极端分子的强烈不满。虽然泰南伊斯兰极端势力的活动愈演愈烈，并且出现了基地组织和"伊斯兰祈祷团"成员频繁出入泰国的现象，但在"9·11事件"发生后的一段时间里，为了避免对国家形象和旅游业产生负面影响，泰国政府一直不承认泰境内有恐怖分子存在，而且不愿意公开谈论这个问题。直到2008年1月18日泰国政府才首次承认，国际恐怖组织基地组织和贩毒分子为泰国南部的激进分子提供资助。

出于对美国全球反恐战略的支持，也出于维护自身安全利益的考虑，东南亚各国总体上采取了谴责恐怖主义行为、支持国际反恐斗争的一致立场。各国首脑在2001年11月斯里巴加湾召开的第七届东盟峰会上发表《东盟联合反恐行动宣言》，首次以东盟全体名义强烈谴责国际恐怖主义及对美国的恐怖袭击，明确恐怖主义是对全人类和东南亚人民的共同威胁，表明愿意为"维护全球与本地区的经济和安全加强反恐合作，协力打击恐怖主义分子"。从国际关系的层面看，伊斯兰极端主义势力的存在及其恐怖活动，为美国军事力量重返东南亚提供了机会。"9·11事件"后，美国在东南亚已有两个"军事顾问团"，一个在泰国对付毒品泛滥，一个在菲律宾对付"阿布沙耶夫"恐怖组织。作为美国在东南亚最重要的盟友，菲律宾是"9·11"后第一个公开表态支持美国领导的国际反恐联盟的东南亚国家。菲律宾阿罗约政府以最积极的姿态支持美国的反恐战略，坚决支持以美国为首的国际反恐联盟打击在阿富汗及全球的恐怖分子，并欲借美国之手收拾在本国南部"阿布沙耶夫"武装及其他穆斯林分离势力。2002年1月，600多名美军应邀进驻菲律宾，美军与菲军2月在菲南部岛屿巴西兰进行代号为"平衡活塞"的联合反恐军事演习。菲军方8月宣布，菲美两国从10月开始在菲南部举行持续到次年6月的旨在剿灭"阿布沙耶夫"武装残匪的第二阶段联合反恐军事演习，美方承诺将为此次演习和两国其他联合反恐行动提供5 500万美元援助。菲美两国11月以美菲《共同防务条约》和《部队访问协定》为基础，签署《共同后勤支援协定》。2003年，美军以反恐名义重新获得克拉克和苏比克基地使用权。新加坡也是"9·11"后反恐立场明确、措施果断的东南亚国家。"9·11"后新加坡成立了检察长及外交和法律事务部长主持的部际反恐工作队，与美国开展反恐情报交换，在金融上配合美国反恐行动。2002年，新加坡与泰国和美国一起举行"金色眼镜蛇"联合军事演习。美国还与新加坡达成《关于扩大使用新加坡军事设施协定》，将樟宜海军基地作为美国海军后勤补给和维修基地。美国还致力于寻求与印度尼西亚、马来西亚等国签署军事基地准入协定。

2003年8月，印度尼西亚"伊斯兰祈祷团"二号人物汉巴利在泰国被捕，他已被证实是本·拉登领导的"基地组织"在东南亚的头目，策划了一系列恐怖活动，与2002年的印度尼西亚巴厘岛爆炸案和菲律宾教堂爆炸案有联系，并且是2003年8月的雅加达万豪酒店爆炸案的首要嫌犯之一，其恐怖活动不仅限于印度尼西亚，其足迹遍布东南亚多个国家，曾遭到印度尼西亚、马来西亚、新加坡和菲律宾等国通缉。尤其值得注意的是新一代的恐怖主义领导人已出现在东南亚，如印度尼西亚的祖尔卡尼恩和马来西亚的杜尔马丁。东南亚地区的恐怖主义活动及其跨国联系加强，反恐斗争已经不限于个别的国家，而是整个东南亚地区所有国家面临的一项共同任务。与此同时，区域内外恐怖主义的联系也在加强，中东恐怖主义在加紧对东南亚的渗透，与东南亚恐怖分子建立更为密切的联系，并利用东南亚恐怖分子为其服务。东南亚恐怖主义活动有着滋生的土壤，东南亚的恐怖主义问题将长期存在，恐怖活动还可能发生，其危害不能低估。反恐将是长期的斗争，东南亚国家必须在政治、经济、法律、社会和精神上共同合作，携手并进。

第五章 文化艺术

第一节 东南亚文化整体性和多元化

东南亚独特的地理构造便于不同大陆的不同人种在此交汇，进而带动不同文化圈的交错重叠，使该地区呈现出千姿百态、错综复杂的文化现象。著名学者贺圣达认为东南亚文化在地域和空间上存在三种差异性："一是表现在海岛国家（以马来民族为主，主要信奉伊斯兰教）和半岛国家（大多数信奉南传上座部佛教）之间；二是表现在海岛和半岛的各个国家之间（海岛国家中菲律宾主要宗教为基督教，相继受西班牙和美国文化影响，半岛国家中越南和新加坡深受中国传统文化影响）；三是表现在同一国家的不同地区和不同民族之间，尤其是印度尼西亚。"[①]所以当今东南亚的文化现象表现出明显的多元性质，其中融合了西方宗教文化、印度文化、阿拉伯文化、中国文化和本土少数民族文化。

东南亚文化的多元发展趋势实际上从原始文化时期就已初现端倪，这是地理构造、民族迁移等多方面因素共同作用的结果。但由于当时生产力水平低下，多元化表现并不明显。所以大多数学者认为东南亚文化在其早期历史发展阶段，特别是11世纪之前具有整体性和共同性，这是受到地理环境、民族迁徙、生产力发展和印度文化进入等因素共同影响而在新石器时代形成的。考古发现，东南亚各地的新石器文化具有较高一致性，并且与中国新石器文化有密切联系。许多民族在风俗习惯和信仰方面也有相似之处。此后由于东南亚优越的地理气候条件，使得该地区社会生产力发展缓慢，较为保守的村社文化广泛存在，从而容易受到宗教气息浓厚的印度文化不同程度的影响。当然，由于社会生产力发展水平不同、地理环境差异和外来文化影响的强弱不同，东南亚地区的文化在整体性之中呈现出不同地域的文化发展不平衡性和差异性。一些地区（如沿海沿江地区）文化发展程度稍高。

11世纪后东南亚历史发展的进程加快，生产力的发展、对外交往的扩大、越族（京族）崛起以及泰族、缅族等民族形成并且在相应的国家成为主体民族，东南亚文化的发展越来越明显地呈现出多样性、多元性和复杂性的特点。越南北方在10世纪建立国家，确立了儒家文化的统治地位。缅甸在11世纪出现了由缅族人建立的蒲甘王朝，佛教占据统治地位，影响遍及全国。泰国、老挝、柬埔寨在13至15世纪基本完成了佛教化过程。而对于东南亚海岛国家来说，其本土文化先受到印度文化影响，13世纪后伊斯兰教的影响迅速扩大，15世纪出现了伊斯兰教国马六甲。16世纪时伊斯兰教已成为印度尼西亚群岛和菲律宾南部各王国占统治地位的宗教。16世纪后由于西班牙入侵，天主教逐渐成为在菲

---

① 贺圣达：《东南亚文化发展史》，云南人民出版社1996年版，第67页。

律宾占统治地位的宗教。这些不同的宗教都深刻地影响了各国文化的发展，导致东南亚各地文化差异性日益扩大。再加上东南亚并立形形色色的民族，语言、风俗、习惯各自不同，此时东南亚文化就成为一个多元文化的融合体。在这些国家里，大致说来越南和新加坡主要受到中国文化的影响，泰、缅、老、柬在地理上连成一体，更多受到印度文化影响，均是以佛教为主的国家。广大海岛地区先受到印度文化影响，13世纪后又主要受到伊斯兰文化影响，以印度尼西亚、马来西亚和文莱为主。近代以来，东南亚各国又不同程度地受到西方文化和宗教的影响。菲律宾和东帝汶就是以信仰天主教为主的国家。

重获独立的东南亚各国在不同的国情和对外关系影响下在文化发展上采取了不同模式，虽然各国大都重视本土文化，希望寻求适合本国的模式，但鉴于国情各自不同，国际环境瞬息万变，导致各国文化发展各有特色。

在半岛国家中，越南独立后继承了越南传统文化尤其是儒学思想的精华，对当代越南文化的发展产生重大影响。泰国在文化政策上一直坚持以"泰体"——"国家、国王和宗教三位一体"为主，同时注意有保留地借鉴西方尤其是美国文化，具有既开放又保守的特点。缅甸一直以民族主义和佛教思想为本，但因局势动荡，文化上也乏善可陈。在海岛国家中，菲律宾长期受到美国文化的影响，其主流思想长期效法美国。以伊斯兰教为主的印度尼西亚受到东西方关系和多部族多元文化的影响，在文化发展上采取调和方式，并坚持"建国五基"的立国基础。马来西亚立国之初曾强调多元文化的发展，但后来更为强调土著文化，突出伊斯兰教的地位，华人文化也成为马来西亚文化的重要组成部分。新加坡在西化精英的领导下，以功利主义和经济利益为导向，形成了东西方文化传统相互融汇整合的新文化精神。东帝汶文化的形成带有深刻的历史烙印，其中融合了原著民的原始宗教文化、通过宗教传播的葡萄牙文化和通过现代学校教育传播的印度尼西亚文化元素。

进入新世纪后，东南亚各国的文化发展出现了新的发展趋势。这一时期东南亚各国不仅努力发展各国本土民族文化，同时还希望借助区域组织东盟的号召力加强地区合作和文化整合。2003年10月在印度尼西亚巴厘岛举行的第九次东盟领导人会议通过《巴厘第二协约》，提出到2020年建成类似于欧盟的"东盟共同体"，包括建立"东盟安全共同体"、"东盟经济共同体"和"东盟社会和文化共同体"。这表明东盟国家对加强社会和文化合作的愿望达到了一个新的高度。但由于东南亚各国内部文化呈现多样性，受全球化和区域一体化背景制约和东盟各国间及对外关系影响，东南亚文化体发育程度远未成熟，还表现出较为复杂的图景。

展望21世纪，东南亚各国的文化在各自主权国家体制下还是会进一步保持并发展各具特色的传统文化，其根本性质和特点没有在全球化、区域化的影响下产生变化，东南亚的宗教特别是伊斯兰教还将不断影响东南亚地区尤其是海岛国家的文化格局。但是这种保持并不是完全的"本土主义"，东南亚国家在保持多样性的前提下还在追求区域的统一，并同时根据其需要、开放度以及与各方的关系接受区域外文化的影响。内因与外因相结合使得当今东南亚国家的文化发展趋于多样化和复杂化。

第二节　东南亚的习俗与礼仪

一、东南亚各国的习俗

（一）越南

【衣】古代越南女子以戴肚兜、穿裙子为主，男子以戴布块为主。封建国家建立后，在中国文化的影响下模仿中国人的服装样式穿戴，穿宽大裤子和圆领对襟衫。现在，现代服装代替了传统服装，城里的男子一般都穿西服，妇女穿花色窄袖长袍。越南妇女喜戴项链、手镯、戒指，多留披肩长发，或用发夹束于脑后。越南每个民族都有传统民族服装，大多数民族的服装都有色彩绚丽的花纹装饰，色彩对比强烈。越南两种最具特色的民族服装是长袍和斗笠。长袍是越南女子的国服，分为长袍和裤子两件，长袍剪裁合体，前后衣襟长过膝盖，两边开衩及腰，立领，衣袖宽窄适度，下摆舒展，活动方便，配穿一条黑色或白色的宽腿拖地长裤。斗笠主要由白色的植物叶和竹子做成，与越南人的生活息息相关，已经成为越南的象征。越南最有名的斗笠是顺化斗笠。

【食】越南人以大米为主食，主要有粳米和糯米。辅食有肉类、蔬菜、鱼虾。肉类以猪肉为主，鱼肉所占的比重也很大。蔬菜有空心菜、生菜等，通常用水煮的方式，再蘸上鱼露吃。烹调时常用的调味品是糖、蜂蜜、醋母、盐、清醋（以酒和糖制成的醋）、酒醋、虾酱、鱼露（用鱼制成）、芝麻酱、花生酱等等。鱼露是越南人最主要的调味品，常与柠檬果和小红辣椒配合使用。总之，越南人在饮食上口味偏淡、偏腥，大米饭、清水煮空心菜蘸鱼露，外带小螃蟹汤，是越南人最爱吃的家常饭菜。在食具方面，越南人使用筷子和瓷碗。越南人比较喜欢喝酒，白酒、啤酒和糯米酒都很普遍。茶是越南人最普遍的日常饮品，包括绿茶、红茶和珠茶。越南热带和亚热带水果品种丰富，深受人们喜爱。越南最常见的点心是糍粑和粽子，还有糖饼、糕点、果脯、米粉粽、模子糕、炸饼或炒饼等等。

【住】越南城建规定民宅建高不能超过五层，所见民宅在三至五层之间。盖房是越南人非常关心的大事，因为人们认为这关系到家族兴衰。越南传统民居外形简单朴素，常见的有曲尺型（主房和一侧辅房）和门字型（主房在中间，两侧有辅房）。家庭传统宅院包括：主房、辅房、果园、鱼禽畜饲养处、晒场、篱笆、院门等。主屋用作祭祀和会客的场所。男性的卧室设在堂屋，这里也是祭祀祖先的场所，堂屋正中央摆着神台，周围饰以横批对联。而女性的生活、休息场所是厢屋或辅房。

（二）老挝

【衣】老挝人的服饰有明显的热带特色，不同民族的人，在着装方面也有显著不同。老龙族人的日常着装是：男子上身穿无领对襟上衣，下身劳作时穿长裤，休闲时则穿纱笼，常将一条水布盘在头上或系在腰上。女子一般上穿无领上衣，下身围筒裙，从右肩穿过左腋围上一条披肩，并在腰上系上饰有银质带花的腰带。老听族人的日常服装是：男子上穿衬衣，下穿深色长裤，有时还围上一条很薄的红色布巾。女子喜欢穿色彩鲜艳的短上衣，黑色条纹布的花裙，或是蓝色的裙子，并时常佩戴珠串类型的饰物。

【食】老挝人饮食总体上较为简单，日常多吃米饭和鲜鱼。在口味方面，老挝人偏好酸、辣、甜，喜炒、烧、烤的烹调方法。老挝的特色饭菜有竹筒饭、棕榈粑粑等。老挝人很喜欢吸烟、嚼槟榔，并且大都能喝酒。在老挝的许多地方有一种待客礼仪就是宾主依次用一根竹管共饮一坛自制糯米酒，这种礼仪被认为有助于加深宾主感情。老挝的佛教徒很多。他们的饮食习惯是：日进二斋，过午不食，不禁酒，不必食素，"忌食十肉"（即不吃人肉、象肉、虎肉、豹肉、狮肉、马肉、狗肉、蛇肉、猫肉、龟肉）。老挝人不用刀、叉、匙，惯用右手抓食。

【住】老挝的建筑主体是木构，部分使用砖瓦，石构建筑罕见。木构建筑的普遍特征是：屋顶为两层，呈左右急倾斜的大流线。

（三）柬埔寨

【衣】柬埔寨人的衣着单薄朴素。男子穿直领多扣上衣，天气热时则不穿上衣，只穿"纱笼"或"山朴"。"山朴"是用长条布不加缝合，从腰中往下缠绕至小腿，再从胯下穿过，在背后紧束于腰部，剩余部分伸出如鱼尾。妇女的便服上衣多为丝质圆领对襟短袖衫，下身也穿"纱笼"或"山朴"，通常她们在腰间还要缠一条图案优美的长布巾。一般穿拖鞋，不戴帽。

【食】柬埔寨人大多以大米为主食，副食爱吃鱼、虾、牛肉、鸡、鸭、蛋类等，也喜欢西红柿、黄瓜、生菜、玉兰片、蘑菇、干贝等；生辣椒、葱、姜、鱼露、大蒜是他们不可缺少的调料；喜欢饮用啤酒、汽水、橘子水、红茶、咖啡等饮料，男子一般爱抽烟，女子大多爱嚼槟榔；果品喜食香蕉、西瓜、菠萝、苹果等水果；干果爱吃杏仁、核桃仁、花生米等。和尚日吃两餐，此外都一日三餐。柬埔寨人吃饭时席地而坐，用餐时用盘子、叉子、汤匙，或用手抓饭。

【住】柬埔寨人的传统住房多为竹木结构的高脚式房屋，离地二米左右，上面住人，下面存放农具和停放车辆。房屋多为坐西向东，四周种植各类热带植物。首都金边的建筑物具有多种风格，城中的寺庙全是古老的吴哥式建筑，较为现代的住宅和办公楼则多是法国式的。

（四）泰国

【衣】泰国人的服装总体比较朴素。泰族男子的传统民族服装叫"绊尾幔"纱笼和"帕农"纱笼，是泰国平民中流传最长久的传统服装之一。女筒裙是泰国女子下装，于曼谷王朝拉玛六世时期（1910—1925年）开始流行。随着社会的发展，当代泰国人的着装也发生了很大变化。青年人穿西式服装已相当普遍：男子穿制服、西装、长裤、衬衣；女子则喜欢穿西服裙，上衣式样千变万化。在乡村多以民族服装为主，种类繁多。泰国的拉祜族、阿卡族、栗僳族、克伦族、何孟族和缅族等都有各自独特服饰。

【食】泰国美食国际知名。泰国人的口味是：爱辛辣，喜欢在菜肴里放鱼露和味精，但不喜欢酱油，不爱吃红烧食物，也不在菜肴里放糖。泰国人爱吃鱼、虾、鸡、鸡蛋等，一般不爱吃牛肉，不喝酒。泰国菜色彩鲜艳，红绿相间，视觉效果极佳，可让人们大饱口福。以清迈为首的北部地区的传统主食是以米浆制成的米糕，菜肴是以具有中国西南部风味的腌生猪肉或咖喱及色拉为主要特色。邻近高棉的东北部地区比较偏僻，菜肴以口味浓郁且辛辣闻名，其中泰北辣肉是一道极为出名的泰国东北美食。以泰国首都为首的中央平原是泰国的美食之都，其传统主食是米食与各类的米制品、炒饭，加上当地的海鲜、肉类以及各种丰美的水果、蔬菜。泰国有名的调味品"鱼露"与"虾酱"都是中央平原的特产。泰国南部以回教徒，印度、南洋移民居多，这一地区的特色菜式多以咖喱烹海鲜为主，口味重，大量使用辣椒、咖喱、热带椰子（椰奶、椰糖及椰肉）。

【住】泰国古代民居广泛采用干栏式建筑，因为暹罗地处热带和亚热带，气候炎热多雨，因而决定了木架的高脚屋是民居建筑最基本、最实用的样式，只是随地理环境的不同而使结构布局稍有变更。曼谷王朝拉玛三世王（1824—1851年在位）以后，出现了砖砌的民居，分为泰式和中式。中式房屋是大批华人移民泰国后才出现的，基本是按照中国南方城镇民宅和店铺的样式来建。从拉玛四世（1851—1868年在位）开始，出现了西式建筑。特别是拉玛五世（1868—1910年在位）进行改革以后，西方文明涌入泰国社会，出现了曼谷、清迈这样现代化的都会，城市里的民居建筑与传统式样相比发生了质的变化。但在广大的农村，仍然随处可以看到用木板和茅草搭成的高脚屋。

（五）缅甸

【衣】缅甸服饰包括头饰、上衣、筒裙、拖鞋等。传统男性的头饰为包头，称为"岗包"；女性一般都留长发，卷发髻，插花或佩戴各种首饰。男士多穿无领窄袖的对襟衣，女式上衣为无领紧身短幅右衽外衣。缅甸男女下身均着筒裙，又称纱笼。女子穿的纱笼比较薄，多配有底裙，腰间系上银带或安上纽扣作装饰。缅甸人喜穿人字拖鞋。

【食】传统缅甸家庭一天吃两顿饭。缅甸人在饮食习惯上有如下特点：主食以米饭为主，副食喜欢吃鸡、鱼、虾、鸭、鸡蛋及各种蔬菜；调味爱用番茄酱、虾酱油、辣椒油、辣椒酱和咖喱粉等，一般不喜太咸，爱食甜、酸、辣味。讲究菜肴丰盛，注重菜品质精量小。爱喝啤酒、汽水、橘子水等，饭后有喝咖啡或热茶的习惯。爱吃香蕉、椰子、芒果、木瓜、柑橘、菠萝等水果。

【住】缅甸掸邦族村寨里多是竹木结构、顶铺草排的两层楼房。上层住人，下层养牲畜。这种建筑形式据说是诸葛亮发明的，所以有人称这种楼为"诸葛帽式楼"。克钦族的村落多建在高山峻岭上。他们的住房屋内一侧是许多火塘，一侧是客房和安放鬼神及祖先牌位的"鬼房"。

（六）菲律宾

【衣】菲律宾少数民族的穿戴各不相同，极具特色。菲律宾男子的国服叫"巴隆他加禄"衬衣，这是一种丝质紧身衬衫，长可及臀，西式领口，前领口直到下襟两侧都有抽丝镂空图案，长袖，袖口如同西服上装。菲律宾女子的国服叫"特尔诺"，是一种圆领短袖连衣裙。由于它两袖挺直，两边高出肩稍许，宛如蝴蝶展翅，所以也叫"蝴蝶服"。现在，菲律宾人的服装已发生了很大变化，西装在中上层人中广泛流行，而老百姓的衣着则比较简单。男子上身穿衬衣，喜用白色，下身穿西装裤；女人喜欢穿无领连衣裙，或下身围"纱笼"。大部分青年穿西式皮鞋，老年人仍穿用木头、麻或草做成的拖鞋。

【食】菲律宾人的主食是大米、玉米，比较有特色的是椰子汁煮木薯、椰子汁煮饭。城市中上层人士大多吃西餐。菲律宾穆斯林的主食是大米，有时也吃玉米和薯粉，佐以蔬菜和水果等。不喝烈性酒，喜欢吃鱼，不喝牛奶，烹调很简单，喜欢使用刺激性的调味品，进食时用手抓。咀嚼槟榔的习惯在菲律宾穆斯林中非常流行。

（七）马来西亚

【衣】马来西亚的马来人使用蜡染花布制作长袖上衣，称为"巴迪服"，是马来西亚的国服。传统马来男装是上着无领长袖衬衫，下穿长裤，腰部围着一条纱笼，头戴圆锥型天鹅绒帽子，脚穿皮鞋。传统的马来女装包括上衣和纱笼。上衣"格巴亚"宽大如袍，身长过臀，纱笼也可长达足踝。马来人无论男女均戴头饰：回教徒戴圆锥型天鹅绒帽子；到麦加朝过圣、获得"哈吉"称号的人戴一种白色帽子；妇女戴头巾，其式样可根据本人喜好而变化。

【食】马来人以大米为主食，包括米饭、糯米糕点、黄姜饭、榴莲饭，还有用椰浆和糯米制成的"马来棕"、"竹筒饭"等。不食死物或动物血液，爱吃辣味菜，尤其是咖喱牛肉。羊肉串、烤鸡是著名的风味菜肴，当地称之"沙爹"，是宴请客人必不可少的食品。马来人禁烟，平时喜欢喝咖啡、红茶等饮料，也爱嚼槟榔。马来人一般习惯用右手抓饭进食，只有在西式宴会或高级餐馆用餐时才使用刀叉和匙，一些受西方影响的马来人日常进食也使用刀叉和匙。

【住】马来民居主要是指马来民族（也包括沙巴和沙捞越原住民）的传统民居。早期的马来人为了适应环境，就地取材，逐步创建出多种不同样式并具有独特传统风格的马来屋宇。在马来西亚北部的原住民族，在河源地带放木排的人们常常生活在宽宽的木筏上，搭建一种竹制的茅屋；在马来西亚的港口城市，有许多船上人家，终生居住在船上。马来西亚民居的最大特点是重视通风性和耐热性，为了防潮以及防范热带蛇虫，房子的全部结构都建在离开地面的支柱上。长屋是典型的传统马来民居，结构简单，分上下两层。底层主要用来圈养牲畜，人住在第二层。

（八）文莱

【衣】文莱生活水平较高，由于传统文化和宗教的影响，很多人仍保持着传统生活方式，着民族传统服装。文莱人服饰与马来西亚人大致相同。文莱马来族男子在正式交际场合，一般着以蜡染花布制作的长袖衬衣，下身围以"纱笼"。马来族的女子，则一般穿无领长袖的连衣长裙，围头巾，有些交际场合可穿着西装或套裙。

【食】文莱人以米饭为主；不食死物和血液，喜欢牛肉、羊肉、鸡肉、鸡内脏、蛋类等；蔬菜爱吃黄瓜、西红柿、菜花、茄子、土豆等；调料爱用咖喱、胡椒、辣椒、虾酱等，偏爱炸、烤、煎、爆、炒等烹调方法制作的菜肴。文莱人对西餐和中餐都能适应，但更偏爱中餐。文莱人喜饮咖啡、可可和红茶，虽属禁酒国家，但也有人饮果酒和葡萄酒。果品爱吃椰子、菠萝、巴梨、洋桃、苹果、葡萄、荔枝和香蕉；干果一般都喜欢核桃、杏仁等。

【住】文莱的房屋住宅与马来西亚的基本相同，但闻名于世的阿耶水乡别具一格，有"东方威尼斯"之称。水乡的房屋多是用混凝土木桩固定在水中的高脚木屋。木板铺的人行道把各家木屋串连在一起，外出时可乘坐木舟、舢板或汽艇，水陆往来十分方便。

（九）新加坡

【衣】新加坡是个多民族国家，主要有华人、马来人、印度人，欧洲人和其他少数民族，每个民族都有自己的传统服饰。其中最具特色的是"娘惹装"，即在马来传统服装的基础上改成西洋风格的低胸衬肩，加上中国传统的花边修饰，多为轻纱制作，颜色不仅有中国传统的大红粉红，还有马来人的吉祥色土耳其绿，点缀的图案多是中国传统的花鸟鱼虫、龙凤呈祥。

【食】新加坡饮食丰富多彩，无论是中式菜肴、西式快餐、日本料理、韩国烧烤、泰国餐、印度尼西亚餐，还是马来风味、印度风味的饮食，都能在新加坡觅得踪影。把新加坡称为"美食者的乐园"，绝对名不虚传。当然，狮城新加坡也有自己独特的菜系，即"娘惹菜"。"娘惹菜"实际上就是中国菜和马来菜的融合而发展出来的颇具当地土生文化特色的狮城传统菜系。由普通的中式菜肴，加入马来西亚偏辣风味烹煮，就成了独具特色的娘惹佳肴。最为普通的食品是"乌打"，配上椰汁和香料，包在香蕉叶里的鱼肉，美味异常。

【住】新加坡是全球城市人口比率最高的国家，也是东南亚地区人口密度最大的国家。

新加坡政府的住房原则是"居者有其屋"。由政府建屋局统一规划、布点、设计、交建筑商完成。施工结束后由建屋局验收。符合申购新屋条件的本国公民须经排号，按号选房，并享受政府补贴。组屋区内设施齐全，交通方便。该政策提高了政府的凝聚力、向心力。

（十）印度尼西亚

【衣】印度尼西亚的民族服装一般是女士穿对襟长袖上衣，没有衣领，下身围色彩艳丽的纱笼，一般要佩戴丝绸的披肩。男士上衣是有领对襟长袖，下身围带格图案的纱笼，头上包扎各式头巾，或戴黑色无边小礼帽。平时男女都喜欢穿拖鞋或木屐，一般不喜欢穿袜子。印度尼西亚纱笼一般是用"巴迪克"布料制作，"巴迪克"通常是在棉布、尼龙或丝绸上用手工蜡染或机器印染各种色彩鲜艳的花卉或格子图案的布料。现代社会中印度尼西亚人民的服装也在不断变化，西装、时装越来越流行。男人穿西服、长短袖衬衫、长裤，打领带，脚蹬皮鞋；女人穿各式长短裙，烫各式发型，脚蹬高跟鞋，处处可见。

【食】印度尼西亚人的主食是大米、玉米或薯类，面食也很流行，如吃各种面条、面包等。主要食用牛、羊、鸡肉和鱼虾之类。印度尼西亚人制作菜肴喜欢放各种香料（如大料、胡椒、肉豆蔻、香菜子等）以及辣椒、葱、姜、蒜等，因此印度尼西亚菜的特点，一般是辛辣味香。印度尼西亚人喜欢喝啤酒、咖啡，还喜欢吃各种用热带水果制作的冷饮。印度尼西亚人吃饭用勺和叉子，有时也喜欢用手抓饭。

【住】印度尼西亚城市和农村的房屋不一样，城市房屋一般是现代建筑，而农村则随各族和各地的习惯建造不同式样的房屋。富人盖房多用木料和砖瓦，穷人则主要用竹子盖房。爪哇人、巽达人和马都拉人的房屋一般是方形的，多数直接建在地面上，但也有高脚屋，不过离地面不高。巴厘人的房屋一般都盖在一个小院内，院内有房屋、附房和家庙。米南加保人的房屋形式奇特，屋顶两端上翘，被称为"牛角屋"。苏拉威西岛农村居民的房屋大多数是高脚屋，房子门前设有梯子。

（十一）东帝汶

东帝汶人数千年来保持着自己的语言和文化，受佛教、印度教和伊斯兰教等外来文化的冲击很小。20世纪初葡萄牙殖民者入侵后给东帝汶带来的最重要的文化是语言和宗教文化。东帝汶的天主教徒在印度尼西亚统治期间迅速增多。印度尼西亚武力干预东帝汶20多年中的军事高压、国民教育和经济开发没有使东帝汶印度尼西亚化，反而加快了东帝汶民族意识形成的步伐。最终，德顿语普遍化和社会天主教化是东帝汶民族形成的标志。

如今，东帝汶的民族文化仍在摸索之中，印度尼西亚文化是被抗拒、摈弃的对象，而传统的方言、信仰和生活方式濒临消失，但葡萄牙语的影响不断在扩大，葡萄牙文化受到知识阶层的尊重和推崇。未来的东帝汶文化可能会越来越向西方靠近，而与传统更加疏远。

　　具体在日常生活中，东帝汶许多地区的男人们过得悠然自在，家务事都由妇女们承担。妇女们去串门常会带上小礼物送给女主人，会受到更热情的款待。男人初次到岳父家求亲时大家围坐一起吃一次，这是传统风俗。东帝汶人属于棕色人种，但他们喜欢皮肤白一些。东帝汶人有尚武习俗，聚众斗殴时有发生。遇有婚丧或教会活动的车队，须停靠避让，亦不得超车。东帝汶的饮食主要可以分为两大流派：一大派系是葡萄牙殖民时期遗留下来的葡式风味，另一种是印度尼西亚时代留下的印度尼西亚菜系。东帝汶的饮食口味偏酸辣，生冷食物较多。

二、东南亚各国的礼仪

（一）越南

　　【生活礼仪】越南人尊老爱幼，很讲究礼节。越南人说话声音较小，温文尔雅，很少大喊大叫。见面要打招呼问好，或点头致意。招呼时的称呼有一定规范。见面时通行握手礼。一些少数民族如苗、瑶族行抱拳作揖礼，信仰小乘佛教的民族（如高棉族）多行合十礼（双手合十齐唇或齐额为宜）。见面说话要先称呼对方，尤其对长辈更应如此。做客时用水、用烟或用饭前要先说一句"您先请"，以示礼貌。

　　越南使用阳历与阴历，除了国家法定的节日如元旦、国际劳动节、国庆节等外，也过春节、上元节、清明节、端午节、中元节、中秋节、下元节等，习俗与中国大同小异，就连二十四节气与中国也完全一样。越南也有十二生肖，只不过将兔换成了猫。

　　越南有许多禁忌，比如在越南人家里不能用脚指物，席地而坐时不能用脚对着人，不能从坐卧的人身上跨过去；不准进入主人的内房；年初、月初不说可能带来坏运气的词，忌发脾气，忌说粗话；忌讳称赞小孩胖；小孩上学忌吃饭锅巴和鸡爪；家有丧事，忌讳红颜色；建房间数不能是双数，只能是3间、5间、7间等单数；年初村里举行动土仪式之前，不能挖土，不能动碓臼；忌讳债主在年初、月初讨债；在喜庆和祭祀活动中，忌讳穿白色服装；怀孕的妇女忌讳宰鸡宰鸭等等。

　　【婚嫁礼仪】越南提倡婚姻自由，现在城市男女青年自由恋爱结婚较普遍。按照越南婚姻法，实行一夫一妻制，领取结婚证举行婚礼后为正式夫妻。结婚形式有娶媳妇和招郎入赘两种，娶妻、居夫家是最普遍的形式，而招郎入赘则不多见，只有个别少数民族有这种风俗，如傣族青年人要结婚则需入赘，入赘时间一般为八年，八年后才能正式举行婚礼。一些奇怪的婚俗也存在于不少少数民族习俗中。以前越南人的婚礼非常复杂，包括提亲礼、问名礼、婚礼、回门礼等内容。现在越南人结婚仪式进行了简化，但问名礼和婚礼还是很受重视。

　　【丧葬礼仪】越南人非常重视葬礼，过去越南葬礼的步骤主要包括洗尸礼、衾殓礼、入棺礼、戴孝礼、出殡礼、下穴礼、祭礼、谒墓礼、终七礼、止哭礼、头祭礼、满孝礼等内容。现在越南人举行葬礼已经进行简化。

（二）老挝

【生活礼仪】在人际交往中，老挝人大都态度诚恳，待人谦虚。在社交活动中常用的见面礼节是合十礼，并同时互问"您好"。老挝人在称呼他人时会先在对方姓名之前加上某些表示亲切或尊重的称呼。老挝妇女在社交场所大都表现得极其恭顺。一般绝不会在来宾面前横着穿行，递送物品时通常采用蹲姿，有时甚至用跪姿。

老挝民间的传统祝福礼仪是"拴线"，具体作法是：先默诵祝词，再由年轻姑娘或老大娘将浸过香水的洁白棉线先左后右地拴在被祝颂者的手腕上，希望系住魂灵，祛祸除邪。老挝人拴线的范围甚广，迎宾送客、婚嫁喜庆、出门远行等等皆在其列。

老挝的民间节日有"十二风十四俗"的说法，主要有：一月守斋节，二月聚场节，三月烤糕节，四月听经节，五月宋干节，六月焰火节，七月除邪节，八月入夏节，九月祭鬼节，十月施僧节，十一月出夏节，十二月布施节。其中宋干节、焰火节、入夏节是老挝比较隆重的节日。此外还有每年十一月份老挝最大的佛教日"塔銮节"。

进入老族人的房屋要脱鞋，在室内不能随便吐痰和在火塘边烘烤鞋袜，不能在供神处坐卧或放置物品。进屋后一般席地而坐，坐时不能将脚对着他人。谈话时，不能从人们中间穿过，女性尤其如此。老族人认为头顶是最尊贵之处，不能摸他人尤其是小孩的头顶。每逢祭寨时外人不能入内，祭寨期间禁止挑水、舂米等。进入佛殿要脱鞋，不要随便触摸佛像，不能在佛寺或其附近杀生，砍伐菩提树、椿树之类。不得把佛寺中的东西带出寺外，更不得把和尚禁吃的东西如狗肉、马肉、蛇肉及酒等带入佛寺。

【婚嫁礼仪】老挝的每个民族都有独特的婚俗习惯，有的倡导一夫一妻制，有的则实行一夫多妻制。老挝人恋爱自由，父母从不干涉。到了谈婚论嫁的阶段，家长商讨结婚彩礼。有趣的是，老挝男人结婚存在"倒插门"现象，即带着彩礼主动到女方家里做上门女婿。这种现象大多发生在男方家里兄弟众多、难以支付聘金或女方家庭缺乏劳动力的情况下。老听族还有个习俗：若妻子是长女，丈夫必须要到女方家入赘；如果二人都排行老大，富有的一方拥有娶妻或招婿的选择权。入赘仪式和娶妻仪式性质一样，由女方派人到男方家迎亲，还要掏礼金给男方才能过门。"倒插门"现象之所以在老挝较为普遍是因为老挝是传统的农业国，老挝妇女从事着几乎所有的农业生产，妇女在老挝的社会地位很高。

【丧葬礼仪】老挝各民族的丧葬习俗各不相同。老龙族普遍实行火葬，家中有人去世必须请僧侣到家中诵经，举行各种祭奠仪式，最后将灵柩火化，并于火化后连续三天请僧侣诵经。由于老龙人大多是佛教信徒，认为人死是脱离苦海，所以并不感到十分悲哀，治丧期间，死者家里基本没有悲哀痛哭的气氛。泰族多实行土葬，葬礼因姓氏不同而形式不同，例如韦姓祭死者最典型的做法是族中长者挥舞竹扇将尸体旁蜡烛扇灭，然后盖棺；梁姓则是在死者出殡前以生猪祭拜。

（三）柬埔寨

【生活礼仪】柬埔寨人注意礼节礼貌，最普通的礼节是合十礼，对国王、王室成员、僧侣还行下蹲或跪拜礼，社交场合也流行握手礼。柬埔寨人姓在前，名在后，交往时通常不称呼姓，只称呼名，并在名前加一个冠词，以示性别、长幼、尊卑之别。

柬埔寨的节日很多，有新年节、送水节、风筝节、斋僧节、雨季安居节等，其中的送水节是柬埔寨最盛大而隆重的传统节日，在每年佛历十二月月圆时庆祝三天，为庆祝雨季结束，河水消退而设。

在柬埔寨存在着很多禁忌。比如认为右手干净，可以用来进食、接递东西，左手污垢；不能用手随便摸小孩的头顶；女孩子不能用脚踢赶猫；拜访僧侣，要将鞋脱在室外，然后进入屋里；接待客人或拜访他人之前要先冲凉，换上干净衣服；男女不得同时在一个池塘或湖泊里洗澡，长辈和晚辈也必须分开；在河里洗澡，男性在上游，女性在下游，而且必须相距一定的距离，等等。

【婚嫁礼仪】在柬埔寨，女子十五六岁、男子二十左右就要结婚，否则会为世俗所轻视。其婚俗主要包括女青年的"蔽日仪式"、求婚仪式、送聘礼、登记、婚礼等内容。柬埔寨的习俗是男子"嫁"到女家，婚礼的全部仪式都在女方家中举行，由村中最有声望的老者主持，连续举行三天。

【丧葬礼仪】柬埔寨人死后葬法有天葬、水葬、火葬、土葬等，现在主要采用火葬，而且要准备"千古烛"、灵幡、槟榔、稻谷、佛像、供品等物品，并举行各种仪式。火葬时间一般安排在晚上。火葬三天后，子孙取回骨灰盒放在家中供奉，或在寺院里建骨灰塔埋葬。除火葬外，柬埔寨历史上也曾有过鸟葬的记载。

（四）泰国

【生活礼仪】泰国是一个很具民俗礼仪风范的国家。人民爱和平，重礼仪，是一个礼仪之邦，以"微笑的国土"著称。泰国人举止文雅，彬彬有礼，青年人温顺恭谦，老年人和蔼可亲，妇女端庄持重。他们遇到任何人，都会含笑，并举手合十，向对方问候"萨瓦迪卡"（你好）。泰国人民对王室很尊敬，在电影院内播放国歌或国王的肖像在银幕上出现时起立。凡遇盛大集会、宴会，乃至影剧院开始演出之前，都要先演奏或播放赞颂国王的《颂圣歌》，这时全场肃立，不得走动和说话，路上行人须就地站立，军人、警察还要立正行军礼，否则就会被认为对国王不敬。泰国寺院是泰国人公认的神圣地方。进入佛教寺庙时衣着要得体端庄。在进入佛堂、回教寺或私人住宅时需要脱鞋，不可脚踏门槛。

泰国最盛大的节日即泰历新年是泼水节，其他还有博桑伞节、清迈花节、万佛节、放生节、大象节、水灯节、泰王生辰庆典、皇后诞辰等。

在泰国，人的头部被认为是精灵所在的重要部位。不要触及他人头部，也不要弄乱他人的头发。泰国人忌讳外人抚摸小孩（尤其是小和尚）的头部，小孩子的头只允许国王、僧侣和自己的父母抚摸。当一人向另一人传递东西时，切勿越过他人的头顶传递。泰国人认为人的右手清洁而左手不洁，泰国人吃饭用右手，给别人递东西时也用右手，以示尊敬。左手只能用来拿一些不干净的东西。因此，重要东西用左手拿会招来嫌弃。与左手一样，脚掌也被认为是不净的。在入座时，应避免将脚放在桌子上。不能用脚尖撞人或指人，也绝对不能把脚掌冲向佛。

【婚嫁礼仪】在泰国南部的一些地方，根据习俗，凡年满21周岁的男子都要举行一次同大树结婚的仪式。完成仪式后，便出家当和尚，直到还俗后同女子恋爱结婚，建立家庭。在当地的传统观念中，同大树结婚可以得到佛祖的保佑，获得忠贞的爱情，建立幸福美满的家庭。泰国人的正式婚礼先后要举行戴双喜纱圈、洒水、拜祖宗神灵、铺床、守新房和入洞房等仪式。

【丧葬礼仪】1. 笙鼓送葬。泰国苗族人葬礼十分复杂。人死之后要杀鸡宰猪大搞祭鬼活动。停尸时死者的脑袋要对着屋内的火塘。在停尸等候亲友的这段时间里，家里的鼓乐声不能中断，丧事好像喜事，打鼓吹笙，十分热闹。出殡时间必须在傍晚，由芦笙手一边吹笙一边带着送葬队伍把死者送到离村子很远的墓穴去。2. 歌舞颂死者。泰国腊佤人举行葬礼时，村里每户都要派一人前去守尸。人们在那里并不哭泣，而是不时敲击一面大锣，碰击竹竿，夜以继日地唱歌跳舞，祝颂死者。3. 坟上盖茅屋。泰国克木人家中有人去世时，亲戚朋友每户都要送一只鸡，并到死者家中守灵。死者用布遮盖、草席包裹，用扁担抬往墓地。坟坑用木板垫底，上面盖一间小茅屋。

（五）缅甸

【生活礼仪】缅甸是个多礼节、礼仪的国家。缅甸佛教徒在社交场合与客人见面时，惯施合十礼，并说"给您请安了！"缅甸人来到僧、父母、师长面前时，都要施大礼，即"五体投地礼"。他们路遇老人、领导、学者时，一般施鞠躬礼（浅鞠身俯首约20至30度）。进入佛塔或寺庙时，任何人都要脱鞋。缅甸人对牛敬若神明，逢年过节要举行敬牛仪式。

缅甸人有"右为贵，左为贱"的观念，因此缅甸人有"男右女左"的习俗。递接物品时不能用左手，左手被视作是不洁净的。缅甸人视头顶为高贵之处，所以不能用手触摸他人头部。缅甸人视太阳升起的东方为吉祥的方向，因此睡觉时头必须朝东，忌讳朝西。座位一般不应高过和尚座位。

【婚嫁礼仪】缅甸是一个佛教国家，缅甸人的婚礼充满佛教色彩。缅历四月十五日至七月十五日是僧侣的安居期，期间缅甸人不许结婚，大多数青年都喜欢在缅历十月结婚。

依照缅甸习俗，在婚嫁之前，双方要经过一段很长的"相互认识"的阶段，即双方父母同意后青年人一起生活一段时间。二三年后如果男女双方初衷未变，才考虑结婚之事。婚礼由新娘的姑母主持，新人彼此掌心互对，用一根彩线拴绑，再用花茎向新婚夫妇洒水珠，祝福新家庭多子多孙，婚礼即告结束。新娘在婚后仍是独立自主的，保留自己的姓，对自己的财产有所有权。

【丧葬礼仪】缅甸人的葬礼很隆重，传统葬俗是火葬，也有土葬。遭横死的人要埋在特殊的地方。埋溺水死者时，用一只漏桶在被水淹的地方打一桶水，水漏完时脚下的地方即是掩埋之地。孕妇死亡下葬后，其丈夫不能直接回村，要在河中泡到天黑才能进村。

缅甸的克钦族人在族人死后要立即鸣枪报信，然后替死者洗涤换衣并放置在大龙竹棺材内，停放十五天到两年才入土。下葬的那一天，人们要歌颂死者的功劳，安慰死者，勉励活着的人。下葬后在村口竖立纪念碑，碑旁插旗示功。

（六）菲律宾

【生活礼仪】菲律宾人天性和蔼可亲，善于交际，作风大方。日常见面，无论男女都握手，男人之间有时也拍肩膀。菲律宾人热情好客，每当宾客到来，都由年轻姑娘向来客献上茉莉花环，客人级别越高，花环越大。

【婚嫁礼仪】菲律宾各个民族的传统婚姻风俗差异很大。一般菲律宾人多半是自由恋爱结婚。穆斯林的婚姻由父母决定。男方须通知媒人向女方家庭提出求婚，并交付聘金。婚礼仪式由伊斯兰阿訇主持，并举行盛大宴会款待客人。实行早婚制，少女十二三岁便被视为已达结婚年龄。菲律宾是一个注重民族传统的国家，至今在菲律宾传统婚礼上还会表现出许多古老的传统，比如用巨大的面纱拴在新娘头顶和新郎肩上的"拴盖头"仪式、用白线绕过新人脖子的"牵绳"仪式、点蜡烛仪式和向新人手上抛洒硬币的仪式。

土著人的婚俗多种多样。居住在北昌宋高山地区的伊戈罗特人的婚姻主要有父母主婚或自由试婚两种方式。巴交人允许多偶婚。矮黑人的男子求婚，必须以弓箭射女子在远处安置的竹筒，如果没有射中便不能成婚。巴塔克族人中流行"招标结婚"，即根据男子彩礼多少决定中标者。

（七）马来西亚

【生活礼仪】马来人是热情、谦恭、大方、讲究礼节的民族。传统的马来人在见面时双方用手互相触碰后用右手在胸前轻按，以示诚恳。在马来人家中作客应注意举止得体，尊重长者。进门时把鞋脱在门口或楼梯口，方可进屋。进屋后，宾主双方要互相问候和握手。坐在椅子上不能跷起二郎腿，女子应并拢双脚。如果席地而坐，男子最好盘腿，女子则要跪坐。主人摆出饮料、点心招待客人，客人不应推辞。

马来西亚是个民族和文化多元的国家，每年大小节假日上百个，除元旦、春节、"五一"劳动节、圣诞节、8月31日国庆节之外，还有如下一些全国性节日：大宝森节，时间在1月或2月；卫塞节，又名佛祖节，纪念佛陀诞生、成道和涅槃，时间在5月17日；开斋节，伊斯兰教历九月，是全国伊斯兰教徒的重要节日；屠妖节，即印度教的"灯节"；回历新年，回历首月一日。

马来人视左手为不洁，因此见面握手时，一定要用右手；进餐时必须用右手取食或取餐具，否则会被视为不礼貌；平时接递东西时，也必须用右手而不能随便用左手；在不得不用左手时，一定要说声"对不起"；对女士不可先伸出手要求握手；头被认为是神圣的部位，不可触摸儿童的头部；和伊斯兰教徒一起用餐时，不要劝酒，更应避免点猪肉做的菜肴；马来人不喜欢别人问自己的年龄，也不喜欢随便闲谈他人的家务事。

【婚嫁礼仪】马来人的婚俗很有特色。婚礼一般在女方家举行，持续一周，包括男方带聘礼到女方家接亲、教长为新人念经祝福、举行新人沐浴仪式和合婚仪式等，主要仪式均在晚上进行。七日后，新郎方可偕新婚妻子和嫁妆回自己家里。

马来西亚少数民族的婚俗也比较有特色，比如萨曼族的婚礼简朴、热烈，持续一天时间。新郎的头饰是用新鲜的树叶编织而成的帽子，新娘身上装饰着用新布搓成的布条。在司仪的主持下，新郎、新娘向长辈和亲友们鞠躬致谢，并互相鞠躬致谢，以示夫妻恩爱。伊班族人订婚的时候，男方先给女方送去糕点、白酒，给女方的邻居也送上一小包糕点。订婚后不久，即可在屋长的主持下完婚。举行婚礼的时候，新郎、新娘双双同坐在一面大铜锣上，屋长则手持大公鸡在他们头上舞动几下，为他们驱邪并祝福。

【丧葬礼仪】对死者，马来人只哀痛在心，从不嚎啕大哭。亲朋及相识者齐集丧家，为死者祈祷。若不在当天出殡，吊丧者须轮流祈祷到天亮。出殡前，先由一名伊斯兰教长老为死者净身，撒上檀木香，用白布包妥，然后将尸体放入灵架，盖上棉毯，由四名教友抬往清真寺。若路遇其他出殡者，双方止步祈祷，互表同情。

（八）文莱

【生活礼仪】文莱被誉为"和平之邦"，文莱人做事说话彬彬有礼，不急不躁，很注重待人接物的礼节，待人态度谦逊，说话极为和气。文莱人与客人相见时，一般都以握手为礼，然后将右手向自己胸前轻轻一按。文莱的年轻人见到老人后，要把双手朝胸前作抱状，身体朝前鞠躬。对客人笑脸相迎并给予热情的款待。

文莱虔城的伊斯兰教徒多，每天礼拜5次，每星期五必须到教堂参加聚礼和祈祷。开斋节是文莱马来人最隆重的宗教节日，到麦加朝圣是每个虔诚穆斯林的最大的心愿。按信教人口比例，文莱到麦加朝圣的人数，比东南亚其他国家都多。

文莱人按照《古兰经》的训诫，严守"五功"教规。他们受宗教的约束严格禁酒，禁食猪肉，不吃自死的动物肉和血液。他们对吸烟、浪费粮食、偷懒、破坏社会公德等不良现象也很反对。文莱马来人用餐或传递东西均用右手，使用左手属于失礼行为。文莱人斋月期间，成年穆斯林均须斋戒。"破戒"者要遭人唾弃，重者要由宗教法庭审判。

【婚嫁礼仪】文莱人婚俗中送彩礼的习俗较有特色。男方送给女方的彩礼通常有订婚戒指、绣花布、日常生活用品。彩礼须装在专门容器里，由代表男方的几位妇女在众人的陪伴下送往女家。到了女家便由送彩礼的领队将彩礼转交给女方代表，女方代表验收后将容器倒空，装上送给男的答谢礼品。有时女家的答谢礼品比男方所送的彩礼更多、更贵重。

【丧葬礼仪】文莱的马来人信奉伊斯兰教，其葬礼与马来西亚穆斯林葬礼类似，实行土葬，由伊斯兰教长老主持。

（九）新加坡

【生活礼仪】由于长期受英国影响，新加坡已经西化，人们见面和分手时都要握手。拜访别人时需要预约，不要贸然登门。新加坡华人吸收多元文化精粹，以儒家"忠、信、仁、爱、礼、义、廉、耻"为支柱，形成多元文化价值体系。

在新加坡严禁说"恭喜发财"，认为这是对别人的侮辱和嘲笑。用食指指人、用紧握的拳头打在另一只张开的掌心上，或紧握拳头，把拇指插入食指和中指之间均被认为是极端无礼的动作。新年期间不扫地、不洗头，不能打破东西，不动剪刀和针。新加坡人不喜欢黑色和紫色，偏爱蓝色和绿色。

【婚嫁礼仪】新加坡民族众多，宗教信仰多元化，在婚丧嫁娶中的习俗也各不相同。总体上，新加坡的华人依旧沿袭着中国传统习俗，马来人沿袭马来习俗，印度人沿袭印度习俗等等。

（十）印度尼西亚

【生活礼仪】印度尼西亚是礼仪之邦，人们热情好客，十分注重社交礼仪。除外交场合使用西方礼仪外，印度尼西亚人更多的会遵循印度尼西亚传统社交礼仪。由于印度尼西亚是个多民族国家，每个民族都有一些独特的社交礼仪。印度尼西亚人见面会互相问候，并配以握手、拥抱、贴脸等亲密动作。穆斯林见面一般用阿拉伯语互相问候，双手合十至额前向对方表示祝福。去别人家做客应回避祈祷和礼拜时间，并事先约定。在言谈举止方面要注意说话时要平静，不能粗鲁傲慢，不要谈及对方隐私和自己的痛苦。

印度尼西亚人视头部为神圣不可侵犯。除长辈外，摸别人的头则被认为是对他的侮辱和挑衅。传递或接受物品，要用右手，切忌用左手。由于印度尼西亚人绝大部分是穆斯林教徒，所以在赠送礼品时不要送酒类物品，因为伊斯兰教规定禁止喝酒。在餐馆吃饭时，如果同桌有印度尼西亚人，切不要点用猪肉炒的菜，因为印度尼西亚人绝大多数不吃猪肉。

【婚嫁礼仪】印度尼西亚各族人民的婚俗差别很大，但都要经过求婚、订婚和结婚三个阶段。印度尼西亚多数地方流行女嫁男娶，婚后女方到男方家落户，但一些地方则流行"男嫁女娶"，婚后男方到女方家落户，如苏门答腊岛上的亚齐人、米南加保人等。此外在印度尼西亚少数地方仍存在私奔和抢婚的习俗，如苏拉威西岛南部的一些地方常发生男女私奔的现象。巴厘岛一带也存在抢婚习俗，到一定期限，经过调解，恢复正常的婚姻关系。

【丧葬礼仪】印度尼西亚人一般实行土葬和火葬。伊斯兰教、基督教、天主教教徒实行土葬，印度教教徒实行火葬。

印度尼西亚一些民族的丧葬习俗很奇特，如居住在苏拉威西岛中南部的多拉查人。根据死者的地位，多拉查人的葬礼分为四等。多拉查人的棺材不是埋在地下，而是放置在山洞里的石崖内。他们认为放置在石崖内的死者的灵魂与活着的人们保持着联系，可以协助人们守护稻田，驱逐恶魔。山洞前立有模拟死者的雕像。居住在加里曼丹岛东部的达雅克人要为死者制作船形棺材，棺材上还要雕刻各种动物形象。尸体一般埋在森林中，入葬前举行解牛分肉仪式，以祭奠亡灵。与此同时，还要举行祭祖活动。巴厘人的火葬仪式非常隆重。火葬前人们要准备祭品、木塔、木牛、木狮、木象等。火葬当天送葬人争着抬尸体，走弯曲的路线。到火葬场时，僧侣们诵读祷词，洒圣水，点燃木棺和祭品。火化后，把骨灰撒入海（河）水中，送葬人也要在海（河）水中洗澡净身。

第三节　东南亚国家的文学与艺术

东南亚古代文学虽然受中国文化、印度文化和阿拉伯—伊斯兰文化的影响很大，但东南亚近现代文学却几乎无一例外向西方文化和文学倾斜，接受西方影响，东方的文化传统遭到冷落。

东南亚早期深受中国文化影响的主要是越南，中国古典文学不仅深刻地影响了越南的汉文文学，也影响了越南的喃字文学。中国文化对东南亚文学的影响还表现在中国经典的译著传播和华人开创的华语文学。东南亚的泰国、缅甸、柬埔寨等以佛教立国，所以其早期文学主要受印度佛教文学的影响，主要内容是佛本生故事。东南亚的马来西亚和印度尼西亚的王朝则以婆罗门教—印度教为精神支柱，所以其早期文学是从直接移植印度两大史诗开始的。阿拉伯—伊斯兰文化集中于商业比较发达的马来群岛一带。随着伊斯兰教取代印度教取得统治地位，伊斯兰文学开始占主导地位，特别对马来古典文学的影响最为深远。其内容主要有伊斯兰教先知故事、穆罕默德先知伙伴故事和伊斯兰教英雄故事等。

西方殖民者进入东南亚地区后，除泰国外其他国家均沦为殖民地。西方先进文化与本国封建文化形成了强烈的对比。各国民族觉醒运动为西方文化的传播提供了条件。东南亚现代文学最初的内容就以表现个人反封建为主，此后反帝反封建和争取民族独立逐渐成为战前东南亚现代文学的主旋律，其中还出现了无产阶级反帝革命文学。

东南亚各国独立后东南亚现代文学面临着更为广泛的世界性文艺思潮的冲击和挑战。东南亚文学一方面力求表现其民族性，另一方面希望接轨世界文学潮流，在不断尝试和突破之中艰难前行。

一、东南亚各国的文学

（一）越南文学

越南文学在古代文学和现代文学发展阶段分别受到了中国古典文学和法国文学等的影响。

10世纪中至"勤王运动"时期（1885—1900年）越南文学的突出特点是与中国文学有密切关系。李朝时期李公蕴用汉文写成的诏书是越南至今尚存的最早的历史文献。当时儒家思想占主要地位，定汉文为全国通用文字。

陈朝（1226—1400年）时期民族意识发展。朝臣韩诠首创越南国音字"喃字"，和汉字掺杂使用。此后越南文士按照中国诗歌的音韵格律创造出了越南诗歌体裁六八体和双七六八体，创作了许多古典名著如《宫怨吟曲》《金云翘传》（根据中国青心才人著的小说《金云翘传》改写）《花笺传》《蓼云仙传》等。

1885年法国殖民者占领越南。占文坛主导地位的是民族革命者的战斗文学，充满对敌人的仇恨和爱国爱民的热忱，如潘文治、潘廷逢、阮廷炤、阮春温、阮光碧、阮通等人的诗作，都是越南抗法文学中有价值的遗产。

19世纪末国语（拉丁化越南文）开始被采用，国语散文文学得到发展。进步文坛上一时汉文、喃字、国语文学兼存并茂。一部分进步人士把东西方（主要是中国和法国）有进步意义的作品翻译介绍到越南，对越南的文学产生了很大影响。文学体裁也渐趋完备，报告文学、政论、短篇小说、新闻报道、戏剧等开始在越南文坛上出现。作家的创作题材也更多地涉及现实的社会问题。胡表政、阮伯学、范维逊、黄玉珀、阮重术等具有现实主义倾向的作家成了越南新文学的先驱者。

20世纪30年代时期思想自由的要求也影响到文艺形式，年轻的诗人开始写作新诗。刘重庐、世旅、辉通、春妙、辉瑾等都是在这时期涌现的。1936年殖民当局对越南的文化政策略有放松，许多进步的越、法文报刊如《民众》、《人民》、《劳动》、《集合》、《我们的声音》等相继出版。现实主义文艺作品得以在文坛上占一定地位。翻译文学也有了长足的进步。

1940年日军进驻越南，出现一股反动的文艺思潮。1946年抗战开始，文学艺术获得很大发展。1954年，越南抗战胜利，开始了和平建设的新时期，为更好地发展文学艺术创造了条件。从1954至1975年这20多年里，文学创作的体裁和题材都更加多样和广泛，出现了许多优秀作品，如《越南诗选集》、《越南诗》、《文选》、《短篇小说选》等。著名长篇小说有友梅的《领空》、勇河的《金星》、潘思的《阿敏和我》和朱文的《海上风暴》等。

（二）老挝文学

老挝古典文学分为宗教文学和世俗文学。14世纪中叶佛经从印度经高棉传入老挝，产生了老挝最早的宗教文学，传诵最广的是《佛本生经故事》《吠陀神——因陀罗》。世俗文学也受到印度文化的影响，著名史诗《罗摩衍那》传入老挝后被改写成为老挝的古典名著。此外世俗文学还包括诗体小说、散文体笑话集和故事集，如皮亚乔东达的《爷爷教育孙孙》和因梯央的《因梯央的教导》等。16世纪以后，老挝民族文学出现了一些本民族作家创作的小说和戏剧，如《本通与洛乍娜》《妖女和十二嫔妃》《大象和蚂蚁》《巴亚的故事》等。万象昌盛时期，出现了史诗《坤布隆》《澜沧史记》《万象王朝史记》《占巴塞史记》等。长篇叙事诗有《加拉结》《占巴西顿》《休沙瓦》《盖乔》《陶洪》和邦坎的《信赛》等。其中《信赛》是最为优秀的作品之一。老挝的民间口头文学也很丰富，包括谚语、寓言、民歌、民谣以及讽刺故事《香敏的故事》。

老挝进步文学约产生于20世纪40、50年代，比较著名的爱国作家有西沙纳·西山、乌达玛、坎马·彭贡和宋西·德萨坎布。1965年以后，出现了不少报告文学、回忆录和小说，如坎连·奔舍那的小说《西奈》，占梯·敦沙万的回忆录《革命的光芒》(1965)，小说《生活的道路》(1970)，维昂亨的小说《离别西香顿》，万赛·蓬占的小说《万象街头》等。此外，还有翁赛、西沙纳·西山的回忆录《革命传统故事》，苏万吞的小说《第二营》，坎马·彭贡的小说《夺枪》，赛孔的小说《恶有恶报》，塔努赛的小说《洪沙女民兵》以及《不朽的西通》《小阿努》等。反映少数民族生活和解放区人民生活与建设的短篇小说有松奔·塔维赛的短篇小说选《订婚戒指》、坎派·皮拉翁的《勇敢的莫罗》、乔玛尼的《在解放的道路上》，以及《暴雨》《应该告诉她》《野花》《新生活》等。

（三）柬埔寨文学

柬埔寨古代的神话传说和民间故事相当丰富，从吴哥古迹的浮雕上看，印度的史诗《摩诃婆罗多》等故事早已盛行，但在吴哥王朝以前，没有成文作品传世。

吴哥王朝（802—1426年）是柬埔寨文化繁荣时期，这一时期的文学主要是以印度史诗和佛本生故事为题材的宗教文学，如著名的《罗摩的故事》。这一时期还出现了石碑文学，著名诗人有迪华格拉、雅德哈玛拉皮瓦等。吴哥王朝结束后，婆罗门教和大乘佛教逐渐为小乘佛教所取代，梵文也被巴利文所更替，这对柬埔寨文学的发展有重大的影响。这个时期的文学中最有价值的是民间文学，最有代表性的是《特明吉的故事》和《阿勒沃的故事》。民间故事中还流传着一些相当独特的创世神话，如《金环蛇的故事》。动物寓言故事也很流行，如《索皮顿赛》。当时还有宫廷文学，作品内容或颂扬国王，或宣扬轮回思想。

1863年柬埔寨沦为法国殖民地，西方文化的传入促使柬埔寨文学发生变化。出现了一批优秀的现代小说，如《苏帕特》和《珠山玫瑰》。采用大众化语言的叙事诗《冬貂》整理出版，代表柬埔寨诗歌的最高成就。1945年以后出现了反映人民斗争的作品，如《震撼高棉的革命》。1953年柬埔寨独立，中长篇小说开始涌现，如《新太阳照在旧的土地上》、《汽车司机森》、《乡村女教师》、《劳工》、《河水流不息》、《蜂毁花》、《露》、《孤女》等。60年代初，诗人伊姆·乌莱写了不少慷慨激昂的反美爱国诗篇，他的诗集有《怒火熊熊》等。70年代出现了一批反映人民抗美救国的作品，如小说《妈妈的牺牲》、《达姆彭的红心》等。

（四）泰国文学

泰国的古代文学基本是宗教文学和宫廷文学。泰国于公元1257年建立素可泰王朝，兰甘亨国王于1283年在古高棉文的基础上创造了素可泰时期的泰文，泰国书面文学随之诞生。素可泰时期最著名的作品是《兰甘亨碑文》，最有代表性的宗教文学作品是《三界经》。

阿瑜陀耶王朝（1350—1767年）时期出现了格律严谨的诗词，即夏普、克龙和禅。拉玛底帕提一世（1350—1369年在位）的婆罗门祭司编写了《水咒赋》，这是泰国第一部赋体（立律）文学作品。宗教文学出现了《大世赋》和《大世词》。宫廷文学出现拉玛底帕提二世著的《阮败赋》、帕西玛霍束的《纳莱大帝颂》等。阿瑜陀耶中期民间口头诗歌创作获得了突出成就，这一时期出现了民间文学巨著长篇叙事诗《昆昌与昆平》。此外著名的文学作品有泰国第一部教科书《如意珠》、爱情故事长诗《帕罗赋》、描述风俗习惯的《十二月》、用禅体改写的《拉玛坚》、历史题材的《銮巴色版史记》等。这时期出现的戏剧叫"洛坤"。阿瑜陀耶王朝后期，"格仑"（八律诗）已很盛行，尤其是用于戏剧和对唱。在创作形式上又出现了一种新的赋，叫"夏普和克龙"，这一时期著名的诗人是探玛铁贝王子。在戏剧方面已演变成为宫内剧"洛坤乃"，著名的有《拉玛坚》、《加拉格》等。

吞武里王朝（1767—1782年）的吞武里王着手整理泰国文学，亲自编写《拉玛坚》片断。这时期出现的重要作品有《王冠明珠赋》，用禅体诗改写的《伊瑙》、《加姬》等。

曼谷王朝于1782年建立以后，继续收集散失的阿瑜陀耶时期的文学作品。曼谷王朝一至三世时期泰国古典文学再度繁荣，著名的作家昭披耶帕康创造了"三国"文体。著名诗人有顺吞蒲、帕波拉玛努七亲王和帕玛哈蒙德里。曼谷王朝四世至六世王都是诗人和文学家，以五世王帕尊拉宗告和六世王帕蒙固告最为突出。其他著名的诗人和作品还有銮扎巴尼及其用禅体写成的《帕树屯》，女诗人坤素旺及其滑稽剧《帕玛累贴泰》和《一百篇乌纳鲁的故事》，蒙拉触泰及其诗作《伦敦游记》和散文《泰国使节到英国》，纳拉贴巴攀蓬亲王的话剧《帕罗》等。

泰国的新文学是20世纪20年代末兴起的。新文学的作家大多是出身于平民的知识分子，他们的作品力图表达资产阶级民主思想，在塑造人物和选择题材方面都具有一些本民族的特点。新文学创始时期的重要作家包括西巫拉帕（古腊·柿巴立）、马来·初披尼、阿卡丹庚亲王等。30年代直至第二次世界大战期间，影响较大的作品有西巫拉帕的长篇小说《一幅画的后面》（1937）、高·素朗卡娘的《妓女》（1937）、玛纳·詹荣的短篇小说、雅可的《盖世英雄》和迈孟敦的《常胜将军》（1943）等。第二次世界大战后，进步作家提出了"为人生的艺术"的口号，重要作家有西巫拉帕、社尼·绍瓦蓬、伊沙拉·阿曼达恭、奥·乌拉功、乃丕、集·普密萨等，他们的作品是"为人生的艺术"文学的代表作。此外，在社会上有较大影响的作品还有克立·巴莫、西拉沙塔巴纳瓦和索·古拉玛洛赫的长篇小说。这一时期许多西方的古典文学名著、苏联和中国的革命文学作品都被译成泰文。

进入60年代，文坛相当沉寂，有价值的作品甚少，1958至1967年是泰国文化上的"黑暗时期"。60年代末70年代初，女作家格沙娜·阿速信（1931—）的长篇小说《人类之船》（1969）和《日落》（1972）、素婉妮·素坤塔（1931—）的长篇小说《他的名字叫甘》（1971）影响较大，分别获得东南亚条约组织文学奖。1973年，泰国爆发的"十月十四日运动"，对文学产生了促进作用。康喷·汶他威的长篇小说《东北人的儿子》（1978），曾获1979年东盟文学奖。此外，著名的作品还有拉披蓬的《同一个国土》（1977）、青年作家康曼·昆开的《乡村教师》（1976）等。诗人中则以瑠瓦拉·蓬拍汶（1940—）、维他耶功·昌恭（1946—）和昂康·甘拉亚纳蓬（1926—）的诗较为著名。

（五）缅甸文学

缅甸文学大体可分为4个时期。

1. 缅甸上古文学（？—1287年）

包括优美动人的神话、故事和民歌，它们反映了上古缅甸民族的性格、爱好和对自然界的认识。著名故事有《月蚀》、《拇指哥儿》和《三个龙蛋》等。民歌有儿歌、舂米歌、鼓曲、插秧歌等。1044年蒲甘王朝建立后上座部佛教传入缅甸，对缅甸文学艺术的发展产生了巨大的影响，形成了极负盛名的"蒲甘碑铭文学"。《妙齐提碑文》是目前发掘到的年代最早的碑文之一，是用骠、缅、孟、巴利文4种文字刻成。此时还出现了四言诗，如《卜巴神山》、《自然律》等。蒲甘时期的文学可称为缅甸古典文学的基石。

2. 封建王朝时期的文学（1288—1885年）

蒲甘王朝后的几个王朝不断加强佛教地位，以僧侣作家为代表的佛教文学有了长足的发展，如摩诃蒂拉温达和信摩诃拉达塔拉，代表作有《修行》、《祈祷》、《布利达》、《九章》，也出现了不少宫廷作家。诗歌形式发展较快，"德耶钦"（乐歌）、"雅都"（赞歌）、"比釉"（佛陀轶事四言长诗）等诗体相继出现。散文作品则有"密达萨"（诗文间杂的书柬）、剧本、宫廷小说等。这一时期的著名作家作品还有那信囊的雅都诗《出征》、吴格拉的《大史》、巴德塔亚扎的德耶钦诗《农民》《船夫》、列维通达拉（吴妙山）的雅都诗《美娑山脚》、越马沙纳瓦德的茂贡诗《征服阿萨姆》和《中国使节莅缅》、吴都的雅甘诗《罗摩》、僧侣作家基甘辛基的密达萨、吴金吴的剧本，吴基和吴桑的充满浓郁生活气息的诗，女诗人梅贵反映真挚复杂心理的爱情诗，宫廷女诗人兰太康丁的波垒诗（哀怨诗）以及巴基道王在位时学者们集体编写的散文著作《琉璃宫史》等。这一时期出现了不少外国作品译本，如敏巫法师吴奥巴达等人的十大佛本生故事的缅文译本、妙瓦底敏纪吴萨翻译的《罗摩衍那》剧和爪哇民间故事《伊瑙》剧等。许多英国著作也被译成缅文，进一步丰富了缅甸文学的艺术表现形式。

3. 殖民统治时期的文学（1886—1947年）

殖民主义统治破坏了佛教文学与宫廷文学，也使得缅甸人民进一步接触西方文学理念。1904年詹姆斯拉觉根据法国大仲马《基督山伯爵》中某些片段改写成缅甸第一部现代小说《貌迎貌玛梅玛》。爱国诗人德钦哥都迈是这一时期反对帝国主义、反对殖民主义文艺的先锋。他的代表作品有《孔雀注》、《狗注》、《德钦注》、《嘱咐》等。这一时期著名作家作品还有：吴腊的小说《瑞卑梭》、列蒂班蒂达吴貌基的历史小说《那信囊》、《达彬瑞蒂》，德钦丁的《我缅人歌》，吴登佩敏的长篇小说《摩登和尚》，貌廷的长篇小说《鄂巴》等。

4. 独立后的缅甸文学（1948—）

1948年缅甸获得独立以后，民族文化得到进一步的发展。一些进步作家主张文学要为革命，为人民，要反映现实，反对为艺术而艺术。这一时期的文学创作主要是小说，如：林勇迪伦的《公仆》（1954）、加尼觉玛玛礼的《不是恨》（1955）、吴拉的《监牢与囚犯》（1957）和《战争、爱情与监狱》（1960）、吴登佩敏的《旭日冉冉》（1958）、八莫丁昂的《鄂奥》（1961）、那加山貌基辛的《山区盛开平原花》（1964）、纳内的《缅甸北部》（1966—1967年）、南达的《誓死保卫伊洛瓦底》（1969）、敏觉的《江喜陀》（1971）、妙丹丁的《浪击声》（1976）、德格多妙盛的《瑙都》（1978）等。

（六）菲律宾文学

菲律宾古代有丰富的口头文学和成文的文学作品，包括戏剧、史诗、抒情诗、神话以及反映古代马来人朴素的哲学观点的谜语、谚语等。古代的《祈祷诗》、《暖屋歌》和代表穆斯林—菲律宾文学的抒情诗《我的七爱之歌》、《送别歌》与代表菲律宾高地文学的伊富高族的著名叙事诗《阿丽古荣》、《邦都地方的狩猎歌》和《孤儿之歌》等，以及古代民间故事《麻雀与小虾》、《安哥传》和《世界的起源》等，对菲律宾后世文学都有重要影响。

在西班牙统治菲律宾的330多年期间（1565—1898年），菲律宾文学基本上是中世纪骑士文学。他加禄语诗人弗朗西斯科·巴尔塔萨尔（1788—1862年）的著名长诗《弗罗兰第和萝拉》（1838），袭用骑士诗歌的形式，被誉为菲律宾近代文学的第一篇杰作。19世纪出现了一批反对西班牙殖民主义的爱国诗人和作家，主要有何塞·黎萨尔（1861—1896年）、安德列斯·波尼法秀（1863—1897年）等。1901年菲律宾沦为美国的殖民地之后，出现了不少用英文创作的小说，比如佐伊罗·M·加朗的爱情小说《忧伤之子》（1921）和《娜迪娅》（1929）。

现代菲律宾文学中以英文创作的小说较为出色，杰出作家作品包括帕兹·马奎斯·贝尼特兹的《死的星星》和《丘陵之夜》、乔治·博科波的《发光的符号》、克莱门西达·乔文·科莱科的《他的归来》、何塞·维拉·潘加尼班的《心爱的人》、刚萨雷斯（1915—）的长篇小说《四月的风》（1940）和《沐恩的季节》（1956）、史蒂文·贾维拉纳（1918—）的小说《没有见到黎明》（1947），以及埃迪尔伯多·K·廷波的《夜里的警戒》、埃尔温·卡斯蒂罗的《拉狄安娜的手表》等。

（七）马来西亚文学

前期马来文学主要是口头流传的神话传说、各种民间故事和马来民歌"班顿"。中期在印度文学影响下出现了文学繁荣的局面，其中以爪哇文学最发达。伊斯兰文化进入该地区后古典马来文学得到了较大的发展。伊斯兰教的先知故事、阿拉伯和波斯的神话故事和传奇小说传入后产生了被称为"希卡雅特"的历史传记文学和传奇故事、伊斯兰宗教文学、长篇叙事诗"沙伊尔"等等，如《巴赛列王传》和《马来纪年》，代表作是《杭·杜阿传》，代表了马来古典文学的最高成就。马六甲王朝覆灭之后，马来古典文学的中心转移到亚齐地区。17世纪初，亚齐王朝的宗教学者撰写了一些伊斯兰神秘主义作品，其中最著名的是布哈里·乔哈里的《诸王冠》和努鲁丁·阿尔——拉尼里的《御花苑》。此外，长篇叙事诗"沙伊尔"也得到了长足发展，代表作品有《庚·丹布罕》和《猫头鹰之歌》等。

现代马来文学可分为二战前、二战后、独立以后3个时期。

1. 二战前时期

马来文学在殖民主义的摧残下发展十分缓慢。19世纪阿卜杜拉（1796—1854年）的传记、游记使马来文学有了较大的变化。20世纪初，马来亚一些宗教知识分子开始尝试马来新文学，谢德·谢赫·宾·阿勒哈迪和阿赫马德·宾·穆罕默德·拉西德·达鲁是这时期的代表人物，代表作分别有长篇小说《法丽达·哈努姆》和《她是莎尔玛？》。30年代的著名作家有阿卜杜勒·卡贾伊，他的短篇小说有鲜明的民族主义倾向。此外还有哈伦·阿米努拉的《吉隆坡的茉莉花》和阿卜杜拉·西迪（1913—1973年）的长篇小说《让我们战斗吧！》。反殖民的著名作家有伊萨·哈吉·穆罕默德，其代表作有《大汉山男儿》（1937）、《疯子玛特勒拉之子》等。这一时期出现了马来新诗，作品有朋谷的《叹息》、阿布·萨玛的《我的祖国》、乌姆巴的《祖国的呼声》等。战前的马来文学已表现出民族主义的精神，反映了现代知识分子要求改革社会、摆脱愚昧和拯救国家的热忱。

2. 二战后时期

随着民族解放运动高潮的到来，马来文学开始进入发展的新时期。这一时期的作品大多反映战后马来亚社会的贫困和劳动人民的怨恨，同时也表现革命者争取国家独立的决心，具有强烈的现实感和浓郁的生活气息，以短篇小说和诗歌居多，著名的有克里斯·玛斯的短篇小说集《前仆后继》（1963），乌斯曼·阿旺的短篇小说《心声》（1963）和诗集《浪潮集》（1961）、《刺与火》（1967），马苏里的诗集《时局的色彩》（1962），克里斯·玛斯等9位作家的短篇小说合集《鲜花怒放》（1959）等。

3. 独立以后时期

1957年马来西亚独立后，政府推广马来语，鼓励文艺创作，出现一批新作家。他们的作品大多描写底层社会的贫困、帝国主义的奴役以及现代建设和种族融合等。著名作品有阿·萨玛德·赛义德的长篇小说《莎莉娜》、夏嫩·阿赫玛德的长篇小说《满路荆棘》、哈山·阿里的《流浪汉》、伊卜拉欣·奥玛尔的《偏僻的村庄》(1964)、卡蒂佳·哈西姆的《白鸽又在飞翔》(1972)、安哇尔·里查万的《艺术家的最后光阴》(1979)等等。著名短篇小说有18家作品选集《对抗》(1968)和17家作品选集《奖》(1972)。诗歌方面代表人物有扎查里、努尔、阿明等。60年代中期出现的著名诗歌有拉迪弗·默希丁的《湄公河》(1972)、巴哈·扎因的《真情之延宕》(1973)、穆罕默德·哈吉·沙勒的《有识者游记之二》(1975)等。

(八)文莱文学

文莱宗教色彩和马来民族传统均较浓厚，形成了和谐、委婉、谦恭的文化特征。这一地区的居民大部分系马来种族，操马来语，享有共同的文学。在伊斯兰教传入之前，马来文化区各地已有大量民间传说和口头文学。但是由于这一地区总的来说使用文字较晚，保存下来的文学作品尤少。现在仍能看到的古代书面文学作品，几乎仅限于印度尼西亚，主要是印度尼西亚的爪哇、苏门答腊的一些地区和巴厘岛。并且东南亚海岛国家古代的历史学是较为贫乏的，历史著作少，还往往掺杂了许多神话、故事和传说。

(九)印度尼西亚文学

印度尼西亚文学分为以下六个时期：

1. 从原始社会过渡到奴隶制社会时期的古代时期文学，主要是口头流传的神话传说、各种民间故事。

2. 以爪哇古典文学为代表，深受印度宗教文学影响的封建社会前期文学。最初是以翻译和改写印度两大史诗为主。11世纪出现了仿照梵语诗的格律创造的"格卡温"诗体，代表作是恩蒲·甘瓦的叙事长诗《阿周那的姻缘》。13世纪以后的麻喏巴歇时期，爪哇文学的民族性增强，宫廷作家恩蒲·帕拉班札写于1365年的《国家兴盛史》就是描写本国国王和宰相的文治武功的，与另一部名著《巴拉拉敦》同被视为最有史料价值的作品。富有民歌特色的"吉冬"诗体取代了格卡温诗体，如《巽达雅那》、《达玛尔·乌兰》。此外，班基故事也广为流传。

3. 以马来古典文学为代表，深受伊斯兰文学影响的封建社会后期的文学，包括"希卡雅特"历史传记文学、传奇故事、伊斯兰宗教文学、长篇叙事诗"沙伊尔"等等。

4. 在荷兰殖民统治下开始受西方文化影响、具有从古典文学向现代文学过渡性的近代过渡时期的文学。这是在东西方文化碰撞中从旧文学向新文学转型的过渡性文学，是新旧文学的转折点，使印度尼西亚地方化的分散性文学走向全国化的统一性文学。作品贴近近代印度尼西亚殖民地社会的现实，反映近代印度尼西亚殖民地社会的时代特征。这一时期出现的最具代表性的作家是阿卜杜拉·门希。这一时期还出现了独具一格的华裔马来语文学，对印度尼西亚整个社会文化的进程，尤其是对印度尼西亚文学的现代化进程起到了重要的促进作用。

5. 反映现代印度尼西亚民族觉醒和争取民族独立的历史进程，以反殖民统治和反封建为时代主题的民族独立前的近代文学。印度尼西亚近代文学是印度尼西亚现代民族觉醒和民族运动的直接产物，也是西方文化直接影响的结果，主要反映印度尼西亚民族的觉醒和民族运动从初兴到逐渐成熟的历史进程，以反殖民统治和反封建为时代主旋律。这一时期的文学包含了无产阶级革命文学和民族资产阶级的民族文学、个人反封建文学和华裔马来语文学，代表作家包括无产阶级革命文学的马尔戈、司马温；民族主义文学的卡尔蒂尼、迪尔托、耶明、鲁斯丹·埃芬迪、沙努西·巴奈；个人反封建文学的图书编译局作家马拉·鲁斯里、伊斯坎达以及华裔马来语文学作家郭德怀等。

6. 反映独立后印度尼西亚的民族建设过程，以国内的社会矛盾和社会变革为主要内容，更广泛地接受世界各种文艺思潮影响的民族独立后的当代文学，产生了凯里尔·安瓦尔、普拉姆迪亚·阿南达·杜尔、伊德鲁斯等著名作家。

二、东南亚各国的艺术

(一)越南艺术

【音乐与舞台艺术】越南古代音乐多为寺庙音乐。中国的雅乐、儒家音乐、道教音乐、佛教礼仪音乐和乐器于10世纪起先后传入越南。16世纪末，音乐分成南北两派各自发展，南方以宫廷音乐、室内音乐为主；北方对民间戏剧音乐有进一步的发展。19世纪初，越南成为法国殖民地，从而受到欧洲的影响，本土音乐以北方民间音乐最为流行。

越南的每个地区都有自己的音乐传统，民族特色音乐有：官贺民歌、盲歌、顺化小调等。传统民族乐器主要有：石琴、笙(竽)、笛子、月琴、胡琴、扬琴、琵琶、铜锣等。其中，铜锣是越南各民族非常普遍的乐器，用于祭祀、丧葬、嫁娶、乔迁、祈福等仪式和欢庆活动中。总的来说越南音乐以合奏为主，乐器的合奏为"五绝"，即筝、胡琴、月琴、琵琶、三弦五种乐器的合奏音乐。

越南舞蹈分成三种形式：民间舞蹈、宫廷舞蹈、宗教信仰舞蹈。民间舞蹈是越南各民族普遍的舞蹈形式，如扇舞、荷花舞、斗笠舞、竹竿舞、春米舞等；宫廷舞蹈是越族、占族特有的舞蹈，如占族的舞女舞，越族的四灵舞、三星祝寿等；宗教信仰舞蹈与各民族的宗教信仰、风俗习惯密切相关，如越族的跳大神，泰族、岱依族的祭天舞，高棉族的拜月舞，占族人的踩火舞等。

越南传统戏剧有：嘲戏(乔戏)，即起源于11世纪越南北部平原义静以北地区的模仿别人说话、姿态的一种民间演唱把戏；㗛戏，语言较为文雅，主要由汉字文学和喃字文学相结合；改良戏，诞生于20世纪初，源于越南西南部地区的才子乐、唱理文，从室内音乐演变成的演唱形式；水木偶等等。

【美术与建筑】越南传统民间绘画主要包括两种：年画和祭祀画，后来又出现了木板刻印画。18—19世纪是越南民间绘画稳定及发展鼎盛期，绘画风格以"单线条、平面图"为主。现在越南社会中仍然流传的传统绘画形式是东湖画，其作画颜料取自天然，画色清新。

越南李朝建筑主要包括城垒和佛塔，陈朝最具特色的建筑是寺庙佛塔，黎朝庙宇、寺院和佛塔仍是主要建筑形式。阮朝时期，越南的建筑艺术和雕刻艺术得到了高度的发展，其精华集中在首都顺化。顺化曾是阮朝都城，其建造方式以中国明清首都北京城为蓝本，城内的皇城类似北京故宫，是越南现存最大最完整的古建筑群，被列入世界文化与自然遗产名录。受法国文化影响，越南各地还有很多东西合璧式的建筑，其代表为顺化的凯定皇帝陵。

（二）老挝艺术

【音乐与舞台艺术】老挝传统音乐由竹笙、钹、鼓、木琴以及一些弦乐器演奏。多数寺院都有乐队，和尚就是很好的乐师。民间音乐和歌曲是日常生活中不可缺少的部分，其中最流行的是"拉姆"民歌，即用弦乐为一男一女歌唱伴奏的形式。泰国音乐在老挝年轻一代中很流行，西方歌曲也传入老挝，对老挝传统音乐产生了不小的冲击。

老挝舞蹈有两种：第一种是男女双人"南旺"舞，以手势花样为主，身体随音乐节奏摆动，舞步小而碎；第二种是传统集体舞蹈，以不同的身姿进行表演，技巧性很高。

【美术与建筑】老挝早期艺术受到印度的影响，所以老挝的艺术首先是佛教的艺术。许多艺术品都来自寺院，一些壁画、壁雕也都是关于佛教的故事。在佛教之前，老挝已有石器艺术，如川圹地区的石缸和华潘地区的石碑。由于老挝的历史上多战乱，许多古建筑遭到破坏，很多珍宝被盗，流落到东南亚各国。老挝在历史上也遭受过泰国和缅甸多次入侵，所以也留下了泰国和缅甸的艺术踪迹。老挝美术以琅勃拉邦和万象新旧两都为中心而发展，琅勃拉邦及其以北地区属于泰国的清迈美术系统，万象则属于泰国的大城美术系统。

老挝各地区的建筑艺术风格不尽相同，可分为琅勃拉邦、万象和川圹三种风格。琅勃拉邦现有寺庙30多座，其中香通古庙构筑别致，陈设堂皇，以宏伟的大殿、玲珑的佛塔、精致的雕刻和华丽的镶嵌著称。琅勃拉邦王宫是14—16世纪的重要建筑，今已辟为琅勃拉邦博物馆。万象是是老挝的文化中心。万象著名寺庙有瓦细刹吉寺、瓦翁第寺、瓦维赛寺、瓦帕娇寺及万象塔銮。万象塔銮由塔群组成，在东南亚建筑艺术上享有盛誉。

（三）柬埔寨艺术

【音乐与舞台艺术】音乐在柬埔寨文化中占有重要地位。柬古典音乐受中国和印度尼西亚加美兰音乐的影响最大，与泰国音乐相似，以器乐合奏为主。柬民族音乐主要有三种形式：第一是交响乐。交响乐是轻音乐，一般为戏剧伴奏，传统交响乐的乐器有竹琴、木琴、二弦、二胡、竖琴、笛、钹、大鼓、小鼓。第二是宾柏乐。宾柏乐节奏较快，一般为舞蹈伴奏，有时也在祈祷仪式中演奏。其乐器组成为：竹琴、木琴、大锣、小锣、笛、鼓等。第三是高棉乐。高棉乐是一种非常欢快的音乐，一般在庆典或婚礼等喜庆的日子里演奏，演奏时有柬埔寨二弦，笛，鼓琴，鼓等乐器。近十多年来，西方通俗音乐传入柬埔寨，现代柬埔寨歌手和乐师的演唱和演奏风格、情调、内容都有西方音乐的韵律，但仍保持着民族的格调。

柬埔寨的舞蹈艺术是柬埔寨的瑰宝，可以分为两大类，即古典舞蹈和民间舞蹈。古典舞蹈亦称宫廷舞蹈，带有浓厚的宗教色彩。古典舞蹈有象征性和用歌唱说明剧情的两大特点，舞姿典雅，动作优美。经典古典舞蹈有《祝福舞》、《百花园中的仙女舞》、《神仙欢乐舞》、《扇舞》及舞剧《罗摩衍那》、《裴拉沙恩传奇》、《黑猴与白猴的战斗》等。民间舞有着浓厚的民族色彩，各地区、各民族都有自己独特风格的民间舞蹈。《南旺舞》是柬埔寨流传最广的舞蹈。此外，柬埔寨的民间舞蹈还有《伊给舞》、《野牛角舞》、《孔雀舞》、《木杵舞》、《椰壳舞》等。

【美术与建筑】柬埔寨在历史上与印度和中国这两大文明古国都有文化交往，它的美术以印度教和大乘佛教为主要内容，并伴随着对高棉国王神化的祭祀崇拜思想，通过印度教神庙建筑和雕塑等主要形式表现出来。

古代柬埔寨的建筑艺术在东南亚处于领先地位，最为辉煌的是吴哥建筑群，集中显示出10世纪到14世纪柬埔寨的宗教思想和艺术特点，表现了印度教和大乘佛教的调和和当时高棉民族的特征。随着吴哥王朝的衰落和外族的不断入侵，古代艺术的光辉陨落，建筑开始出现近现代特征。

（四）泰国艺术

【音乐与舞台艺术】泰国的传统音乐主要包括皇家宫廷音乐和各民族民俗、民间音乐，它们都受到印度宗教神话及印度戏剧、音乐的影响。宫廷音乐还曾受到柬埔寨的皇宫音乐、爪哇加美兰音乐影响，表演内容和传达的理念则具有印度特点，最常被演出的内容是印度两大史诗的经典片段，融入本土化成分。各民族民俗、民间音乐除各具特色外，也相互融合，如泰北掸族音乐和中国苗族及缅甸的掸族系出同源。

泰国乐器按产生声响的不同方式分为四大类，即拨弹乐器、弓弦乐器、打击乐器和吹奏乐器等。

泰国民族舞蹈以服饰华贵、动作优雅、内涵丰富著称。泰国各地都有充满乡土气息的民族舞蹈，包括：主要表演结婚习俗的婚礼舞；主要表演妇女们下田插秧活动的农民舞；庆祝五谷丰登的丰收舞；在重大场合上表演的蜡烛舞；宴会联欢后同来宾共同欢跳的祝福舞等等。舞蹈节奏轻快，旋律优美。

【美术与建筑】泰国传统艺术主要包括史前艺术、印度风格艺术、孟族艺术、前吴哥王朝时期和吴哥王朝时期的高棉艺术、素可泰风格艺术、大城和曼谷风格艺术。此外，泰国还拥有丰富多彩的地域性文化。在泰国北部，有风格迥异的缅族、孟族、掸族、泰鲁族、泰阮族以及聚居在北部高地和低地地区的其他少数民族的文化艺术。在泰国南部，有三佛齐王朝文化、马来文化和华人文化艺术。在泰国中部，华富里风格艺术、乌通和高棉艺术和建筑高贵典雅，而在泰国东部，泰—老族和高棉建筑则呈现出美丽泰国另一番风格的迷人风景。

13世纪素可泰王国和兰那王国建立前，泰国的建筑主要在南部和中部一些地区发展，受到印度和高棉影响。泰人国家建立后，其建筑的发展在五世王时期达到高峰，最著名的例子就是素可泰遗址。阿瑜陀耶王朝时期泰国建筑进入繁荣时期，以王宫和寺院为主，风格更为多样。曼谷王朝前期的建筑艺术继承了素可泰和阿瑜陀耶时期的遗产，较多吸收了中国古代建筑风格。泰国著名建筑遗址有呵叻府的披曼石宫、武里南府的帕依隆石宫、巴真府的萨陶高通石宫；清迈府的七顶塔、喃奔府的四方塔、呵叻府佛骨塔；北标府的佛足亭、大城的讪丕巴叻莎殿、曼谷大王宫中的杜锡宫殿等。

（五）缅甸艺术

【音乐与舞台艺术】缅甸音乐虽然受到印度、中国、泰国音乐的影响，但无论在音律、音阶、调式、节奏、旋律、乐器、唱法方面仍具有传统特色。缅甸的纯乐曲有两大类，即小曲和古曲。小曲形式短小，比较著名的有《雨季》、《小白鹭》、《雕花床》、《海鸥》等；古曲是古代流传下来歌唱佛本生故事或神话故事的歌曲。缅甸人的民族唱法朴素自然，着重表现内心的真情实感。

缅甸传统乐器有弯琴和编鼓。以编鼓为中心，再加上编锣、大芒锣、木梆子、唢呐、笛子等乐器，这些共同组成乐队，是各种佛事活动、喜庆节日和戏剧舞蹈都必不可少的表演元素。

缅甸舞蹈历史悠久，可分为古典舞和民间舞。古典舞是从缅甸傀儡戏、古典戏剧及阿迎舞等古典艺术中产生的，如拜神舞、独舞、仙人舞、油灯舞、拨罗舞、男女傀儡舞等，大多以佛本生故事为题材，具有浓郁的宗教色彩。缅甸民间舞就是各民族舞蹈，以各种鼓舞为主，有瑞波大鼓、长鼓、兄弟鼓（双鼓）、短鼓、象脚鼓、背鼓等鼓舞。

【美术与建筑】缅甸位于亚洲中南半岛西部，毗邻中国和印度，美术上自古受这两大文明古国的影响。缅甸的新石器时代已发现有岩洞壁画，以动物形象最多。缅甸封建时期的绘画艺术在早期多受印度文化的影响，题材主要是佛本生故事。缅甸传统绘画的巅峰是蒲甘时期，见于蒲甘诸寺中现存壁画，主要以佛传和本生故事为主。但从12、13世纪起壁画开始表现缅甸民族绘画特征，笔法柔细、色泽艳丽，题材也出现世俗生活的画面。贡榜王朝时期西方美术传入缅甸，这一时期的绘画吸收了一定西方油画技艺。20世纪20年代，第一批缅甸艺术家吴巴年和吴巴佐给缅甸带来了欧洲的绘画技术、透视法则、空间感和体积感的表现方法。30年代至40年代，缅甸艺术家的作品，主要是表现当时社会各阶层的爱国主义思想。50年代，艺术家山温成为色彩鲜明、色调转折细腻的小幅风景画的创始人。60年代大自然成为缅甸艺术家作品的主要表现对象。缅甸现代艺术家们不断地探索绘画的各种表现形式。

整体上看，缅甸的建筑以寺塔建筑为主体。寺塔建筑大体上为高塔型（统称为巴高达），但有佛塔形式和寺塔形式两种。前者称为泽蒂，相当于印度钟形佛塔，基坛重叠数层，顶上最初为锡兰式圆锥型相轮，以后成为载着细高的飞提的形式。后者是祭祀佛像的佛堂，屋顶部做成悉卡罗式或泽蒂式高塔，从12世纪起出现。它们都有多种变形，均为砖瓦结构，抹灰浆装饰表面，高大壮丽。此外也有木构多层塔，伴有华丽的色彩和繁缛的装饰。古代遗构除集中于蒲甘以外，在卑谬、若开邦地区等也有若干。

（六）菲律宾艺术

【音乐与舞台艺术】菲律宾音乐除本土马来音乐文化外，还陆续受到了阿拉伯、印度、中国和西方音乐的影响，形成了菲律宾音乐文化的多种形态，主要包括以下几种类型：

北部山区音乐：吕宋岛北部山区多种民族的音乐活动常常是集体性的，传统的歌唱形式多为领唱和合唱，最重要的乐器是锣和鼓。

南部地区音乐：棉兰老岛和苏禄群岛大多数为穆斯林，他们的传统音乐具有阿拉伯音乐的特点，普遍使用的乐器称为"库林唐"。此外，二根弦的弹拨乐器"可恰皮"、笛子以及各种竹制打击器乐都十分流行。

平原地区音乐：菲律宾中部诸岛和吕宋岛平原地区是经济文化最发达的地方，16世纪以来西方各种音乐形式大量传入后与本地文化相融合，已逐渐具有菲律宾特点。菲律宾人还创造了"昆迪曼"、"巴利套"等歌曲体裁。在器乐方面，最普遍的是"龙达拉亚"乐队和铜管乐队。此外，吉他、小提琴、钢琴和西洋管弦乐队也颇有影响。

菲律宾舞蹈可以分为四大类，其中乡村舞蹈是菲律宾最有代表性的民间舞蹈，表现了久经苦难的菲律宾人民乐观、热情、豪爽的性格。乡村舞蹈中著名的有竹竿舞、班当果舞、鸭子舞、索毕利舞、捕虾舞、长凳舞等。北部山区舞蹈是北部山区酋长部落的舞蹈，这种舞蹈女性含蓄庄严，男性威武强悍，代表性舞蹈有水罐舞、婚礼舞、节日舞等。南部棉兰老等地区的穆斯林舞蹈，带有浓郁的宗教色彩，代表舞蹈有辛基尔、克扎都拉套舞、碧拉舞和长甲舞等。西班牙风格舞蹈具有西班牙舞蹈开朗、泼辣的特点，但更为轻盈、柔美，其主要舞蹈有求爱舞、亚来舞、巴爱巴爱得马尼舞等。

【美术与建筑】菲律宾现代美术在当地绘画传统和各大文化内涵的交错影响下，与世界其他地域的现代主义呈现出截然不同的面貌。菲律宾现代美术的发端可以从19世纪中叶开始算起，此时的绘画不专为宗教用途，画家个人的创作欲望开始萌发。早期的艺术家多数有与欧洲美术接触的经历，其中最著名的有菲律宾的荷安·陆纳和菲利斯·海德尔格。20世纪早期兴起了以浪漫化风俗画、风景画为代表的菲律宾阿穆索罗画派。

西班牙人入侵菲律宾后把欧洲教堂建筑艺术带到菲律宾，最为古老的有1599年马尼拉的天主教奥古斯汀教堂。同时城市居民住宅也采用西班牙建筑风格，最著名的是1762年的马卡拉南宫等。

（七）马来西亚艺术

【音乐与舞台艺术】马来西亚的传统音乐与戏剧、舞蹈是结合在一起的，这种表演形式常在伊斯兰教、印度教和其他各种宗教典礼、仪式上进行。西马来西亚北部的吉兰丹州、吉打州和丁加奴山区，古老的音乐传统保留得比较多，沙巴地区的音乐文化受伊斯兰教音乐影响较深，沙捞越地区的音乐与印度尼西亚的巴厘岛和爪哇有密切关系。马来西亚的华人仍然保持自己的音乐文化，成为马来西亚国家音乐文化的一个组成部分。西方音乐在沿海城市的影响较强，特别是年轻的一代，他们接受西方的音乐教育，并藉此创作了一批具有马来音调的作品。

乐器主要有鼓、锣、"列巴布"、排琴、"昂格隆"、笛、笙等。马来西亚的传统乐器以加美兰为主，包括锣组、铜鼓组、木铁琴等。山区少数民族有很多竹制乐器，如笛、笙、口簧、竹弦琴、竹木琴、木鼓，及各种弦鸣乐、马来七弦鲁特琴、六弦琴等，各有特色。

马来西亚舞蹈和东南亚其他马来族的舞蹈一样，欢快热烈、细腻含蓄、轻快流畅、婀娜多姿，手臂动作千变万化，强调身体造型的曲线美。马来西亚舞蹈可分为4类：宫廷舞蹈，著名舞蹈有阿昔舞、蜡烛舞等；戏剧舞蹈，在戏剧中起增加色彩和调节气氛的作用，是戏剧艺术不可缺少的部分；民间舞蹈，有祭祀舞、鼓乐团舞蹈、社交性娱乐舞等类型；现代马来舞，如朱吉舞、伊朗舞等。

传统戏剧以哇扬戏为主。皮哇扬是流行于西马来西亚北部各州的皮影戏，剧目的内容为《罗摩衍那》《摩诃婆罗多》和《班基故事》，有旁白和歌唱，以编锣、大锣、列巴布等马来乐器伴奏。

【美术与建筑】20世纪初及以前，马来西亚的美术活动还只限于英国殖民政府的上流社会，中国画家南来带来东西画种后，艺术活动才逐渐活络和普及。所以马来西亚独立以前，其美术发展史是一部以华人为主题的美术历史。20世纪30年代中期，马华文艺的"南洋"本位概念确立，强调其独立性。50年代开始东南亚民族主义高涨，美术创作更强烈地要求表现"本地色彩"。此时的马来亚艺术呈现出多姿多彩的局面，画家们都努力地想从多元民族文化中去找寻属于"马来亚"的艺术语言。1963年，"马来亚"易名为"马来西亚"之后，国家文化的意识更明确。20世纪80年代中至20世纪末马来西亚美术呈现"百花齐放"的景象。总之，马来西亚在独立后，历经各民族从种族冲突到逐渐融合之艰辛，"马来西亚艺术"的塑造仍处在不断的探索与实验的阶段。

（八）文莱艺术

文莱有丰富的文化遗产，如造船、银器制作、木雕、青铜加工、篮筐编织等。文莱"丝南顿达鲁萨兰"艺术团隶属于文莱青年文化体育部，是文莱最负盛名的艺术团。其舞蹈节目均取材于文莱各地的民间文化生活习俗，舞蹈形式与普通生活场景息息相关。田间采摘、丰收情景、婚礼庆典、宗教节日是文莱舞蹈最主要的素材。浓郁的民族风味、绚丽多姿的舞蹈、色彩斑斓的服饰，独树一帜的风格，令人如身处其中。

（九）印度尼西亚艺术

【音乐与舞台艺术】印度尼西亚民族是个能歌善舞的民族，舞蹈种类繁多，异彩纷呈。印度尼西亚舞蹈可以分为礼仪性舞蹈和娱乐性舞蹈。礼仪性舞蹈是在举行各种礼仪活动时跳的舞，包括宗教舞、宫廷舞、迎宾舞、婚礼舞、丧礼舞等。娱乐性舞蹈是休闲娱乐时跳的舞，有伞舞、扇舞、孔雀舞、盘烛舞等。爪哇舞蹈细腻委婉，巴厘舞蹈活泼传神，马来舞蹈热情欢快。印度尼西亚著名舞蹈有莱贡舞、巴隆舞、弄庚舞、盘烛舞等。

印度尼西亚最具民族特色的戏剧哇扬皮影戏源于古爪哇人的祭祖活动，后演变成娱乐性质的影戏。哇扬戏对其他艺术形式有深远影响，除皮影哇扬戏外，先后出现有木偶哇扬戏、假面哇扬戏等，19世纪出现了人扮哇扬戏。除哇扬戏以外，重要戏剧还有假面戏、格多柏拉戏、勒囊戏、鲁德鹿戏等。

印度尼西亚的民间音乐中流传最广、最受人喜爱的是格朗章和当都特音乐。格朗章音乐是用一种形似吉他的小四弦琴加上吉他、小提琴、大提琴演奏的音乐，悠扬委婉，著名的格朗章歌曲有《梭罗河》、《格玛腰兰》等。当都特音乐是一种鼓伴奏音乐，其特点是激越流畅、热情奔放。印度尼西亚各民族都喜欢唱歌，爪哇民歌深沉柔和，马来民歌活泼明快，巴厘民歌雄浑激越，比较著名的民歌有《星星索》、《宝贝》、《莎丽楠蒂》等。民间说唱也是百姓喜闻乐见的艺术形式，主要有对唱、连唱板顿诗；歌会、挽歌和哭嫁歌；吟唱吉冬和德姆邦诗等。

加美兰乐器是印度尼西亚民族乐器之精华，有上千年历史。加美兰乐器由打击乐器、吹奏乐器和弦乐器组成。

【美术与建筑】印度尼西亚的美术历史极为悠久，史前时期印度尼西亚就已经出现了石器、陶器、青铜器、铁器，并配以纹饰。从1世纪起先后受到印度文化、中国文化、伊斯兰文化、西方文化的影响。又因为印度尼西亚长期分为许多此起彼伏的短暂小国，所以美术的发展格外不均衡，呈现复杂和紊乱的景象，较为显著的是其宗教美术和染织工艺。宗教美术首推爪哇美术，其次为苏门答腊、巴厘岛的美术。爪哇美术是以统治阶层为中心的印度教和佛教的造型活动，留有许多石构宗教建筑与优秀的石头和青铜雕刻。爪哇宗教建筑具有浓厚的印度特色，著名的有婆罗浮屠、普兰班南等。苏门答腊美术与东爪哇美术有密切关系。巴厘岛上流行巴厘印度教，寺庙数量多。这里的传统木雕、石雕、绘画和手工艺品精湛优美，有"艺术之岛"的称号。

　　早期印度尼西亚的建筑艺术主要是在7—10世纪出现在爪哇和苏门答腊的宗教性建筑，用石头砌成，最著名的是婆罗浮屠，体现了佛教和原始信仰的统一；印度教陵庙普兰班南陵庙布局严谨、雕刻精细，体现了印度尼西亚民族的智慧。11世纪后印度尼西亚建筑艺术摆脱印度艺术的影响，但极盛时期已经衰落。伊斯兰教传入后，清真寺的建筑随之兴起，只有巴厘岛还保持印度教传统，形成深厚的艺术氛围。

三、东南亚国家的报刊与传媒

（一）越南

　　越南重要报纸有越南共产党中央机关报《人民报》、《人民军队报》、《新河内报》、《青年报》、《劳动报》等。《西贡解放日报》是越南唯一一份华文报纸。

　　越南国家电视台是越南电视台（VTV），成立于1970年9月7日，直接受中央政府的领导，是越南最主要的媒体之一。此外还有越南之声电视台（VOVTV）、越南数字电视台（VTC）、胡志明市电视台（HTV）、胡志明市有线电视台（HTVC）、越南中央电视台（VCTV）等。

　　广播电台有越南之声（VOV）、胡志明市人民之声电台（AM610）等。

（二）老挝

　　根据2003年老挝新闻出版业发展数据（老挝国家统计中心公布），老挝有报刊社41家，其中中央32家，地方9家。全国主要报刊约有20种，主要有英文报纸《万象时报》、人民革命党中央机关报《人民报》、万象市委政府机关报《新万象报》、军内发行的《人民军报》、《劳动报》、《老挝青年报》等；杂志有《新教育》、《公共卫生》、《万纳辛》等等。广播电台19家，其中中央1家，地方18家；电视台30家，其中中央5家，地方25家，老挝国家广播电台和官方电视台老挝国家电视台为最大的官方电台和电视台。

（三）柬埔寨

　　自80年代起，柬埔寨陆续创办了一批报纸和杂志。目前柬埔寨在运营的报纸有：125种国内报、41种国际报、19种公报和36种杂志（2005年数据）。这些报刊多数是柬文，其次是中文和英文。柬文报有《柬埔寨报》、《柬埔寨时报》、《柬埔寨之光报》、《人民报》（该报系人民党的机关报）、《高棉青年之声报》（系奉辛比克党的党报）、《独立高棉报》、《中立高棉报》、《高棉意识报》、《柬埔寨时报》、《高棉理想报》、《新经济力量报》等等。中文报有《高棉独立日报》、《华商日报》、《亚洲日报》及《金边时报》等。英文报有《金边邮报》、《柬埔寨时报》、《柬埔寨日报》等。法文报有《柬埔寨日报》。柬文杂志有《柬埔寨》、《大众杂志》、《大众电影》、《综合杂志》、《公报》、《民族经济》、《金鱼》及妇女杂志《前进》等。

　　柬新社（AKP）为唯一的官方通讯社，成立于1980年。柬埔寨有16家广播电台，其中，FM103台属国家台，每天播音18小时；有6家电视台，3家有线电视台，主要有柬埔寨国家电视台、柬埔寨CTN电视台等。

（四）泰国

泰国报刊有《泰国日报》（Thairath）（泰文）是泰国发行量最大的报纸，由甘蓬·瓦察蓬于1962年12月25日创办;《每日新闻》（Daily News）（泰文）是泰国发行量仅次于《泰国日报》的报纸，已经有四十多年的历史，排版比较紧凑，彩色版面比较多，图片也比较精致;《曼谷邮报》（Bangkok Post）是曼谷最主要的英语报纸，主要在曼谷发行。

泰国主要电视台是泰国独立电视台（TITV），是泰国前总理他信于1995年创办。泰国中央中文电视台（TCCTV），通过泰星5号（THAICOM 5）卫星全天24小时播出，其覆盖面包括东南亚及周边的25个国家和地区。

（五）缅甸

缅甸全国发行的报纸主要有3种，即《缅甸之光》、《缅甸新光》和《镜报》。地方性报纸有仰光的《首都报》、曼德勒的《曼德勒报》等。此外，全国还有约140种杂志和期刊，主要有《妙瓦底》、《秀玛瓦》、《威达意》、《视野》和《财富》等。缅甸中文报纸有1997年创办的《缅甸华报》（已停刊）、2007年开始发行的《金凤凰》。

由于经济发展所限，缅甸广播电视事业还处于初步发展阶段。缅甸现有两家电视机构，一个是缅甸信息部所属的缅甸广播电视台（MRTV），一个是Myawady电视台（MWDTV）。缅甸广播电视台以提供信息、教育人民、娱乐大众为其主要目的。MRTV的口号是"甜美怡人的声音，清晰愉悦的图像，真实，准确，MRTV永远呈现精彩"。Myawady电视台开播于1993年6月，是在中国政府和缅甸政府合作下建立的，节目包括歌曲舞蹈、音乐和国内新闻。现在MWDTV已经成为缅甸受众最喜欢的频道之一。

（六）菲律宾

菲律宾主要英文日报:《马尼拉公报》、《菲律宾星报》（菲律宾主流英文报纸，菲律宾最大的报纸之一）、《菲律宾每日询问日报》、《自由报》、《马尼拉时报》（全国发行量最大的报纸，代表官方的观点和立场）、《马尼拉纪事报》。菲文日报有《消息报》、《菲律宾快报》。华文日报有《世界日报》、《商报》、《菲华时报》、《联合日报》和《环球日报》。

菲律宾通讯社为官方通讯社，成立于1973年3月1日。

新闻组织有全国新闻记者俱乐部、新闻摄影家协会、出版者协会等。

全国有六百多家广播电台，其中，属政府所有的是菲律宾国家电视广播网（NBN）。菲广播电台、电视台使用的语言主要是英语、他加禄语和华语。

（七）马来西亚

马来西亚的新闻机构是马来西亚国家新闻社，简称马新社，为半官方通讯社，成立于1968年。

马来西亚官办电视台有马来西亚电视台，建于1963年，包括第一电视台（TV1）和第二电视台（TV2），用马来语、英语、华语和泰米尔语播放。私营电视台有第三电视台（TV3）、城市电视（METROVISION）和国民电视（NTV）三家。近年开办了ASTRO卫星有线电视频道。2004年1月新开播了8TV电视台。

马来西亚广播有马来西亚广播电台，属于官办电台，建于1946年。该电台拥有6个广播网，用马来语、英语、华语和泰米尔语广播。此外还有马来西亚之声，建于1963年，用马来语、阿拉伯语、英语、印度尼西亚语、缅甸语、他加禄语和泰语等8种语言对外广播。

马来西亚的主要报刊有马来文的《马来西亚信使报》、《每日新闻》；英文的《新海峡时报》、《星报》、《马来邮报》；华文的《南洋商报》、《星洲日报》等。

（八）文莱

文莱政府对新闻出版媒介实行比较严厉的管理，强调文莱人生活的核心就是伊斯兰教信仰、忠君思想和文明礼貌，任何人不得破坏这一生活方式，并制订了一系列法律条文作为保障。文莱新闻社是文莱唯一的官方新闻机构。目前文莱的主要报刊有《文莱灯塔报》(文莱政府主要的新闻周报)、《文莱达鲁萨兰简讯》(英文双周刊，首相府新闻局主办)、《每日新闻摘要》(首相府新闻局主办，主要供政府内部参阅)、《今日文莱》(首相府新闻局主办，英文月刊)。《婆罗州公报》是文莱最主要商业性日报(英文、马来文版)。马来西亚中文日报有《美里日报》、《诗华日报》、《国际时报》、《星洲日报》，设有文莱新闻版，在文莱发行。相对于报纸来说，文莱的电视和广播业比较发达，普及率也比较高。最受欢迎的节目为新闻节目，其次为娱乐性节目。文莱广播电视台以马来语、英语、华语和尼泊尔语播音。

（九）印度尼西亚

主要印度尼西亚文报纸有《罗盘报》、《专业之声报》、《印度尼西亚媒体报》、《共和国日报等》、《革新之声报》和《印度尼西亚商报》；英文报纸有《雅加达邮报》、《印度尼西亚观察家报》等；中文报纸有政府主办的《印度尼西亚日报》，近几年创建了《国际日报》、《世界日报》、《华文邮报》(中文和印度尼西亚文互译)《商报》、《新生日报》、《千岛日报》等。

通讯社：安塔拉通讯社(国营，1937年成立)、印度尼西亚民族通讯社(私营，1967年成立)、印度尼西亚共和国广播电台(国营，1945年9月11日)、"印度尼西亚之声"台等。

电视台：印度尼西亚共和国电视台（1962年8月17日正式运营）、鹰记电视台（私营电视台，1988年11月14日建立，主要面向雅加达及其周围地区）、太阳电视台（1990年8月成立，主要面向爪哇和巴厘，以娱乐节目为主）、教育电视台（1991年1月组建，以文化教育节目为主）、美都电视台（2000年10月开办，是印度尼西亚首家新闻电视台，并开创播放中文节目的先例）。

（十）东帝汶

东帝汶的主要报纸有如下几份：《国家日报》(Diario)，德顿语、印度尼西亚语和葡语报，日发行量约2000份；《帝汶邮报》(Timor Post)，2002年11月8日创办的德顿语、英语和葡语报，日发行量约2000份；《东帝汶之声》(Suara Timor Lorosae)，德顿语、印度尼西亚语报，日发行量约2000份。尚未成立通讯社，主要葡语新闻来源于葡萄牙卢萨社（LUSA，又名葡通社）。

电台和电视台有：东帝汶国家电台(RTL)，节目覆盖率90%，用德顿语和葡语播出；东帝汶电视台(TVTL)，节目覆盖率30%，用葡语和德顿语播出；东帝汶民族解放军电台，用德顿语和葡语广播。

第六章　教育科技

第一节　东南亚国家的教育概况

一、越南教育概况

1976年越南全国统一后，教育事业走上正轨，政府提出了"培养人、实行全民普及教育及培养新型劳动者"的三大教育目标。目前越南已形成包括幼儿教育、普通教育、专业教育、大学教育及成人教育在内的国民教育体系。1998年11月，越南十届国会五次会议通过了《教育法》，视教育为第一国策，采取多种形式办教育，从幼儿启蒙教育一直到培养硕士、博士研究生的教育体系逐步完善，并实行小学义务教育制度。普通教育学制为12年，分为三个阶段：第一阶段为5年小学，第二阶段为4年初中，第三阶段为3年高中。教育类型有公立、民办和半公立之分。2000年越南宣布已基本实现普及小学义务教育目标。2001年开始普及九年义务教育。到2010年在全国范围内实现普及初中教育的目标；接受各种层次培训、教育的劳动力比例达到40%。2008—2009学年，全国在校大、中、小学学生约1 697万名，教师79.9万名。全国共有311所高等院校，著名高校有河内国家大学、胡志明市国家大学、顺化大学、太原大学、岘港大学等。

越南每年6月23日至7月15日，全国举行高考，考试分A、B、C、D四类（A类：考数学、物理、化学三门；B类：考数学、化学、生物三门；C类：考语文、历史、地理三门；D类：考数学、语文、外语三门），由教育培训部考试委员会规定考试日程和时间，每年集中考两次：第一次组织A类考试，考试时间从7月3日至5日；第二次组织B、C、D类考试，考试时间从7月8日至10日。每名考生可以报考3所大学，甚至有人报6所大学，每所大学的报名费为2万越盾，录取比例为1/10，最低为1/30～1/40。

20世纪90年代中期以来，越南的研究生教育（越南人称之为大学后教育）也有所发展，放弃以前苏联从本科到研究生的四级学位制度模式，取消副博士，而实行与西方国家接轨的学士、硕士和博士三级学位制度。

越南以前只有正规教育形式，现在非正规教育形式如开放型教育、远程教育、在职教育等不断得到扩大。非正规教育能为社会各种水平层次、各种年龄段的人提供终身学习的机会和环境。越南电视和广播都有科普频道和远程教育节目，各省市都设有自己的文化补习班和各种职业培训中心。分散各地的初级师范学院和在职培训中心拟转制为社区学院，实行开放办学，为所在地区的社会经济发展培养适宜的初级技能型人才，同时发展社区学院在本科教育上与大学之间的衔接关系。以河内与胡志明市两所开放大学为主体建立非正规高等教育系统。1990年，在越南政府无偿提供办学场所但办学经费自筹的前提下，越南第一所开放大学——胡志明市开放大学建立，属于民办性质，主要开设的专业有：外语（英、法、中、日、俄等）、经营管理、电脑、东南亚研究、生物技术、法律、新闻、音乐艺术、社会心理学、农村发展、妇女研究、建筑等专业，除小部分面授外，大部分通过电视进行教学。1993 年在北方的河内建立河内开放大学，主要专业有面向开放教育的专业、机电专业、油气专业、地质专业、测量专业、大学概论专业、工业信息专业、国防教育专业、经济管理专业等。越南的开放大学带有一定民营色彩，以其低门槛、弹性化的高等教育办学模式来满足一般民众的继续教育需求以及地区经济社会对高等教育人才的需求。开放大学明文规定收取学费、开放招生，即任何接受过中等教育者或者同等学力者皆可以申请入校而不必提供高考成绩；学习方式以远程（广播、电视）教育为主；专业的设置以贴近人才市场需求为基本导向，学校向各类学习者提供多种形式的非全日制课程。1992—1993 学年，胡志明市开放大学在本部的学生人数超过了9 000 人，而分布在胡志明市以外的学生人数也超过了5 000 名。至1995 年，两所开放大学的学生总量已经占整个越南高等教育系统的14%。

二、老挝教育概况

老挝人民民主共和国宪法（1991年8月15日颁布）规定："国家重视发展教育事业，造就新一代优秀公民。教育、科学、文化工作的着眼点在于提高人民的知识水平，倡导人民热爱祖国、热爱人民民主制度的精神和民族团结和睦精神，提高人民的国家主人翁精神觉悟。实行小学义务教育制度。教育、文化和科技工作旨在提高知识水平，提高热爱祖国、热爱人民民主制度的精神和各族人民团结和睦的精神，提高当家作主意识，实行小学义务教育制度。国家允许开办按照国家教学大纲进行活动的私立学校。国家和人民相互配合建立各级学校，使教育成为完整的体系。关心少数民族地区教育的发展。"

1991年8月，老挝政府制订了2000年前的教育发展战略，确定老挝教育的发展方针是，以提高教育质量为主，提高国民教育水平，使教育逐步接近国际水准。中小学学生的培养目标是"三好四懂"：学习好、团结好、清洁卫生好；懂得热爱祖国和领导人、懂得热爱父母和老师、懂得热爱劳动和科学、懂得分清敌友。

老挝中央政府设教育部，省市、县政府设教育局，村设教育科或处，实行垂直领导。各级教育行政部门直接领导、管理各地大、中、小学和职业学校。中央政府教育部设部长1人、副部长2人，下设10个局和3个直属单位。10个局是办公厅、组织局、计划财政局、大学局（亦称职业教育局）、师资培养局、普通教育局、幼儿教育局、综合局、留学生选派局、对外联络局。三个直属单位是教育科学研究院、万象综合大学（前身是万象师范大学）、12.2综合大学。

老挝的普通教育实行5—3—3—4（5）学制，即小学五年、初中三年、高中三年、大学四或五年（大专三年）。经费主要依靠政府财政预算拨款。由于目前老挝经济不发达，财政经费困难，因此，不论是在财政预算中所占的比例，还是绝对数，教育经费都很少。老挝的幼儿教育还很不普及，多数集中在首都万象和几个主要城镇，如沙湾拿吉、巴色、琅勃拉邦等，但形式较多，有国家、机关、工厂、学校和私人办的托儿所、育儿组、幼儿园、幼儿学校。老挝的初等教育在共和国成立后有较大发展，但仍处于落后状态，主要问题是教学质量低，许多地方还没有完全小学，只有一、二年级。中等教育分普通初级中学和普通高级中学。老挝极少有完全中学，一般都是初中、高中分校。

近年来，老挝对各省的普通教育包括普通中学和小学进行整顿，要求普通教育更加规范化和标准化，为此制订了一套新的教学、考试升级和毕业分配的管理措施和标准，对教师队伍也进行调整，不合格的教师或劝退或抽调继续进修，把有经验的教师放到低年级加强教学质量，在一些学校试办数学班、文学班。近年来，老挝改革考试体制，扫除文盲，提高人民的文化水平，从小学到职业学校从小就开始培植奉献思想；改革教育课程，使之达到国际标准，提高各级教师的知识水平，从基础教育抓起；改善中级技校；组建次区域研究院；建立专业技师培训中心；建立经营管理、电脑、外语、市场营销等培训中心；在万象市、琅勃拉邦、占巴色建立旅游、宾馆、文艺培训中心；对各种服务人员进行培训；组织教师、技师到国外或在国内培训；以优惠政策积极动员一切社会资金投入国民教育。

老挝的高等教育还相当落后。全国目前只有三所综合性大学和八所高等专科学校（大专院校）。万象综合大学成立于1995年底，前身是万象师范大学，建立于1975年老挝人民民主共和国成立后不久，由万象高等师范学校和桑怒省的万赛师范大学合并而成，直属老挝教育部领导。12.2综合大学创立于1984年，位于万象市索巴变地区，以培养工程技术人才为主，设有四个系：基础科学系，土木工程系，机械工程系，电子工程系。老挝医科大学在1975年以前是万象皇家医药学校，设立在万象市区早市场附近，现属公共卫生部领导，只有两个系：医学系和药学系。除了现有的几所大学以外，老挝还积极筹备建立农林大学等其他高等学校。八所大专是电力电子学校、房屋建筑学校、林业学校、交通运输学校、邮政电讯学校（其中电讯属大专，邮政属中专）、水利学校、万象师大琅勃拉邦分校和万象师大沙湾拿吉分校。

老挝的职业技术教育还很不发达。近几年出现一些私人开办的业余技能培训班，如电脑、外语、修理技术等。成人教育主要是扫盲和文化进修的民校教育。建国初期，老挝政府在全国广泛开展扫盲和文化进修运动，1980—1984年间有些省份曾宣布完全扫除了文盲，获得了联合国教科文组织的表彰。但是，近些年来，各地文盲复归现象严重。山区和少数民族地区尤为严重，有的县几乎是文盲，不懂老挝语。2000年以前教育发展规划要求，使省级以下50%各级干部达到小学文化程度，20%~40%达到中学文化程度；使经济发展区的青少年40%~50%达到小学毕业；使山区和少数民族地区青年5%~10%达到文化进修一二年的水平。

僧侣教育又称佛寺教育，是老挝教育工作中不可忽视的一个特殊部分。老挝是佛教国家，自古以来，佛寺是老挝的文化教育基地。1975年以前，老挝王国政府教育部内有宗教教育局主管佛寺教育，自成体系。1976年起进行改革，佛寺教育归政府教育部和全国佛教协会双重领导，学生毕业时由教育部发给统一的毕业证书。佛寺教育分两类，一是普通教育，有小学、初中、高中，采用教育部规定的普通教育课程，学生多数是沙弥子，也有所在村镇的普通少年儿童；二是僧侣师范学校，除采用教育部规定的师范教育课程外，还要学习巴利文、达摩佛学哲理、僧戒僧规等课程，学生主要是比丘。

三、柬埔寨教育概况

近现代柬埔寨教育经历了法属时期（1863—1953年）、西哈努克时代（1953—1969年）、民主柬埔寨时期（1969—1979年）和金边政权时期（1979年至今）。法属时期，柬埔寨的教育有了缓慢的发展。1863年法国殖民者正式将柬埔寨变为其"保护国"后，为了巩固其殖民统治，开始重视教育，将西方教育制度逐渐引入柬埔寨，从而标志着柬埔寨近现代教育制度的开端。在法国殖民当局的直接策划下，柬国王诺罗敦按西方教育制度创办了柬历史上的第一所初级学校。1911年，柬埔寨历史上的第一所中学（以国王西索瓦的名字命名）建立，招收了40名学生。柬埔寨的近现代教育又翻开了新的一页。但是，总体而论，新的教育制度发展缓慢。1953年独立以后，柬埔寨的教育事业进入了一个新的发展时期。在1953—1969年的西哈努克时代，无论是国家对教育的投资，还是学校数量和在校学生人数都有大幅度的增加，教育质量也有了很大提高。国家提倡学习民族文化，规定小学教育应以本国语为主。在中学，柬埔寨语文被规定为学生学习的主课，古典文学、历史、地理也被规定为必修课。为使学生德、智、体全面发展，政府还鼓励学生积极参加筑路、建校、修水库等义务劳动。70年代中期红色高棉建立起民主柬埔寨后，对教育制度进行了全面改革，大批原有教师和知识分子被视为"资产阶级知识分子"而赶下农村改造。全国2.5万名教师中有80%以上作为难民逃离家园，其中许多人被迫害致死。正规学校统统被关闭。到1977年才又办起了3年制的小学和3年制的中等技术学校。1979年金边政权建立后，彻底否定了民柬时期在教育上的做法，采取了种种措施重建正规教育。现行柬埔寨教育管理机关是教育、青年与体育部，教育行政长官的权力比较大，兼任政府副总理。

柬埔寨现行的教育体制规定儿童满6岁开始上小学，小学学制5年，中学学制6年，其中初级中学3年，高中3年。进入21世纪，柬埔寨基础教育得到了迅速发展。在柬埔寨2007、2008年财政预算案中，政府投资的优先项目的资金中，教育发展处于第一位。但是全国还没能普及基础教育，毕业率很低。初中的入学率低，而且性别差距很大。中学适龄青少年的就读率男生是30%，女生10%。小学入学率很高，而且性别分化也在缩小，但是很多儿童都留级，平均要10年才能读完小学，而不到一半的学生能够完成学业。

　　柬埔寨最早的高校是独立前由法国殖民政府在1949年成立的"法律与经济学院"，目的是培养柬埔寨的行政、法律、经济各方面的专门高级人才。该学院1952年收归国有，更名为"柬埔寨国立法律政治经济学院"，培养高等专科人才，但法国仍承认其文凭。此后，柬埔寨其他高校也相继成立。20世纪60年代是柬埔寨高等教育的发展时期。1960年1月13日，柬埔寨全国各种高校进行调整合并，成立皇家高棉大学。此外，还成立了皇家农业大学、皇家美术大学、皇家磅湛大学等5所大学，以及皇家行政学院等。70年代的内战使柬埔寨高等教育严重受挫。直到1979年，金边医学院复办，复招原来在校生。此后，又有多所高校复办，如1981年复办的高等技术学院，设土木建筑、化学工程、水利、地质和采矿、电子工程各系，以及经济学院复办，设计划、财政、商业、农业经济、工业经济5个系。但是，这些院校招生人数都很少。1988年柬埔寨政府部长会议决定把教育学院与外国语学院合并成立金边大学，设11个系，其中人文科学6个系，其余为自然科学系。这时期，柬埔寨高教实行国家计划性统一管理，毕业生由政府统一安排工作，受政府经济影响，招生人数不多。

　　20世纪90年代是柬埔寨高等教育从恢复到重新发展的时期，由于20年战争逐渐结束，柬埔寨高等教育基本上又按60年代的等级官僚模式重建起来。高校由法国人控制转变为政府创办管理，特别是，随着90年代柬埔寨体制由一党制转向多党制，经济体制由计划指令性向自由市场经济转轨，竞争性、私营性趋势日益发展，从而也促使高等教育体制向市场体制转变，不仅公立院校自主管理水平越来越高，而且私立高等教育也迅速发展了起来。

　　柬埔寨高等教育实行在政府总理府管辖下由"教青体部"领导、学校自治的管理体制，根据国家法令，"教青体部"负责制定相关政策、法规、条例，对高等院校进行监督、管理和评估其实施。国家学位工作在教青体部审批下由各校具体实施。但是，由于不同类型高校归不同部管辖，这就给国家学位工作带来了一定的困难。为此，柬埔寨成立了一个跨部际的"国家文凭及学位评定委员会"，由教青体部高级官员负责。该委员会负责审批及审定国内外大学及各院校所颁发的各种相关证书和学位。目前柬埔寨学位制度仍沿袭法国学制，设置专科证书、本科学士学位以及博士学位。根据柬埔寨现行办法的法令，经国家审批的相关高校可以颁布从专科到本科及研究生毕业证书，授予学士学位、博士学位及专业博士学位。但是每年获得高级学位的人仍很少。

　　走向新世纪，柬埔寨高教非常重视与国际社会的合作，把建设高质量师资，提高教育水平，增强与国际合作作为重要举措。一是在联合国及国际机构援助下，选派相关高校教师到国外名牌大学深造，现有近2 000名教师在国外学习；二是与国际大学建立多种学术交流和合作关系；三是与国际组织及不同国家签订学位文凭及证书对等双边协议，促进学术间的发展。

总体上，柬埔寨教育目前仍处于从恢复走向发展阶段。柬埔寨在引进市场机制，扩大办学规模，提高办学质量方面取得了一定的成效。但是在这个饱受战争创伤的国家要在短时间内得到发展也似乎过于奢望。教育管理不善，条块分割，僵化的铁饭碗分配制度；经费过少，财政效率不高；教育质量差，差强人意，这些都严重地制约着柬埔寨教育发展，而高水平人才匮乏更使教育发展步履维艰。

四、泰国教育概况

在泰国政府重视教育的一系列政策推动下，国民教育发展迅速，有力地促进了经济社会的发展。泰国教育呈现出多元化和多渠道的特点。普通教育、职业教育、高等教育、留学教育、私立教育、师范教育与师资培训、非正规教育等，颇有特色。泰国的教育投资约占国家预算的15%。教育管理实行中央政府与地方分权合作制，教育管理机构分为教育部、内务部、大学事务部和在总理府内设教育机构。各个教育行政管理机构各司其职，管辖重点各有侧重。

（一）普通教育

泰国的普通教育，是被当作社会经济发展的先决条件来对待的。从1932年泰国发生资产阶级民主革命以后，便已重视普及初等教育，1936年修订的《全国教育规划》，就明确提出并开始实行七年义务教育。60年代初便实行强迫义务教育，即每一个7~13岁的儿童，都必须接受初等教育。到80年代初，已基本实现了普及初等教育，适龄儿童入学占97%。80年代的目标是向普及九年义务教育过渡，争取实现九年义务教育。但因地理条件的关系，各地区发展很不平衡。由于政府推行有力措施，边远地区小学教育已基本普及，但继续升学便受到各方面条件的限制，边远农村的中学升学率很低。为此，在第四个五年计划期间，泰国每年新办学校一百多所，大部分设在农村和边远地区，以期解决农村小学升学率过低的问题，到目前虽然情况有较大改变，但地区性的落差仍很大。重视普及初等教育和扩大中等教育，使基本劳动力的素质整体上不断有所提高，成为泰国政府教育政策的中心环节，并为整个人力资源开发奠定了坚实的基础。

（二）职业技术教育

泰国的职业技术教育，60年代以来，越来越受政府重视，它在泰国近年的经济社会发展中，扮演了重要的角色。六七十年代，随着经济的发展，社会对职业技术人才的需求急剧增加，政府把它作为人力资源开发的重点项目。职业技术教育异军突起，各级各类职业技术学校迅速增加，结构也越来越多样化，一直延伸到各个教育层次和领域，也延伸到各个行业和各个就业领域。

泰国的小学就已开设若干职业技术课程，以培养小学生的劳动态度、职业意识和简单的职业技术。初中更设有职业课程，1978年的教育改革之后，普通教育也把职业技术课程放在重要地位。与普通高中并行的职业、技术学校，规模和就读人数差不多与普通高中各占一半，职业、技术学校的毕业生，部分直接就业，部分仍可升入高等职业技术学校乃至大学就读。普通高中的毕业生，也仍有相当部分升入高等职业技术学校。六七十年代创办起来的高等院校，大部分属于职业技术院校。由于政府重视，职业技术教育经费有保证，其结构和课程不断扩大，质量也不断有所提高。而专门的职业技术教育，有中级职业技术教育文凭、高级职业专科文凭和高级技术专科文凭，还有在这两种专科文凭基础上经过考试淘汰后，继续修读工艺学院或工学院一至二年，以获更高一级的文凭。这种文凭，一般可获工程师或技术课程教师资格。此外，还有一些其他形式的职业技术教育如技工培训和短期培训等。职业技术教育目标，总体上是根据国家和地方经济、社会发展的需要，培养各行各业所需要的各级各类职业技术人才。教育部职业技术司把规划与劳动力规划进行协调，从而提供各层次各类型的职业技术教育，对师资的要求也比较严格。至于学生就业，完全是投入劳动力市场，实施"双向选择"。泰国的职业技术教育，近二三十年来在各类型各层次的教育之中，是发展最快的。它对国民素质的提高和经济、社会的发展起了不容低估的作用，成为人力资源开发中的实力雄厚的生力军。

（三）高等教育

在各个国民教育五年发展计划中，都强调高等教育要为国家各部门输送急需人才。高等教育为服务社会发展的明确目标，不断扩大规模，特别是两所开放大学，创办以后发展很快。属大学部管辖的国立大学和私立学院，招生数额有限，入学须经过严格考试，达到标准才能入学。开放大学则不仅入学条件低，不用考试，招生数没有限制，所修课程也比较灵活，因而注册人数极多。1987年，两所开放大学的注册学生数，已达到国立大学和私立学院注册学生总数的近3倍。而大部分专科层次的高等学校，都划入职业教育的范畴；师范院校则均属教育部管理。国立大学从60年代以来一直在发展，学生人数不断增加，私立学院和开放大学，则自70年以后发展极快。开放大学是泰国高等教育中很有特色的部分，它不仅为泰国的成人高等教育作出了突出的贡献，在整个高等教育体系中，也占有相当重要的地位，扮演了重要的角色。泰国是东南亚第一个创办开放大学的国家，兰甘亨大学和素可泰探玛提叻大学在东南亚都是首屈一指的。可以说，它为发展中国家如何最大限度地利用有限资源，最大限度地扩大接受高等教育的机会，最大限度地开发高层次人力资源，开拓了一条新路子。政府创办开放大学是为了拓宽高等教育路子，满足社会上日益增长的求学愿望，解决未能升入高校的高中毕业生接受高等教育的需要，也为许多成人接受高等教育提供机会，吸纳这些求学者的资金参与发展高等教育，缓和过多青年失学失业所引发的社会问题。然而，由于开放大学的学科结构，主要是人文、教育、社会科学和法律；而自然科学、工程技术、农学、城市建设等学科比例偏低，一定程度上造成总体的学科结构发展不平衡，与社会发展的需求不能很好互相适应。

（四）私立教育

泰国的私立教育，作为国家正规教育的补充，对于整个教育的总体发展，起了促进的作用。泰国1918年就颁布私立学校法案，提出让私人"承担一部分初等和中等教育的责任"，尔后私立普通教育一直有所发展，但比例不是很大。私立高等教育方面，政府一直没有放开。60年代，社会对高等教育的需求急剧增长，开办私立高校的呼声也随之日益高涨，终于在1965年，教育委员会通过，内阁会议原则上批准开办私立高等学校，并指派有关人员起草《私立学院法案》，该法案于1969年生效，对私立高校持比较审慎的态度，规定实行严格的管理和把质量关。该法案公布后，私立高校便逐渐发展起来。私立高校的开办，主要原因是社会经济发展对人才的需求增幅很大，尽管泰国高等教育投资逐年有所增加，但面对高等教育的高速度、大规模的扩展，仍显得杯水车薪。而求学者则仍与日俱增，对他们要求接受高等教育的热情不能过于压抑，于是泰国政府顺应这种发展趋势，审慎地允许开办私立高等教育。就私立高校来说，近年已逐渐形成一定的发展规模，招生人数不断增加。普通私立学校也逐渐扩大规模。

（五）师范教育与师资培训

泰国的师范教育和师资培训，60年代以来受到政府相当的重视，被放在优先发展的位置。无论是普通学校，还是职业技术学校师资，都有专门的师范院校培养。60年代以来随着各层次教育的发展，各类受教育人数激增，对师范人才的需求大幅度增加。于是师范教育首先受到重视，新的师范院校迅速建立起来，经费也有较大幅度增加。70年代中期以后，由于入学人数减少，不少师范毕业生找不到教职。在泰国，各层次学校对教师的要求都非常严格，规定必须达到相当的学力才能取得教师资格。没有取得教师资格的其他人员要当教师，须接受严格培训，一般在教师进修学院进行，直到获得教师资格。职业技术学校也有专门的职业技术师范院校为之培养师资。部分国立大学还负责培养高等职业技术院校的师资。泰国的教师普遍受到尊重，人们把教师尊为"仅次于父母的启蒙者"。教师不仅社会地位高，经济待遇也较高，中学教师的工资平均比一般工人要高出一倍，且每年都可增加一级工资，到贫困地区任教则还可获工资额10%的津贴。泰国注意优先发展师范教育，注意提高师范教育的质量，提高教师的素质。因此，师资力量除个别如工程技术专业外，近几年来都保持充足。所以在泰国，各层次教师能够保持相当高的合格率，而且高学历比例逐渐增大。

（六）非正规教育

泰国的非正规教育，也占有相当的地位，它主要是着眼于教育向大众化辐射，提高民众整体文化素质，提供文化补习、扫盲教育和各种形式的职业技术培训等，是泰国教育政策向整个缺乏文化的国民阶层辐射的渠道。非正规教育从40年代以扫盲为主扩大到传授基本知识技能、职业培训、提高职业技术技能和传播信息等多功能教育。70年代以来，政府相当重视非正规教育，教育部专门设立非正规教育司，负责非正规教育的一系列工作，各地区还设有非正规教育中心。目前泰国的非正规教育的形式和途径包括有从扫盲到高中程度的同等学力培训计划；有通过广播、电视等现代通讯设备实施远程教育；有职业技术培训和流动性职业技术培训等。形式多样，规模庞大。在泰国的教育普及和教育大众化中，非正规教育起了不容小觑的作用。它不仅使国民文化素质、民主意识等有明显提高，也使国民的职业技术水平有整体性提高。这是泰国人力资源开发中很有特色的部分，这个教育大众化辐射的多渠道形式，为第三世界国家的普及教育、扫盲教育提供了一条值得借鉴的路子。

五、缅甸教育概况

缅甸教育的理念和目标是"创造一个能够产生学习型社会的教育体制，只有学习型社会才能应对知识时代挑战"。政府重视发展教育和扫盲工作，维护传统民族文化。教育体系分基础教育、职业教育和高等教育。著名学府有仰光大学、仰光经济大学、仰光外国语大学、东仰光大学、大光大学等。目前，缅甸有151所高等教育学府，其中大学63所，学位学院65所，专科23所，分别隶属于13个部，其中教育部62所，卫生部14所，科学技术部56所，国防部5所，文化部2所，林业部1所，农业与水利灌溉部1所，粮食和渔业部1所，合作部4所，民用选择和训练局1所，宗教事务局1所，民用航空局1所，交通部2所。地区分布上，仰光省31所，伊洛瓦底省12所，马圭省11所，曼德勒省32所，勃固省10所，实皆省10所，德林达依省7所，克钦邦7所，掸邦13所，钦邦3所，克伦邦4所，克耶邦3所，孟邦4所和若开邦4所。缅甸各类大学除正规全日制教育外，都设有承担成人继续教育的人力资源发展中心。缅甸大学本科学制3年。仰光经济大学能授学士、硕士、博士3个层次的学位，还有工商管理硕士学位。缅甸大学仍由国家政府全力管理，经费主要来自政府财政。国家虽然财力有限，但对教育十分重视，整个社会风气都是崇尚教育，体现在如下方面：

第一，政府重要官员参加学校的重要活动，如钦纽（Khin Nyunt）将军亲自参加仰光经济大学新教学区教学大楼落成典礼，国家各部部长、地方政府官员以及其他军政要员都随同参加。第二，政府官员亲自到学校"现场办公"。钦纽将军带着军、政要员在仰光经济大学的"现场办公"极具特色，除国家直拨经费外，各部部长在钦纽将军的问话中，承诺资助仰光经济大学经费。这种方式快速、便捷地解决学校的困难，不会推诿扯皮，办学经费得到保障。第三，政府官员个人还自己掏腰包为学校及其附属机构捐助工作经费。教育必须是国家提供的公共产品，有钱或有能力者应该提供帮助。第四，国家有专门的"学校教育节"（School Family Day）。该节在上下缅甸时间上前后有所出入，一般在

12月下旬与来年1月上旬之间，持续5~7天。教育节既是节日，也是宣传、教育活动，更是加深学校文化底蕴和陶冶、熏陶青年学生的机遇。国家和政府领导人参加各项庆典活动，为优秀学生颁奖。第五，学习欧美作风，校长或政要亲自给每个毕业生颁发毕业证书和学位证书，此种文化传统和惯例会给学校增加深厚的文化底蕴。第六，尊重知识和知识分子不是停留在口头上，而是融入到日常生活工作中。教师虽然清贫，但是还是乐于"为国家和民族做贡献"。第七，知识分子和青年学生之所以道德修养很高，除了受佛教文化的熏陶外，主要在于潜移默化的学校教育、社会教育。第八，缅甸人虽然英语发音并不准，但是由于受英国殖民影响重音卡得很准，口语交流能力比较强，学校英语教育很出色。第九，缅甸大学教师绝大多数具有博士学位，而且很多是欧美和日本毕业的博士。从点点滴滴中不难看出缅甸对教育的重视。

六、菲律宾教育概况

菲律宾宪法规定，中小学实行义务教育。在菲律宾，教育是政府的责任。政府对小学（7年）和中学（4年）的十一年教育实行免费教育，但不是强制性义务教育。政府重视教育，1994年教育预算为449亿比索，占政府预算开支的11.74%。鼓励私人办学，为私立学校提供长期低息款，并免征财产税。菲律宾的文化普及率很高，1994年全国识字率为93.5%。国民英语识字率在亚洲最高，达93.8%。在菲律宾，大多数人都懂英语。菲律宾的教育制度与美国等西方发达国家很相似。菲律宾人文化普及率很高，英语被广泛用于教育、金融和贸易等领域。菲律宾有许多设施齐全的国立和私立大学。在高等教育方面，私立教育机构扮演了非常重要的角色，为国内外学生提供了广泛的教育机会。有声望的大学授予的学位文凭获得世界各国的普遍承认。高等教育机构可分为两大组成部分：公立高等教育机构——国立大学、国立学院、国立高等学院或研究所；私立高等教育机构——私立大学、私立学院、外国大学分校。菲律宾有许多大学在世界很有名望，如菲律宾大学（University of the Philippines）、雅典耀大学（Ateneo de Manila University）、德拉萨大学（De La Salle University）和亚洲管理学院（Asian Institute of Management，简称 AIM）等。这些大学在亚洲前100所大学排名中与中国的北京大学、清华大学排名接近。亚洲管理学院开设的MBA课程得助于闻名世界的哈佛商业学院（Harvard Business School），该学院在亚洲管理院校排名长期位居前三名。菲律宾拥有350年历史的圣托马斯大学（University of Santo Tomas）是亚洲最古老的大学。

菲律宾国民教育实行从学前教育到高等教育的一套完善教育体制，即：学前教育（2~3年）；小学教育（7年）；中学教育（4年）；普通大学生课程（3~5年）；研究生课程（1~5年）。从初等教育开始，菲律宾就实行双语教育。小学一年级和二年级以当地方言为教学语言。在这两年中，逐步推广英语作为一门课程，并在三年级开始用作教学语言。菲律宾语是国家语言，为学校的必修课，一般从三年级开始，一直学习到中学阶段。所有小学、中学均设有全国通考制度。一般中学是四年制。前两年，学生接受包括菲律宾语言文学的公共课程以及英语、数学、社会科学、工业技术和家政学。后两年，学生们分别进入高等学校预科或职业学校学习。为了解决乡镇学生落榜的高百分比的状况，菲律宾政府在广大农村地区建立村镇中学。菲律宾人口五分之四居住于村镇，村镇青年按人口比例构成中学学生的80%，因此他们读完小学以后，大多数人实际上不可能继续升入中学。这些村镇学校正是为了帮助孩子们继续完成学业而成立。高等教育由国家公立和私立院校组成。国家公立院校包括赋有自主权、特许设立的国家院校，如菲律宾大学和棉兰老大学、各个农学院、工业大学、文学与音乐学院；由公立学校管理局管理的教师进修学院；由职业教育局管理的公共职业学院。菲律宾私立大学和学院数量远远超过公立院校，共有450多所，占高等院校注册总量的90%。

七、马来西亚教育概况

19世纪以前马来西亚甚至没有正规的学校，只有马来人的古兰经塾和华人的私塾。1816年英国传教士创办了马来西亚最早的一所现代意义上的学校，早期的学校几乎完全被教会所控制。独立以来，马来西亚政府针对教育水平不能满足国民经济发展需要的状况，开始把人力资源开发、发展民族教育摆在重要地位。教育公共开支的增长速度逐年超过国内生产总值的增速，在政府财政支出中与国防支出相当，占总预算的13%~22%。马来西亚宪法规定，发展教育是联邦政府的责任。作为促进国民团结和统一，推动经济社会发展，实现国家工业化，清除社会各阶层、种族和地区不平等的重要手段，教育被列为马来西亚国家发展计划的优先发展项目，一直受到马来西亚政府的高度重视。特别是纳吉首相上台后，推动"一个马来西亚"全新概念（包括八大价值观），把教育列为第七项价值观。进入21世纪以来，政府努力塑造以马来文化为基础的国家文化，推行"国民教育政策"，重视马来语的普及教育。华文教育比较普遍，有较完整的华文教育体系。2007年15岁以上人口识字率91.9%，入学率71.5%。全国共有470多家公共图书馆，藏书1 130万册。马来西亚主管教育的机构由教育部和高等教育部两个部门组成。

（一）独立后马来西亚教育发展回顾

建国初期，马来西亚政府于1957年公布了教育法令，1961年又制定了教育法令修正案，强调大力发展各级各类教育，并逐步实现以马来语（国语）为教学语言的计划。1973年设立课程纲领发展中心，统筹规划和改革全国中小学课程设置、教学大纲和课时安排。1979年成立的马来西亚考试理事会，从1982年起取代此前英国剑桥大学考试局，主持本国高等教育考试，从而把教育政策制定、各级行政管理、课程内容设置以及学校考试制度都纳入民族教育发展的轨道。

独立后，新政府重视教育，制定了适合本国国情的教育法规，逐步清除了殖民地时期英国的教育模式，不断消除种族隔离，消除贫困，尤其使马来西亚本族人受教育的机会逐步增加。独立初期，马来西亚的教育政策主要集中在两个报告里，一个是《1956年教育委员会报告书》（拉扎克报告书），另一个是拉哈曼·嗒林布委员会修定的《教育报告》，这两个报告被认为是马来西亚独立后建立教育制度的理论基石。拉扎克报告试图建立起一个各少数民族均可接受的国家的教育体系，把马来西亚巴赫塞（即马来语）作为这个国家的民族语言，以保护本国的民族语言和其他团体的文化。允许华人和印度人使用本族语或英语教学，但要采用共同的教学大纲和课程表。1957年委员会修订的《教育报告》对教育改革提出了进一步的建议。报告首次决定普及初等教育，实行免费的初等教育。还规定，设专科中学，提供两年的职业课程，采用英语或只用马来西亚巴赫塞语教学。1963年，马来西亚把实行统一的教育目标、教育制度和教育内容作为教改重点。教育与计划研究所进一步系统全面地规划了马来西亚的教育。1966年正式成立全国课程中央委员会，开始着手拟订全国统一课程和统一教材。1967年高等教育规划委员会的报告强调扩大高中和高等教育。1969年，马来西亚当局重新修订教育政策，特别重视高等教育。至1969年，建立了统一的教育体系和制度。1957年公布的小学六年免费就读制，这时又改为九年一贯制的逐年自动升级综合教育免费制，而初三后通过参加初中教育文凭考试进入高中。高中课程分学术性和技术性两类，高中阶段后可能还有两年"第六学级教育"，即大学预科，此后便是考大学。

1970年马来西亚政府制订了新经济政策，目的是消灭贫困，消除种族隔离，改造社会，各阶层的经济状况趋于平衡。在教育方面，主要制订了新的教育文件。内容涉及扩大教学大纲和课程内容，提高教学质量，改进教学过程，加强马来语教学活动。从1970年起，以英语为教学语言的学校在小学一年级要用马来语教学。1970年5月，成立了国民大学，公开宣布马来语是该大学唯一的通用语言。政府同时宣布马来语为大学教学语言。1983年其他高等学校也开始采用马来语教学。

（二）教育结构、制度和特点

1. 中小学教育

马来西亚实行小学六年和初中三年义务教育。全国中小学分为国民学校、国民型学校和私立学校三大类型。国民学校用国语教学，经费完全由政府承担，学生免交学费；国民型学校接受政府部分资助，其中国民型小学以各民族语言为主要教学语言，国民型中学则须以国语为第一教学语言，兼可开设其他语文课程；私立学校经费自筹，以本民族语言授课。在基础教育阶段大量渗透职业技术教育，改革普通教育课程设置。在小学四年级设置就业科目，提高学生的操作技能。使小学生具备基本就业经验和机会，提高他们的职业意识和对职业的理解力；初中阶段教育加进技术成分，引入新的综合科目——生活技能，并设置农、工、商及家政等职业课程，使学生获得一般的职业训练；高中阶段，实行文、理、工分科，设置多元课程，以加强学生学术性和职业性的综合教育训练。

2. 高等教育

马来西亚的高等教育担负着培养国家行政、经济、科技和教育以及各类高级专门人才的任务。学生必须经过高中后的两年大学预科学习，并考取高级学校文凭（STP），才能取得大学入学资格。高等教育设有人文、艺术、法律、经济、管理、教育、医学、农业、自然科学、工程技术、测绘、城市建筑与规划等学科。60年代末以来，政府一直努力扩大理、工、农、医等专业的比例，改变过去偏重文科教育的状况。根据马来西亚新颁布的《教育法》修正案的规定，1996年1月起大学开始实施企业化改制，目的是减轻政府负担，增加高等教育入学率。1997年马来西亚政府通过了《私立教育法》，为私立高等教育的发展提供了法律保障。政府鼓励私人机构设立高等学校，允许创办私立大学，吸收民间资本投入高等教育，为年轻人提供更多的深造机会。60年代初，马来西亚仅有一所大学，数千名学生。而现在有公立、私立大学及师范学院等各类高等院校40余所，大学生近10万人，已构成初具规模的高等教育体系。预计到2020年，马来西亚19~21岁青年的高等教育入学率将达到40%。马来西亚公立大学共有20所，马来西亚国民大学、理科大学、马来亚大学（世界最高排名89位）等属于国立，其他的如沙巴大学是州立大学，马来西亚13个州，每个州只有一所州立大学。这些公立高校拥有专业一流的师资，领先的教学水平，与世界接轨的课程设置，国际化的教学模式，大学直接享受国家教育经费和补贴，配备一流的实验器材和硬件设施。除了公立大学外，目前马来西亚还有4所外国大学分校，652所私立学院（其中79所私立学院提供3＋0.2＋1等双联课程）。私立教育机构每年招收的学生有几十万名，为了保障质量，马来西亚教育部成立了私立教育及国家学术鉴定局（LAN），对私立教育机构的课程设置、学费以及师资水平进行监督和管理。

3. 职业技术教育

马来西亚职业技术学院是自60年代随着国家工业化进程而发展起来的。1968年职业技术学院仅有8所，到1980年达到38所。职业技术学院在提供专门职业技术课程的同时，还注重现代科学和基础知识教育，以及学生毕业后进一步学习和掌握新知识和新技术。政府部门所属的培训机构有劳工人力部的工业训练学院、人民信托局的职业学院以及青年与体育部的全国青年发展机构和青年先锋机构。

4. 公共管理教育

公共管理教育为马来西亚政府培养行政管理方面的人才。它主要通过国家公共管理学院、全国生产力中心和玛拉工艺学院等实施。国家公共管理学院创立于1972年，受中央人事机关的领导，但在业务和预算方面拥有自主权。由政府各部和州政府的高级代表组成的顾问班子向学院提供咨询和反映代培单位的意见。学院利用各种形式对各级政府人员进行培训，对高层行政官员举办高级管理讨论会或讲习班，研究重大政策问题；对中级官员实施如财务和人事管理等专题教学计划；低级官员则接受管理入门课程和专门技术教学。公共管理教育系统每年培训1.5万名政府雇员，学员的成绩都要经过正式考核，甚至作为政府人员晋升的标准之一。

八、文莱教育概况

文莱是东南亚的首富国家，其优越的经济基础为教育的发展提供了资金上的保证。文莱逐步建立起了一个适合其本国文化、传统和经济发展的学校教育结构和系统。文莱的学制是7—3—2—2制，即小学7年、初中3年、高中2年和大学预科2年。国家为其公民和永久性居民提供12年的免费教育；经批准到国外留学的学生也可享受免费的高等教育。在文莱，中学后的教育和培训主要由文莱大学、文莱理工学院、拉希达护理学校、文莱古兰经学院和一些职业技术学校与培训中心负责。教育司负责贯彻教育部颁发的各种计划、项目和活动。

（一）初等教育

在文莱，初等教育分为三级：学前、初小和高小，学习年限共7年，学前教育（一年）于1979年归入小学教育，并成为义务教育的一部分，学生5岁入学。文莱目前有123所小学、30所中学。

（二）中等教育

初中的学习年限是3年。学生在第三年结束时要通过PMB（"初中考评"）考试。通过了PMB考试的学生有两种选择：一是升入高中进行文莱—剑桥"O"级考试或进行"N"级考试；二是就业或进入教授工艺和技术课程的职业技术学校。高中阶段根据PMB的考试成绩，学生被分流到科学、艺术和技术类的班级。分流的目的是给学生继续提供全日制教育，教育的年限是2~3年。

（三）高等教育

文莱共有4所大学：文莱大学（综合性大学）、文莱理工学院、拉希达护理学院、文莱古兰经学院。大专的学制为2年半，本科4年，研究生2年。此外还有8所技术学院、2所高等教育学府（大专）和77所海外私立学校。

文莱大学全称"文莱达鲁萨兰大学"（Brunei Darussalam University），是文莱最大的综合性大学。文莱大学是文莱高等教育和科学研究中心。学校成立于1984年，校园坐落于首都斯里巴加湾市以北10千米，紧邻南中国海，在校学生3 000多人。

文莱理工学院学制2年半，开设的专业有商业及管理、计算和信息系统、电力与电子工程3个系，开设"高等国家文凭"课程。

拉希达护理学院。拉希达护理学院成立于1986年，是文莱唯一培养护理人员的学校。该院开设有高级护理、接生护理、治疗护理、精神卫生护理等专业课程，有来自英国、澳大利亚、加拿大等国的优秀教师资源，与一些国外专业院校建立了广泛的联系，学生毕业后可以到国外深造。

文莱古兰经学院。该学院是苏丹·哈吉·哈桑纳尔·博尔基亚·穆伊扎丁·瓦达乌拉贡献给世人的礼物。这是一个学习古兰经知识和其他学术知识的地方，也就是说是个综合教育学院。它开设的课程有4类：记诵古兰经和普通中等教育课程，招收有小学毕业证书12岁及以上的学生；记诵古兰经和学习阿拉伯文，招收13岁以下儿童；开设每周学习一次的古兰经记诵班；为视力有缺陷的人开设全日制课程。

九、新加坡教育概况

在东南亚各国中，新加坡的教育事业最为发达。新加坡的教育体系分为四个层次：小学、中学、高中和大学。其培养目标是通过优质的教育和训练，最大限度地挖掘新加坡人的潜力，以提高新加坡劳动力的素质和新加坡在全球的竞争力。新加坡政府倡导人民"同心协力，共创未来"，并号召人民"终身学习"。新加坡在短短30多年间取得了巨大成就，主要是依靠"人才立国"的战略，也是500多万新加坡人民（包括在那里工作的100多万各类外籍人员）不懈努力的结果。虽然新加坡经济快速发展，但本国人力资源特别是高素质的人才仍然非常短缺。为了满足人才需求，新加坡政府长期坚持建设和完善教育体系，积极培养本地人才，同时还大量吸引、培养外来人才。

（一）新加坡的教育体系

1. 初等教育

儿童入学年龄为6岁，小学学制为6年，不收学费。初等教育由3个阶段组成，学生学习共同的基本科目，目的是打下牢固的基础。基本科目是英语、数学和母语，为学生进入中学作准备。3个阶段是：学前阶段1年，基础阶段1~4年级，定向阶段5~6年级。5岁的儿童学习一年的学前课程，目前已在10所全日制小学试验。目的是培养儿童学习讲英语和母语的能力，教诲他们亚洲人的价值观念。这样有利于帮助不同语言背景的学生，特别是对那些缺少家庭支持或缺少双语环境的学生有重要意义，也将帮助学生为小学的正式阶段作准备。1~4年级的基础阶段主要强调语言（英语和母语）和数学的能力。五年级和六年级是定向阶段，定向阶段同样继续强调基本的语文和数学能力，为所有的学生提供同样的英语和数学课程。同时根据学生的能力，变化扩展有关课题。所有的学生都要参加小学离校考试（PSLE），这种考试主要考核学生对中学教育的适应能力，也决定他们在中学将学习哪一种课程，即特别课程、快捷课程或普通（学术/工艺）课程。

2. 中学教育

中学实行4至5年制。学生通过小学离校会考可以升入初中，中学又分特别班、快捷班和普通班三种课程。学习前两种课程的学生可在中学第四年参加普通教育文凭"普通"水准会考。普通班学生成绩好的可在中学第五年参加这项考试。特别班以第一语文水准教授英文和母语，只收小学离校会考成绩优异者，每年约有5%的小学毕业生选读特别班。小学毕业生有一半以上（占56%）升入快捷班，38%升上入普通班。两班学生读的母语只是第二语文水准而已，约有75%普通班的学生参加普通教育文凭"N"水准会考取得令人满意的成绩而升入高中。

3.初级学院/高中教育

合格中学毕业生凭成绩及兴趣选择初级学院、高级中学及理工学院（大专学府）继续升学，或进入社会工作。初级学院的大学先修课程为两年制，高级中学则为三年制。通过O水准考试后，中学生可以报名申请进入初级学院修读两年的课程，也可到高级中学报名就读三年的大学预科课程。初级学院的学生除了要修读普通试卷和母语这两个主科之外，也必须从自己所选修的文科、理科或商科中，选定四个科目参加A水准考试。完成了两年或三年的初级学院或高级中学课程的学生，可参加O水准考试。

4.大学教育

中学四年，毕业时参加英国剑桥"O"水准考试，学生可凭该成绩报读新加坡或英、美、澳等国家的大专学府；大学预科两年，毕业时参加英国剑桥"A"水准考试，学生可用该成绩报读新加坡或英、美、澳等国家的大学。新加坡有四所大学：新加坡国立大学、南洋理工大学、新加坡管理大学、新加坡新跃大学。五所理工学院：南洋理工学院、新加坡理工学院、淡马锡理工学院、义安理工学院、共和理工学院。新加坡也有许多私立学校，这些学校或学院也设有一些很受欢迎的课程，如语言、工商管理、市场营销、公共关系、酒店旅游业、美容及电脑等。

新加坡国立大学（National University of Singapore，简称NUS），是新加坡共和国的第一所大学。新加坡国立大学始创于1905年，是历史悠久的世界级名牌大学。目前拥有9所专业学院，7个研究生院，多个研究所和科研中心。共设学系50个，在校本科学生约1.9万人，研究生7 000多人，教研人员3 000人。新加坡国立大学目前拥有13个学科，可供至少2.2万名本科和8 000名研究生学习。该大学目前有13家国家级别、12家大学级别和超过60家院系级别的研究学院和研发中心。

南洋理工大学是一所享誉国际的高等教育学府，是国际商学院联合会（AACSB International）认证的大学。其发展历程可以追溯到1955年由新加坡和本区域各阶层民众捐资建立的南洋大学。1981年，南洋理工学院在南洋大学旧址"云南园"诞生，并在1992年发展为现今的南洋理工大学，为急速腾飞的新加坡经济培养工程专才。

（二）新加坡教育体制的特点

概括起来，新加坡的教育体制有如下特点：

1.双语制

新加坡在独立以后，为了使国家在文化上得以统一，加强各民族之间的相互交往，同时兼顾各民族的情感，从1973年起，政府推广双语教育，并逐步把使用不同语言教学的学校合并起来，要求各学校实行双语教育，但必须把英语作为第一语文，同时把本民族语言作为第二语文纳入教学计划。因为英语是世界上最常用的国际交流语言，对新加坡的各个民族都是需要的，所以双语教育能够顺利地贯彻到每个学校。到1987年，新加坡中小学已全部实行了双语教育。他们还专门设置了9所特选中学，只有中文优秀的学生才能进入这些学校。因为这些学校中较多地保留了中华民族的文化传统。1998年，新加坡政府提出了大力培养中文精英，推行新的中文教学政策，增加一所特选中学，以加快培养未来能够与中国打交道的精英人才。政府不仅积极鼓励他们使用华语，而且还在全国大力宣传和开展学华语运动。1998年，新加坡学华语运动的主题口号是"学华语，好处多"。双语教育是新加坡教育制度的一大亮点，也是他们具有长远战略眼光的明智之举，为新加坡经济的开放和国际化奠定了坚实的基础。

2. 高投入

新加坡政府长期对教育进行高投入，每年政府拨给教育部门的经费占财政预算的很大一部分，近年来已超过了国防预算。受金融危机影响的新加坡1999年第一次采用赤字财政预算案，部分项目的开支被削减了，然而教育经费预算不但没有减少，反而比1998年增加了2亿新元，达57亿新元。另外，新加坡教育部将在接下来的几年里投资45亿新元，对当时290所中小学进行大规模的校舍重建或改造翻新，以使这些学校成为世界最优秀的学府。

新加坡为了提高本国的竞争力，充分利用现有教育资源从世界各国大量吸引人才。新加坡前总理吴作栋在1997年8月9日的国庆演讲中，曾提出要使新加坡成为吸引世界级人才的绿洲，并多次强调"我们需要更多顶尖人才"、"永不停止吸引人才"。他们对引进外来人才的主要措施有：

（1）由经发局根据本国经济发展对人才的需求，直接到国外去招聘人才，教育部门也不例外。在新加坡的各大、中、小学中，几乎有来自世界各国的知名教师任教。

（2）从别的国家招收学生到新加坡就读大学甚至中学，以提供政府津贴、奖学金、学费贷款等方式，大量吸引外国学生到新加坡就读，为未来的持续发展做好人才储备。他们还制定有关政策，要求各级学校中外国学生应占有一定的比例。其具体规定是：在中学，外国学生所占的比例要求达到5%，特选中学要求达到10%；高等学校达到20%，以使新加坡的教育国际化，最终目标是将新加坡发展成为东南亚乃至亚太地区的教育中心。

（3）吸引10所世界顶尖大学到新加坡合作办学、设立分校或开办课程。目前，新加坡国立大学、南洋理工大学已与美国麻省理工学院建立学术联盟；南洋理工大学与美国卡内基·梅隆大学合作开办"训练金融界火箭科学家"的硕士学位课程；美国乔治亚科技大学在新加坡国立大学设立世界级亚洲后勤学院；法国的欧洲工商管理学院（INSEAD）、美国的约翰霍普金斯大学和芝加哥大学商学院将在新加坡设立分校或开办课程；正在筹建中的新加坡管理大学将与美国宾夕法尼亚大学霍顿学院（Whatnot School）合作办学，等等。其主要目的是为了进一步提高新加坡本国大学在世界的地位，并为新加坡在新世纪的更快发展培养更多人才。

（4）外来人才住屋计划。凡是拿到学生准证的大专以上学生或持就业准证在新加坡工作的外国人才，只要在新加坡居住未满两年，都可以向政府申请租住二室一厅、三室一厅或公寓式的整套住房，其租金比市场价格低得多。此计划有助于解决刚踏入新加坡的外来人才生活方面的困难，且体现政府对他们的关怀之情。

十、印度尼西亚教育概况

印度尼西亚教育大致分为三个历史时期，即宗教教育、殖民教育和国民教育。自公元1世纪，婆罗门教、印度教的寺院和伊斯兰教的清真寺及小礼拜寺先后成为教育中心，以讲经布道为主。葡萄牙、德国人在传布天主教的同时还向其信徒传授一些文化知识。荷兰殖民印度尼西亚期间，建立了分别使用马来语和荷兰语授课的两种学校，前者为农村小学和技工学校，学制3~5年，农村小学主要对原著民进行栽种培训，以提高农业产量。技工学校的授课主要是技能培训，以满足政府和私营企业的劳力需要。其课程主要为马来语、算术、写作、音乐、栽培、手工等；后者以荷兰中学为主，专门招收荷兰人子弟，用荷兰语进行教学，其课程主要为历史、数学、地理、化学、马来语等。后期少量招收印度尼西亚贵族子弟，对他们实行殖民教育，培植政府低级官吏和荷兰企业雇员，为殖民政府和荷兰本国政府服务。日本统治印度尼西亚时期，在印度尼西亚禁止使用荷兰语，由于日语尚未来得及推广，只能使用印度尼西亚语，在客观上推动了印度尼西亚语教学。印度尼西亚独立初期，将小学到大学的学习时间由原来的14年缩短为12年，取消了荷兰语作为教学用语。这一时期，印度尼西亚教育战略不明确，基本沿用了殖民时期的教育模式。1950年政府颁布了基础教育法，旨在实行小学6年义务教育。为提高国民素质，政府开展了大规模的扫盲运动，但收效甚微。新秩序时期，政府重视发展教育，1969年10月成立了教育发展局，负责研究、规划和协调教育工作。1973年，政府发布命令，每年从石油收入中划出特别经费，用于发展教育。1978年政府宣布减免小学生的学费。自80年代，印度尼西亚政府大规模兴建小学校，招聘教师，扩大招生规模，于1984年6月在全国开始对7~12岁的儿童实行强制性初级教育。1989年3月27日通过了印度尼西亚国家教育法，教育宗旨为"实现以建国五基为本的繁荣公正社会"。在实施国民教育中，实行义务教育制度，宪法规定，所有儿童在满6岁时，有最低享受6年义务教育的权利。

印度尼西亚目前学制为小学6年，初、高中各3年，大学5~6年（含预科期），研究生2年，学校分公立和私立两种，后者多于前者。小学分为普通小学和宗教小学，有的学生上午在普通小学学习文化知识，下午到宗教小学学习宗教基础知识；初中分普通中学和职业中学，职业中学又分技术中学和家政中学等，选择职业中学的小学毕业生仅占总数的 2% 左右；初中毕业经入学考试进入高中阶段，高中分职业高中和普通高中。职业高中又分技术高中、家政高中、经济高中和师范学校等。职高和普通高中数量的比例是 1∶2。自 1989 年，印度尼西亚各类师范学校均改为高中。普通中学自三年级开始分文、理科，由于仕途观念的影响，选择文科的学生人数远远多于选择理科的学生。

印度尼西亚高等教育始于荷兰殖民时期，荷印政府为满足雅加达军队医院的需求，于 1851 年建立了爪哇医校，1902 年升为医学院，成为印度尼西亚较早的高等院校。1903 年法律学校在雅加达成立，主要是为法院输送人才，该校于 1924 年升为法学院。第一次世界大战爆发后，荷兰与印度尼西亚的海上通道被切断，由于印度尼西亚没有参加大战，其经济生活基本正常。企业发展需要补充人员，但荷兰技术人员无法来到印度尼西亚，荷印政府也无法派当地人到荷兰受训。在这种情况下，由私人企业家发起于 1920 年在万隆成立了工学院。1940、1941 年在雅加达和茂物分别建立了文学—哲学系和农业系。日军侵占印度尼西亚前，荷印政府计划把上述各系联合到一起，成立"荷印大学"，1942 年日军侵占印度尼西亚，关闭了上述各系，许多在印度尼西亚任教的荷兰人被捕，合并计划化为泡影。1943 年雅加达医学院复办，1944 年万隆工学院复办。1945 年印度尼西亚独立后，首先成立了印度尼西亚共和国高等师范学院，先后设立了医学、药物、文学和法律系。英军和荷兰殖民军在印度尼西亚登陆后，印度尼西亚共和国政府被迫移至日惹，雅加达成为敌占区，印度尼西亚共和国高等师范学院变为地下革命活动中心。部分系和专业分散到日惹、梭罗、泗水、玛琅等地，学生分别到老师家里秘密上课。1946 年 1 月 21 日，荷兰殖民军在雅加达成立了"临时大学"，1947 年 3 月 21 日更名为"印度尼西亚大学"，其农艺和兽医系设在茂物，技术、数学和物理系设在万隆，医学、牙医系设在泗水，经济系设在望加锡。印度尼西亚共和国统一后，于 1950 年 2 月 2 日，印度尼西亚共和国高等师范学院与印度尼西亚大学合并，称作"印度尼西亚大学"，并发展成今日印度尼西亚最高学府。自 60 年代，印度尼西亚高等教育发展迅速，高校数量从 1950 年的 10 所发展到现在的 1 000 余所，其中多数为私立大学。为提高办学质量，政府于 70 年代推行联合办学的模式，即教育部牵头，由几个不同大学的相同学科部门组成学科联合会，主要集中在医学、农业、教育、自然科学和社会科学方面。在每个联合会中，最具实力和完善的大学被指定为负责提高和改善较落后的大学教师素质和办学条件的中心。为了适应国家经济建设，于 1984 年国家建立了开放大学和函授大学，为就业者和社会青年提供继续深造的机会。此外，政府派遣留学人员到国外进修或攻读学位，他们中，多数在荷兰、美国、澳大利亚等西方国家。独立初期，印度尼西亚各级学校的课程主要沿用宗教教育模式和体现荷兰教育传统的模式。教育部统管的学校沿袭荷兰课程模式，主要开设自然科学、社会科学、外语、职业教育等课程，同时增设德育和公民教育课，系统地学习建国五项原则。宗教部管辖的伊斯兰学校分为两种：一种为传统学校，称作"伯山德冷"，不分年级，学生主要学习阿拉伯语、伊斯兰教教义、伊斯兰文化和吟诵《古兰经》；另一种是分年级的学校，称作"穆德拉萨赫"，该校把普通知识和伊斯兰知识结合在一起，分别开设相关课程，普通知识课占全部课时的70%左右。该类学校受到国家鼓励和学生们的欢迎。根据1966年临时人民协商会议关于宗教、教育和文化的第27号决议，印度尼西亚各级学校开设了不同程度的宗教必修课。学生可以自由选择，但必须选择一种。如学校无力开设某种宗教课，学生可以到校外寻求教师，定时上课，期末通过考试即可，成绩记入档案。为使课程设置科学化，教育部教育研究和发展中心自70年代成立了课程研究部门，主要负责完善课程体系，制定课本编写和出版计划。为适应社会需要，除中学设置的政治、宗教、印度尼西亚历史、经济、印度尼西亚语、英语、体育、美术、手工、生物、化学、地理、数学和物理14门必修课外，增设了技能课。1997年东南亚金融危机爆发后，技能课因缺少资金和必要设备而受到很大影响。高校课程设置的特点是关联性较强，侧重于培养具有综合素质的人才。

印度尼西亚各级学校注重对学生的道德教育，除要求学生们将来成为一名出色的印度尼西亚公民，为社会作贡献外，大都强调为母校争光，以培养他们的荣誉感。印度尼西亚教育部门针对目前出现的社会问题和青少年的思想状况，制订和完善了一些相关规定。其中毒品问题已成为社会问题，高等院校把禁毒列入校规和学生入学保证书中。印度尼西亚"热爱祖国儿童基金会"为此做了大量工作，该基金会组织人员在公共场所分发禁毒传单，并在苏门答腊、爪哇、巴厘等地的120所中学进行试点，还独创了一种戒毒法，即组织吸毒青少年成立和参加鼓乐队，以此帮助戒毒。由于成绩突出，2001年该基金会受到联合国的表彰。国家领导人对培养接班人也给予了极大的关注，2002年7月23日，梅加瓦蒂总统在庆祝印度尼西亚儿童节大会上对数千名小学生发表讲话，对全国青少年提出5个期望：热爱祖国、自信、尊重家长和朋友、热爱环境和远离毒品。

第二节　东南亚国家的科技成就

一、越南科技发展概况

越南科技环境部主管全国的科技发展工作。根据本国社会经济发展的轻重缓急，该部提出了发展科技工作的重点项目和领域。它们是：生物、信息技术、新材料、环境保护、农业技术（包括海洋开发）。该部对科技项目进行分级管理，即分为国家级项目、各部委项目和地方项目。科技环境部只负责国家级项目。

越南科学院是全国最大的科研基地，下设17个研究院所，分别是数学所、信息技术所、化学所、天然化学产品所、生物技术所、生态与生物资源所、地质所、地球物理所、地理所、力学所、材料科学所、热带技术所、物理所、海洋地理所、热带生物所、应用力学所和化工技术所。其中前13个所设于河内科学院大院内，海洋地理所设在中部庆和省的芽庄，其余3个所位于南部的胡志明市。这些研究院所代表了目前越南最高的科学研究与开发水平，除此以外越南农业与农村发展部、工业部、地质矿产部等部门还辖有一些水平相对较高的应用研究院所，设于河内和胡志明市的几所重点大学也有一定的研究开发实力。虽然越南科研院所相对齐备，然而，限于财力，国家对科学研究与开发的支持十分有限。因此，研究部门的大部分资金来自横向的合作研究。国家对于科技人员和政府机构的工作人员的兼职问题没有明文禁止，科技人员在社会上兼职已成为普遍现象。

越南全国有科技人员100多万，大专以上水平35万，其中6 500名副博士，350名博士，大部分是过去在原苏联、中国留学的，他们研究水平不高，知识需要更新。越战结束后，国内百废待兴，基础设施（尤其在北方）严重缺乏。政府拿不出更多的资金改善诸如电力、道路、供水状况。政府对于整体的发展控制无力，社会发展显得杂乱无章。越南的科学技术长期得不到应有的重视和发展，大部分科研设备、仪器、实验室陈旧老化，较先进的科研设备仅占6%，是近几年国际组织捐赠的。由于经费及待遇问题，科技队伍后继乏人，增加了未来发展的困难。

越南目前迫切需要在以下领域提高科技水平：农业、化工、地质、冶金、机械、畜牧、水产、纺织、造纸、计算机、生物工程等，并希望在农药、兽药、碾米、农副产品加工、机械等方面引进技术和设备。

越南1998年提出了科技发展"新思路"，其核心是"促进科技产业的重组和升级，建立越南的高科技体系，适应国内经济重建和国际战略的需要"。根据这一目标，21世纪的越南科技战略将分三步走：对现有科技设施进行改造，达到科技需求自给；着重开发信息、通讯、生物、机械、交通等产业技术，为越南经济复兴提供保证；发展尖端科技，建立自己的高科技体系，适应国际战略的需要。在科技对外交流方面，国家鼓励各部门的科研单位积极开展与国外对口单位的交流，争取国外机构，特别是国际组织的经费支持。国外的经费可直接汇到越方的执行单位，由科技部和财政部出面担保并负责定期检查。据了解，目前联合国系统等国际组织对越南的资助项目有所增加。

二、老挝科技发展概况

老挝是一个农业国家，曾长期遭受殖民统治，经济不发达，科技落后，文化水平不高，科技基础十分薄弱。近年来轻工业和旅游业虽有较大发展，但老挝经济主要依赖于水电和矿产等能源行业的支撑，大部分科技产品需要进口。现阶段老挝科技发展战略的重点是向全社会宣传科技是重要生产力的意识；恢复和改善现有的科技方面的基础设施。老挝目前科学技术水平还很低，只有部分水电站、食品厂、饮料厂、服装厂采用了先进工艺，国内科研院所受多方面限制，尤其是缺乏科学家、技术专家，同时缺乏高水平、高素质的技术工人，用于研发的科研经费预算明显不足。致使老挝科研成果数量严重短缺，转化率极低，所有的生产机械设备不得不依赖进口。1982年老挝国内的科技与管理人员中具有大学文化程度的只有1 300名，至今尚未形成具有一定规模的科技队伍和体系。1987年后，老挝政府成立了"科学技术部"，军队设立了"科学技术局"，负责吸收应用外援技术。还成立了"老挝社会科学委员会"，领导部分研究机构，由著名文化界人士西沙纳·西山任主任。近几年老挝政府加强了对科学技术的领导与管理。与此同时，开始重视人才培养，相继有计划地选拔人才到国外深造。1986—1989年共选送2 914人到国外深造，现基本回国服务。老挝在农业领域提倡科学种植和水产养殖，选育优良品种，进行杂交水稻高产试验；对咖啡等经济作物进行高产试验示范和推广。在食品等加工业方面努力学习和应用外国科学方法和新工艺。近几年老挝大力发展通讯产业。在固定电话业务上，目前为止，老挝的固定电话业务已经完全开放，现在共有固定电话运营商三家，分别为LTC、ETL以及LAT。随着移动用户的增多，固定电话数量开始出现负增长。截止到2005年，老挝共有固定电话线路91 340条。在移动通信方面，老挝的主要移动运营商有LTC、ETL和MLL三家。老挝的移动用户数1992年仅有290户，1997年增加到5 030户。自从那时起，老挝移动用户数明显增加，截至2005年底的移动用户总数已经超过59万。老挝的GSM网络主要应用于万象市和其他五个省市，其中80%的GSM移动用户集中在万象市。在互联网服务方面，老挝的相关业务主要由两家基础运营商LAT和ETL提供。其中，ETL占据38%的市场份额。此外还有5家互联网服务提供商，他们分别从LAT和ETL租用网络。截至2006年9月，老挝共有互联网用户2.5万户，普及率为0.4%。

三、柬埔寨科技发展概况

在东南亚诸国中，柬埔寨科技力量十分薄弱。近十年来，柬埔寨政局趋于稳定，重点发展经济，经济保持良好发展态势，加之外国援助和国家对IT业采取宽松的监管政策，信息产业得以逐步恢复和发展。但长期的内战导致柬埔寨教育产业滞后，人才匮乏，特别是通信等高科技人才缺乏。柬埔寨政府寻找科技产业发展的突破口，积极鼓励引进国外先进通讯技术。2010年亚信—联创已经与柬埔寨领先的固话和移动通信服务提供商Mfone有限公司签署了一份协议，以此为Mfone公司开发商业智能（BI）系统。同年在金边柬埔寨首相府由政府牵头，柬埔寨最大的移动通信运营商（CamGSM Co. Ltd.）与中国华为公司签署了为期三年的通信设备框架合作协议。同时柬埔寨政府还促成华为公司与柬埔寨邮电部的人力资源培训战略合作协议，旨在为柬埔寨电信人才提供更先进、专业的知识培训，以缓解柬电信市场人才供不应求、专业技能低的压力。

四、泰国科技发展概况

泰国科技发展起步较晚，但发展较快。在前三个国民经济与社会发展计划中（1961—1977年），基本上没有科技发展的内容。70年代后期，科技在国家经济和社会发展中的作用受到重视。1979年成立了科技与能源部（1992年更名为"科技与环境部"）。

在第五个五年计划（1982—1986年）中首次把科技发展计划列为一个重要组成部分。强调建立科研机构和从国外引进先进技术，提升国家的科技力量。该计划中将R&D的经费目标定为GDP的0.5%。在此期间，积极拓展国际合作，签署了几个国际科技合作协议。

在第六个五年计划（1987—1991年）期间，外资大量涌进，经济迅速发展。科技发展计划提倡建立协调的工作机制，发展科技人力资源，形成国家长期科技发展方针。提出2%的政府预算用于R&D。将生物技术、新材料和电子技术定为国家科技发展的重点领域。在科技与环境部下建立了三个国家研究开发中心，即国家电子与计算机研究工程中心、国家生物与基因工程研究中心和国家金属与材料研究中心。这三个中心分别负责制订该领域国家发展计划，组织项目的实施及项目经费的划拨，同时也创建了自己的实验室。

第七个五年计划（1992—1996年）期间，经济继续高速发展。由于制造业大量从东亚（日本）涌入，泰国的经济、工业和出口迅速扩展，同时，基础设施的紧张和科技人才的短缺问题日趋明显。当时的科技发展计划注重通过提供优惠的政策，刺激私人企业发展技术，利用外国的直接投资实现技术转让，使科技开发与工业发展相结合。

第八个五年计划（1997—2001年）期间，面对金融危机的沉重打击，国家将发展目标确立在"建立一个合理的泰国社会"。提出为了从经济危机中解脱出来，必须对不动产行业进行调整，加强竞争力。通过国际合作实现技术转让，提高R&D的有效性，发展公共研究机构，发展高等教育机构。

科学技术环境部是泰国政府的科技管理部门，其主要职能是：制定、管理、执行和评价全国科技、能源、环境方面的政策、计划、规划和确定项目；以生产和市场为导向，开发资源综合利用技术；促进技术转移，推广科研成果。1998年，泰国科技与环境部的年度财政拨款是117亿泰铢，2000年为125亿泰铢。基本上按照科技、环境、能源三大领域各1/3的比例进行划分。通过各有关部门下拨到承担科研项目的有关机构。

泰国的科技研究与开发工作主要由公共科研机构和大学承担，国有企业和私营部门的科研力量较弱。全国现有公立大学24所。公共科研机构主要有国家研究理事会、泰国科技研究院、国家科技发展局。这三个公共科研机构都直属泰国科技环境部。政府十四个部门中大多数有科研机构。泰国的科研投入中，约有60%是政府投入，其余40%是大学、企业和非政府部门投入。泰国政府很重视科技的研究和开发，但投入偏低。统计表明，从1987年到1996年，泰国的R&D占GDP的百分比呈现下降的趋势，从0.21%下降至0.12%。1996年，泰国的科研投入约为2.2亿美元，占国内生产总值的0.12%。亚洲金融危机后十年，泰国研发在GDP中所占的比重一直为0.2%~0.3%。

泰国高技术研究发展的重点是生物技术和遗传工程、金属和新材料、电子和计算机技术等三个领域，主要集中在相应成立的三个国家技术中心进行。泰国在农业生物技术和医学生物技术领域有较高水平。

进入新世纪以来，泰国政府及时调整了科技发展政策，置科学技术于一个十分重要的战略地位，采取低息贷款、减免税收、财政支持以及奖励等手段大力提倡公共及私人企事业单位联合进行科研、技术创新和人才培养等活动，强调通过发展科技提高泰国制造业在国际市场的竞争力。泰国政府越来越认识到，恢复和发展经济，必须建立自己的科技研发力量，培养科技人才，发展高科技产业，提高国际竞争力。泰国政府通过加强对科技发展的宏观管理，制订并推出了新的科技政策和战略发展规划，在加强通信基础设施建设、扶植信息产业、创建软件园区、强化环境建设、加强生物技术研究、促进农业发展等方面做了大量的工作，力图改变在应用技术方面主要依靠进口西方的设备和技术的局面。为强化科技发展在泰国社会和经济发展中的作用，泰国政府确立了4项发展科技的基本策略：一是大力培养和发掘各个层面的科技人才；二是积极推动国有和私营企业的科技研发工作；三是加速应用新型技术，特别是信息技术，提高政府和私营企业的管理水平；四是加强科技立法。

（一）出台国家科技发展十年战略规划

2004年，泰国政府出台了"国家科技发展10年战略规划"。该规划明确泰国在未来10年中的科技发展战略目标是提高国家可持续竞争力，发展区域经济，改善生活环境和生活质量，将泰国建成具有强大经济实力和完善社会福利的知识型社会。规划提出了泰国将致力发展的核心技术：1. 集成电路技术，包括电子商务、自动化和自动化电子技术、电子计算机辅助设计（CAD）、电子计算机辅助制造（CAM）、电子计算机辅助工程（CAE）和植入式软件等技术；2. 生物技术，包括生物降解塑料等；3. 材料技术，包括合成材料、金属和合金、陶瓷材料、橡胶等技术；4. 纳米技术，包括自动修复部件等。通过战略规划的实施，使泰国一大批企业的创新能力提高35%，将知识密集型的产品和服务提升到经合组织平均水平，提高国民收入，强化区域经济，改善生活质量，将泰国科技能力提高到洛桑管理学院（IMD）的国际竞争力排名中等以上水平。

10年内争取实现的经济目标包括：建成商用车辆、摩托车和汽车部件的全球生产基地；2006年国内软件市场达到900亿泰铢（国际市场为国内市场的4倍）；大大推动电子和电子工程工业的发展，设计和生产先进的微电子芯片以满足国内市场需求。

（二）从政策和基础设施入手推动发展信息产业

泰国政府在科技发展战略规划中提出，到2006年泰国国内软件市场达到900亿泰铢，国际市场为国内市场的4倍。为保证该目标的顺利实现，泰国政府一方面从政策方面向软件技术开发倾斜，泰国促进投资委员会（BOI）于2004年上半年批准了5项促进投资的政策原则，其中包括对软件设计业豁免机器进口税和免征法人所得税8年，享受豁免优惠政策的地区不限。

泰国成立了信息技术与通信部，并将发展信息产业列入2002—2006年国民经济与社会发展5年计划。为统一规划本国信息产业的发展，泰国成立了以总理他信为首的国家信息科技委员会，制定泰国信息技术10年发展规划。根据此项规划，泰国通过引进人才和加强教育，把软件开发和信息技术人员从目前的2万人增至7万人，向中小软件开发商提供更多的参与政府工程的机会，向开发信息技术的公司提供优惠税率等激励措施，成立由政府和企业组成的专门委员会，以加强信息技术教育和普及工作。政府出台了一系列政策和法规，积极扶植与信息技术相关的企业，采取了发展软件工业、培养信息技术人才和建立新型电子政府的3项措施，即制定泰国信息与通讯技术及软件工业发展计划，建立完善的教学及发展软件的市场，成立泰国软件工业区。

泰国致力于将本国发展成为计算机辅助设计国际技术中心。该国政府正在积极推动泰国计算机辅助设计（THAICAD）计划，并通过该项计划帮助产业开发以及向邻国输出该项技术和进军国际市场。

泰国最大的出口产品是计算机零配件，而硬盘驱动器（HDD）及其零配件的出口占其中的一半以上。目前，泰国是全球第二大硬盘生产商，世界四大硬盘厂商如西部数据、希捷、东芝和日立均在泰国设有工厂。

（三）完善环保法规，强化环境建设

目前，泰国正在与美国展开自由贸易协议的谈判。随着谈判的深入，环境议题变得越来越重要。因此，泰国政府已采取多项措施，如完善国内的环保法规，使之增加透明度，提高执法力度等来加强环境建设。政府重新修订了《1992年改进环境质量法令》，调整了环境影响评估标准，重视听取人民对环境质量的反映和意见。同时，泰国正在通过制订"绿色标识"标准来证明其商品未对环境造成损害。一方面借以避免其他国家以环境危害作借口对其商品设立贸易壁垒，另一方面促使广大消费者提高环保意识，同时要求泰国私营企业进一步改进生产流程以达到环保标准。

（四）制定节能计划，开发清洁能源

节约能源和缓解未来用电压力已成为当务之急。2011年，泰国能源部能源政策委员会已批准为期20年（2011—2030年）的节能规划，其中2011—2015年的五年预算投入为295亿泰铢（注：1美元约合30泰铢），目标是每年节约能源量折合原油1 450万吨。该预算中200亿铢直接用于补贴节能投资，其他包括管理及宣传费用30亿铢，发展节能标准及认证费用15亿铢，节能研究费用35亿铢，人力培训费用15亿铢。能源部要求国内电子及电器、汽车等产品必须通过能源消耗认证，在产品上标明能源消耗信息，供消费者购买时参考。目前泰国能源消耗年增长率达4.4%，如果不采取节能措施，未来能源消耗将增至1.5亿吨原油，而政府的目标是通过20年节能计划，控制年能源消耗增幅不超过3%。

（五）发展生物技术，开展基因研究

泰国主持了在APEC合作机制的框架下的生物科技发展会议，强调发展生物科技对

于改善医学和公共卫生服务、防治新型疾病（如SARS等疾病）的积极作用。因此，泰国决定成立泰国生物科技中心。泰国国家基因工程中心计划进行泰人基因工程研究，这项投资8 000万美元的10年泰人基因图表研究计划在医学方面的主要目标是解决泰人血液病及癌症的防治问题。该中心还完成了水稻基因资料，将利用这项研究成果改良泰国水稻基因，目前已将水稻基因资料建立基本档案并配合国际水稻基因研究成果改进泰国水稻品种。该中心现已绘制出水稻的染色体结构图谱，新的水稻品种将能增强抗涝、抗旱和抗病虫害的能力等。

2011年，泰国政府制定了国家第十一个经济社会发展计划（2012—2016年），计划到2016年，每万人中科技研究人员达到15人，研发投入从当前占GDP的0.3%增加到1%。2011—2012年度，政府向科技部预算拨款80.226亿泰铢（约合2.74亿美元）。

五、缅甸科技发展概况

缅甸没有一个统一管理科技工作的部门，而是由政府各部委分头管理。科技力量比较薄弱，科技水平相当落后，尤其是工矿制造业的科技水平更为落后。科技研究和开发的层次很低。相比较，农林方面科技力量在国内为最强，科技工作有一定特色和优势。自20世纪80年代颁布了《外资法》后，技术引进有了较大进展。

缅甸的科技研究与开发工作都由政府各部委直属的研究单位和大学来担任。以农林科技为例，农林部下属有计划统计局、农业局、农村企业局、农机局、灌溉局、勘测调查局、安置与土地利用局、林业局、林业企业局。农业局下属又有土地利用处、农业科研所、科研服务保障处、推广处等部门，都与科研有关。设在叶津的农科所有中高级研究人员100多人，初级研究人员955人。对农艺、植物、稻米、杂粮、纤维作物、经济作物、园艺、土地化学、植物病理、小农具等学科开展了研究。该所还设有干旱作物、山地耕作、水果蔬菜、植保等研究分所。科研服务保障处有12个中心农场和44个种子站，作为农作物试验和优良品种推广的基地。推广处在省邦都设有推广站，289个城镇有分站和推广点，形成了全国推广体系。

缅甸优良品种培育工作颇具特色，也因地制宜地研制出各种农机具，很耐用。林业科研主要是设在叶津的科研所内。从事森林管理与造林、植物和树木改良、自然资源利用、森林保护、木材资源及利用、林业加工等方面的研究开发。对营林、造林有一套措施和方法，具有一定优势和特色。

缅甸独立后，政府注意发展文化教育。全国有大专院校53所，还兴办了工业、农业、医科、畜牧和计算机等专科学校。著名学府有仰光大学和曼德勒大学。每年培养研究生约190人，理科大学生2.6万人。除高等教育外，还有各类函授大学、夜校、技校和培训中心，培训了一批技术人员。

缅甸独立后经济虽获得了一定的发展，但一直缺乏资金、设备和技术。由于经济困难，科技发展也就受到制约。因此，政府不得不大量争取外援来引进国外设备和技术。近年来，为了迎接新世纪和知识时代的挑战，缅甸政府采取一系列措施推动信息技术的发展。1996年9月，政府颁布了首部《计算机科学发展条例》，并组建了计算机科学发展委员会。1998年10月，缅甸政府在计算机工作者协会、计算机工业协会、计算机爱好者协会的基础上组建了缅甸计算机协会，还成立了信息技术发展委员会制订缅甸信息技术的短期和长期发展计划。另外，缅甸还在仰光和其第二大城市曼德勒各建一所计算机大学，并在全国其他19个城市设立了计算机学院。

目前，缅甸把发展信息技术产业的重点放在加强信息通讯技术基础设施的建设上，通过使用卫星、海底电缆、微波站和纤维光学等，改善包括高速数字传送装置在内的通讯设施。缅甸25家私营信息技术公司最近联合组建缅甸信息通讯技术发展公司，该公司计划在巴它地区建设高新技术园，使其成为缅甸的软件出口基地。

六、菲律宾科技发展概况

（一）国家的科技机构

科学技术协调委员会创建于1989年4月，它是国家最高科技政策决策和协调机构，由科学技术部部长担任主席，委员由有关科技活动的各部部长、私营机构代表和高等院校负责人担任。负责计划和协调科技活动的主要政府机构是科学技术部。该部下设5个部门委员会、7个研究所、6个科技服务研究所和2个学术研究机构。其他部门也进行重大的研究与开发科技活动，如农业部、环境与自然资源部、贸易与工业部和交通部等。在人力开发方面，教育、文化和体育部也起有重大作用。私营公司和非政府组织也从事科技活动，主要是各个领域中的研究与开发。学术研究机构包括私立和国立大学与院校，它们具有进行科技研究与开发的能力和巨大的科技人力。著名的高等院校有菲律宾大学、阿塔尼奥大学、东方大学、远东大学、圣托玛斯大学等。国立研究与开发研究所和私营机构之间的有效联系是通过科学技术协调委员会、科学技术部科技委员会和研究与开发研究所的技术顾问委员会。为促进与私营机构的合作，应用与开发研究所为工业企业进行研究与开发工作。

（二）国家的科技目标

科学技术的目标就是要通过努力应用科学技术，使菲律宾迈入新兴工业化国家。具体目标如下：

（1）科学技术面向经济生产和社会服务部门，以增加预期的国内生产总值增长率；

（2）为达到各项社会目标，尤其是卫生、食品和营养、教育和人民生活质量的改善提供科学支持；

（3）发展国家科技基础设施，为建成新兴工业化国家奠定基础。

（三）科技战略

（1）通过大规模的国内和国外技术转让实现经济各个部门的现代化；

（2）通过加强最优先领域部门的活动和提供鼓励措施，提高研究与开发能力；

（3）改善科技基础设施，包括人力开发，提高科技文化教育。

（四）科研经费与人员

菲律宾科研经费在1992年是国民生产总值（GNP）的0.21%。政府部门提供的科研经费占58%~78%左右，其次为厂商企业（占21.84%），高等教育部门（14.73%）和私营非营利部门（占4.65%）。菲有大学2 457所，在校大学生16 519万。全国有职业学校1 235所。根据1992年的调查，菲律宾的R&D人员为15 630人，每百万人中有843名R&D人员。其中，有9 960人是科学家和工程师，其余是技术员和辅助人员。

（五）菲律宾科技成就与展望

2009年菲律宾希望未来10年吸引国外投资该国新能源项目90亿~100亿美元，6月该国新能源投资刺激法律出台。菲律宾能源官员称，他们的目标是使现有新能源发电装机翻一番，即用10年时间把装机从450万千瓦提高到900万千瓦。大约有15家当地和国外公司表达了开发项目意向，这些新项目有风电、水电和生物能发电。新能源发电如水电和地热电占菲律宾目前发电总和的33%，政府希望未来10年把这个比例提高到40%。菲律宾官员称，该国新能源开发潜力为2亿多千瓦。2012年年初，菲律宾能源部表示，将在今后20年内实施"提高效率、减少浪费"的能源规划，平均每年将节约350万吨的石油消耗，电力供给需求将减少33.9万千瓦，二氧化碳排放量也将减少895万吨，大约可节省600万美元。

七、马来西亚科技发展概况

马来西亚政府计划到2020年止，使本国成为发达国家。这就是说马来西亚政府必须立足于本国现有的技术实力，加以改进和发展，而不是从头做起。因此马来西亚十分注重科技自主性，通过提高研究与开发水平来支持经济活动，创造良好环境改善科学、教育和其他相关基础设施。政府全力扶持在农业、卫生、研究管理体制、研究基础结构方面进行研究与开发，鼓励工业界开展科学研发，鼓励研究与开发高技术产业及其他先进技术。为促进经济发展，在研究与开发活动与工业之间建立双向流动机制。各政府部门与机构之间，各大学与其他教育机构，国营企业与私人企业界之间在研究与开发方面进行良好的协调。马来西亚政府计划帮助本国的高新技术企业引进先进国家的高科技技术以生产出在国际市场上更具有竞争力的产品。马来西亚前总理巴达维认为，马来西亚不准备放慢基础科学的研究，因为基础科学是一个国家发展的根本动力，任何国家都不应该采取急功近利的做法。

马来西亚国家科学研究与开发理事会为协调机构，也是马来西亚政府科学技术方面的全国性顾问组织。1990年建立的内阁科学技术委员会成为马来西亚科学技术政策的最高决策机构。总理任主席，成员包括科学技术与环境部、国际贸易与工业部、教育部、财政部和人力资源部各部的部长。

科学技术与环境部是内阁科学技术委员会和国家科学研究与开发理事会的秘书处。马来西亚科技体系分政府机构、高等教育研究机构和私人机构三种。科技环境部的下属科技机构主要有环境局、化工局、气象局、野生动物保护和国家公园、核技术研究所、微电子系统研究所、原子能许可委员会、马来西亚标准研究所、国家科学中心、马来西亚遥感中心、马来西亚技术公园、太空研究局和国家生物工艺学委员会。

为鼓励科学技术研究与开发，马来西亚政府实施《加强优先领域研究计划》《技术开发计划》《科学技术人力资源开发基金》《工业研究与开发贷款计划》《科学技术推广计划》《科学技术管理信息》《国家生物工艺学指南计划》《吸引马来西亚和外国科学家计划》。对人力资源，特别是专业、技术和半技术人员日益增长的需求，成为马来西亚主要关注的政策。据调查，到2000年，每100万人中的科学技术人员数增加到1 000人，对专业、技术和相关职业的工人的需求增长迅速，年需求量到2000年达到12.1%。

马来西亚的研究和开发经费，1995年达4 443亿林吉特。1996年财政年度，马科技环境部的全部拨款为6 339亿林吉特，其中用于科研的为1 912亿林吉特，另加上追加预算832.5万林吉特，总共达1 996亿林吉特。1991—1996年，亚洲开发银行为马工业技术开发、科学技术信息系统以及人力资源开发等3个项目的贷款额为5 300万美元。

在马来西亚第7个五年计划（1996—2000年）中，马政府为科技环境部的164个开发项目拨款总额达38亿林吉特。马政府强调研究与开发，用于"加强优先领域研究计划"的金额达10亿林吉特。

马来西亚政府的《加强优先领域研究计划》描绘了21世纪科技发展规划的蓝图。该计划涉及下述领域：农业、工业、矿业、能源、制造业、服务业、信息技术、环境、卫生、科学与工程、社会科学和经济学以及建筑业。在该计划下，政府拨款1.32亿林吉特用于1 569个项目，另拨款1 300万给高等教育机构进行短期研究与开发项目。马来西亚政府确定的攻关项目是先进制造业技术、先进材料、生物工艺学、电子信息技术、能源和太空科学。

1996年马来西亚政府开展了通信卫星MEASAT I和II，以及"多媒体超级走廊"（简称MSC）工程建设。为发送马来西亚第一颗微型卫星，组成了合资公司。马来西亚科学技术环境部下属的三家机构——马来西亚标准与工业研究所、马来西亚微电子系统研究所和技术公园参与了这项工程。这些代表马来西亚近几年的科技成果。90年代以来，马来西亚开始重视经济结构调整，力求从以投资驱动的经济增长逐步过渡到以生产力驱动的经济增长，并提出规模性生产、加强科研、人才培训三大策略，在这个大背景下，马哈蒂尔总理于1995年8月宣布了耗资200亿~400亿美元的"多媒体超级走廊"宏伟计划。"多媒体超级走廊"项目的实施将推动马来西亚进入信息时代。

"多媒体超级走廊"计划是马来西亚政府"2020宏愿"的首期目标之一。欲使马来西亚在2020年跻身先进国家之林。"走廊"意指一个位于马来西亚吉隆坡南部布特拉再也附近的一个长50千米、宽15千米的地区，区域内信息产业较为发达。根据规划，MSC从吉隆坡市中心的最高建筑物双峰塔开始，向南延伸至今年开放使用的本地区最大的雪邦国际机场（总面积750平方千米）。建成后的MSC将拥有世界最先进的通信系统，具备能与世界各地进行有效和快速信息传输的功能。具体计划是：MSC将具有世界上最优良的基础设施，其中包括电子化的新政府行政中心、现代化的新国际机场、最先进的信息城、由高速公路和铁路构成的交通系统以及最先进的通讯设备；将提供完备的政策和法律措施，以鼓励电子业的发展，推动多媒体的运用，设立多媒体大学和培养专业人才；将建立以一条信息输送量高达每秒2.5~10GB数码光纤电缆为骨干的全球性信息通信系统；将注册成立一个"多媒体发展公司"，专门负责"多媒体超级走廊"的建设和招商引资工作。马来西亚近年来强调从劳力密集产业向资本密集、智力密集产业转轨，选择信息业中的主导领域多媒体为突破口。马来西亚政府提供各种优惠措施，鼓励国内外大公司在该地段内投资，提供技术、人力的支持，培训信息产业人才。届时，该国将拥有一个以多元媒体网络操作的无纸行政制度（电子政府）、区域远程医药中心、世界第一个多用途全国智慧卡、联合大学及企业研究中心，以及多媒体顾客服务中心和便利的多媒体连接中心。多媒体超级走廊计划提出至今，共有180余家公司（其中39%为外资公司、35%为马公司、26%为联营公司）向多媒体主管机构申请走廊公司的地位，其中已获准的有115家，展开动作的有78家。

八、文莱科技发展概况

文莱是石油王国，科技人才十分有限，与其国家财富不相匹配。国内没有独立的研究机构，主要是通过与发达国家合作研究取得成果。近年来，文莱认识到自身科技实力的不足，在第八个国家发展计划中，文莱政府将拨出9亿元文币（约45亿元人民币）来促进资讯与通讯工艺领域的发展，当中包括推行政府电子化办公及其他与ICT有关的工业发展。2003年文莱在第八个国家发展计划中拨款1亿7千万元文币（约合8亿5千万元人民币）用于建立文莱自然科技园。文莱希望透过科技园，吸引更多投资者来文莱进行投资。文莱处于一个发展迅速的区域内，身为一个小国家，文莱看到了资讯与通讯工艺所能够带来的商机及前景，同时也能够有效促进金融及制造领域的发展。希望透过该计划来加速推行文莱经济多元化发展，同时也能够带动文莱在资讯与通讯科技领域的发展，塑造一个更具有竞争力的高科技市场。文莱希望能够成为一个科技中心，成为本区域多媒体及电讯领域的中心。该科技园内将拥有办公大楼、购物商场、制造厂、小型展览中心以及其他先进的设备。该科技园内也将拥有先进的宽频RaGAM21电讯网络系统，能够与亚太资讯建设以及全球资讯网络联系。

2009年文莱参与建设连接亚太地区包括文莱在内的8个国家的10个地点到美国的海底电缆系统长达2万千米，总投资5亿美元（文莱投资额为4 000万美元），可满足网络、影像、数据和其他多媒体服务需求。据2009年7月14日文莱《联合日报》报道，文莱政府与日本三菱瓦斯化学公司、日本伊藤忠商事会社联合投资总额5亿美元（其中文莱出资7 000多万美元），在文莱双溪岭工业园兴建甲醇生产企业，2010年3月投产，年生产能力85万吨。

文莱虽拥有得天独厚的丰富天然能源，政府仍大力推动节约能源。2011年5月，文莱首个太阳能电厂建成启用，该电站由日本三菱集团与文莱合作建成。2008年8月，文莱政府与日本三菱公司签署备忘录，合作建设一座大型光伏示范示范，三菱将提供资金和技术设计、建设和运营该系统，同时负责人力资源支持、培训和技术援助。该项目不仅是东南亚的最大光伏设施之一，也是文莱最大的太阳能电厂，装机容量为0.12万千瓦。该电厂每年将发电133万度，供200户使用，可替代34万升原油并减少960吨二氧化碳排放。

九、新加坡科技发展概况

1991年新加坡开始实施第一个国家科技五年计划（NSTP），启动了国家科技体系的大规模建设，经过四个五年计划的二十年时间，现在的国家科技体系包括：政府科技机构，科技成果商业化、市场化、国际化的发展环境，从事科学研究开发的14个国立研究机构、2所大学和约230家跨国企业和近300家本地高科技企业的研究开发部门，两个科技园区，多个高技术开发工业区，三个科学园和一个科学城。研究开发领域涵盖微电子、生物、信息、先进制造技术、新材料、环境技术。比较有影响的国立研究机构有：微电子研究院、分子与细胞生物研究院、精密制造技术研究院、系统科学研究院、数据存储研究院、材料与工程研究院和环境技术研究院。另外，著名本地公司有创新科技、特许半导体、新电信、新科技等。新加坡国立大学和南洋理工大学则是本地科技人才的摇篮。

政府科技管理部门主要是贸易与工业部所属的国家科技局、经济发展局以及生产力与标准局，此外，还有交通与资讯科技部所属的资讯通信发展管理局，卫生部、教育部和知识产权局也参与科学研究活动和管理。国家科技局负责综合管理和公共机构的科研管理，经济发展管理局则负责协调私人企业的研究开发活动和吸引投资。

国家科技局作为政府对科技的综合管理执行部门，为适应新经济时代科技发展的需要，于2001年进行机构重大改组，现设政策与行政署、科学与工程研究理事会和生物医药研究理事会三个机构，统筹未来四大领域即电子、工程、化学和生命科学的科技发展。科学与工程研究理事会负责在多个重点经济领域开展高水平的科研工作，并推动资讯的传播和科技成果商业化；生物医药研究理事会统筹和协调公共机构在生命科学方面的研究与开发工作，重点发展生物医药工程和生物资讯。此外，2001年对10所国立研究机构整合重组，新设生物资讯研究院、生物工程研究院。

新加坡重点发展的高科技产业有微电子制造(半导体集成电路，存储器，硬盘)、信息与通信(电脑多媒体，宽频网，电子商务，电子政府)和生命科学产业(生物制药，生物医学基础研究)，在这些方面已经具有或接近国际水平。特点是面向产业、高起点起步、高强度集中投资，从基础设施建设入手、采用与国际接轨的管理机制、通过引进人才和国际合作实现跨越式发展。科技合作、技术引进的主要对象是欧、美、日的学术机构、高科技企业和跨国公司。高级管理人才和学术带头人则是在世界范围内重金聘请，中国、印度和东南亚国家是主要的人力资源来源。新加坡科技发展可以说是跨越式的，但也面临一些问题：一是跨国公司的本土研究开发政策使当地产业对研究开发的刺激不足；二是偏重应用的科研对于发展知识产权和技术资源的影响有限，加之科技综合实力不足、面窄，难以留住一流科学家。政府已经意识到随着经济的发展，需要调整政策，重视面向经济发展的基础研究。

新加坡注重发展高科技及其产业，在生物科学、微电子、电信开放、电子政府和电子商务、中医药现代化等方面都取得了突出的成就。在生物医学、环境与水资源技术、互动与数字媒体技术方面取得了重大的进展。

（1）生物医药：新加坡纳米技术研究取得突破；干细胞科学家尝试运用生物成像技术；发现了干细胞基因的主调节器；开发新的治疗骨头恢复的方法；新—中共研干细胞抗艾滋病新疗法；兴建了首个禽流感疫苗厂；吸引国际医药公司在新加坡生产药品，同时希望他们把基础医药研究和开发也放在新加坡；生物科技园区建立了干细胞库。隶属A*STAR的生物医学研究理事会（Bio-Medical Research Council，BMRC）2004年审批了74个生物医学研究项目，拨款4 820万元，资助金额为25万~300万元。通过项目的执行，共发表论文240篇，获得专利26项、发明11项，在基因研究、癌症治疗以及疾病早期诊断等领域取得了显著进展。

（2）环境与水技术：为了解决水资源短缺局面，新加坡近年来进行了大量的研究工作。新加坡政府已将水资源开发和应用作为本国的三大重点发展领域之一，并于2006年6月成立了新加坡环境与水业发展局，推动新加坡水业的国际合作项目，开拓海外市场。2006年9月10日举行的"第五届世界水大会"上，新加坡的国家水务管理机构——公用事业局（PUB）获得了国际水协会颁发的2006年度水资源保护活动最优秀奖、水资源报告高度推荐奖和学校信息高度推荐奖，这一切对于国土面积有限而又没有地下水的新加坡来说实属不易。

（3）互动数字媒体技术：在"新加坡媒体21"的发展计划下，政府将结合本地大学和科研院所的力量，致力于把新加坡发展成为一个电子媒体中心，并加强在数码影院、数码动画以及电子游戏等方面的开发能力；电子政府取了得重要进展；新加坡南大科研人员研制出世界上第一个用光来传送资讯的纳米晶片，未来传送数据的速度，可能比现在快1 000倍；在世界迈入数码时代之际，新加坡也必须提高全体国人接触信息科技的机会，以让民众都能够从运用日新月异的科技中受益。

新加坡在研发投入方面力度很大，2010年，研发投入占GDP比例达到3%。为了适应新加坡经济发展，新加坡时刻关注具有新增长点的研发，尤其重视以政府为导向的产、学、研工作，重点放在将科研成果向商业化的转化。

当前，新加坡科技产业呈现如下发展趋势：

（1）技术资源化和人才国际化：信息、知识产权正在取代土地、能源、劳工和资金的重要地位成为创造财富的资源，网络世界和电子商务领域只有一个经济体，经济全球化使人才也随之国际化。新加坡没有自然资源，因此对人才资源和技术资源格外重视。

（2）知识经济的朝阳产业：信息通信将是服务业中增长最快的产业，生命科学产业将是制造业中增长最快的产业。新加坡信息产业具有基础设施的优势，生命科学产业将努力争取知识产权、重点发展生物医药。两大产业的海外投资有增长态势。

（3）网络发展的走向：电话网与互联网趋于合并，网络、电信、广播和公众传媒相互融合，电子政府和电子商务的影响将更加深远。

（4）生命科学与IT：信息技术和高性能计算机对未来生物研究将发挥重要制约作用，新加坡将建立生物资讯和生物工程研究院来迎接挑战。

（5）启动实施"智慧国2015资讯科技计划"：在"世界经济论坛"环球资讯科技报告中，新加坡的"网络预备指数"排名第一。74%的家庭拥有一台甚至多台个人电脑，65%家庭接通互联网，2/3的家庭接通高速宽带；83%的公司使用电脑，76%的公司利用互联网从事经营活动。资信局正在拟定"智慧国2015"计划，让资讯通信融入到人们的工作和生活中。

（6）环境保护和再生能源：2002年制定的十年环境保护和可持续发展计划，简称新加坡2012绿色计划，列出了27项经过努力要达到的指标，主要有垃圾处理、绿地保护、大气质量、水质和公共健康等方面。

（7）水处理技术产业化：新加坡凯发集团投资两亿元，历时20个月提前建成新加坡国内第一座海水淡化厂，已正式投产。日产淡水13.6万吨，相当于日用水量的10%。

十、印度尼西亚科技发展概况

印尼工业基础薄弱，科技落后，研究与发展投入少，科研人才匮乏，国际科技合作层次低，长期依赖进口技术和设备。印尼的国家研究与技术部(RISTEK)负责制定国家的科技政策和科技产品应用政策，并负责协调全国的科技活动。印尼从事科技活动的是各部委的直属研究机构、非部级的中央直属研究机构、各大学以及国有企业和私营企业的研究开发机构等。中央直属研究机构直属总统领导，从事战略性、交叉和多学科的研究与开发，其科技活动由研究与技术国务部长统筹与协调。七大非部级中央直属研究机构是：印度尼西亚科学院(LIPI)、国家核能机构(BAIAN)、技术评价与应用署(BBPI)、国家航空航天研究院(LAPAN)、国家测绘局(BAKOSURTANAL)、印度尼西亚国家标准局(BSN)和核能管理委员会(BAPETEN)。此外，雅加达近郊的塞尔彭科学园是集科研、教育、生产于一体的印尼发展高科技的中心。那里有国家研究中心和科技中心，它由10个国家级实验室和10个国家级研究中心组成；那里也开发了占地350公顷的高技术工业区，吸引外资来此投资办厂。

印尼科技经费的主要来源是政府的预算，政府通过例行预算(DIK)和发展预算(DIP)给有关部门的科研项目拨款。科研计划、科研项目的规划、管理和评估机制主要取决于政府部门的组织机构和国家财政预算体系。外国贷款和国际科技合作的赠款也是科技经费的来源之一。印尼的科技政策是根据人民协商会议每五年制定的国家政策指导方针而确定的，并由此而制定国家科技总体规划和国家科技计划，然后再具体落实各个领域的科技项目。

印尼的科技发展战略总体上是技术引进型战略，在生物多样性、林业良种培育、生物技术、热带病防治、地震研究、航空技术、船舶制造、统计技术、采矿等方面有其独到之处，取得了一定的成果。印尼对发展卫星通信事业也较重视，迄今已拥有6颗通信卫星，而且印尼政府已向国际电信联盟预订了24个卫星轨道。2005年，研究与技术国务部颁布了《2005—2009年六个重点领域计划》，内容包括：①粮食和农业：发展农业、水产业，实现粮食自给，实现农业产业化、商业化。②能源：通过发展和利用新能源、可再生能源，提供足够的能源供应。③运输：创建高效的多种模式的海陆空运输体系和管理体系。④信息通讯：利用信息通信技术繁荣经济和管理政务。⑤卫生与制药：发展医药技术，生产药品(包括草药)。⑥国防：发展国防科技，实现军火武器和飞机、舰船、坦克车辆自给。国家的科技投入、研究项目的选定以及国际科技合作项目围绕这六大重点领域展开。印尼总统苏西诺在2006年印尼产品展览开幕式上说，企业必须要增加研发活动才能提高产品质量。对工业政策，政府优先发展农工业、运输工具和信息通信产业等一批支柱产业。为在21世纪初实现工业化国家目标，政府采取了一系列战略步骤，主要发展核心产业。2006年，政府制定了《科学技术研究、发展与应用白皮书》，这是印尼中长期科技发展规划，提出2005—2025年科学技术中长期发展的6个优先领域。国家科技委员会（DRN）颁发《国家科研议程书》与《国家科学技术战略政策》两个文件，作为该白皮书的补充文件。2006年初发布总统令，同意印尼从2007年开始招标，兴建4座核电站。政府支持生物燃料，发布国家绿色能源行动计划。2006年1月，印尼议会审议通过农作物与农业基因资源法律，为国家获取外国转基因资源铺平道路。

印尼政府的科研机构门类齐全，国外归来和本国培养的科研人员占人口的4.5％，科研项目不少，但科研成果往往难以转化到实际应用中。以塞尔彭科学技术研究中心为例，该研究中心集中暴露了印尼科技发展中的突出问题。一些企业有崇洋媚外思想，长期不信任本国的科研成果和水平，这里的研究成果未能得到企业的有效利用。同时，印尼政府对科研投入一直偏少，占GDP的比重从来没有达到1％，2006年仅为0.6％。政府投入有限的经费，企业资助研发不够，科研经费短缺又限制了科技研究活动的开展。印尼科研人员愿意与国外同行开展合作，但往往由于经费来源不足，限制了双边科技合作活动和项目的开展。

近年来，印尼国家科技理事会等部门列出的科技计划数量不少，且大都顺利执行。为了保持并提升国家研究水平，从2007年起研究与技术国务部对所有的创新科技计划项目进行严格监测与评估，该部为此颁发了《监测与评估指南》。对于今后的科技计划项目，政府将继续予以支持，但将对国民经济发展的优先领域格外关注。受经济大环境的影响，政府不会显著提高研发资金，科研活动将集中围绕农业、能源、运输、信息通讯、医疗卫生、国防这六个重点领域展开。

（1）在农业领域，优先培育优良品种，提高产量以实现粮食自给，限制进口粮食，转基因资源法律的通过为政府获取国外转基因作物品种铺平了道路，将引进国外转基因优良作物品种，提高玉米深加工水平；通过发展水产业，开展水产养殖科研，如鱼苗选种，提高鱼苗抗病能力等，实现农业产业化与商品化。

（2）在能源领域，尽管印尼有储量丰富的油气资源以及矿产资源，但仍然面临能源短缺和高油价的冲击，政府希望通过利用新能源、可再生能源，如生物燃料、地热能、太阳能、核能、氢能/燃料电池等提供替代能源供应，特别重视核能电站建设，并在未来几年招标建设4座核电站；政府已经出台优惠政策和措施，制定国家绿色能源行动计划，利用本国棕榈油等生物资源，大力推广生物柴油等生物燃料，政府决定投入资金和土地资源，发给准字。

（3）在交通运输领域，由于印尼从1997年亚洲金融危机后基础设施建设投资不足，加上国土岛屿众多，往来不便，一些偏僻地区交通不便，信息闭塞，因此，印尼政府制定了2005—2009年基础设施纲领计划，投资建设道路交通，创建多种模式的海陆空运输体系和管理体系，修建高速铁路，研制支线飞机，在5万吨级的基础上进一步提高造船能力。

（4）信息与通信领域被认为是印尼的支柱产业，政府成立了国家信息与通信技术委员会，该委员会通过编制国家信息与通信科技发展计划与路线图，协调政府部门间的信息技术发展计划项目，从2006—2009年，开展国内环网项目、电子采购项目、国家单一窗口项目等。国内环网项目建设联结400个大中城市的3.6万千米光纤网并能建立电话与宽带互联网的无线网。电子采购项目将提供管理业务联网系统，如能网上支付税收、电话费和电费等，能提供更加有效和透明的政府采购系统。国家单一窗口项目建成部门间综合业务网，用一个平台加速投资与进出口业务，包括海关、银行转账、保险、许可证与运输等业务。

（5）在医药卫生领域，继续提高公共卫生建设能力，克服卫生条件差，解决贫困人口缺医少药问题，特别将接种、治疗疟疾、登革热、禽流感等流行病作为热带病防治的重点之一。拟制定国家发展传统草药规划纲要。发展制药业，优先加大生产本国药品（包括草药），提高医疗制备的能力，发展医药技术，加强疾病监测和防控。科研人员继续利用本国丰富的植物资源，开展传统草药提取物研究。

（6）在国防军工领域，发展国防科技，实现军火武器和飞机、舰船、坦克车辆自给。国防工业集中发展中等科技防御系统，如轻武器、运输飞机和运输轮船。为了防止西方国家对印尼的武器禁运，印尼政府将探讨与中国和俄罗斯在国防军工领域的合作。印尼科学院的许多科研项目将继续围绕实用军事技术开展。

在联合国教科文组织统一协调下，印尼政府在各国的支持下加紧建设地震海啸预警系统，与中国、德国、法国、日本等国援建的地震海啸台网实现并网整合，统一传送数据到中心并进行实时分析和传播，并提供后期维护等。

第七章 政　治

长期以来，"东南亚"只是一个地理概念，作为政治实体的"东南亚"概念始见第二次世界大战。[1]此后，东南亚政治被视为一个整体加以观察和研究，由于该地区多元化的特性，有学者称，每个东南亚国家都有独特的政治结构，"有如此之多的东西需要探讨，又有如此之多的论题可以提出来"，因此，在论述东南亚政治时"会出现真正的噩梦"[2]。但是，也不能因此否认东南亚国家政治发展中的一些共性。毕竟政治既是人类行为的外在表现，也受经济基础和社会环境的制约和影响，而东南亚国家在战后都经历了谋求独立、探索发展的相似过程，也曾自愿或不自愿地卷入了热战与冷战的国际大背景之中。应该说，战后东南亚的政治发展，正是该地区各民族国家在相同的国际环境下，向着相似的发展目标演进的过程，因各自不同宗教文化背景和复杂多元民族种族成分，而向我们呈现了一幅色彩斑斓、形状庞杂的画卷。基于此，介绍东南亚政治的著作，最常见的写法就是分国别介绍，再进行一定的比较研究，也有少数学者尝试分类归纳再展开描述和分析。本章以战后东南亚地区政治发展历程为背景，对当代东南亚各国政治进行分类述评，重点突出各国现行政治体制及特点。

第一节　政治体制

政治体制也称"政治体系或者政治系统"，是一个政治共同体的存在方式和稳定的政治行为模式，对政治体制的研究是政治学的主要内容，也属于比较政治学的范畴。广义的政治体制研究包括：政治结构研究，如政党制度、政府制度、司法制度、舆论制度等；政治规范研究，如选举制度、投票制度、决策制度等；政治文化研究，如政治理念、政治认同与合法性、政治文化等等。狭义的政治体制研究主要观察一个国家政权的组织形式，即通常所说"政体"，它反映的是一个国家的统治者用何种形式组成实现其统治权力的政权机关。关于政体的分类，政治学者依据不同标准提出了多种分类方法，无论何种模式，归根到底都在回答"谁在统治"和"如何统治"的基本问题。事实上，在各国政治发展历程中，政治体制形式一直在不断变化，相关的分析方法也在变化，不存在一成不变的绝对标准，具体到东南亚地区更显得复杂多样。

---

① 1943年8月，盟国决定成立单独的"东南亚战区"（SEAC），范围包括缅甸、马来亚、苏门答腊和泰国，1945年波茨坦会议又将东南亚战区的范围扩大至印度支那北纬16度线以南地区。参见［新］尼古拉斯·塔林著：《剑桥东南亚史》（第二卷），贺圣达等译，云南人民出版社2003年版，第464页。

② ［新］尼古拉斯·塔林著：《剑桥东南亚史》（第二卷），贺圣达等译，云南人民出版社2003年版，第307页。

一、政治体制和政治形式

如果采用最简单的两分法，世界各国现行政体可分为两大类，即君主制和共和制，另外还有一类较独特的军人执政体制。根据国家权力机构设置方式的不同，又可分为若干子类，如君主制分为二元制君主制、绝对君主制、立宪君主制，共和制分为议会制共和制、总统制共和制、议会—总统共和制、社会主义制度等。这些形态在东南亚国家全部都可看到，可以说东南亚现有的11个国家"集中了世界各主要类型的政府组织形式"[①]。

（一）东南亚的君主制国家

泰国、柬埔寨、马来西亚和文莱是东南亚的君主制国家，他们的共同特点是：君主[②]是国家最高元首，是国家主权的象征。但具体到君主权力是否受限，王位是否世袭，君主与其他国家权力机构的关系等，这4个东南亚国家各有不同。

1. 柬埔寨

柬埔寨全称为"柬埔寨王国"，是立宪制君主制国家，君主称为"国王"。自1953年11月9日独立后，柬埔寨政治体制经历了从君主制向共和制再向君主制的演变。独立时的柬埔寨延续了法国殖民统治时期的立宪君主制。1970年3月18日，朗诺集团发动政变，废除君主制改行议会共和制。1975年红色高棉推翻朗诺政权，建立名义上的社会主义制度，推行极权统治。1978年越南入侵柬埔寨，扶植亲己政权，恢复议会共和制，之后柬埔寨陷入长期战乱。1990年10月23日，柬埔寨各政治势力在巴黎签署《柬埔寨冲突全面政治解决协定》，宣布结束内乱。1993年5月，柬埔寨在联合国主持下选举制宪会议，同年9月21日，制宪会议颁布宪法，规定柬埔寨为立宪君主制国家。

柬埔寨宪法规定国王是终身制国家元首、武装力量最高统帅、国家统一和永存的象征。与泰国君主世袭不同，柬埔寨王位不世袭，国王无权指定王位继承人，而由王位委员会选举产生，继承人人选从年满30岁的柬埔寨安东王族、诺罗敦王族和西索瓦王族后裔中挑选。2004年10月，柬埔寨王位委员会选举诺罗敦·西哈努克之子诺罗敦·西哈莫尼接替其父为新国王。

国民议会是柬埔寨最高立法机构，议员人数不少于120名，全部通过民选产生，任期五年。国民议会设议长1人，第一副议长、第二副议长各1人。1999年以前，柬埔寨立法机构是一院制。1999年通过的宪法修正案规定新成立一个名为"参议院"的机构，由61名参议员组成，其中2人由国王任命，2人由国民议会推举，其余由公开投票选举产生，[③]任期5年，设议长1人。参议院的作用是审议国民议会通过的法案，协调国民议会与政府之间的运作。

---

① 张锡镇：《东南亚政府与政治》，台湾扬智文化事业股份有限公司1999年版，第63页。

② 因各国习惯差异，具体称呼不同，详见下文。

③ 《柬埔寨王国宪法》第一百条，参见http：// www.cambwin.com /flfg/#fl/fl/2 00607/1172_3.htm.

　　王国政府是最高行政机构，称为内阁，内阁首长称首相，内阁成员包括首相、副首相、大臣、国务秘书，任期5年。首相由国民议会中的多数党产生，首相带领内阁对国民议会集体负责。1993年以来，柬埔寨历次国会选举，无一政党获得法定的三分之二以上席位单独组阁，联合组阁常引发各党争斗，致使国会运作不畅。为此，2006年柬埔寨通过宪法修正案，规定在国民议会中获得半数以上席位的党派即可单独组阁，这些举措一定程度上平衡了各方权力，避免联合组阁所引发的政治僵局。

　　从1990年柬埔寨全国和解至今，政治发展虽历经坎坷波折，但总体趋于稳定，这与现任首相洪森及其领导的人民党的强势地位有关。特别是1997年柬埔寨两大党——人民党和奉辛比克党爆发军事冲突后，曾经的第一大党奉辛比克党多次分裂，原党首拉那烈王子脱党另立山头，为人民党的稳步崛起提供了机遇。在2008年7月27日举行的大选中，人民党获得国民议会123个议席中的90席，洪森连任首相，顺利完成组阁，人民党的执政地位得到全面巩固，柬埔寨也进入到一个平稳发展时期。

　　2. 泰国

　　泰国全称"泰王国"，是以佛教为国教的立宪制君主制国家，泰国君主称"国王"。与东南亚其他地区不同，19世纪末至20世纪初，泰国（时称"暹罗"）"躲过了外来入侵和统治的劫难，在本国国王的统治下走上管理和政治现代化的进程"。[①]1932年6月24日，泰国资产阶级政党——"民党"联合少壮派军人发动政变，将原来的绝对君主制改为立宪君主制并延续至今。

　　泰国现行的立宪君主制是类似于英国的典型的议会制立宪君主制。在这种体制下，国家权力的中心在议会，国王虽是法定的国家最高元首，但权力受到严格限制，政府是基于议会产生且对议会负责，而不对君主负责。泰国宪法规定，国王通过国会、内阁和法院行使立法权、行政权和司法权。泰国王位世袭，无太子继位的情况下，经国会同意可由公主继承王位。现任国王是拉玛九世普密蓬·阿杜德。

　　国会是泰国最高立法机构，实现两院制，由上议院（或称参议院）和下议院（或称众议院）组成，国会主席由下议院议长担任，国会副主席由上议院议长担任。上议院议员150人，其中每府选举产生1名，其余为任命产生，任期6年；下议院议员480人，全部通过民选产生，任期4年。[②]国会讨论通过的法案须报国王签署后才能颁行，但如果国王对报批的法案未予签署，国会履行重新审议并再度呈批的程序，若国王仍未签署则视为已获同意，由总理颁布实行。

　　内阁是泰国最高行政机构，由各部部长组成，阁员人数不超过36人，内阁首长称总理，通常由国会下院中的多数党领袖出任。内阁在总理的带领下集体向国会负责，总理

① ［新］尼古拉斯·塔林著：《剑桥东南亚史》（第二卷），贺圣达等译，云南人民出版社2003年版，第98页。
② 相关数据源于2007年12月23日泰国大选统计结果。

遭弹劾或国会通过对内阁的不信任案，内阁都应总辞。"由于泰国政治中个人权威的特点，权力并不是由内阁这个整体掌握的，而是由有势力的政府部长掌握的。"[①]

司法权由泰国各级法院独立行使，以国王的名义审理各类案件，最高法院是司法审判程序中的最高机构。对最高法院的判决不服者可向国王申诉，国王视情建议最高法院重新考虑判决。国王还有权决定大赦。

当代泰国政治发展中有两个值得观察和分析的现象：一是泰国政党制度不成熟，"泰国政党和政党制度最突出的特点就是软弱性和不成熟性"，"没有成为政治社会化和广大民众实现政治参与的工具"。[②]二是军事政变频繁发生。从1932年政变起到2006年，泰国共发生20次政变[③]，最近一次政变是2006年9月19日军事政变，以至有学者称"泰国现代政治史是一部军人政变史"[④]。这两种现象的产生是互为因果的：一方面，政党和政党制度不成熟，难以成就一个稳定权威的政府。无论是文人治政还是军人当权时期，历次泰国大选都没有一个政党获得绝对多数议席而单独组阁，历届政府均为联合政府[⑤]，政客们的精力被党派权力争斗所牵扯，不能有效克服政治经济危机，难以带领社会稳定发展。而泰国军队长期秉持军队不但是国家保卫者，也是"政治参与者"和"民主建设者"的传统价值观，蔑视"腐败无能"的文官政府，当军队认为当权者无力保证社会稳定之时，便发动政变干预。另一方面，频繁的政变和随之而来的长期党禁又使得泰国的政党和政党制度缺乏一个合适的成长环境。泰国从1928年出现第一个现代意义的政党——民党之后，政党制度构建步伐多次因为军事政变被迫中断，直到1978年重新开放党禁之后，多党制政治制度才逐渐固定下来。泰国现存政党中，除民主党成立于1947年外，其余政党均出现于20世纪七八十年代之后。而且大多数政党缺乏明确固定的宗旨和纲领，仅是为赢得大选而组建，"选前政党林立，选后销声匿迹"的现象屡见不鲜。据泰国内政部统计数据，1932年至1996年，泰国正式申报组建的政党总数为155个，到1996年大选前，仅存13个政党，其中还有两个是针对大选临时组建起来的。[⑥]这种格局在2005年一度发生改变，他信领导的爱泰党在当年2月6日举行的大选中夺得国会下院多数议席，成为自1932年以来首次单独组阁的民选政党。有泰国电信大亨和"理财专家"之誉的他信，凭借其执政团队出色的经济管理，在泰国政坛罕见地实现了"稳定和强势"执政。然而从2006年开始，他信家族爆出金融弊案，反对派乘机发难，政治危机持续蔓延扩大，同年9月19日，泰国陆军司令颂提借他信赴美国纽约出席联合国大会之机发动政变，成立"管理改革委员

---

① 　[澳]约翰·芬斯顿著：《东南亚政府与政治》，张锡镇等译，北京大学出版社2007年版，第312-313页。

② 　张锡镇：《东南亚政府与政治》，台湾扬智文化事业股份有限公司1999年版，第137页。

③ 　关于泰国政变的确切次数存在分歧，主要在未成功政变和军人政府的"自我政变"是否纳入统计的问题上学者们意见不一。本文引用任一雄的统计，他认为1932年至1991年泰国发生了19次政变，加上2006年政变，共计20次。参见任一雄：《东亚模式中的威权政治：泰国个案研究》，北京大学出版社2002年版，第2页。

④ 　张锡镇：《东南亚政府与政治》，台湾扬智文化事业股份有限公司1999年版，第74页。

⑤ 　这种状况曾在2005年大选时被他信领导的爱泰党打破，详见下文。

⑥ 　任一雄：《东亚模式中的威权政治：泰国个案研究》，北京大学出版社2002年版，第63页。

会”，接管政权。之后，泰国政治乱象丛生，演变成亲他信势力——"红衫军"与反他信势力——"黄衫军"的持续对抗，素以"平和与微笑"著称的泰国陷入社会分裂、暴力抗争的动荡格局。2011年8月5日，泰国议会选举新一任总理，来自为泰党的唯一候选人英拉·西那瓦不负众望，成功当选为泰国第28任总理，也成为泰国历史上首位女总理。目前泰国政局逐渐趋于稳定。

3. 马来西亚

马来西亚全称为"马来西亚联邦"，是一个联邦制国家，君主称为"最高元首苏丹"。1957年马来西亚以"马来亚联合邦"的名义脱离英国统治，宣布独立。1963年，新加坡、英属沙捞越和沙巴并入马来西亚，成立"马来西亚联邦"。由于民族问题引发的矛盾激化，1965年新加坡脱离马来西亚成为独立国家。

马来西亚宪法规定最高元首苏丹是国家元首、伊斯兰教领袖兼武装部队统帅。马来西亚君主产生和继承制度与其他君主制国家不同，采取"集体君主制"，这是由于该国联邦制的国家形式所决定的。马来西亚联邦由13个州组成，其中9个是原本相对独立的苏丹国，其地方首长称苏丹，另4个州的地方首长称州长[①]。最高元首苏丹的产生程序是，由9个苏丹国的世袭苏丹和4个州的州长组成统治者会议，统治者会议以秘密投票方式从9名世袭苏丹中选出1人担任最高元首苏丹，任期5年，不得连任，9名世袭苏丹轮流担任。马来西亚现任最高元首苏丹是米詹·扎因·阿比丁。

联邦议会是马来西亚最高立法机构，实行两院制，由参议院和众议院组成。参议院议员70人，全部为推举产生，主要是各行业杰出代表和少数民族代表，任期3年；众议院议员219人，全部通过民选产生，任期5年。众议院的权力大于参议院，宪法规定：众议院审议通过的法案交参议院审议，再呈最高元首苏丹批准，参议院如认为法案需要修正，则将法案退回众议院，但众议院不接受参议院意见时可直接将法案呈最高元首苏丹批准，参议院对此无否决权。

内阁是马来西亚最高行政机构，内阁首长称总理，内阁由总理、副总理，各部部长、副部长和政务次长组成，总理由众议院多党领袖担任，内阁集体对议会负责。政府还设立"国家行政理事会"、"国家经济理事会"和"国家安全理事会"三个由总理直接领导的机构负责协调监督政府各部的工作。马来西亚联邦所辖各州的"权力较大而且有一套类似于联邦政府的完整的州行政机构，君主立宪的原则也适用于各州"。[②]

马来西亚当代政治中较有特色的地方：一是独特的政党联合制度，二是政治生活中强烈的族群色彩。马来西亚的政党制度在东南亚国家中非常特殊，执政党是由数个独立

---

① 拥有世袭苏丹的九个州分别为玻璃市、吉打、霹雳、雪兰莪、森美兰、柔佛、吉兰丹、丁加奴和彭亨，设州长的四个州分别是马六甲、槟榔屿、东马沙巴和沙捞越。

② 张锡镇：《东南亚政府与政治》，台湾扬智文化事业股份有限公司1999年版，第83—84页。

政党组成的联合体，而这种联合又与普遍意义上的多党联合执政不同，执政联合体具有相对固定的组织形式和实体。目前马来西亚注册政党有四十多个，其中马来民族统一机构（巫统）、马来西亚华人公会、马来西亚印度人国大党、马来西亚伊斯兰教党等13个党组成"国民阵线"联合执政。[①]巫统为国民阵线的领导党，各成员党平时独立运作，大选时则采用统一的国民阵线竞选标志和口号，各党候选人的数量和议会席次分配由国民阵线协调分配。马来西亚政治生活中族群色彩浓厚则是源于其政治传统，"在殖民时代，马来人形式上分享了殖民者的政治统治权，而其他民族始终处于被统治地位，这一政治传统被独立后的马来人看得非常重要"，[②]独立后的政治发展处处体现"马来人优先"原则，而主要从事工商业的非马来人在经济上取得优势地位，加剧了各族群间已有的隔阂。而且这些族群矛盾还掺杂了宗教因素，更显复杂和敏感。20世纪六七十年代，马来人与非马来人族群围绕政治、经济地位与权利的争夺异常激烈，一度引发1969年的"5·13"大规模种族骚乱。进入80年代，在马哈蒂尔总理的带领下，马来西亚进行了一系列政治经济改革，采取措施弥合族群矛盾，逐渐迈入稳定发展时期。

4.文莱

文莱1984年1月1日完全独立，是东南亚国家中唯一一个绝对君主制国家，君主称为"苏丹"。绝对君主制的一般特征是：第一，国家最高权力集中于君主一人手中；第二，王位是终身和世袭的；第三，君主通过对其本人负责的政治军事官僚机构管理国家。虽然文莱在1984年独立时颁布宪法修正案，称"国家实行立宪君主制"，但实质上文莱苏丹拥有绝对权力，其政体特征与上述绝对君主制的特征完全吻合。文莱宪法规定，苏丹既是国家元首也是政府首脑，王位世袭，苏丹有权任命国家权力机构的所有成员。文莱设置枢密院、内阁和立法议会等权力机构，这些机构全部对苏丹本人负责。其中，枢密院是苏丹的咨询机构，由其本人任主席；内阁是协助苏丹履行职权的行政机构，苏丹兼任内阁首相和国防大臣，内阁其他成员均为苏丹家族成员或亲信；立法议会成员非民选产生，全部由苏丹任命。现任文莱苏丹是哈桑亚纳·博尔基亚。

（二）东南亚共和制国家

共和制国家是相对于君主制国家的形态，其特点是国家代表机关和国家元首通过选举产生，根据国家权力中心的不同，又可分为总统制共和制和议会制共和制等。印度尼西亚、菲律宾、新加坡、东帝汶是东南亚的共和制国家[③]。

1.菲律宾

菲律宾全称"菲律宾共和国"，1946年7月4日脱离美国的控制独立。独立后的菲律宾"实行的是美国式的宪法、美国式两党制和美国式总统制、定期的国会和总统选举，以及

---

① 相关数据源引自中国外交部网站，参见http：//www.fmprc.gov.cn/chn/pds/gjhdq/gj/yz/1206_20/.

② 张锡镇：《东南亚政府与政治》，台湾扬智文化事业股份有限公司1999年版，第50页。

③ 越南和老挝也应该划为共和制国家，但这两个国家实行社会主义制度，因此在下文单独介绍。

第三世界最充分的新闻和言论自由"，曾被称作"东方的民主橱窗"。①1972年至1981年，时任菲律宾总统马科斯在国内实行了长达8年的独裁统治，后在国内外"倒马运动"浪潮中下台，菲律宾重新恢复原有政治体制。

菲律宾是总统共和制国家。这类政体的典型代表是美国，特点是"既有握有实权的国家元首，又有拥有立法权的议会及其他政权机关"，"一般是根据三权原则建立起来的，总统及其政府行使行政权，议会行使立法权，法院行使司法权"。②菲律宾宪法规定总统是国家元首、政府首脑和武装部队总司令，总统有权任免政府成员、最高法院首席法官和陪审法官，政府对总统负责。菲律宾总统和副总统通过全民投票选举产生，任期6年，不得连任。现任总统是贝尼尼奥·阿基诺三世③。

国会是菲律宾最高立法机构，由参议院和众议院组成。参议院议员24名，全部民选产生，设主席一名；众议院由250名议员组成，其中200人民选产生，另外50人中，一半由参选获胜政党委派，另一半由总统任命。众议院设议长1名。菲律宾国会两院均有立法权，众议院的权力更大一些，有关拨款、税收等重要法案均由众议院提出，参议院可以提出修正案。国会有权对总统、副总统、最高法院法官等进行弹劾，这个规定"在整个第三世界都是少有的"。④菲律宾实行多党制，与泰国的政党相比，菲律宾政党组织化程度更高，意识形态更加鲜明，各党都有较明确的政治纲领。

菲律宾政治的一大特色是"家族政治"，即少数社会影响力大、经济基础雄厚的家族掌控菲律宾政坛，"左右着每一次地方和全国选举"。⑤这种现象根源于美国殖民统治时期，当时只有少数受过教育、拥有财产的社会精英阶层才具备选举权，菲律宾地方政治被地主家族把持，政治地位逐渐成为这些家族的世袭资产。菲律宾目前大约有250个政治家族，在国会议员中有一百四十多人出身政治家族。另一方面，菲律宾社会中尚存的"封建色彩浓厚的依附关系"⑥为这种现象在当代存续提供了土壤，政治家族也惯于通过各种手段巩固自身政治地位，甚至为达到政治目的而诉诸暴力。2009年菲律宾发生了震惊世界的马京达瑙省政治屠杀事件，当年11月23日，约一百名武装分子劫持并屠杀了46名人质，冲突双方是当地两大政治家族——安帕图安家族和曼古达达图家族。安帕图安家族把持了马京达瑙省省长和该省22个镇、市长职务中的18个，在将要举行的2010年大选中，该家族面临曼古达达图家族的挑战，因此安帕图安家族派出私人武装绑架杀害了政治对手家族成员及支持者。

---

① 张锡镇:《东南亚政府与政治》，台湾扬智文化事业股份有限公司1999年版，第58页。
② 王邦佐、孙关宏、王沪宁、李惠康:《新政治学概要》(第二版)，复旦大学出版社2006年版，第107页。
③ 阿基诺三世于2010年5月10日举行的大选中当选，父母均是菲律宾著名政治人物。其父科拉松·阿基诺1983年被暗杀，引发反对马科斯运动，其母阿基诺夫人1986年至1992年任菲律宾总统。
④ 张锡镇:《东南亚政府与政治》，台湾扬智文化事业股份有限公司1999年版，第91页。
⑤ 张锡镇:《东南亚政府与政治》，台湾扬智文化事业股份有限公司1999年版，第337页。
⑥ 张锡镇:《东南亚政府与政治》，台湾扬智文化事业股份有限公司1999年版，第336页。

2. 新加坡

新加坡全称为"新加坡共和国"，1965年8月9日脱离马来西亚联合邦宣布独立，同年12月颁布新加坡宪法。

新加坡是议会制共和制国家。这类政体的典型特征为议会是国家权力的中心，"是国家最高权力机关，享有立法权、组织与监督政府和内阁的权力"；国家元首"是选举产生的总统"，"只能任命议会中多数党领袖或多党政治联盟领袖担任政府总理，并由他组阁，国家元首处于'虚位元首'的状态"。[①]新加坡宪法规定，总统为国家元首、武装部队最高统帅。1991年新加坡国会通过民选总统法令，规定从1993年起，总统由全体选民直接投票选举产生，任期6年。[②]总统的职权是任命政府总理并根据总理的提名任命政府成员，任命司法机构首长，召集国会，批准国会通过的法案等。现任总统为纳丹。

国会是新加坡最高立法机构，实行一院制，任期5年。新加坡国会议员由民选议员、非选区议员和官委议员组成。民选议员由选民在各选区投票直选产生；非选区议员从反对党中未当选的候选人中产生，最多不超过3人；官委议员由总统根据国家特别遴选委员会的推荐任命，最多不超过9人，任期只有两年。内阁是新加坡最高行政机构，政府首脑称总理，由国会中多数党领袖担任，内阁由总理、副总理、各部部长组成，集体对议会负责。

新加坡政体最显著的特征是"有控制的民主"[③]，是多党民主体制外壳下一党独大的体制。从形式上看，新加坡政体具有多党民主制的普遍特征，如定期一人一票的全国大选，合法存在的反对党，议会多数党组成政府施政等。从政治实践看，自1965年独立以来，新加坡人民行动党就处于绝对的优势地位，一直是执政党，长期垄断政权。而新加坡宪法和相关法律"均未明文规定人民行动党为唯一执政党。除共产党外，其他一切政党均享有合法地位"，[④]人民行动党一党独大格局的形成，既有人民行动党长期坚持从严吸纳各界优秀人士入党的因素，更得益于"执政党通过一系列特殊的选举程序设计"，并利用"程序合法的方式"，"把反对党的活动有效地限制在对执政党不可能造成任何实质性的政治挑战的范围"。[⑤]例如，人民行动党牢牢控制着制定选举程序的选举委员会，每次选举选区的划分都是根据有利于执政党的原则重新安排的，通过对选区的合并或拆分来分散反对党的票源。当然，由于新加坡是个小国，实行了严格的法治，且领导层由一批洁身自好的社会精英组成，保证了"事实上一党专政"下持续的政治稳定与经济繁荣，拥有举世公认的廉洁高效的政府，形成了举世公认成功的"新加坡精英政治模式"。

---

① 王邦佐、孙关宏、王沪宁、李惠康：《新政治学概要》(第二版)，复旦大学出版社2006年版，第108页。

② 此前新加坡总统由国会选举产生，任期四年，并且基本无任何实权。

③ [澳]约翰·芬斯顿著：《东南亚政府与政治》，张锡镇等译. 北京大学出版社2007年版，第270页。

④ 张锡镇：《东南亚政府与政治》，台湾扬智文化事业股份有限公司1999年版，第145页。

⑤ 萧功秦：《新加坡的"选举权威主义"及其启示》，参见http : //blog.xmnn.cn/?6784/viewspace-623567。

3. 印度尼西亚

印度尼西亚全称"印度尼西亚共和国"，1945年8月17日宣告独立。1945年至1950年曾因英国和荷兰的武装入侵，被迫改名为印度尼西亚联邦共和国并加入荷印联邦。1950年8月恢复原国名，1954年8月正式脱离荷印联邦。

印度尼西亚是总统制共和制国家。印度尼西亚宪法规定，总统既是国家元首，又是政府首脑和武装部队最高统帅，政府成员由总统任免，对总统负责而不对议会负责。总统任期为五年，可连任一届，现任总统苏西洛·班邦·尤多约诺。

印度尼西亚政体中最具特色的是代议体制。宪法规定，印度尼西亚人民协商会议（简称"人协"）是最高权力机构，由678人组成，其中包括128名委任代表，550名民选代表，这550名民选代表同时组成隶属于人协的立法机构——"人民代表会议"（简称"国会"）。[①]人民协商会议设主席1名，副主席3名；人民代表会议设议长1名，副议长3名。人民协商会议和人民代表会议的分工是：前者负责宪法的起草、修订，制定国家重大方针政策，监督评价总统执政情况并在总统违宪时对其进行弹劾或罢免。其余普通立法权由人民代表会议行使。简言之，印度尼西亚的立法机构中，由民选产生的议员拥有一般的立法权，而有关重大国事的事项，须由民选代表和执政势力的委任代表共同决定，从而保证总统和政府执政地位的巩固和对立法机构的控制。这种具有印度尼西亚特色的代议体制的形成，与该国威权政治的历史背景密切相关。印度尼西亚的政治体制也在不断地发展和完善，近年来，人协多次通过宪法修正案，限制总统权力、强化国会职能、强调民主。例如，原来印度尼西亚总统可以连选连任，现在规定只能连任一届。2004年以前，总统和副总统是通过人协间接选举产生，之后改为全民直选。

1998年以前，印度尼西亚政治奉行"潘查希拉式民主"原则。"潘查希拉"是马来语"建国五基"的意思，这是印度尼西亚前领导人苏加诺提出的五项政治原则，具体内容是：至高无上的主、正义和文明的人道主义思想、印度尼西亚的团结、人民协商会议和代议制领导下的民主、社会公平，核心思想是"协商一致"。因此，从1975年至1998年，印度尼西亚只允许专业集团、印度尼西亚民主党、建设团结党3个政党存在，在人民协商会议讨论议案，尤其是重大问题时，不使用少数服从多数的投票表决方式，而是协商处理，只要有不同意见"就继续讨论下去，直到他们被迫同意，达成一致"。[②]1998年5月，印度尼西亚解除党禁。2004年，印度尼西亚首次通过全民投票直选总统、副总统。2009年又较顺利地举办了第二次总统直选。这些都标志着印度尼西亚政治体制正逐渐转向更加开放、自由的民主。

---

① 相关数据源引自中国外交部网站，参见http://www.fmprc.gov.cn/chn/pds/gjhdq/gj/yz/1206_43/。

② 张锡镇：《东南亚政府与政治》，台湾扬智文化事业股份有限公司1999年版，第153页。

4. 东帝汶

东帝汶全称"东帝汶民主共和国"，成立于2002年5月20日，是东南亚最年轻的国家，也是本世纪首个新生国家。历史上，东帝汶所在的帝汶岛被葡萄牙和荷兰殖民者瓜分统治。二战结束后，先后被澳大利亚和葡萄牙管理。1975年被印度尼西亚吞并。1999年5月，东帝汶全民公投决定独立。2000年7月成立首届过渡内阁。2002年4月举行总统选举，独立运动领袖夏纳纳·古斯芒当选。2002年5月20日，东帝汶民主共和国正式成立。

东帝汶是议会制共和制国家。2002年3月22日东帝汶制宪议会颁布的《东帝汶民主共和国宪法》规定，总统、国民议会、政府和法院是国家权力机构。总统是国家元首和武装部队最高统帅，民选产生，任期5年，可连任一届。现任总统奥尔塔。

东帝汶议会称"国民议会"，是最高立法机构，实行一院制，由不少于52名、不多于65名议员组成，全部民选产生，任期5年。国民议会行使立法、监督政府和政治决策权。政府是最高行政机构，政府首脑称总理，由国民议会中多数党或政党联盟推选，总统任命。政府成员包括总理、副总理、各部部长和国务秘书，集体向议会负责。

东帝汶独立时间不长，由于政府缺乏执政经验、经济基础薄弱，社会问题较为突出。2006年曾爆发大规模骚乱，致百余人伤亡，二十多万人逃亡。在联合国的帮助下，局势恢复平静并于2007年顺利举行了第二次总统选举，目前东帝汶国家全面建设正稳步推进。

（三）东南亚社会主义国家

马克思主义政治学理论认为，社会主义国家政体在实践中坚持的原则或特征主要是"一切权力属于人民，党的领导，民主集中制，议行合一等"，[①]"由于社会主义国家是无产阶级专政的国家，必须实行民主共和政体"。[②]

1. 越南

越南全称"越南社会主义共和国"。1945年9月2日，越南共产党领导人胡志明宣布成立越南民主共和国。1954年，越南取得抗法战争胜利，根据停战协定，越南被暂时以北纬17度线分为南越和北越，计划于1956年通过全国选举实现国家统一。然后北、南政权围绕统一问题爆发军事冲突，并在美国的插手下演变为越南共产党领导下的"抗美救国"战争。1973年美国宣布从越南撤军。1975年越南北方政权击溃南越政权，统一全国。1976年，越南统一后首次国会召开，宣布将越南国名定为越南社会主义共和国。

越南与其他社会主义国家一样，实行人民代表制。宪法规定：越南"国家的一切权力属于以工人阶级、农民阶级和知识阶层的联盟为基础的人民。国家权力是统一的，各国家权力机关在立法、执法、司法方面既有分工又相互配合"，[③]越南共产党是国家和社会的

---

① 王邦佐、孙关宏、王沪宁、李惠康：《新政治学概要》(第二版)，复旦大学出版社2006年版，第101页。
② 王邦佐、孙关宏、王沪宁、李惠康：《新政治学概要》(第二版)，复旦大学出版社2006年版，第111页。
③ 陈继章、兰强、徐方宇：《越南研究》，军事谊文出版社2003年版，第155-156页。

领导力量。国会是越南最高权力机构和立法机构，国会代表由民选产生，但不是一次投票直选产生而是层层选举，任期5年，每年召开两次例会。国会负责制定、修改宪法和法律，讨论决定国家经济计划和财政预算，选举国家主席、副主席和政府成员，任免司法机构领导人。国会领导人称国会主席，由每届国会第一次会议选举产生，国会设常务委员会为常设机构，负责国会例会间隙的日常工作。政府是越南最高权力机关的执行机构和最高行政机构，由国家主席，政府总理、副总理，各部部长组成。国家主席是国家元首，由国会选举产生，任期5年。总理是政府首脑，也由国会选举产生，任期5年，总理率政府接受国会、国会常务委员会和国家主席的监督和领导。人民法院和人民检察院是越南司法机构，独立行使司法权。

越南政党制度实行一党制，越南共产党是唯一合法政党，也是执政党。越南共产党的组织结构与其他国家的共产党基本相同。党的全国代表大会是最高权力机构，5年举行一次，权力集中在由党代会选举产生的中央委员会和中央政治局，实行总书记领导下的集体负责制。迄今为止，越南共产党已经召开了11次代表大会，现任总书记为阮富仲。

与其他共产党执政国家略有不同的是，越南共产党对政府机构控制并不十分严密，"1986年革新后，党开始和其他政治机构分享权力"，虽然"党的领导仍然决定着政策的方向。而且国家机关内部的党组织仍然存在"，①但越南共产党总书记不兼任国家主席，而是由不同人士担任，显示出更加开放和包容的态度。

2. 老挝

老挝全称"老挝人民民主共和国"。1954年从法国殖民者统治下取得独立。独立之初，老挝实行立宪君主制，在美国的插手下，长期陷于内乱。经过长期斗争，老挝人民党②领导的老挝爱国战线解放了全国三分之二的土地。1975年，美国军事人员撤出老挝，老挝国王宣布退位。同年12月1日至2日，老挝全国人民代表大会召开，宣布废除君主制，成立老挝人民民主共和国。

老挝宪法规定，国家"是人民民主国家，一切权力属于人民"，"各族人民当家作主的权利在以老挝人民革命党为领导核心的政治体制下加以执行和保障"。③国会是老挝最高权力机构和立法机构，国会议员由选民直选产生，任期5年。国会每年召开两次例会，负责制定、修改宪法和法律，讨论决定国家经济计划和财政预算，选举国家主席、副主席和政府成员，任免司法机构领导人。老挝国会领导人称国会主席，国会设常务委员会为常设机构，负责国会例会间隙的日常工作。国家主席为老挝国家元首，由国会选举产生，任期5年，现任主席为朱马利·赛雅贡。政府是最高行政机构，总理是政府首脑，由国会

---

① ［澳］约翰·芬斯顿著：《东南亚政府与政治》，张锡镇等译. 北京大学出版社2007年版，第359-360页。
② 老挝现在的执政党是老挝人民革命党的前身。
③ 邓兵：《亚洲国家历史与政治制度》，军事谊文出版社2009年版，第329页。

选举产生，任期5年，总理率政府接受国会、国会常务委员会和国家主席的监督和领导。老挝宪法规定，"当国会常委会或国会四分之一以上议员对政府或政府成员提出不信任案时"，国家主席有权建议国会重新审议，如果国会仍维持不信任案，政府或政府成员应辞职。[①]老挝各级人民法院和人民检察院独立行使司法权。

老挝人民革命党是老挝唯一的合法政党，同时也是执政党。人民革命党成立于1955年3月22日，原称老挝人民党，1973年改为现名。人民革命党的性质和组织结构与越南等国家的共产党类似，党的全国代表大会是最高权力机构，5年举行一次，党代会选举产生的中央执行委员会和中央政治局是党的最高领导机构，实行总书记领导下的集体负责制，现任总书记为朱马利·赛雅贡。

老挝的选举制度较有特点。老挝国会和各级人民议会代表由选民直接投票选举产生，投票采取不记名投票方式。"但是所有候选人都必须首先得到人民革命党领导下的老挝建国阵线的批准"，"所以，绝大部分的国民议会代表都是人民革命党的党员，只有很小一部分是独立人士"。[②]

（四）东南亚的"另类"国家——缅甸

缅甸全称"缅甸联邦共和国"，1945年1月4日脱离英国殖民统治独立。独立后的缅甸政体历经数次变革，最初实行议会制共和制。1962年，缅甸国防军领导人奈温发动政变，建立军人政权。1974年，缅甸执政当局颁布宪法，推行缅甸式的社会主义，政体也变为人民代表制。1988年，缅甸社会局势濒于失控，军队再次发动政变，恢复军人执政。2010年缅甸举行全国选举，吴登盛当选为总统，2011年3月吴登盛正式就职。

军人执政是政治体制中极为特殊的一种形态[③]，也是第三世界政治发展研究中最重要的研究对象，当代政治学理论中把对军人政治研究纳入发展政治学[④]的范畴，一般认为军人政治有军人干政和军人政权两种方式。军人干政是指军人介入政治，以暴力或以暴力相威胁参与政治资源的分配、影响政治决策的方向，改变或中断按照宪法和法律规定的政治运作程序的活动与过程。而军人政权则是军人干政的最高形式，从本质上说是以军事手段控制政治，以军人统治与管理国家及社会的一种方式，从形态上说是军人以其政策和人员替代文官政府的政策和人员的一种政体。[⑤]1988年以来的缅甸政体正是军人干政的最高形式——军人政权。有学者认为，军人控制政权后，通常会成立军事委员会或军

① 邓兵：《亚洲国家历史与政治制度》，军事谊文出版社2009年版，第334页。

② ［澳］约翰·芬斯顿：《东南亚政府与政治》，张锡镇等译. 北京大学出版社2007年版，第128页。

③ 也有学者认为军人政权是第三世界政治发展过程中过渡形式，严格来说并不是一种政体类型，而且军人政权与其他政体有交叉之处，既可表现为总统制，又可表现为议会制，甚至是君主制。详细分析可参看李晨阳：《军人政权与缅甸现代化进程研究》（1962—2006），香港社会科学出版社有限公司2009年版，第38页。

④ 发展政治学，也可称为政治发展研究，是运用政治学以及相关学科的各种可能的研究途径和方法，来解释和说明政治体系变化的方向和条件。详细介绍可参看燕继荣：《发展政治学：政治发展研究中的概念与理论》，北京大学出版社2006年版。

⑤ 陈明明：《所有的子弹都有归宿——发展中国家军人政治研究》，天津人民出版社2003年版，第3页。

人执政团来行使日常行政和立法的功能，通常采用三种行政管理方式：一是军人主宰式，即内阁成员绝大部分是军人；二是军人和文人混合式；三是一个军事委员会再加一个军人和文人混合的内阁。[①]目前缅甸军人政权的形式属于第三种。缅甸国家和平与发展委员会（简称"和发委"）是国家最高权力机构，拥有最高决策权、立法权和行政权。和发委由17人组成，全部是缅军现役高级军官，和发委最高领导称主席，既是国家元首又是军队最高统帅[②]。与其他国家相比，作为国家元首的缅甸和发委主席掌握绝对的行政和军事大权，现和发委主席是1992年上任的缅甸国防军总司令兼国防部长丹瑞大将。缅甸政府是隶属于缅甸和发委的执行机构，由34个部组成，政府首脑称总理，政府成员绝大多数为现役军或退役军人。和发委和政府共同组成缅甸军人政权的执政团队，该团队的所有成员均向和发委主席一人负责，和发委主席拥有绝对的权威。缅甸的司法系统形式上独立，军人政变后，并未取缔原有的司法机构，由最高法院和最高检察院行使司法权，各级司法机构也更多地保留了专业的法律工作者，但在实际工作中仍受军人政权的控制。

　　缅甸军人政权自1988年建立至2011年，已经存续了23年之久，不仅在东南亚是唯一例子，在全世界也是极为罕见的。从上台之日起，缅甸军人政权尝试过多种民主化改革模式，也一直面临来自内部民主势力的挑战和外部国际社会的封锁制裁。2003年，缅甸军人政权推出七步走"民主路线图"[③]，正式向外界宣布政治改革时间表。2008年缅甸新宪法草案经全民公投通过。2010年11月7日，缅甸举行了军人政权建立以来的第二次多党民主选举[④]，代表军人利益集团参选的"缅甸联邦巩固与发展党"获得压倒性胜利。

　　2008年通过的缅甸新宪法规定，未来缅甸政体是总统制共和制，实行立法、行政和司法三权分立，最高立法机构称"联邦议会"，实行两院制，由民族院（上议院）和人民院（下议院）组成，联邦议会中75%的议席直选产生，另外25%的议席留给由军队总司令选任的军人代表，地方各级立法机构也按总席位数25%的比例为军人代表预留席位。国家元首称总统，同时也是政府首脑，任期5年，最多连任两届。最高法院是最高的司法机构。缅甸新宪法向外界展示了一个三权分立的民主政体，但实际上缅甸军队在国家政治生活中的地位依然独特。缅甸新宪法在关于国家宗旨的条款中明确写到"坚持贯彻军队参与领导国家政治生活"，要求"总统必须熟悉军事事务"等。[⑤]除前面提到的各级议会25%的议席留给非选举产生的军人代表外，缅甸总统也不是由全民选举产生，而是由联邦议会的两院代表和军队代表分别组成一个总统选举团，各推荐一名总统候选人，三个

① 埃里克·诺德林格著：《军人与政治：亚非拉美国家的军事政变》，洪陆训译，台湾时英出版社2002年版，第173页。
② 2003年以前，缅甸和发委主席还兼任政府首脑。2003年8月起不再担任此职，可视作缅甸军人政权试图转型的一种表现。
③ 这七步分别是：（1）重开于1996年中断的制宪国民大会；（2）以成功召开国民大会为契机，逐步建立起一套真正有序的民主机制；（3）根据国民大会通过的制宪基本原则讨论制订新宪法草案；（4）对新宪法草案进行全民公决；（5）遵照新宪法自由公正地选举新的立法机构；（6）遵照新宪法之规定召集胜选的立法机构代表举行立法会议；（7）根据立法机构选举结果依法产生新的国家元首、政府首脑，组成新的行政机构，由新政府领导缅甸向现代化的民主国家迈进。
④ 第一次是1990年，代表军人政权参选的政党未能获胜，执政当局拒绝向胜选的民主势力交权。
⑤ 引自《缅甸联邦共和国宪法（2008）》第六条第六款、第五十九条第四款。

总统选举团共同投票，票数最多者任总统，其余两名候选人任副总统。此外，联邦政府的国防部长、内政部长、边境事务部长由军队总司令提名。这些条款和规定确保只有军方中意的人选才可能顺利出任总统，同时总统权力受到军队的制约。2010年11月7日大选结果显示，代表军人参选的联邦巩固与发展党获得了联邦议会493个选举议席中的388个，其中在人民院325个选举议席中赢得259个，在民族院168个选举议席中赢得129个，如果加上164个非选举的军人代表议席，缅甸军队及其代理政党拥有的议席数占到联邦议会657个议席中的84%。[①] 2011年3月30日，吴登盛在联邦议会全体会议上宣誓就任缅甸联邦共和国总统，同日，缅甸国家和平与发展委员会（和发委）主席丹瑞大将签署和发表2011年第5号声明。根据这项声明，自联邦官员在联邦议会宣誓就职起撤销各级和发委，完成国家立法、司法和行政权力的交接。

二、政治体制的主要特征

东南亚各国政治体制有两大主要特征：一是政治体制形态复杂多样；二是政治体制发展尚不完善。

（一）东南亚各国政治体制具有复杂性

从比较政治学的角度看，"东南亚不是一个政治上高度一致的地区，组成东南亚的各国无论在政治上还是文化上的不同都要大于组成欧洲的各个国家"。[②] 正如前面所说，世界普遍存在的政体形态，在东南亚都可找到。不单是形态多样，即使是"实行同一类型政治体制的国家内部，也往往会在权力主体的产生方式、国家机构的组织形式、权限及任期等各方面有所差异。"[③] 如同为立宪君主制的泰国、柬埔寨和马来西亚，泰国的王位世袭，柬埔寨的王位由专门机构选任，马来西亚则是"轮流坐庄"；又如实行总统制共和制的菲律宾和印度尼西亚，前者的总统由全民选举，后者直到2004年开始才改为民选，而即将实行此类政体的缅甸，总统也将由议会代表组成的总统选举团推选。

东南亚国家政体多样化格局的形成，原因是多方面的。既有历史根源，也有现实因素；既有主观的选择，也有客观的无奈。从历史上看，15、16世纪开始，东南亚地区遭受西方殖民者的入侵，葡萄牙、西班牙、荷兰、英国、法国、美国依次将本地区瓜分殆尽，各宗主国在实施殖民统治的过程中，按照各自意愿向殖民地灌输了各种不同的政治思想与文化，深刻地影响了战后东南亚民族独立运动的领袖和精英们对独立后本国政治发展道路的选择。从现实上看，东南亚国家社会经济发展水平极不平衡，有跻身发达国家之列的新加坡，也有位列世界最不发达国家的缅甸和老挝，社会经济发展水平的不同决定

---

① 相关数据根据《联邦巩固与发展党致人民感谢信》，（载2010年12月5日缅文版《缅甸新光报》）和《缅甸联邦选举委员会第143/2010号公告》（载2010年12月7日缅文版《缅甸新光报》）整理而来。需要说明的是，最终公布的选举议席数与缅甸新宪法中规定的数量有出入，这是因为缅甸联邦选举委员会在选前根据国内形势，取消了几个选区的选举。

② ［新］尼古拉斯·塔林著：《剑桥东南亚史》（第一卷），贺圣达等译，云南人民出版社2003年版，第1页。

③ 李文：《东南亚：政治变革与社会转型》，中国社会科学出版社2006年版，第67页。

了政治发展与政治体制的多样。另外，政治学中"政治文化"理论认为，一个国家或地区的政治发展状况除了与该国或该地区经济发展水平、政治体系设置紧密相关外，也受到该国或该地区民族和人民的思想和文化传统的影响，每一个政治体系都植根于对政治行为的一类特定导向中。而东南亚地区有着全世界最复杂多样的民族、宗教和文化体系，素有"人种博物馆"与"宗教博物馆"之称。"东南亚最引人注目的现象无疑是人种的大杂烩"，"各个种族都有自己信仰的宗教，有自己的文化和语言，还有自己的思想和行为方式"，[1]这也是造成东南亚各国政治体制的多样化的重要因素。

（二）东南亚各国政治体制具有不成熟性

东南亚各国政治体制的不成熟性具体体现在制度建构不完善、体制架构不稳定和多数政体的威权主义[2]特质等三个方面，这三者相互作用，互为表里。从政治稳定的角度看，独立之初，东南亚各国普遍面临经济基础落后，社会矛盾激化，导致政局不稳的问题，从而引发政权更迭和军事政变，频繁的政权变动使得这些国家不能集中精力开展经济建设，极易引发新一轮政治危机。从战后独立到20世纪80年代的四十多年间，东南亚地区政治发展基本陷入这种恶性循环的怪圈。从政治体制建构的角度看，政治发展的不稳定带来的是政治体制建构的多样与多变。一些国家政权更迭或发生军事政变后，原有的政体模式和程序多被废除或革新，新的当权者希望通过新的模式提升治理能力。政体的不断变动，无法为国家政治发展提供一个相对固定的平台，反过来又影响政治稳定，并导致东南亚国家政治体制发展至今仍不完善。一般认为，东南亚国家政治体制发展大体分为三个阶段：[3]第一个阶段是实行西方议会民主政治的"民主试验期"。例如泰国、缅甸、菲律宾、印度尼西亚、马来西亚、新加坡、柬埔寨等国独立后都实行过多党议会民主制，终因无力解决复杂的政治经济矛盾而以失败告终，被军人政权或奉行威权主义的"强势政府"所取代。第二阶段是威权政治时期，20世纪50年代至80年代，除了陷入战争的越南、老挝和柬埔寨外，东南亚其他国家无一例外地实行了威权统治，有的是军人政权，有的是一党独大或"政治强人"长期执政。如泰国在1947年至1991年间，除1973年至1976年是短暂文官政府外，全是军人执政；缅甸1962年起是以奈温为首的军人集团掌权。其他国家则是以某个"政治强人"为核心的威权政府，如印度尼西亚的苏哈托、新加坡的李光耀、菲律宾的马科斯等。第三阶段是威权政治向民主政治的转型过渡时期，这一时期肇始于20世纪80年代，以菲律宾马科斯下台为标志，东南亚的威权主义国家先后开始政治转型进程，如泰国1991年开始实现以民主程序为基础的政府更替；1998年印度

---

① ［新］尼古拉斯·塔林著：《剑桥东南亚史》（第二卷），贺圣达等译，云南人民出版社2003年版，第109页。

② authoritarianism，又译作权威主义，是指在政治上实施强控制而经济上放任自由的国家所实施的集权政治统治。在比较政治研究中，威权主义被视为与极权主义和自由民主主义相对应的国家类型。参见燕继荣：《发展政治学：政治发展研究中的概念与理论》，北京大学出版社2006年版，第289页。

③ 李文：《东南亚：政治变革与社会转型》，中国社会科学出版社2006年版，第52—61页。引用时对文字结构进行了调整。

尼西亚领导人苏哈托在群众运动中下台，新政府开始政治体制改革；1981年新加坡工人党在选举中首次打破人民行动党独占全部议席的格局，三年后新加坡开始实行非选区议员制，保障反对党代表在议会的存在。包括东南亚国家在内的整个东亚地区威权主义的衰落和民主的兴起被亨廷顿称为"现代世界的第三波民主化浪潮"。[①]这一进程的发生，与各国经济发展、社会结构多元化、民众政治参与意识的兴起密切相关，而统治精英们也意识到需要进行体制变革。到目前为止，东南亚国家的政治转型进程仍未完全结束，且在部分国家出现反复和波动。如泰国政府更替自1997年大选后逐渐走入规范轨道，但2006年军队再次发动政变，局势至今没有恢复；印度尼西亚2004年才实现全民直选总统，仍需继续巩固"尚很脆弱的民主政治机制"[②]；柬埔寨依然是洪森"一人独大"的强人政治格局，"议会至上、司法独立、公民和政治权利的民主原则在柬埔寨常常遭到践踏"[③]；马来西亚以巫统为首的国民阵线依然"一党独大"，政治权力和政治参与更多地集中在马来人手中；新加坡人民行动党继续通过"程序合法"的方式维持着不可撼动的执政地位，这种有限的民主在相当长一段时间内不可能发生根本性的转变；而作为东南亚国家中最后一个军人执政国家的缅甸，虽然于2010年顺利举办了大选，但这只是为军人集团"换装执政"披上了"民主与合法的外衣"，缅甸民主化改革前景尚不明了。

第二节　非政府组织的社会地位与政治影响

非政府组织（Non-Governmental Organization，简称NGO）是指一种"非官方的、不以营利为目的的、服务于社会公益事业的、合法的公民志愿组织"[④]。国际上关于非政府组织概念至今没有统一的定义，对非政府组织的内涵与外延也存在诸多争议，但对非政府组织一般属性的界定却基本相同，这有助于我们更准确地理解和把握非政府组织的概念。非政府组织大致具有以下9个方面的属性[⑤]：（1）组织性，这是一切组织之为组织的基本属性；（2）民间性（或称私有性），即体制上独立于政府，不受制于政府；（3）非营利性，组织不以营利为目的，也不得向所有者、管理者及参与者分配利润；（4）自治性（或称独立性），组织内部管理、运作独立进行，其他组织与部门无权插手或干涉；（5）志愿性，组织成员不由法律要求组成，以利他主义和奉献精神等价值为导向；（6）非宗教性，组织活动不是为了吸收新教徒；（7）非政治性，也可以称为政治中立，组织处于政府体制之外，

① ［美］亨廷顿著：《第三波：20世纪后期民主化浪潮》，刘军宁译，上海三联出版社1998年版，第1页。
② ［澳］约翰·芬斯顿著：《东南亚政府与政治》，张锡镇等译，北京大学出版社2007年版，第105页。
③ ［澳］约翰·芬斯顿著：《东南亚政府与政治》，张锡镇等译，北京大学出版社2007年版，第48页。
④ 中国现代国际关系研究院课题组：《外国非政府组织概况》，时事出版社2010年版，第3页。
⑤ 王杰、张海滨、张志洲：《全球治理中的国际非政府组织》，北京大学出版社2004年版，第20—28页。引用时对文字结构进行了调整。

不以取得政权或执政为目标，也不与特定的政党结盟，不卷入政治党派斗争；①（8）公益性，组织目标是公益性的，活动与服务是提供公共产品；（9）合法性（或称正当性），即这些组织是依据一国法律法规所认可的方式和范围建立起来并从事活动。根据运作目标和方式，非政府组织可分为"运作型"和"倡导型"两种。前者通过计划与管理，实施与发展相关的项目，如拯助儿童基金；后者则致力于捍卫和促进某一目标的实现，与运作型非政府组织的工作方式相比，倡导型非政府组织更多地通过游说、宣传甚至是激进的活动唤醒人们的意识，如绿色和平组织。

此外，在一些政治学理论文献，特别是关于发展中国家政治转型的研究文章中，经常能见到"公民社会"的概念。公民社会（Civil Society）②又译作"市民社会"，是指围绕共同利益、目的和价值的非强制的集体行为，它不属于政府范畴，也不属于营利的私营经济范畴，是处于"公"与"私"之间的一个领域，或称"第三部门"。有的学者认为公民社会等同于非政府组织，也有的学者认为公民社会和非政府组织二者仍有区别，前者涵括后者。一般来说，公民社会更多地强调"非官非私"的领域，而非政府组织强调组织团体的形态。

非政府组织兴起于20世纪80年代，随着全球人口、贫困和环境问题日益突出，人们发现仅依靠传统的政府和市场无法解决人类可持续发展问题，作为一种回应，非政府组织迅速成长并构成社会新的一级。目前，全球非政府组织已达数百万个，活动范围涵盖文化教育、卫生保健、环境保护、宗教慈善等社会生活的方方面面。同样，在东南亚地区，非政府组织"通过在扶贫开发、环境保护、女性、社会福利、人权、医疗卫生等领域积极开展活动，提高和扩大了自身的社会地位和政治影响，成为促进东南亚多元社会的形成，推动经济、社会和环境的全面协调发展以及民主化进程的一支新生力量。"③

一、东南亚地区非政府组织的产生与发展

早在殖民时期，东南亚地区就有具有现代非政府组织特征的团体出现，如遍及东南亚各地的华人同乡会，另外还有一些由殖民宗主国公民在东南亚地区创办的慈善机构，这些都可视为东南亚地区最早的非政府组织。二战结束后，菲律宾、印度尼西亚等国出现了以保护妇女儿童权益、人道救助、环保为宗旨的非政府组织。20世纪80年代起，东南亚地区非政府组织发展进入高峰期，据世界银行1997年报告，包括东南亚地区在内的亚洲地区非政府组织的数量几乎翻了一番，④如1984年，菲律宾有非政府组织2.38万个，1996年增加到7.02万个；1985年，印度尼西亚有非政府组织1 810个，1990年增至近7 000

---

① 应该注意的是，非政府组织的非政治性是强调其政治立场的中立与不受制于政府权威，并非强调非政府组织不得有政治观点或超政治立场，实际上许多非政府组织关注的议题往往是政治化的。
② 从公民社会的具体内涵来看，译作公民社团可能更贴近原意，但该术语的翻译已经约定俗成。
③ 李文：《东南亚：政治变革与社会转型》，中国社会科学出版社2006年版，第125页。
④ 中国现代国际关系研究院课题组：《外国非政府组织概况》，时事出版社2010年版，第225页。

个；到2005年，新加坡有注册社团6 202个。①除了数量增加，东南亚地区非政府组织关注领域和运作范围也显著扩大，除传统的慈善组织和族群社团外，一大批保护妇女儿童权益、保护环境、从事救济和援助的非政府组织也纷纷成立。同时，一些跨国运作的知名的国际非政府组织也大量进入东南亚地区活动，如越南现有登记在册的非政府组织4 000余个，外国在越南的非政府组织近700个。②

东南亚非政府组织在20世纪80年以后大量涌现并蓬勃发展的原因有以下三个方面：

首先，各国政府放宽了对非政府组织成立与活动的限制是导致非政府组织大发展的直接原因。非政府组织因其独立的身份，在对外交往和获取援助时可以不受国家间利益矛盾和官方合作机制的制约，也没有政府机构在资金管理方面普遍存在的腐败和使用不当的问题，往往可以成为争取外部资金的重要渠道，"许多东南亚的NGO在政府渠道之外获得发达国家官方、半官方的开发援助，为解决本国存在的社会问题和社会矛盾作出贡献"③。如日本外务省1996年通过209个本国非政府组织向50个国家的209个非政府组织提供了28.1亿日圆的民间开发援助。④各国政府也希望通过放宽对非政府组织的管制，更多地吸引外来资金。因此，"从20世纪80年代开始，非政府组织已经成为许多东南亚国家引进海外发展援助的重要渠道"，"到1995年为止，通过设在当地的国际非政府组织渠道，柬埔寨平均每年获得海外援助1 000万美元。1994年，国际非政府组织共为越南引进海外援助资金多达7 000万美元。"⑤

其次，东南亚国家发展依靠政府和市场传统的调整遇到困境是主要原因。西方学者认为，政府和市场的"失灵"是导致非政府组织发展的主要原因。即"政府与市场的功能因其活动方式与特点及其任务的复杂而难免存在不足，即存在部分功能'失灵'或者说'缺失'，不能完全胜任社会赋予的重任而导致非政府组织的存在"。⑥20世纪80年代，东南亚部分国家由政府主导、单纯追求经济增长的发展模式，带来了贫富差距、环境保护、劳工权益、城乡差别、社会保障等问题，社会矛盾日益突出，非政府组织协调处理这些问题的能力和作用也随之显现。例如在泰国，从事社会福利和社区开发的非政府组织最多，在农村扶贫开发领域发挥了政府无法替代的作用；在菲律宾，农村开发、人权、妇女权益、都市贫困和健康卫生是非政府组织活动最活跃的五大领域；在马来西亚，非政府组织数量排名前五位的分别是从事社会福利、经济社会、健康、环境、消费者运动的组织。⑦

---

① 中国现代国际关系研究院课题组：《外国非政府组织概况》，时事出版社2010年版，第235页。
② 中国现代国际关系研究院课题组：《外国非政府组织概况》，时事出版社2010年版，第235页。
③ 李文：《东南亚：政治变革与社会转型》，中国社会科学出版社2006年版，第133页。
④ 李文：《东南亚：政治变革与社会转型》，中国社会科学出版社2006年版，第134页。
⑤ 王瑜：《政党与非政府组织间的关系》，参见http://www.china.com.cn/#/xxsb/txt/2005-08/11/content_5938710.htm。
⑥ 中国现代国际关系研究院课题组：《外国非政府组织概况》，时事出版社2010年版，第8页。
⑦ 李文：《东南亚：政治变革与社会转型》，中国社会科学出版社2006年版，第126-127页。

　　再次，外部援助与扶持力度加强也是导致东南亚非政府组织数量增加的动因。西方国家政府、民间组织、跨国公司的资助成为多数东南亚非政府组织最重要的资金来源。如2006年，外国非政府组织在越南推出2 600多个合作项目，注入2亿多美元资金。以美国为首的西方国家在越南的跨国企业对非政府组织的资金援助1993年为37.7万美元，1995年271.3万美元，1996年上半年达到119.7万美元。[①]

　　虽然东南亚非政府组织取得了大发展，但由于非政府组织关注和活动的领域非常宽泛，其中许多涉及人权、民主、民族、宗教领域，对于东南亚这样一个文化和种族成分复杂多样的地区而言，其敏感性和争议性不言而喻。东南亚各国政府对非政府组织态度也因此而具有两面性，一方面重视利用非政府组织在吸引外部资金、援助，开发政府政策无法触及的区域等问题上的优势；另一方面则加强对非政府组织的监督与规范，限制他们对敏感领域和话题的参与。因此，东南亚非政府组织的发展除自身因素外，还取决于国际、国内的政治和社会环境，面临着各国法律法规和资金来源等因素的困扰。

二、东南亚地区非政府组织与社会多元化

　　所谓"社会多元化"，就是指社会体系中的多元表现，指不同种族、民族、宗教或社会群体在一个共同文明体或共同社会的框架下，持续并自主地参与其发展自有传统文化或利益。在多元社会中，不同族群相互间尊重与容纳，没有冲突或同化。多元化是现代社会最重要的特征之一，也是发展的关键性推动力量。

　　如前所述，东南亚本身是一个种族文化多样性十分复杂的地区，加之长期威权主义政治，导致权力高度集中。非政府组织的大量产生并在经济社会领域日益扩大影响，促使东南亚社会结构日益改变其原有面貌，走向多元化。非政府组织是独立于政府、企业等政治经济强势群体之外的，独立拥有组织资源、经济资源和文化资源的一种组织形态，更多地表现为为边缘化群体和弱势群体提供服务的角色，为他们主张权利、申讨权益，提供基本保障，打破了传统东南亚地区政府主导一切的模式，民间力量参与到原本由政府推进的事业和领域之中。

　　从公民社会的建构与增强看，非政府组织的活动，改变了战后东南亚各国政府建立在权威和等级基础之上的纵向社会结构体系，使其向多元化、自身带有高度自主性和自律性的、纵横交错的社会结构方向发展，整个社会趋向稳定和成熟。与只拥有一个单元的社会相比，拥有多个单元的社会更富有弹性与活力，更能够获取更多的资金和信息资源，能够有更多的渠道和机制应对突发事件，化解各种矛盾和危机。[②]例如，2008年5月缅甸遭受史上最强台风"纳尔吉斯"的侵袭，造成14万人死亡、240万人受灾。"作为一个基础设施落后，通讯和社会融合度有限的贫穷国家，缅甸对灾害的应急反应比中国要滞后

① 中国现代国际关系研究院课题组：《外国非政府组织概况》，时事出版社2010年版，第236—242页。
② 李文：《东南亚：政治变革与社会转型》，中国社会科学出版社2006年版，第132页。

得多"，但灾后缅甸许多非政府组织加入救援行动，并催生了缅甸首个非政府组织合作平台，"2008年8月，40家NGO首次建立了一个正式的合作平台：缅甸NGO网络（Myanmar NGO Network）"，一场灾难"成为缅甸公民社会成长的机会。"①。

从非政府组织与政府的关系看，东南亚地区非政府组织与国家的关系通常表现为两大类型：一种是合作互补型，政府依赖非政府组织的专业知识与建议，拟定对某一社会问题的对策，或者通过非政府组织来弥补政府机构的效率与覆盖面问题；另一种是对立与监督型，涉及敏感领域政府不愿意与非政府组织分享权力或汲取非政府组织的建议时，非政府组织会通过宣传、游行等社会运动要求政府予以重视，也会以监督者的身份对政府作为进行批评。东南亚非政府组织的活跃与发展，拓展了公民社会的空间，推动了公民社会的发展，在东南亚社会多元化发展中发挥了积极作用。公民社会为公民提供了参与公共事务的机会和手段，提高了他们的参与能力和水平。因此有学者认为，公民社会愈发达，公民的自发组织水平就愈高，就愈有利于社会的良性互动与繁荣发展。

三、东南亚地区非政府组织与民主化进程

民主化是指"以民主为目标的政治变化过程"，简言之就是"一个国家从不民主走向民主的过程，把自由民主变成社会现实的过程"。②民主化的主体是非民主政权，西方政治学者通常以民主为标准将世界各国政治体制分为三大类：民主政体、威权政体和极权政体，③后二者统称为非民主政权。上文已经提到，战后东南亚国家政治发展经历了西方议会民主的试验阶段和普遍的威权政治阶段，目前正处于向民主政体转型的阶段，非政府组织在这一进程中扮演了现代文明的传播者、公民意识的培养者和志愿精神的重建者的重要角色。非政府组织的运作模式处处体现着公民独立、自由、平等、民主、参与的意识，这些既有助于个人政治参与思维的强化，也有利于社会弹性与活力的增强，从整体上推进了公民社会的构建，而"一定程度的公民社会虽然不是民主的充分条件，但却是民主的必要条件"④。东南亚非政府组织从事的各种活动，如环境保护、人道主义救援、保护妇女儿童权益、维护人权等等，都有培育公民自主平等的民主意识的效用。还有一些非政府组织更是直接向公民提供政治参与技能方法的训练，如2010年缅甸多党民主大选之前，多个缅甸国内外的非政府组织在缅甸各地开办培训班，向普通民众讲解宪法和选举法，解释投票程序和规则，教授投票方法；向拟参加大选的政党和候选人传授竞选方法、演讲拉票技巧，以及如何利用法律手段保护自身政治权益等。

从具体的实践看，东南亚非政府组织在各国民主化进程中确实起了重要作用甚至决定性作用。一种表现是直接推动本国政治体制的民主化改革。例如，20世纪90年代后期，

① 大灾衍生机遇：缅甸的NGO网络，参见http：//www.cdb.org.cn/qikanarticleview.php?id=1009。
② 燕继荣：《发展政治学：政治发展研究中的概念与理论》，北京大学出版社2006年版，第258-259页。
③ 孙关宏、胡春雨、任军锋：《政治学概论》，复旦大学出版社2003年版，第141页。
④ 李文：《东南亚：政治变革与社会转型》，中国社会科学出版社2006年版，第142页。

印度尼西亚的"各种社会团体和反对党领导的广泛的抗议活动、罢工罢课和抗议活动导致了社会动荡并最终实现了苏哈托的下台"。[1]而且这些社会团体还成为后苏哈托时代印度尼西亚推行民主改革的强大支持力量。菲律宾非政府组织则在1986年2月反对马科斯独裁统治的"人民力量"起义中发挥了重要作用。在泰国,20世纪80年代后期发展壮大起来的民间民主力量成为反对军人执政的主力军,1992年爆发的50万人规模的群众示威迫使素金达·甲巴允将军放弃重建军人政权的企图。另一种表现是非政府组织不断参与政府相关部门和机构的工作和决策机制,或者对政府施政进行监督批评,也有效地促使政府不断扩大施政的透明度和开放度,推动了政治民主化发展。例如菲律宾将非政府组织参与地方事务管理的规定制度化,菲律宾1991年实施的地方政府法规定,地方教育委员会、地方卫生委员会、地方开发评议会、地方和平秩序评议会应该有非政府组织参加,"菲律宾非政府组织广泛参与政府支持的社会福利和经济发展事业,不少非政府组织领导人充当了政府内阁成员或决策机构的顾问"[2]。越南"非政府组织推动政府施政透明化、新闻报道公开化和国会选举改革,取得了较为显著的成效。"[3]新加坡通过为数众多的社会团体了解民意,基层群众和社会利益集团的利益诉求能够直接反映到政府决策层,而政府在作出重大决策前也通常会征求这些社团的意见。

---

① 李路曲:《东亚模式与价值重构》,人民出版社2002年版,第309页。

② 中国现代国际关系研究院课题组:《外国非政府组织概况》,时事出版社2010年版,第228页。

③ 中国现代国际关系研究院课题组:《外国非政府组织概况》,时事出版社2010年版,第246页。

第八章 经 济

第一节 东南亚国家经济概况

东南亚是第二次世界大战后期才出现的一个新的地区名称。东南亚地区共有11个国家，即印度尼西亚、马来西亚、新加坡、泰国、文莱、菲律宾、越南、老挝、柬埔寨、缅甸、东帝汶[①]，面积446.7万平方千米，人口超过5.6亿。这里有丰富的自然资源，东盟十国（文莱、柬埔寨、印度尼西亚、老挝、马来西亚、缅甸、菲律宾、新加坡、泰国和越南）控制着亚太地区石油和天然气资源的40%[②]。在消费电子、个人电脑、半导体等富有吸引力的行业上，由于该地区大量熟练的劳动力以及相对较低的工资水平，使该地区已形成面向全球高增长行业的出口产业。东盟成立以来，东南亚的经济增长率曾一度高于世界上任何其他地区。但是，东南亚的经济总量在全球份额中所占较小，经济对外依存度较高，1997年爆发的亚洲金融危机以及2008年开始的全球金融危机给东南亚经济造成了严重影响，东南亚经济急剧下滑，外国直接投资缩减了三分之二，经济总量增长率的降幅高达50%，东南亚各国纷纷采取措施，调整工业结构和出口结构，加大刺激内需力度，整顿金融和重整债务，积极推动区域经济一体化等，度过2009年的低迷后，2010年在全球经济回暖的背景下，东南亚经济开始复苏，这里仍是世界经济最具活力和潜力的地区之一。

一、经济规模

东南亚各国的经济发展水平不尽相同，经济规模相差较大。东南亚最大的经济体是印度尼西亚，2010年占东南亚经济总体规模的39%。其次是马来西亚和泰国。东南亚国家中印度尼西亚、马来西亚、菲律宾、新加坡、泰国和越南的经济规模（GDP）约占东南亚国家总体经济规模的98%。[③]

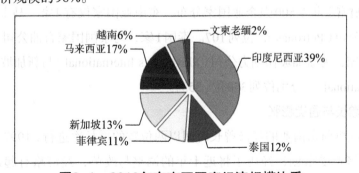

图8-1 2010年东南亚国家经济规模比重

---

① 东帝汶于2002年正式独立建国，是东南亚唯一一个不属于东盟的东南亚国家。东帝汶面积、人口较少，经济处于重建阶段，对区域经济影响微乎其微，所以本章介绍东南亚经济仍以东盟十国为主。

② 数据来自Integrating Southeast Asia's Economies，The McKinsey Quarterly 2004 Number 1。

③ 根据2010年东南亚各国的GDP规模所占东南亚总体GDP比重得出。

东南亚经济总体规模不大,2010年东南亚总体经济规模为17 869亿美元,仅为欧盟的11%,美国的12.2%,中国的31.1%,日本的33.1%。在世界200多个国家和地区中,东盟十国的经济规模分别排名在第18~135位之间。(表1)

表8-1 2010年东南亚十国的经济规模

	国内生产总值		按PPP计算的国内生产总值		
	总额(亿美元)	世界排名	总额(亿美元)	人均(美元)	人均GDP世界排名
文莱	119.6	115	198.8	50 300	9
柬埔寨	113.6	119	301.3	2 000	187
印度尼西亚	6 951	18	10 330	4 300	155
老挝	63.41	135	156.8	2 400	181
马来西亚	2 190	37	4 167	4 700	77
缅甸	356	83	600.7	1 100	209
菲律宾	1 887	46	3 532	3 500	161
新加坡	2 339	39	2 924	57 200	6
泰国	3 126	30	5 803	8 700	118
越南	1 020	58	2 781	3 100	166

资料来源:根据2010年国际货币基金组织数据编制。

2010年11月4日,联合国开发计划署公布的2010年度世界各国的人类发展指数[1],东南亚国家中仅有新加坡、文莱属于发达国家。按照世界银行的分类,新加坡、文莱属于高收入国家,马来西亚、泰国、菲律宾和印度尼西亚属于中等收入国家,越南、老挝、柬埔寨、缅甸属于低收入国家。东南亚国家中除新加坡、文莱消除了贫困外,马来西亚也在过去的30年中基本消除了贫困,建立了世界级的基础设施。相对东南亚其他国家,柬埔寨、老挝、缅甸基础设施落后,贫困人口较多,贫困率较高。

2010年《财富》世界500强企业国家分布,东南亚国家仅有4家。马来西亚1家,为马来西亚石油公司(Petronas),位列107。泰国1家,为泰国国家石油公司(PTT),位列155。新加坡2家,为新加坡伟创力公司(Flextronics International)与新加坡丰益国际公司(Wilmar International),分别位列350位、353位[2]。

二、经济增长与通货膨胀

亚洲金融危机前东南亚的经济曾长时间以两位数的增长率进行,1997年亚洲金融危机使东南亚经济遭受重创,经历了将近十年的调整与改革,经济略有起色之时,又遇

---

[1] 联合国的开发计划署编制了"人类发展指数",用以取代单一的人均GDP衡量体系。"人类发展指数"由三部分内容构成,包括"健康长寿"、"教育获得"和"生活水平"。健康长寿,用出生时预期寿命来衡量;教育获得,用成人识字率(2/3权重)及小学、中学、大学综合入学率(1/3权重)共同衡量;生活水平,用实际人均GDP(购买力平价美元)来衡量。通过公式将这三方面的指标组合起来,计算出各国的"人类发展指数",以此来界定一个国家是否属于发达国家。

[2] 数据来自《财富》网站http://money.cnn.com/#magazines/fortune/global500/2010/countries/Australia.html。

2008年底欧美金融危机导致的全球经济衰退，东南亚各国再次受到影响，根据亚洲开发银行的统计，东盟十国在2009年的平均经济增长率仅为1%，文莱、柬埔寨、马来西亚、新加坡和泰国等5个国家出现负增长，仅印度尼西亚、越南、菲律宾和老挝保持了正增长。与1997年亚洲金融危机的直接冲击相比，2007—2009年的全球金融危机使东南亚地区面临的经济困难主要是由于受到发达国家实体经济衰退而带来的出口萎缩和外资减少，与世界其他地区相比，东南亚遭受的全球金融危机影响相对较小。2010年，东南亚经济下滑趋势缓解，经济复苏趋势明显。

表8-2 2006—2010东盟国家GDP增速（%）

年度 地区/国家	2006年	2007年	2008年	2009年	2010年
东盟	6.1	6.7	4.2	1.2	7.8
文莱	4.4	0.2	−1.9	−1.8	2.0
柬埔寨	10.8	10.2	6.7	0.1	6.3
印度尼西亚	5.5	6.3	6.0	4.6	6.1
老挝	8.1	7.9	7.2	7.3	7.5
马来西亚	5.8	6.5	4.7	−1.7	7.2
缅甸	7.0	5.5	3.6	5.1	5.3
菲律宾	5.3	7.1	3.7	1.1	7.3
新加坡	8.6	8.8	1.5	0.8	14.5
泰国	5.1	5.0	2.5	−2.3	7.8
越南	8.2	8.5	6.3	5.3	6.8

数据来源：亚洲开发银行公布的《亚洲经济展望2011》。

2007年由美国次贷危机引发了全球经济衰退，2008年在东南亚的表现还不明显，当时东南亚一些国家认为东南亚经济已经与欧美经济"脱钩"，2008年在全球经济衰退时，东南亚国家实现了一定程度的增长。但是，欧美金融危机导致的经济衰退在2009年给东南亚经济带来了严重影响，东南亚经济增长大幅度下滑，近半数国家出现了负增长，许多国家失业率、贫困率急剧攀升，菲律宾较为明显，至2009年6月菲律宾的贫困率从24.9%增加到26.5%。

2010年，全球经济遏制了下滑趋势出现复苏态势，全球主要经济体实现了正增长，东盟十国平均增长率为6%，与世界经济增长的2.7%相比，东南亚经济表现也有可圈可点之处。2010年东南亚国家经济增长幅度差异较大，各国的经济增长点也不尽相同。

文莱2010年的经济复苏估计达到2.0%，得益于其石油和天然气产量的增加。2010年传统出口市场日本和韩国对能源的强劲需求以及液化天然气产量的增加是文莱经济复苏主要动力。在需求方面，经济复苏得益于私人消费的增长以及商品和劳务的出口增长①，投资与2009年持平。与2009年经济的萎缩形成了鲜明对照。2009年主要是由于国外需求减弱以及部分生产设备检修使得经济萎缩了1.7%。2009年，文莱石油和天然气产量下降3.4%，液化天然气产量下降8.0%。同时，非能源部门的增长下降到0.9%，反映了全球经济衰退对贸易、旅游业和制造业的冲击。2010年文莱经济复苏的同时保持了通胀的缓和，年平均通胀率为1.5%。

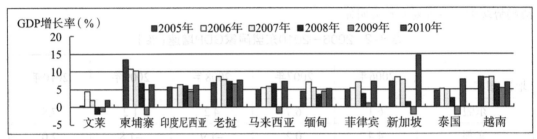

图8-2　2005—2010年东南亚十国经济增长情况

柬埔寨除了旅游业和服装出口的增长，2010年的经济复苏还得益于农业的丰收。2010年柬埔寨政府推出了多项农业措施，促进水稻的生产，同时加大水稻的出口，目的在于推动柬埔寨经济增长的多元化和减少贫困。但是据亚洲开发银行的报告，虽然柬埔寨经济在增长，但是近年来贫困现象有所增加。经济迅猛增长也导致了通胀的问题，2010年柬埔寨的通胀率平均为4%。

印度尼西亚从2009年的全球衰退中的经济低迷中恢复过来，GDP增长了6.1%，经济增长加速是受到私人消费、投资活跃、出口需求强劲增加的驱动。私人消费受到劳动力市场加强和农产品价格上升的影响增加了4.6%，对GDP增长的贡献率为2.7%。固定资产投资增加了8.5%，对GDP增长的贡献率为2.0%。机械和设备的投资从2009年的萎缩中反弹了17.1%，而建筑业投资，包括基础设施，2010年增加了7.0%。国内投资和全球投资环境改善，货币升值，信贷增加，这都支持了投资的健康增长。固定资产投资总额上升到GDP的32.2%。经济的增长使得服务业创造了更多的就业机会，2010年8月失业率从前一年的7.9%降低到7.1%。在经济回升的同时通胀却加剧，通胀率从2009年后期的2.8%上升到2010年12月的7.0%，2010年平均通胀率为5.1%。

旅游业的复苏加上有色金属出口的强劲需求刺激了2010年老挝GDP的增长。2010年，老挝经济增长为7.5%，回升到2004至2008年期间的平均增长率。老挝几年来经济持续的增长主要原因是加大了矿业和水电站方面的投资，这些投资还将继续在未来的经济增长中发挥作用，所以老挝经济增长的同时面临的最大的挑战是如何保持宏观经济稳定。老挝2010年消费价格一直在上升，通胀平均达到6.0%。

2010年马来西亚经济的快速复苏得益于国内需求强劲以及出口回升。2010年私人消

---

① 根据亚洲开发银行估算，文莱私人消费增长10%，商品和劳务的出口增长12%。

费上升了6.6%，公共消费持平。投资方面，以固定资产投资衡量，包括公共投资，增长9.4%，对GDP增长做出了最大的贡献。商品和服务的出口实际增长9.8%，但进口增加更快，达到14.7%。马来西亚经济的增长也导致了住宅价格急剧上升，主要反映在吉隆坡和雪兰莪州两地的房价上，到2010年9月底马来西亚房地产价格指数上升了约6%。马来西亚经济的复苏加大了劳动力的需求，2010年劳动力达到1 170万，同比增加了2.2%。同时，就业率也攀升了2.5%，就业人口达到1 130万。至2010年底，马来西亚失业率从2009年底的3.4%下降到3.2%。马来西亚经济增长的同时保持了通胀的缓和，平均为1.7%，主要由于食品、饮料和非耐用品价格上升。

在过去的三年中，缅甸经济伴随着相对温和的通胀缓慢增长，政府通过财政部发行的债券弥补其赤字，这促使其在同期的超过20%的通胀率下降到个位数。2009年平均通胀为8.2%，2010年为7.3%。

强劲的私人消费，加上出口和投资的复苏，促使2010年菲律宾经济增长，GDP总体增长中将近60%来自私人消费，私人消费在2010年增长了5.3%。2010年，海外菲律宾劳工的汇款仍然是消费的一个支柱，增长了8.2%，达到188亿美元（按照比索计算增长为2.4%）。投资贡献了总体增长中的近40%，是近10年中最高的比例。固定资产投资攀升17.1%，设备投资增加了25.7%。在各种设备，包括农业、建筑、矿业、金属加工、运输、电信行业的设备投资达到两位数的增长。固定资产对GDP的比例升至15.7%，是近6年中最高的。但是，经济的迅猛回升却没有减少贫困，在创造就业方面也进展缓慢。

新加坡2010年经济得到快速复苏，制造业、投资和私人消费强劲增长，使得GDP强势反弹，增长率为14.5%。经济快速增长，国内和国外需求迅速扩大，运输、房地产和食品价格上升导致了通胀，到2010年年末新加坡通胀率为4.6%，是全年最高时期（全年平均为2.8%）。虽然2010年年末新加坡通胀达到了4.6%，创年度新高，但全年平均仅为2.8%。进入2011年之后，新加坡的GDP增长速度已经放缓。

继2009年经济萎缩之后，泰国2010年GDP增长为7.8%。私人消费、投资、制造业以及出口的增长，加上消费信心和工商业信心的增强，促进了经济的强劲复苏。其中，经济增长的最大贡献来自投资的增加，为GDP增长贡献了5.2%，而在之前几年一直比较低迷，2009年甚至投资下滑。虽然，2010年4月和5月，泰国政治动荡导致了曼谷地区7个星期的示威游行，但对经济复苏的影响有限，并且政府为了使经济增长的成果反映在社会领域，正在制订计划减少收入和机会的差距，包括社会保障网络和运输基础设施的投资。泰国2010年通胀呈现增长趋势，这促使泰国中央银行保持紧缩的货币政策。2010年7月到2011年3月，该银行曾5次提高利率，达到2.5%，仍然低于通胀率3.2%。

越南2010年经济增长率为6.8%，较快的经济增长有助于减少城市的失业率，贫困率从2009年的12.3%下降到10.6%。但越南在经济增长的同时通胀也在加剧，2010年12月的通胀加速到11.8%，全年平均为9.2%，通胀率为东南亚最高，截至2011年3月，越南通胀仍然运行在13.9%左右，食品价格和学费上升是越南通胀增加的主要原因。为了恢复宏观经济稳定，越南政府于2011年2月开始施行全面的政策措施，包括缩紧财政和货币政策。

三、对外贸易

20世纪80年代以后，世界经济进入了经济全球化时期，这个新的发展阶段，东南亚地区成为外国直接投资的亮点，各国积极调整经济发展战略，新加坡、马来西亚、印度尼西亚等国纷纷推行出口导向贸易战略。在全球性和区域性贸易自由化的浪潮推动下，东南亚国家逐步放宽贸易管制，贸易自由化进程不断加快，现在东南亚九国文莱、柬埔寨、印度尼西亚、马来西亚、缅甸、菲律宾、新加坡、泰国、越南①均为WTO成员。至2010年，老挝政府为加入世贸组织已经努力了10年，在使外汇、投资、税收、贸易方面的规章制度符合该组织的要求方面取得了进步，已与中国和日本完成了商品和服务的双边协议。当前进出口贸易在东南亚国家经济中占有举足轻重的地位。经历了2009年对外贸易大幅度萎缩，2010年东南亚国家的对外贸易强势反弹。

总体而言，美国、欧洲以及日本是东南亚经济体的主要对外贸易伙伴，但2008年随着全球金融危机全面爆发，欧美发达经济体经济衰退，新兴经济体发展迅速，东南亚国家对拉美、非洲等地区的贸易迅速发展，特别是与中国的贸易额屡创新高。据中国海关数据，2010年中国与东盟贸易额达2 927.8亿美元，比2009年增长37.5%。随着中国作为全球制造中心地位的确立，东南亚对外贸易地区结构从以日本为中心转向以中国和日本两国为中心。

东南亚国家对外贸易商品结构以能源和劳动密集型产品为主，近年来东南亚经济体对外贸易结构有迈向高级化的趋势，工业制成品、机械与运输设备的比重有所上升。

表8-3　东南亚国家主要贸易伙伴及主要进出口商品

国家	出口贸易目的地	出口商品	进口贸易来源地	进口商品
文莱	日本、印度尼西亚、韩国	石油、天然气	新加坡、马来西亚、日本	机械、运输设备、出成品、食品、化工产品
柬埔寨	美国、新加坡、欧盟	服装、木材、橡胶、稻米	泰国、越南、中国	成品油、建筑材料、机械、药品
印度尼西亚	日本、新加坡、美国	石油、天然气、电子产品、纺织品、橡胶	新加坡、中国、日本	机械设备、化学制品、食品
老挝	泰国、中国、越南	木制品、咖啡、金属	泰国、中国	机械设备、汽车、燃料、消费品

---

① 文莱、印度尼西亚、马来西亚、缅甸、菲律宾、新加坡、泰国于1995年1月1日加入。2004年10月13日柬埔寨正式成为世界贸易组织的第148个成员国；2007年1月11日越南正式成为世界贸易组织的第150个成员国。

国家	出口贸易目的地	出口商品	进口贸易来源地	进口商品
马来西亚	新加坡、中国、日本、美国	电子设备、石油、天然气、棕榈油、橡胶	中国、日本、新加坡、美国	电子产品、机械设备、钢铁制品、运输设备
缅甸	泰国、印度、中国	天然气、木材制品、珠宝	中国、泰国、新加坡	纺织品、机械、运输设备、制成品、食品
菲律宾	美国、日本、欧盟	半导体、电子产品、运输设备、成衣	日本、美国、中国	电子产品、矿物燃料、机械、钢铁
新加坡	中国香港、马来西亚、美国	机械设备、电子产品、消费品、医药品、化学制品	美国、马来西亚、中国	机械设备、矿物燃料、食品、消费品
泰国	美国、中国、日本	纺织品、橡胶、珠宝、汽车、稻米、计算机及电子配件	日本、中国	资本货物、原材料、半成品、消费品
越南	日本、美国、中国	原油、海产品、稻米、电子产品、木制品、成衣	中国、韩国、日本	机械设备、钢材、工业原料、电子产品、汽车

资料来源：根据世贸组织发布的2010年世界贸易报告整理。

第二节 东南亚国家的经济结构

东南亚自然条件优越，在相当一段时间东南亚国家经济结构单一，仅依靠本国优势资源发展经济，推行单一稻米经济、橡胶经济或石油经济等。20世纪80年代以来，东南亚经济起飞，东南亚各国的经济结构有所改变，朝着多元化趋势发展。

一、越南

越南经济以农业为主，农业增长平稳，促进了越南经济的稳定发展。近年来，越南工业化进程加快，外资和国内私人投资主要集中在制造业和服务业。制造业和服务业发展迅速，在国民经济中所占比重逐渐上升，而农业所占的比重则有所下降，但产量的绝对值仍在增加。自国际金融危机爆发以来，越南政府采取多项措施积极应对，从2008年底开始放宽财政货币政策，并采取了开拓国内消费市场、加强基建拉动内需等经济刺激措施，使经济逐季回暖，GDP增速使其成为东盟地区经济增长最快的国家之一。

（一）以农业为主

作为东南亚的鱼米之乡，越南盛产水稻和水产品，农业资源丰富。此外，越南林业资源丰富，森林面积1 340万公顷，约占全国土地面积的34%。2010年上半年越南农业产值为68.7万亿越盾，增长3.4%；林业产值为3.2万亿越盾，增长0.9%；渔业产值为21.2万亿越盾，增长8.7%。

（二）工业基础薄弱，正在逐步加快工业化进程

作为传统的农业国家，越南工业基础总体薄弱，在很长一段时间内发展缓慢。1986年实施革新开放以后，随着经济结构的不断调整，工业开始逐渐发展。生产仍以零部件组装和低技术加工为主，产品附加值较低，竞争力弱。工业增长主要依靠投资规模的扩大。近年来，越南工业发展速度提高，比重在不断上升。2010年工业增长了7.7%，对GDP增长贡献率为3.2个百分点。2011年，越共十一大提出越南总的发展目标是到2020年将越南基本建设成为现代化工业国家。为此，越南政府提出在今后10年，越南经济社会发展的目标是继续推进工业化、现代化和可持续的快速发展，目前正在积极调整工业结构，加快工业化进程。

（三）制造业对外贸依存度较高

越南实施以出口为导向的经济增长模式，对外贸具有较高的依存度，并且外资经济已成为促进经济增长不可替代的重要因素。2008年，越南受到本国金融动荡和国际金融危机的影响，外贸出口受阻，外资明显降温，外援日趋减少，商品价格下降，失业增加，给经济发展带来较大困难。2010年随着全球经济回暖，国外需求的增长促使越南的制造业增长了8.4%。

二、老挝

老挝经济结构的主要特点是：农业在国民经济中所占比重较大，工业基础差，服务业发展缓慢。

（一）农业

老挝是一个农业国，地广人稀，潜在耕地面积800万公顷，实际耕地面积80万公顷，农业产值约占国内生产总值的30%，主要农产品包括：大米、玉米、橡胶、木薯等，农产品出口主要有玉米、橡胶、木薯等。咖啡是老挝重要的出口农产品，种植区主要分布在南部占巴色省、沙拉湾省和色贡省。

（二）旅游业

老挝自然旅游资源丰富，许多旅游资源尚待开发。2010年前六个月到老挝旅游的外国游客达110万人次，同比增长26%，取得了历史性突破。其采取的措施主要有增设通关口岸、延长签证停留期、免除部分国家签证以及提供外国投资优惠政策等。

（三）采矿业

老挝矿藏资源丰富，但大多数矿藏未查明储量和品位。主要矿藏有锡、金、铁、铜、铝、锑、煤、宝石、钾盐、石膏等，其中甘蒙省有锡矿，川圹省有铁矿，琅勃拉邦有金矿，万象平原有钾盐，万象地区和沙湾拿吉省有无烟煤，沙湾拿吉省有石膏及铅等。2010年矿产行业产值占GDP 10%，其中出口达9亿多美元。

（四）电力行业

老挝地处中南半岛北部，境内多山，全国有20余条流程200千米以上的河流，其中最大的是纵贯老挝的湄公河，湄公河老挝段长1 877千米，湄公河老挝段及其支流蕴藏着丰富的水电资源，据考察，湄公河60%以上的水力资源蕴藏在老挝，全国有60多个水头较好的地方可建水电站，装机容量可达1 800万千瓦。2010年4月老挝南屯二号（Nam Theun 2）水电站开始达到满载运行，功率为1 070兆瓦，是该国最大的水电站，电力生产达到原来的两倍多，加上新建水电站（Xeset 2，Nam Leuk 1，Nam Leuk 2）也开始发电运转，老挝电力充沛，大多数电力出口到泰国。

三、柬埔寨

柬埔寨经济结构的主要特点是：服务业、旅游业在国家经济中占据重要地位，农业基础薄弱，工业落后。制衣业为柬埔寨唯一占主导地位的制造业。

（一）农业在国家经济发展中的地位日益显现

柬农业资源丰富，气候、水土、光照等自然条件优越，适宜种植热带作物、谷物和水果。通过近些年的经济发展，柬政府认识到农业是一个国家发展的基础。因此，柬政府十分关注农业领域的开放、开发和合作，2010年柬稻谷种植面积276.3万公顷，完成计划的104.9%，稻谷产量799万吨，产值占GDP的11.5%。柬基础设施落后，土地权纠纷较多，与国外企业农业合作项目少、规模小、可持续发展能力弱，但是自贸区的建立使柬农业的对外合作拥有了一个新的合作平台。

（二）工业结构单一，对国际的依赖性强

柬工业的主体靠成衣和建筑业支撑，近5年来结构无大变化，主要原因是国内外投资基本集中在上述两领域。2010年，柬纺织和制衣业占全年GDP的8.7%，建筑业占6.1%。由于欧美市场需求增加，柬制衣业已走出最困难时期。2010年新开业91家，现共拥有470家制衣和制鞋企业，为柬创造了30多万个就业机会。柬房地产业持续低迷，全年建筑业投资仅8.4亿美元，同比下滑57.7%。

（三）服务业仍在国家经济发展中占据重要地位

旅游业是带动柬服务业发展的原动力，旅游业的快速发展带动了与其相关产业的发展，2010年，旅游业为柬政府创收17.9亿美元，同比增长14.4%。入境游客250万人次，同比增长16.1%。前三大外国游客来源国分别是越南（46.7万）、韩国（29万）、中国（17.8万）。旅游市场复苏直接带动柬金融、交通运输、商业零售批发及酒店餐饮等行业的发展。

四、泰国

泰国经济属外向型经济，制造业、旅游业比较发达，整体经济较依赖美、日、欧等外部市场。

（一）农业

泰国全国约有农业人口1 530万，可耕地面积占国土面积的41%，是亚洲最大的稻米、蔗糖、玉米、海鲜、热带水果、蔬菜、棕榈油、香精的出口国之一。2010年出口农产品1 600亿泰铢，同比增长28%。

（二）服务业

泰国服务业主要有零售批发业、运输业、旅游业等，就业人数占国家就业总人数的四成，产值占国内生产总值的半壁江山，预计所占比重仍将随着经济增长而增加。2010年服务业对整个GDP增长贡献了2个百分点。2010年赴泰游客数量比2009年增加了11.7%。由此酒店和餐馆业增长了8.7%。近年来泰国政局持续动荡，直接影响外国游客来泰国旅游的安全信心，赴泰游客人数有所下降。自2010年4、5月间曼谷政局骚乱平息后，外国游客信心恢复，2010年下半年入境泰国旅游的外国游客人数很快恢复至正常水平，但泰国各地发生的水灾导致外国游客增长略为放慢。2010年赴泰外国游客不低于1 555万人次，可创造约5 360亿泰铢的旅游收入。

（三）矿业

泰国主要矿产资源有钾盐、天然气、石油、褐煤、油页岩、锡、锌、铅、钨、铁、重晶石、宝石等。其中钾盐储量4 367万吨，居世界第一，锡储量120万吨，占世界总储量的12%。天然气储量约4 644亿立方米，石油储量1 500万吨，褐煤储量达20亿吨，油页岩储量187万吨。

（四）制造业

20世纪80年代以来，制造业尤其是电子工业、汽车及汽车零配件、加工食品和化工产品尤为突出。主要出口产品有汽车零配件、电脑零配件、集成电路板、电器、初级塑料、化学制品、石化产品、珠宝首饰、成衣、鞋、橡胶、家具等。主要进口产品有：机电产品及零配件、工业机械、电子产品零配件、建筑材料、原油、造纸机械、钢铁、集成电路板、化工产品、电脑设备及零配件、家用电器、珠宝金饰、金属制品等。

近年来泰国制造业发展势头强劲，成为国内生产总值的主力。2010年上半年，泰国制造业生产激增约20%，然后在下半年放缓到8%，汽车生产增长了60%，制造业贡献了GDP增长的5.4个百分点。

五、缅甸

缅甸的经济结构和经济体制，具有与东南亚其他国家不同的特点。总的看来，在经济的部门结构上以农业为主；在所有制结构上工矿业以国营为主，而农业以建立在土地国有制基础上的小农经济为主；在决策和管理上，以国家的指示性计划和国家管理机构的职能为主。

从经济的部门结构来看，自20世纪20年代以来，缅甸经济一直由农业、加工制造业、林业和矿业这几个主要生产部门和以商业为主的服务业部门组成，现在缅甸的经济部门结构仍然如此。在所有这些部门中，农业部门在经济上最为重要。农业，包括渔业、林业和畜牧业，占就业人口的一半以上，占GDP的约40%。2009年，被飓风破坏的伊洛瓦底三角洲地区逐渐得到重建，促进了农业的增长。2010年缅甸经济缓慢上升，建筑业贡献很大，尤其是在缅甸新首都内比都和曼德勒市之间的高速公路建设拉动了缅甸经济。

从经济的所有制结构上看，缅甸有国营、合作社和私人3种经济成分。在所有制结构上特点是，国有经济占有主导地位，土地、银行、铁路、电讯、石油、天然气生产以及大型企业都属国家所有。但是，另一方面，缅甸又是小生产者的天地，80%以上的土地由中小农耕种，93%以上的工厂是不到10个人的小厂。随着缅甸实行对外开放政策、引进外资，缅甸的外国独资、外国资本与缅甸资本的合作经营企业也已出现。从缅甸政府的政策和近几年经济发展变化看，缅甸的私有经济发展迅速，但是，国家仍将在经济中占有重要地位，继续掌握着国民经济的命脉。

六、菲律宾

菲律宾经济为出口导向型经济。第三产业在国民经济中地位突出，同时农业和制造业也占相当比重。菲律宾三大产业农业、工业、服务业的比值分别为20∶33∶47。

（一）农林渔业

农林渔业产值约占国内生产总值的20%，从业人口占总从业人口的37%。作为农产品出口大国，菲律宾十大出口农产品依次为：椰子油、鲜香蕉、菠萝及其制品、金枪鱼、干椰子、奶制品、烟草制品、海藻及卡拉胶、虾、糖和鲜芒果。

（二）工业

工业产值占国内生产总值的33%，从业人口占总从业人口的15.7%。制造业约占工业总产值的73.6%，建筑业约占12.3%，矿产业约占4.5%，电力约占9.6%。其中，电子工业、食品加工业、采矿和矿山机械工业为国内重点工业，分别约占国内生产总值的7%、6.7%、1.5%。

（三）服务业

服务业是菲律宾最大的产业部门，服务业产值占国内生产总值的47%，从业人口占总从业人口的47.3%。其中旅游业对GDP的贡献率达6.2%。主要旅游点有百胜滩、蓝色港湾、碧瑶市、马荣火山、伊富高省原始梯田等；服务外包业务对GDP的贡献率达3.6%（美国在菲律宾服务外包市场来源中占60%~70%）。2010年菲律宾服务业增长了7.1%，大部分增长来自零售，其次是外包、金融和房地产。

七、马来西亚

（一）农业

农产品以经济作物为主，主要有棕油、橡胶，木材、热带水果等；大米自给率约

70%，马来西亚是世界第二大棕油及相关制品的生产国、世界第三大天然橡胶生产国和出口国。自2002年以来，中国一直是马来西亚棕油和橡胶的第一大进口国。渔业以近海捕捞为主，近年来，深海捕捞和养殖业也有所发展。2010年马来西亚天然橡胶生产增长，但是棕榈油和可可下降，农业总产值未有较大增加。

（二）制造业

政府鼓励以本国原料为主的加工工业，主要包括电子、石油、机械、钢铁、化工及汽车制造等行业。2010年制造业是马来西亚经济增长最快速的领域，增长率达13.5%，占国内生产总值的27.9%。马来西亚国际贸易与工业部部长慕斯塔法在分析2010年马来西亚经济时指出，2010年马来西亚国内投资者积极投资制造业，2010年批准的投资计划主要在电子及电器产品、汽油产品、基本钢铁产品、交通食品等，占总投资的65.7%。

（三）服务业

70年代以来，马政府不断调整产业结构，使服务业得到了迅速发展，成为国民经济发展的支柱性行业之一。服务业是马来西亚经济中最大的产业部门，吸收就业人口已超过50%。

2010年马来西亚服务业增长7%，占国内生产总值的57%，其中房地产和商业服务、运输和仓储业、批发和零售业发展迅速。旅游业是马来西亚服务业的重要组成部分，是国家第三大经济支柱，第二大外汇收入来源。2010年赴马旅游人数为2 458万人次[①]。游客主要来自东盟、中国、印度和中东地区。

（四）矿业

矿业以开采锡、石油、天然气为主。马来西亚的采锡量占世界的五分之二，居第一位，有"锡王国"之称。马来西亚原油探明储量54亿桶，现日产原油69万桶；天然气储量约为2.4万亿立方米，是世界第三大液化天然气出口国，主要出口到日本、韩国和中国台湾。马来西亚的石油和天然气行业管理及开采都掌握在马来西亚国家石油公司（PETRONAS）手中。

八、文莱

文莱虽然人均GDP和发达国家相若，但经济并不发达，经济以石油出口和天然气出口为主，财富和中东产油国一样只集中在少数富裕阶层。石油和天然气是文莱经济的主要支柱。文莱的GDP构成中，农业、制造业和服务业三个产业的比例是3∶31∶66。政府财政收入主要靠税收。文莱没有财政赤字。

（一）石油天然气是支柱产业

文莱已探明的石油和天然气储量分别为14亿桶和3 200亿立方米。按日产20万桶和3 000万立方米天然气计算，只能分别开采20余年。因此，文莱政府一方面积极勘探新油

---

① 中国商务部网站http://www.mofcom.gov.cn/aarticle /i/jshz/new/201103/20110307429228.html.

气区，另一方面对油气开采奉行节制政策。文莱是东南亚第三大产油国，世界第四大天然气生产国。油气98%供出口，2%供国内消费。

（二）工业基础薄弱

文莱工业基础薄弱，经济结构单一，多年来主要以石油和天然气开采与生产为主。建筑业为文莱第二大工业，但因政府投入不足，一直不景气。此外，文莱建立了十几家服装加工厂生产出口服装。文莱工业政策是鼓励发展进口替代和出口导向型工业。

（三）农业微不足道

随着20世纪70年代油气和公共服务业的发展，很多人弃农转业，使传统农业受到冲击。现仅种植少量水稻、橡胶、胡椒和椰子、木瓜等热带作物，农业收入在国内生产总值中不到3%。文莱90%的食品仍需进口，每年约花费4亿文元。

（四）渔业资源丰富

文莱有162千米的海岸线，200海里渔业区内渔业资源丰富，水域无污染，无台风袭击，适宜养殖鱼虾。渔业收入约占GDP的0.5%。政府鼓励外资与文莱本地公司开展渔业合作。为促进水产加工业的发展，政府计划成立贮藏、分销中心以及进出口中心，为加工业提供各种服务。

九、新加坡

新加坡属外贸驱动型经济，经济以服务业、航运业、物流业、金融业、旅游业为主，近年积极发展高科技和教育产业。其经济高度依赖美、日、欧和周边市场，外贸总额是GDP的4倍。

（一）服务业是主要经济部门

包括零售与批发贸易、饭店旅游、交通与电讯、金融服务、商业服务等，系经济增长的龙头。据新加坡《联合早报》的消息，2010年新加坡服务业产值约1 050亿新元，占国内生产总值的50%。服务业占整个就业人口的70%，2010年创造了几乎所有新的就业岗位。服务业雇佣人员从112万上升到310万。

（二）工业主要是制造业和建筑业

制造业产品主要包括电子产品、化学与化工产品、生物医药、精密仪器、交通设备、石油产品、炼油产品。制造业几乎占新加坡国内生产总值的一半。在2008—2009年间新加坡制造业下滑严重，2010年制造业复苏，生物医疗制造激增50%，精密制造和电子产品制造增长分别为40%和35%。新加坡制造业发达，制造产品多元化，有的已达到世界级水平。新加坡是世界第三大炼油中心。

2009年在全球经济衰退的背景下，新加坡加大政府投资力度，建筑业增长17.0%，私人公司得到的建筑合同几乎翻番，达到140亿美元。2010年放缓，仅为6.1%。

（三）农业微不足道

用于农业生产的土地占国土总面积1%左右，产值占国民经济不到0.1%，主要由园艺种植、家禽饲养、水产养殖和蔬菜种植等构成。2009年农业总产值1.08亿新元。绝大部分粮食、蔬菜从马来西亚、中国、印度尼西亚和澳大利亚进口。

十、印度尼西亚

印度尼西亚是东盟最大的经济体，农业、工业和服务业均在国民经济中有着重要地位，其中农业和油气产业为传统支柱产业。1997年印度尼西亚在亚洲金融危机中蒙受重创，经济严重衰退，货币大幅贬值。经过10多年的经济改革和结构调整，印度尼西亚经济逐步回到发展轨道，个人消费、投资和出口等逐渐成为经济增长的引擎。2010年度国内生产总值约达6 422.9万亿盾，为GDP贡献最大的是电信工业和交通运输，其增长率达13.5%。另有农业、畜牧业和渔业的增长为2.9%，加工业增长4.5%，建筑业增长7%。电力增长5.3%，财政服务业增长5.7%，其他服务业增长6%。

（一）农业是国民经济的基础

2009年农业占GDP的15.3%。耕地面积5 980万公顷（不包括巴布亚省）。农业人口（包括从事林业和渔业人口）占总人口59%。农业以种植业为主，主要种植粮食作物和经济作物，粮食作物在农业中占重要地位，主要由小农分散经营。印度尼西亚森林面积1.45亿公顷，占国土总面积74%。印度尼西亚海域水产资源丰富，种类繁多。苏门答腊东海岸的巴眼亚比等地附近为著名渔场。2010年印度尼西亚农业受到暴雨的影响增长了2.9%，是5年来最弱的增长。

（二）工业及油气产业在国民经济中占较大比重

主要工业部门有采矿、纺织、轻工等。工业发展方向是强化外向型制造业。2009年，制造业产值达1 480.9万亿印度尼西亚盾，同比增长2.1%，占GDP的26.4%。印度尼西亚是目前东南亚石油储量最多的国家。政府公布的石油储量为97亿桶，天然气储量5万亿立方米（TCF）。石油产业是印度尼西亚最重要的工业部门，在20世纪70年代和80年代初期，因为石油出口的景气，带动了整个印度尼西亚经济较快的增长。但石油产业的发展受国际局势的影响很大，油价的波动经常对石油产业带来冲击。

（三）服务业在国家经济发展中占据重要地位

2010年印度尼西亚服务业占国内生产总值的37.1%，主要有旅游业、金融服务业、通信业等。旅游业是印度尼西亚非油气行业中的第二大创汇行业，政府长期以来重视开发旅游景点，兴建饭店，培训人员和简化手续。旅游业是印度尼西亚第三大外汇来源，还可以创造许多就业岗位，因此得到印度尼西亚政府的大力扶持。不过，同新加坡和马来西亚相比印度尼西亚的旅游业较落后。1997年以来，受亚洲金融危机和恐怖爆炸事件、"非典"等影响，印度尼西亚旅游业大受挫折，外国旅客数量锐减。2007年后出现好转，

2008年旅游业增长较快，全年到印度尼西亚的外国游客达789万人次，国内游客达1 979万人次。虽然，近年来印度尼西亚发生一系列飓风、地震和火山爆发等自然灾害，但2009、2010年印度尼西亚接待外国游客都超过700万次，来自中国和印度的游客将是印度尼西亚旅游业的新增长点。

1997年亚洲金融危机后印度尼西亚整顿金融服务业，成立银行重组机构，进行银行业整改。现有商业银行166家，包括5家国有银行，26家地方银行，83家私营银行和52家外资及合资银行。

十一、东帝汶

东帝汶是唯一一个不属于东盟的东南亚国家，该国经济处于重建阶段。东帝汶地处热带，自然条件较好，已发现的矿藏有金、锰、铬、锡、铜等。东帝汶海域有储量丰富的石油和天然气，石油储量估计在10万桶以上，但是缺乏炼油设备和技术，汽油、柴油仍需进口。东帝汶经济落后，人民生活贫困，农业为经济主要成分，农业人口占东帝汶人口的90%，一些地区的居民基本上处于自然经济状态。东帝汶主要农产品有玉米、稻谷、薯类等，但本国粮食不能自给。经济作物有咖啡、橡胶、檀香木、椰子等，主要供出口。咖啡、橡胶、紫檀木有"帝汶三宝"之称。东帝汶境内多山、湖、泉、海滩，具有一定旅游潜力，但交通不便，许多公路只能在旱季通车，旅游资源尚待开发。2010年东帝汶国内生产总值仅为6.16亿美元。东帝汶通用美元，发行有与美元等值的本国硬币。

第三节　东南亚国家经济一体化

经济全球化是世界范围内产品和要素流动加速的市场化过程，其主要特征表现为贸易自由化、金融国际化、生产一体化和经济区域化。东南亚国家是参与全球化程度较高的发展中国家，经济全球化对东南亚国家的经济发展产生愈益重要的影响。随着东南亚国家参与经济全球化程度的提高，经济全球化不仅加大各国经济增长的波动性和同步性，而且对这些国家的经济运行产生重要的影响。从东南亚经济的运行看，经济全球化推动各国的贸易自由化、金融国际化和生产一体化的进程。最为典型的就是东盟区域的经济一体化。东盟区域内经济一体化，经历了从特惠贸易安排（Preferential Trading Arrangements）到自由贸易区（Free Trade Area），进而到"经济共同体"（Economic Community）的发展过程。

一、东盟区域经济一体化的发展历程

在东盟成立时，区域经济合作就是已经确定下来的首要目标。在宣告东盟成立的《曼谷宣言》中，五国领导人明确指出了东盟的目的与宗旨。但是，在东盟成立后的几十年间，东南亚经济合作和一体化的进程一直相当缓慢。

（一）东盟特惠贸易安排

早在1978年初，东盟就提出采用特惠贸易安排的方式，但这只是当初区域经济合作的设想，并未进入实施阶段。直到70年代下半期，东盟才开始将区域经济合作列入其正式议程。1976年2月，在东盟第一次首脑会议上，各国首脑签署的《东盟国家协调一致宣言》（Declaration of ASEAN Concord）中正式提出要促进建立东盟区域内特惠贸易制度。1977年2月24日，各国正式签署《东盟特惠贸易安排协定》（ASEAN Preferential Trading Arrangement，简称ASEAN PTA）这标志着东盟区域经济一体化迈出重要的一步。特惠贸易安排，属于国际性区域经济一体化中最初和松散的形式。它主要指在实行特惠贸易安排的成员国之间通过协议或其他形式，对全部商品或部分商品规定特别的关税优惠。与之相应，《东盟特惠贸易安排协定》主要包括三个方面的内容：（1）享受特惠贸易安排商品的界定，规定享受特惠贸易安排商品必须是东盟内产品；（2）特惠贸易安排的主要内容；（3）特惠贸易商品范围。尽管东盟特惠贸易安排对其区内贸易扩大的贡献有限，但这一贸易安排的实施则为东盟迈向更高级的区域一体化形式——自由贸易区奠定了基础。

（二）东盟自由贸易区进程

20世纪90年代国际性区域经济一体化的兴起，尤其是欧盟一体化的加快和北美自由贸易区的形成，成为东盟建立自由贸易区的重要外因。1991年10月，第23届东盟经济部长会议一致同意把在15年内建成东盟自由贸易区的建议提交第4次东盟首脑会议讨论决定。1992年1月，第4届东盟首脑会议决定在15年内建成东盟自由贸易区（ASEAN Free Trade Area，简称AFTA），各国经济部长签署了"为东盟自由贸易区而制定的共同有效优惠关税计划"（CEPT）。该协定规定，自1993年1月起的15年内，包括资本货物和已加工农产品在内的制造业商品关税都要降至0%~5%。该协定还规定，只有具有至少40%的东盟成分要求的产品才可视为东盟成员国的产品，从而享受优惠关税。总体上，虽然CEPT是执行东盟自由贸易区计划的主要工具，但是，由于该协定的快速签订过程，这个不到10页的协议只是为关税减让计划提供了总的原则，对具体实施过程的指导作用则很有限。此外，CEPT也没有提供一个争端解决机制，显然这会对CEPT的信用带来负面影响。

在新的国际经济形势下，东盟不断加快了自由贸易区的发展进程。随着东盟自由贸易区的成员不断扩大，其涵盖的领域也逐步由贸易扩展至服务、投资以及其他经济合作领域。在1994年和1995年，东盟各国经济部长们在东盟自由贸易区理事会和东盟经济部长会议上对东盟自由贸易区计划进行了重大调整。在1995年12月曼谷举行的第5次东盟首脑会议上，东盟领导人正式批准了提前到2003年实现东盟自由贸易区计划的决定以及其他修正案。根据新计划安排，东盟自由贸易区计划在以下五个方面取得了进展：第一，加快了AFTA的时间表，原定15年实现0%~5%关税目标的期限缩短至10年，即从2008年提前到2003年完成。原来的快速减让计划和正常减让计划做出相应的调整。第二，把所有未加工农产品列入CEPT之中，虽然允许对"例外列表"产品制订不同时间表。第三，加强了暂时例外列表的管理。第四，完善了贸易便利化程序，采取了降低非关税壁垒的措施。第五，扩大了贸易合作的领域，把服务贸易、投资问题以及东盟产业合作等也纳入到地区合作的范围之中。

1997年金融危机席卷东南亚地区之前，有关建立东盟自由贸易区的各种协议正在逐步得到实施，导致了关税水平的下降和东盟内部贸易的提高。1997年7月爆发金融危机以后，东盟进一步感到了加速推进AFTA的紧迫性。在1998年12月第6次东盟首脑会议上，东盟领导人决定，东盟老成员国将自由贸易区的实现时间再提前一年至2002年，届时东盟老成员国的关税率将达到0%~5%的目标。1999年9月，东盟自由贸易区理事会第13次会议决定，东盟6个老成员国要在2015年之前彻底消除所有的进口关税。随后，在1999年11月于马尼拉举行的第三届东盟首脑非正式会议上，东盟领导人决定把消除所有关税和进口限制的日期再提前到2010年，比两个月前东盟自由贸易区理事会刚刚决定的日期足足提前了5年。到2002年，原有6个成员国初步建成自由贸易区。2003年10月，在第9次东盟领导人会议上，各国同意在2020年建立东盟经济共同体，加速推进自身区域经济一体化。根据实现东盟经济共同体的行动计划，东盟将全面推进和落实自由贸易区、服务贸易协定和投资区计划。各国已确定了在2010年之前率先实施11个领域的一体化，11个领域包括木材、橡胶、汽车、纺织、电子、农业、资讯科技、渔业、保健产品、航空以及旅游等。2004年11月，在老挝举行的第10次东盟领导人会议上，各国同意加快东盟经济共同体的行动计划，确定了原有6个成员国在2007年之前率先实施上述11个领域的一体化，新成员国将在2010年前实现这一目标。

（三）"东盟经济共同体"计划

早在1997年12月，东盟就宣布了"2020年东盟远景目标"（ASEAN Vision 2020），计划在21世纪的前20年实现范围广泛的一体化。在1998年12月的第6次东盟首脑会议上，东盟发表了《河内宣言》和《河内行动计划》，提出了加强在宏观经济政策、金融市场、自由贸易区、产业政策、统一货币、农业与粮食安全、基础设施、对外经济关系等广泛领域的合作。2002年11月，在柬埔寨金边举行的第9次东盟领导人会议上，新加坡总理吴作栋正式提出了在2020年建立"东盟经济共同体"（ASEAN Economic Community，简称AEC）的构想。他指出，东盟经济共同体的建立，将使东盟成为一个拥有5亿多人口的单一市场。2020年是建立东盟经济共同体的恰当时机，到那时东盟自由贸易区计划已经得到全面落实。

2003年10月，第9次东盟首脑会议通过了《东盟第二协调一致宣言》，决定2020年建成东盟共同体。该共同体包括经济共同体、安全共同体以及社会和文化共同体。2005年第11届东盟首脑会议发表了关于制订东盟宪章的《吉隆坡宣言》，同时把建立经济共同体的时间提前到2015年。2007年1月，东盟在宿务召开的第12届首脑峰会上，宣布2015年不仅在经济方面，而且要建成包括三个支柱（经济、文化、安全）的共同体。2007年11月，第13届东盟首脑会议通过《东盟宪章》和《东盟经济共同体蓝图宣言》，重申在2015年之前建成东盟经济共同体。根据《东盟经济共同体蓝图》，建立东盟经济共同体的基本内容是：1.东盟经济共同体的两大目标：（1）2015年建成统一市场和生产基地，实现货物、服务、投资和技术工人的自由流动和更自由的资本往来；（2）确保经济平衡发展，消除贫困和社会经济差距。2.东盟经济共同体的四大支柱：（1）统一的市场和生产基地；（2）极具竞争力的经济区；（3）经济平衡发展的经济区；（4）与全球经济接轨的区域，其中建立统一市场和生产基地是当前的重点。3.服务贸易自由化：2015年前消除对服务贸易的所有限制，包括取消市场准入限制，平等对待当地及外来投资者和服务提供商，促进外来企业平等参与服务行业。4.投资自由化：完善东盟关于投资的现有协议，争取就此达成一项涵盖所有方面的全面协议，其中包括涉及开放、保护和促进投资等领域。完善后的协议不仅适用于东盟的本地企业，还将适用于以东盟为基地的所有投资者。2009年2月在泰国召开的第十四届东盟首脑会议签署了《东盟共同体2009—2015年路线图宣言》，为在2015年建成东盟共同体勾画出完整的图景。东盟经济共同体的实现意味着东南亚地区经济一体化的程度将达到空前的高度。

二、实现东盟区域经济一体化的措施

与最初一些人对东盟自由贸易区做出的悲观预测相反，东盟自由贸易区计划不仅坚持下来，而且东盟区域经济一体化不论是在速度、广度或深度上均比过去有很大的进展。当然，另一方面，东盟国家在各项计划的事实过程中也遇到了不少麻烦，这些困难使东盟区域经济一体化看起来深陷于框架协议、工作安排和宏大计划的泥沼之中，从而严重削弱了东盟经济一体化努力的可信性。

（一）推进关税自由化

在推进区域经济一体化的所有措施中，关税削减可能是东盟国家取得的最为显著的成就。总体上，东盟各国在执行《共同有效优惠关税》（CEPT）方面都基本按时达到了目标和要求。截至2006年8月，东盟6个老成员国所有产品中的98.46%已被纳入CEPT清单中，关税率在0%~5%的税目数已经占列入清单的99.77%，列入清单的65.09%产品已经完全取消了关税，CEPT平均关税率已经从1993年的12.76%下降到2006年的1.74%；4个新成员国所有产品中的90.96%已被纳入CEPT清单中，关税率在0%~5%的税目数已经占列入清单的76.86%，CEPT平均关税率也大幅下降到4.65%。[①]

（二）促进贸易便利化

早在1996年，各成员国就已经完全消除了关税附加费，这是东盟各国现存的主要非

① ASEAN Secretariat, ASEAN Annual Report, 2006-2007. http：//www.asean.org/4913.htm.

关税壁垒。同时，东盟也一直努力促进贸易便利化、消除各种技术上的非关税壁垒，所采取的措施包括促进海关分类和产品标准的协调，提高海关程序的透明度，简化通关程序以及相互承认安排等。考虑到许多非关税壁垒具有相当的隐蔽性，近年东盟成员国已经赋予私人部门更大的作用来发现和确认这些非关税壁垒，而一旦确认存在着非关税壁垒，成员国之间就会举行有关的谈判来解决这些问题。

（三）推动服务业自由化

至2008年，东盟通过多轮服务业谈判，已经达成了7个一揽子承诺方案。首轮服务业谈判达成了两个承诺方案，主要涉及旅游、海事运输、航运、商务服务和电信等服务业部门的开放问题。1999—2001年举行的第二轮服务业谈判通过了第三个承诺方案，涉及所有7个服务业部门。第二轮谈判旨在自由化服务提供的所有4种模式。经过谈判，东盟各国就跨国界提供和海外消费达成了协议，允许在东盟地区运营的服务提供者可以向其他成员国的消费者提供服务，而不必在该国确立一个商业存在，但关于商业存在和自然人存在的谈判则没有取得进展。2002年，东盟开始了第三回合谈判，其目标是在所有7个服务业部门就服务提供的4种模式承诺方面达成一致。2005年9月的东盟经济部长会议，把2015年宣布为所有服务业自由化的最终日期。2006年11月，东盟完成了第四轮服务业谈判，达成了第五个一揽子承诺方案，决定将航空运输、旅游业、保健服务和e-东盟等4个服务部门作为优先考虑的自由化部门。2007年、2008年东盟通过谈判分别达成了第六、七个一揽子承诺方案。其中第七个一揽子承诺方案是迄今为止成员国在《东盟服务业框架协议》下达成的最为雄心勃勃的承诺，其内容包括取消跨国界服务提供的限制，允许较高的外国股权水平以及逐步消除其他的限制措施等。至2010年，东盟各成员国已经开放了65个行业或部门的服务业。在2010年举行的第16次东盟经济部长非正式会议上，与会的经济部长们同意在2010年底前增加开放15个行业或部门的服务业。

（四）鼓励投资合作

东盟投资合作主要是围绕投资便利化、投资促进和自由化三个方面开展的。在投资便利化和投资促进方面，东盟一系列工作包括：成立工作小组用以协调外国直接投资统计体系；设立东盟支持产业资料库；设置东盟投资门户以便投资者更便利地获得广泛的、有关本地区当前的投资和商业信息；与一些外资主要来源国的商业组织举行定期论坛。此外，为了提升透明度，东盟还编撰了大量有关投资的出版物。在投资自由化方面，到2003年，除敏感清单中的行业以外，东盟国家已经给予制造业中的东盟投资者完全的国民待遇和市场准入权利；而且按计划农业、林业、渔业、矿业以及隶属于这些行业中的服务业，从2010年开始都要对所有外国投资者（东盟和非东盟投资者）进行开放。最近，东盟进一步整合了现有的各种投资合作安排，把《东盟投资区框架协议》和《东盟促进与保护投资协议》整合进一个统一的《东盟综合投资协定》。其包含有投资自由化、便利化和投资保护等内容，这些广泛的条款有助于提升投资者对该地区的信心，进一步鼓励东盟区域内投资的发展。

三、东盟与区域外的经济合作

东盟除积极发展自身经济一体化进程以外，还积极推动区外经济合作。东盟与区外的双边或地区经济合作主要有两种类型："地区对国家"和"地区对地区"。

（一）"地区对国家"经济合作

这种类型首推"10+3"和"10+1"经济合作机制。所谓"10"是指东盟10国，所谓"3"是指中、日、韩三国。"10+3"是3个"10+1"（东盟与中国、东盟与日本、东盟与韩国）的合称。10+3合作的形式直接起缘于马来西亚总理马哈蒂尔于1990年提出的"东亚经济集团"设想（后改称"东亚经济核心论坛"）。1995年，在泰国曼谷举行的东盟国家首脑会议上正式提出了召开东盟与中、日、韩领导人会议的倡议。1997年11月，第一次"10+3"和3个"10+1"首脑会议在马来西亚的吉隆坡同期举行，以后每年举行一次。就目前看，"10+3"和"10+1"还仅仅是一个区域经济论坛，不是区域经济合作组织，但它为中、日、韩三国与东盟的进一步合作奠定了基础。

东盟与中国。2001年第五次"10+1"（东盟与中国）首脑会议上达成了到2010年建立中国—东盟自由贸易区的共识，2002年第六次"10+1"首脑会议上签署了《中国与东盟全面经济合作框架协议》，以法律形式确立和启动中国—东盟自由贸易区的进程。2004年第八次"10+1"首脑会议上签署了《中国—东盟全面经济合作框架协议货物贸易协议》。按照《货物贸易协议》，中国与六个东盟老成员之间的绝大多数商品的关税在2010年将降为零，与四个东盟新成员的全面降税时间的最后期限在2015年。2007年1月14日，中国与东盟签署了中国—东盟自由贸易区《服务贸易协议》。根据该协议，双边的服务和服务提供商将享有更广泛的市场准入和国民待遇。中国—东盟自由贸易区《投资协议》目前正在顺利谈判中。中国—东盟自由贸易区一旦建成，将形成一个拥有17亿消费者、近2万亿美元GDP、1.2万亿美元贸易总量、成为继北美、欧洲之后的世界第三大自由贸易区，也是全部由发展中国家组成的最大的自由贸易区。2010年1月1日，中国—东盟自由贸易区正式启动。自贸区启动后，中国和东盟6个老成员国之间超过90%的产品实行零关税。中国对东盟平均关税从9.8%降到0.1%，东盟6个老成员国对中国的平均关税从12.8%降至0.6%。东盟4个新成员国也将在2015年实现90%的产品零关税。关税壁垒的逐渐消除，为中国与东盟企业创建了更加便利的发展平台。

东盟与日本。2002年10月8日，日本和东盟签署《东盟与日本全面经济伙伴关系框架协议》，双方同意从2004年起就商品贸易、服务贸易及投资自由化问题开始进行磋商。2002年11月5日，东盟与日本发表《关于框架性经济连携构想的共同宣言》，宣布在10年内，即2012年前建立日本—东盟自由贸易区。2003年3月，日本东盟10国高官在吉隆坡就有关自由贸易区的协议框架问题进行了会谈。2003年12月在东京召开了日本—东盟首脑峰会，发表了《日本东盟战略协作伙伴关系东京宣言》和《日本—东盟行动计划》，表示要尽最大努力促进双边自由贸易协定的谈判。2005年4月，日本与东盟进行首轮自由贸易谈判。2007年8月25日在马尼拉达成自由贸易协定。根据这项协定，日本将对从东盟进口的按价值计算90%的产品实行零关税。2007年11月，东盟与日本达成《东盟—日本全面经济伙伴协定》，该协定包括货物贸易、服务贸易、投资和经济合作等广泛领域。2009年6月1日，东盟—日本经济合作伙伴协议（AJCEP）正式实施，日本已将90%的商品关税降至零。

东盟与韩国。2005年4月21日，韩国与东盟就双方拟签的自由贸易区框架协定达成原则协议，为框架协定的签订铺平道路。2005年12月13日东盟—韩国峰会期间，韩国和东盟各国的经济部长签署了《东盟和韩国争端解决机制协议》。2006年8月26日，东盟和韩国的经济部长（泰国除外）在吉隆坡签署了《东盟和韩国全面经济合作框架协议中的货物贸易协议》。协议中的主要条款包括：降低关税的形式；原产地规则；有关关税减让的调整；消除非关税壁垒；安全措施，包括收支平衡。2007年10月8日，韩国和东南亚国家联盟在服务业领域达成自由贸易协议，11月，东盟和韩国签署了《东盟和韩国全面经济合作框架协议中的服务贸易协议》。2009年6月，东盟与韩国正式签订双边自由贸易协定框架下的投资协定。在2010年东盟与韩国领导人会议上，双方通过了《面向和平与繁荣的战略伙伴关系联合声明》，决定把东盟同韩国的关系提升至战略伙伴级别。双方同意在东盟—韩国自由贸易区框架内快速、有效地落实所有相关协议，重申到2015年实现双边贸易总额增长至1 500亿美元的目标。

东盟与印度。2003年10月，东盟与印度签署了《东盟—印度全面经济合作框架协议》，决定建立东盟—印度自由贸易区，双方同意从2004年11月1日起东盟老成员与印度开始对105种商品削减进口关税，到2007年10月31日实现零关税。同时东盟新成员与印度开始对111种商品的进口关税进行减让，到2010年10月31日实现零关税。这部分先期减税的商品包括机械、纸张、化工、橡胶制品、藤制品、鞋类和木制品。历经六年，双方于2009年8月14日签署了《东盟—印度货物自由贸易协定》、《争端解决机制》和《全面经济合作框架协议的修正》。《货物贸易协议》的重点是双方共同商定的关税税目的关税一体化，5 000种交易产品中的90%实施关税减让。协议规定，从2013年到2016年，东盟成员国和印度之间将实现对80%以上的交易产品取消进口关税。敏感产品的关税将在2016年降至5%，489项高度敏感产品的关税将保持不变。

东盟与澳大利亚和新西兰。东盟同澳大利亚、新西兰的自由贸易协定谈判从2004年展开，2008年宣布完成。2009年2月28日，东盟与澳大利亚与新西兰签署自由贸易协议，协定内容包括货物贸易、投资、服务和知识产权等全面内容。东盟国家将向澳大利亚和新西兰开放葡萄酒、牛肉和奶类产品市场并减免关税；而东盟国家出口到澳大利亚和新西兰的衣服、鞋类和汽车等，则获得减免关税的优惠。根据协定，东盟国家出口到新西兰的85%的货物将在2010年之前享受到零关税。初步估算，自由贸易区内的12个国家的经济在2020年之前将由此提高480亿美元。

（二）"地区对地区"经济合作

20世纪90年代以来，随着东盟扩大并积极推进区内、区外的经济一体化，使得东盟在世界事务中的地位和影响日益提高。东盟今后的发展目标是建立像欧盟一样的经济一体化组织，特别需要借鉴欧盟的成功经验，而且欧盟经济实力强大，是东盟第三大贸易伙伴和最大的投资者。这些因素使得东盟和欧盟这两大组织都有着强烈的合作愿望，特别是进入21世纪以来，双方在经济合作、地区安全等方面进行了积极并富有成效的交流与合作。在2001年9月举行的东盟经济部长和欧盟贸易专员磋商会上，双方讨论了进一步降低非关税壁垒，促进两地区之间贸易的问题。2003年1月在布鲁塞尔举行了第十四届欧盟—东盟部长会议（每两年举行一次），双方确定将扩大贸易、增加相互投资、互为对方提供市场准入便利等领域作为经贸合作重点。2003年4月举行的东盟经济部长和欧盟贸易专员磋商会上，欧盟提出"跨地区欧盟—东盟贸易启动"计划，该计划提出在贸易便利、市场准入和投资问题上建立对话与合作机制，最终达成东盟—欧盟优惠贸易协定。2005年4月举行的东盟经济部长会议形成一项共识，同意研究东盟与欧盟签署自由贸易协定的可能性。东盟和欧盟在2007年5月的时候启动了区域范围内的自由贸易协定谈判。但由于欧盟对一些东盟国家的人权问题表示关注以及双方对提出讨论的条约范围存在分歧，2009年6月，东盟与欧盟自由贸易谈判已被暂停。

第四节　全球金融危机与东南亚经济

一、全球金融危机对东南亚的影响

美国次级房贷危机自2007年8月爆发以来，对全球经济的冲击不断加剧。由于全球金融市场是紧密联系的，次贷危机迅速从美国蔓延到欧洲国家。尽管东南亚地区经济体的金融机构在参与次贷衍生金融产品方面能够独善其身，但是随着次贷危机演变为全球金融危机乃至经济危机，东南亚各国的"脱钩"梦想彻底破灭。各国金融市场陷入动荡且资产价格大幅波动，外需大幅萎缩，导致的国内消费投资低迷，使得东南亚各国陷入经济衰退窘境，特别是2008年第四季度，新加坡和泰国的GDP都萎缩4.2%；印度尼西亚、马来西亚2008年的第二季度则经历了严重的金融动荡，GDP增速逐季下滑趋势非常明显。

在金融全球化和一体化的背景下，发达经济体在国际货币体系和国际金融市场中居于绝对主导地位，其经济衰退或放缓势必通过全球资本流动、金融市场调整和金融资产重新估价对东南亚经济体产生重大影响；而且就东南亚的商业银行本身而言，其风险管理能力和经营能力等都与国际性大型商业银行相去甚远。但在一定程度上，正是由于东南亚商业银行和金融机构比较弱的金融创新能力使其难以与欧美商业银行和金融机构在国际金融市场展开充分的竞争才"因祸得福"而幸免于次贷危机。全球金融危机对东南亚的冲击，主要通过以下几大路径：一是投资于美国的资产受到损失；二是国际资本流动方向逆转，短期资本流出与FDI（Foreign Direct Investment的缩写形式，即对外直接投资）趋向审慎，对于东南亚国家而言，海外劳工汇款资金流入也受到严重影响；三是资本市场的连锁反应，美国股市动荡或美国金融机构从东南亚资本市场撤走资金对东南亚股市造成冲击；四是欧美等受危机影响较大的国家经济衰退，进口需求下降，造成东南亚地区的外需减少。

（一）金融衍生品的直接损失

随着全球金融市场一体化程度的不断加深，投资者为实施国际化战略，不断增大对包括美国在内的其他国家金融资产的投资。欧洲、日本等国家的一些银行，为获得高回报而购买美国次级抵押贷款，从而导致次贷危机由美国扩大到欧洲、日本甚至整个亚洲。欧洲的商业银行和投资银行购买了大量的美国次贷证券化产品。根据彭博社2008年10月的统计，从2007年7月至2008年10月16日，全球100家大型金融机构因次贷危机共损失6 600亿美元（含评价损失），其中北美共损失4 076亿美元（位居首位），欧洲共损失2 546亿美元，亚洲共损失247亿美元。就次贷的直接损失来看，东南亚金融机构所受影响相对较小。与10年前的亚洲金融危机相比，当前东南亚商业银行的不良贷款率有了显著下降，资本充足率基本上达到或者超过国际水平而且资产回报率也在不断提高。更关键的是，除了菲律宾发展银行等少数商业银行外，东南亚的商业银行持有的次贷相关金融衍生品很少。据路透社估计，东南亚国家持有的次贷相关金融衍生品在2008年9月底的市值总额约为4.89亿美元，从而使东南亚能够避免欧美发达经济体的各商业银行和金融机构大规模持有与次贷相关金融衍生产品而遭受巨额损失的问题。

（二）国际资本流动途径

全球金融危机对国际资本流动的影响是多渠道的：一是短期资本流动方向逆转；二是国际直接投资趋向审慎且规模萎缩；三是对于东南亚国家而言较为重要的海外劳工汇款萎缩。

1. 金融机构"去杠杆化"与新兴市场国家资本流出

次贷危机所造成损失超过预期主要是由于次级抵押贷款过程中存在高杠杆率。危机爆发后，金融机构不得不采取的"去杠杆化"过程，对国际资本流动影响深远。金融机构主动降低杠杆比率的"去杠杆化"过程，原则上有两条途径：一是金融机构通过出售风险资产来偿还债务，主动收缩资产负债表，从分子方面降低杠杆比率；二是金融机构通过吸引新的股权投资来扩充自有资本规模，从分母方面降低杠杆比率。第一条途径下，如果众多金融机构在同一时间内大规模出售风险资产，将压低风险资产价格，这不但会引发市场动荡，也会造成金融机构尚未出售的风险资产的市场价值（账面价值）的进一步下降。这可能会演变成一种恶性循环，即资产价格的下跌触发了金融机构的"去杠杆化"过程，而"去杠杆化"过程导致资产价格的进一步下跌，如此循环不止。

发生亏损的金融机构更加青睐通过引资来扩充自有资本规模，但是这种引资在国内金融市场存在很大的困难，因而撤出在其他国家的投资是弥补资本金不足的更佳选择。此外，全球金融危机也使投资者对新兴市场的投资热情减弱，短期资本流入停止或撤出，2008年流向新兴市场经济国家的私人资本明显减少，资本净流入总量从2007年9 300亿美元的峰值减少到2008年的4 700亿美元。印度尼西亚的政府债券历来是海外资金投资的重要产品，2008年的后3个月，印度尼西亚国债和央行凭证遭到国外资金抛售，导致资本与金融账户出现37.52亿美元赤字。2008年9月中旬，雷曼兄弟宣布破产时，印度尼西亚政府债券的国外持有数量突然出现萎缩。短期资本流出是越南2008年5月的金融动荡的诱因之一。

2. 国际经济环境恶化与FDI投资趋向于谨慎

在全球金融危机背景下，面对全球经济衰退、信贷状况收紧、企业盈利下降以及全球经济增长前景暗淡且不明朗等问题，许多公司宣布减产、裁员以及削减资本支出的计划，全球外商直接投资（FDI）规模萎缩是必然的。根据联合国贸易和发展会议的初步估计，2008年全球FDI流入萎缩21%，跨境并购下降近28%。积极利用外资是东南亚地区经济发展的一贯政策，FDI也是促进东南亚国家经济增长的重要因素之一。虽然在次贷危机爆发的时候，东南亚的FDI流入仍然呈现大规模流入状态，但是进入2008年，特别是雷曼兄弟事件以后，东南亚的FDI流入呈现加剧下降的态势，这一方面反映了在欧美发达经济体经济步入衰退和金融体系面临"去杠杆化"背景下，这些国家的投资者本身面临诸多问题以及出现风险规避行为；另一方面也反映了投资者对东南亚经济发展前景的不乐观。

3. 经济低迷与海外劳工汇款萎缩

对于大部分低收入国家而言，海外劳工汇款是其外部资金流入的主要形式，也是支撑一些国家的国内消费与投资的主要资金来源。东南亚是全球主要的劳动力输出地区，众多的东南亚侨民每年通过汇款支持其国内家庭或者亲属的日常生活、就医以及学习，在部分比较贫困的家庭收入来源中，海外汇款能够占50%以上的份额。菲律宾、越南、柬埔寨和印度尼西亚等国家对海外劳工汇款的依赖度较高，2007年海外劳工汇款在这四个国家中所占GDP的比重分别高达11.6%、7.9%、4.2%和1.5%。

由于发达国家遭受金融危机重创，移民目标国家与母国实际收入差距缩小，加上发达国家失业率上升，从发展中国家流向发达国家的移民规模将萎缩。此外，发达国家的贸易和就业保护主义也跃跃欲试，美国和英国已经在就业方面对来自包括东南亚的发展中国家的海外劳工作出实质性限制。在此背景下，东南亚国家所面临的海外劳工就业问题将更加严峻。据世界银行测算，全球金融危机已经造成海外劳工汇款增速减半。很多人没有认识到海外汇款在东南亚经济社会发展中的重要作用，并因此忽视了金融危机通过这个渠道对东南亚贫困地区所造成的不利影响。以菲律宾为例，据全球著名研究咨询公司RGE Monitor预测，如果按照"菲佣"被裁员5%、海员被裁员33%的裁员幅度估计，2009年菲律宾劳工汇款将大约下降6%~7%，总规模可能降至154亿美元。

海外劳工就业问题的加剧与海外劳工汇款的减少可能诱发以下连锁问题。首先，导致东南亚国家国内失业率继续攀升，并诱发社会问题。海外劳工失业将使更多劳动力回归国内市场，而本国在危机背景下同样缺乏吸收这些劳动力的能力。据国际劳工组织预测，受全球经济危机的冲击，亚洲2009年的失业人数比2008年增加720万，达到1.13亿人，失业率将从2007年的4.8%上升至5.1%。海外劳工将导致失业率进一步提高。其次，对于依赖海外劳工汇款收入支撑国内消费的国家而言，可能造成国内消费信心的进一步低迷，加剧东南亚国家的经济衰退。特别是对于菲律宾而言，海外劳工汇款一直被誉为菲律宾经济增长的"第四极"，支撑着菲律宾国内的消费和菲律宾比索的稳定。海外劳工汇款减少，势必对菲律宾的消费和投资造成严重影响，很可能会加剧菲律宾国内经济的衰退。最后，海外劳工汇款的收缩将进一步加大东南亚国家货币的贬值压力。

（三）国际贸易途径

全球金融危机对国际贸易的直接冲击是发达国家进口需求下降，全球贸易萎缩。美国的进口增速在2007年第二季度开始大幅下滑，并出现负增长。对于东南亚等出口导向的新兴市场经济体而言，美国经济下滑一方面将直接减少美国本国的进口，另一方面将通过影响全球其他国家的宏观经济增长而影响其进口。世界贸易组织预计，受各国需求大幅减少和贸易融资不断枯竭的影响，2009年的世界贸易额将下降9%，是第二次世界大战以来的最大降幅。世界银行在《2009年全球经济展望》报告中预测，受金融危机引发的全球经济下滑影响，2009年世界贸易额将收缩2.1%，是1982年以来的第一次下滑，发展中国家的出口额也将出现大幅回落。可供参考的数据是，在2001—2002年全球经济放缓期间，美国和欧洲进口下降持续了两年到两年半，同比降幅均高达30%，而日本进口下降22%。

此外，为了促进国内经济快速复苏，一些国家可能采取贸易保护主义的办法来提高国内需求。据WTO预测，2008年发展中国家和独联体国家贸易增速可能快于发达国家经济体，继续充当全球贸易增长的主要推动力，且保持最大顺差经济体的地位。因此，发展中大国与发达国家的贸易不平衡和贸易摩擦可能加剧。为防止金融风险的扩大和经济增长速度的放缓，发达国家国内贸易政策的调整将更为谨慎，并将继续就与贸易有关的汇率、产品安全、知识产权保护、环境保护等问题向发展中国家发难，也不排除过度使用这些手段而出现的贸易保护主义倾向。

（四）美元汇率波动的财富效应

受次贷危机冲击，美元持续走软，从而导致以美元计价的大宗国际商品价格不断攀升，这会加重其他国家输入型通货膨胀压力。不过，随着次贷危机的进一步深化，从2008年7月开始，美元指数开始持续走高。美元币值的波动对其他国家的美元资产价值造成冲击：一是美元大幅贬值造成其他国家持有的外汇储备资产的国际购买力显著缩水，这减轻了美国的对外债务负担，但造成了其他国家的国民财富损失；二是使海外持有的美国国债与企业债务面临冲击。

（五）资本市场动荡的连锁反应与信心危机

在全球金融危机冲击下，尽管各国政府纷纷采取措施救市，欧洲、日本以及新兴市场的股市仍然出现了大幅度调整。从2007年6月至2008年10月，世界主要股指的跌幅均超过30%，法国股市、日本股市和中国台湾股市的跌幅甚至超过40%。2008年9月以后，世界主要股指加速下跌，全球股市市值一年内蒸发超过27万亿美元。全球主要国家股市与美国股市同步下跌，这既是全球金融市场联动与信心危机扩散的结果，也是投资者对新兴市场投资热情减弱以及跨国金融机构在全球范围内降低风险资产比重的调整行为所致。以泰国为例，次贷危机之前，国外证券投资资金的流入是泰国证券市场股指飙升的主动力之一；次贷危机爆发之后，受资本市场波及效果打击和海外资金流出的影响，泰国股指开始大幅下跌。2008年，泰国的海外证券投资资金基本呈现净流出态势，流出总额达到10.03亿美元。

二、对金融危机冲击东南亚经济的反思

（一）东南亚经济"脱钩"梦的破灭

在亚洲金融危机前，大部分东南亚经济体货币都存在被高估的情况（以泰国最为典型），同时也存在巨额经常项目赤字与外汇储备规模不足等问题。这些问题在亚洲金融危机后得到了明显改善，各国在汇率政策、资本账户、外汇储备、债务结构和地区合作等方面进展神速，确保东南亚各国取得了较快的经济增长。加上亚洲金融危机后，各国普遍注重外汇储备积累，东南亚经济和金融体系已经具备一定的防范金融风险的能力。此外，随着东南亚区内贸易的快速发展和中国这一潜在的巨大消费经济体的崛起，东南亚已经能够从欧美等发达经济体的经济增长中"脱钩"的乐观情绪普遍存在。但是事实证明，包括东南亚经济体在内的发展中国家是难以与欧美发达经济体"脱钩"的。

金融危机导致欧美经济衰退，并通过对外贸易和金融市场动荡等多种渠道影响到包括东南亚各国在内的发展中国家。一方面，欧美经济衰退导致进口下跌，使对欧美消费市场严重依赖并对全球经济周期高度敏感的东南亚和中国等出口国受到损害；另一方面，

东南亚经济体与欧美发达市场的金融联系非常重要但又难以量化，欧美金融体系的"去杠杆化"导致全球性金融动荡，对东南亚经济体融资状况的影响变得更加复杂。另外次贷危机致使初级商品价格大幅下降，一些东南亚经济体的贸易条件因此严重恶化，并加剧经济下行的风险。总而言之，在短期内，东南亚经济体系的增长模式还难以从出口驱动型经济增长模式转向内需驱动型经济模式，东南亚经济体短期内还难以实现与欧美发达经济体的"脱钩"。

（二）东南亚非均衡经济发展模式亟待调整

从长期来看，次贷危机对于东南亚的影响突显非均衡经济发展模式在外部经济环境变化时可能会承受更大的调整压力。东南亚经济体依托欧美发达经济体的巨大消费市场，通过出口驱动型经济增长模式实现了经济的快速发展；次贷危机也突显美国"寅吃卯粮"消费模式调整的必然性和紧迫性；从最近一年的数据看，美国的储蓄率也在不断上升，这表明美国消费模式确实正朝着预期的方向调整。从数据上看，中国在东南亚乃至全球对外贸易中的作用在不断增强，但是实际上也有研究表明，过去几年东南亚区内贸易比重以及东南亚国家与中国的对外贸易快速上升只表明全球供应链之中纵向一体化的深化，并非东南亚地区本身经济增长的自主性在增强；考虑到以中国为核心的生产纵向一体化的发展，实际上，东南亚的经济增长更加依赖欧美的消费市场，一旦外部经济环境发生变化，东南亚地区比其他地区更容易遭受发达经济体波动的冲击。

（三）需要重新审视外汇储备在经济发展中的地位和作用

巨额的外汇储备并不是规避金融市场波动的万能药，需要重新审视外汇储备在经济发展中的地位和作用。亚洲金融危机期间，部分东南亚国家由于外汇储备不足而导致货币危机和金融危机，此后，东南亚各国实施了较为保守的汇率政策并追求外汇储备的最大化来规避国际金融市场的波动对本国经济与金融体系的伤害。不过，次贷危机演变为全球性金融危机并对东南亚产生巨大影响，使我们认识到，在金融危机或者经济危机发生的时候，外汇储备是有用的但作用是有限的。从金融角度看，在雷曼兄弟事件引发全球性金融恐慌的时候，东南亚的外汇储备的确有助于应对危机，减轻美元短缺的压力。但是，高水平的外汇储备无法隔绝东南亚经济体，欧美发达经济体金融市场的紧张仍然通过信贷市场条件收紧、资本外流等多种渠道影响到东南亚。从经济发展角度看，东南亚经济体积累的大规模外汇储备最终还是流向美国，东南亚过度积累的外汇储备实际上也是经济增长资源的浪费，间接减少了东南亚地区内部经济增长的资源。菲律宾中央银行行长唐德科（Amando M. Tetangco）就东南亚与金融危机的关系指出，对于东南亚国家而言，未来需要思考的是如何实现适宜的外汇储备，而不是简单且单纯地追求外汇储备规模的不断扩张。

（四）东南亚地区性货币金融合作亟待加强

此次金融危机进一步表明东南亚地区性货币金融合作的进展落后于经济金融发展的需要。东南亚的地区性货币金融合作具有明显的危机推动性质，大多数的东南亚的地区性货币金融合作都是在亚洲金融危机之后建立的。近几年，东南亚已经采取了一些措施来推进地区性合作，包括各国货币互换协议和外汇储备集合的建议等，但在次贷危机的背景下，我们发现东南亚的地区性货币金融合作进展不够快、力度不够大，而且明显缺乏战略性与前瞻性。对于中国而言，当前需要加快推进其在东南亚当前货币金融合作中的领导者和推动者地位和作用，例如构建共同的外汇储备管理体系、提高东南亚地区应对金融危机的能力等。

第九章　国防与军事

第一节　东南亚国家的国防与军事战略

1983年美国陆军军事学院出版的《军事战略》一书中予以军事战略这样的定义："军事战略是运用一国武装力量，通过使用武力或以武力相威胁，达成国家政策的各项目标的艺术和科学。"这一定义揭示了军事战略与国家战略的关系，国家利益是军事战略的出发点和归宿点。一国在追求自己的国家利益，确保本国安全稳定的基础上，制订适合自身的国防和军事战略。军事战略大体可分为两类：自卫的防御性战略和外向的进攻性战略。前者以维护自身领土主权等合法利益为主要目标，后者则以获取本国疆界之外的政治、经济等利益作为自身的战略目的。东南亚国家多为中等国家或小国，国家实力有限，历史上遭受殖民者入侵，独立后许多还面临民族分离主义、恐怖主义和与他国领土争端等诸多安全问题，所以东南亚国家多奉行自卫的防御性战略。虽然每个东南亚国家的军事战略都有其自身特点，但从整体来看，东南亚国家的军事战略大体相近，国防政策也有着较多的相似点。

一、东南亚国家的安全形势和军事战略目标

从历史和现状来看，除了七八十年代越南奉行扩张性的地区霸权主义之外，东南亚国家大多奉行自卫的防御性战略，总体上可以归纳如下：

（一）解决国内安全问题，维护国内安全和政治稳定

东南亚国家都或多或少存在着国内安全问题，民族分离主义、恐怖主义、毒品问题已经成为影响许多东南亚国家发展的严重问题，并在很大程度上影响了这些国家的社会稳定和经济发展。解决民族分离主义、恐怖主义和贩毒问题是许多东南亚国家亟待解决的难题，也是其军事战略的重要目标和军队的重要任务。

1. 打击民族分离主义，解决民族问题，保障社会稳定

东南亚国家大多是多民族国家，国内民族众多，受历史、经济、宗教、语言、跨界民族等众多因素的影响，许多东南亚国家都有民族问题，有些甚至已经激化到十分严重的程度。

越南是一个多民族国家，民族问题是影响越南国内稳定的一个重要因素。1945年，越南独立后，在越南西北和北部山区建立了两个民族自治区，但1975年越南统一后，为进一步加强对这些地区的控制，撤销了这两个民族自治区，同时将数百万越南主体民族——京族农民迁徙到高原山区去生活居住，导致了越南山地民族问题的出现。在这些山区，少数民族和新迁入的京族之间经常发生冲突。苗族、瑶族等山地民族中的一部分

流离失所，成为了难民，被迫远走异国他乡。一些山区还出现了少数民族反政府武装组织。其中矛盾最为激烈的当属西原地区，西原地区包括昆嵩、嘉莱、多乐、林同四省，是少数民族聚居的地区之一。2001年和2004年，越南西原地区发生了激烈的反政府骚乱，导致当地社会秩序出现了严重混乱，引起国际媒体的关注。这次反政府骚乱是由一个名为福洛的反政府组织煽动的，其目的是把越南西原地区四省从越南分裂出去，成立一个所谓的"德伽自治国"。福洛的活动受到了美国等西方国家的支持，其多数成员都在美国接受过培训。目前，虽然越南西原地区的反政府骚乱已平息，越南国内的反政府活动还难成气候，但越南民族问题并未得到根本解决，仍然潜伏着爆发民族冲突的可能。

老挝东北部山区有比较严重的民族问题。老挝独立之后，美国出于侵略目的，派遣情报人员和特工深入苗族聚居区训练苗族游击队，扶植忠于自己的势力，这些苗族武装逐步控制了老挝东北部地区。1975年，在越南的支持下，老挝人民革命党解放了老挝全境，苗族游击队被武力镇压。苗族武装首领王宝流亡美国，大量苗人沦为难民，逃到泰国，逐渐散落到美国、欧洲等地。在美国的扶持和帮助下，流亡海外的老挝苗人建立众多组织，积极支持老挝国内的反政府活动。剩余的苗族武装并没有被彻底根除，仍然在老挝的一些山区活动。近年来力量反而逐步增强。1998年，苗族反政府武装的各个派别在泰国召开秘密会议，统筹各派力量建立了"老挝民族解放运动"组织。苗族反政府武装多次在老挝境内制造恐怖事件，严重影响了老挝的社会稳定和经济发展。但由于苗族武装所在地区山高林密，再加上宗教、民族等因素，要想彻底剿除反政府武装绝非易事。

在泰国南部生活着100万马来穆斯林。他们信仰伊斯兰教，讲马来语，在生活习俗、文化等方面与泰国其他地方的居民差异很大。这些穆斯林大多从事农业、渔业和种植业，生活较为贫困。在历史上，这些穆斯林曾建立过独立或半独立的王国，泰国政府对其实行羁縻统治，直到1902年，泰国政府才正式兼并这一地区，将其纳入泰国的行政管理体制之中。早在二战之前，当地就有一些分离主义组织活动。1957年，马来西亚独立之后，泰国南部穆斯林的分离活动一度高涨，泰国政府采取各种措施，平息了穆斯林分离运动。"9·11事件"之后，当地分离主义组织势力有所加强，分离主义活动逐步向恐怖主义方向迈进，恐怖袭击更有计划性和组织性，袭击对象已经扩大到了无辜平民。2004年后，分离主义活动更加猖獗，制造了多起恐怖事件，造成了多人死亡，严重影响了泰国正常的社会秩序。虽然泰国政府软硬兼施，采取了许多措施，安全形势得到基本控制，但暴力袭击事件仍然时有发生。

缅甸的民族问题在东南亚国家中是最为严重的。英国殖民统治时期，对缅甸实行分而治之的统治策略，别有用心地扶持一些少数民族，蓄意挑拨、制造民族对立和矛盾。缅甸独立后，在开国领袖昂山的倡导下，根据缅甸的历史和现实制订了符合缅甸国情的、相当宽松和自由的民族联邦宪法，但昂山被刺杀之后，宪法中关于少数民族自治邦的条款被废除。克伦、孟、掸等民族先后揭竿而起，开展了武装斗争，并且一度兵临缅甸首都。1962年，缅甸军事政变后，采取强力手段镇压少数民族武装，导致缅甸陷入严重的内战局面。1988年，缅甸军政府改弦易辙，调整民族政策，扶持少数民族地区的经济建设，允许并鼓励民族地区建立政党，采用签署停火协议、武器换和平、招降等手段实现民族和解。缅甸国内局势逐步稳定。2009年，缅甸政府利用果敢地区领导人之间的矛盾，派军队进入果敢，控制了这一地区。但时至今日，缅甸仍有许多地区，如佤邦、掸邦都在少数民族武装的控制之下，虽然这些民族武装均与政府签署了和平协议，但爆发冲突的可能性仍然存在。缅甸军队的核心任务至今仍是"清剿反政府武装和担负局部地区围剿任务"。

菲律宾南部的民族问题到现在也没有得到根本解决。菲律宾群岛北部居民多为天主教徒，而南部岛屿主要居民为信仰伊斯兰教的摩洛人。在西班牙殖民统治时期，殖民者发动多次战争，逐步征服了南方的伊斯兰独立王国。美国人赶走西班牙殖民者之后，采取了"菲律宾化"的统治方式，"把信仰伊斯兰教与信仰天主教的本土居民融合为同一的菲律宾民族"，在这一政策之下，大量来自北部的天主教徒移民到南部地区，逐步改变了菲律宾南部地区的人口结构，产生了以土地问题为核心的一系列社会矛盾。菲律宾独立之后，延续了美国统治时期的政策，导致了民族矛盾的激化。1968年的"雅比达事件"之后，南部穆斯林成立了"棉兰老独立运动"，逐步走上与政府武装对抗的道路，武装斗争的目标是在菲律宾南部地区建立独立的伊斯兰国家。该组织中激进势力不断分化组合，形成了众多的武装派别，其中最具影响力的组织有摩洛民族解放阵线、摩洛伊斯兰解放阵线和"阿布沙耶夫"武装组织。菲律宾政府采取了和平谈判和军事打击的两手策略，分化和镇压了一部分武装派别，但仍有部分武装力量活跃在菲律宾南部地区，袭击当地警察和军队。2011年4月4日，摩洛伊斯兰解放阵线伏击了菲律宾马京达瑙省省长的卫队，打死了10名随护人员。解决菲律宾民族问题仍是其军队的核心任务，菲军方也认为国家的主要威胁是内部的"颠覆和叛乱"活动，军队要以武力赢得内部和平和稳定。

印度尼西亚岛屿众多，在亚齐、廖内、马鲁古等地都有民族分离主义运动。亚齐是印度尼西亚资源最为丰富的一个省份，但当地民众的生活却相对贫困，1976年，一部分亚齐人士成立了"自由亚齐运动"组织。东帝汶独立之后，亚齐分离主义运动逐渐高涨，"自由亚齐运动"逐渐控制了许多乡村。2003年，梅加瓦蒂命令印度尼西亚军队开展了大规模的军事行动，对"自由亚齐"进行空中和地面打击，严重削弱了其武装力量。2005年，大部分亚齐分离组织的武装成员放弃了武力斗争，仅有个别派别仍然拒绝交出武器。此外，马鲁古、廖内和婆罗洲地区的分离主义活动在东帝汶独立之后也呈现出加剧的趋势，印度尼西亚政府采取恩威并施的办法，与分离组织中的温和派展开谈判，武力镇压坚持武装斗争的派别，用各种办法招安游击队，已经有不少组织与政府达成和解。但这些地区的民族分离问题没有得到根本解决，当地社会治安仍然不佳，阻碍了社会和经济的发展。

2. 打击恐怖主义，保护国内民众安全

恐怖主义是全球性的安全问题。东南亚地区是世界上一个文明结合部地带，伊斯兰文明、基督教文明、汉儒文明和印度文明在这里汇合碰撞，佛教、印度教、儒教、伊斯兰教、基督教以及各种原始宗教交汇并存。东南亚民族众多，民族关系错综复杂。冷战后，全球的宗教原教旨主义浪潮兴起，恐怖主义往往又与民族分离主义、宗教教派冲突有着紧密的联系，这为东南亚恐怖主义提供了滋生温床。东南亚地区是全球伊斯兰世界的重要组成部分，全球六分之一的穆斯林就生活在东南亚。东南亚恐怖主义组织多为伊斯兰极端组织，这些组织与中东和中南亚地区的恐怖主义组织有着紧密的联系。据不完全统计，现在伊斯兰极端主义组织在东南亚有20多个，其中包括印度尼西亚的伊斯兰祈祷团、拉什卡圣战组织，菲律宾的阿布沙耶夫集团，泰国的北大年伊斯兰圣战者组织和马来西亚的卡普兰圣战组织。这些组织多由参加过阿富汗抗苏圣战或在阿富汗"基地"大本营接受过培训的极端主义分子创建，在印度尼西亚、马来西亚、菲律宾南部和泰国南部有着众多的成员和支持者。"9·11事件"之后，"基地"组织在阿富汗和巴基斯坦的网络遭受重创，许多"基地"组织骨干流窜到东南亚，大大增强了东南亚恐怖组织的力量。2002年，印度尼西亚巴厘岛发生三起恶性爆炸事件，造成200人死亡，300多人受伤。几天之后，菲律宾三宝颜的商场又发生爆炸事件。2003年，印度尼西亚万豪酒店门前发生恐怖爆炸，16人死亡，150人受伤。接二连三的爆炸案给东南亚有关国家敲响了强化反恐斗争的警钟。东南亚国家，特别是印度尼西亚、泰国、马来西亚、菲律宾和新加坡等国相继采取多种手段提升本国反恐能力。打击恐怖主义、维护国内安全成为东南亚国家军事战略目标之一，许多东南亚国家都组建了专门的反恐部队，并展开反恐的区域合作。2003年，东盟陆军总司令会议上，东南亚各国一致同意就反恐事宜开展情报共享，设立反恐热线互通信息，不允许任何恐怖组织以一国为基地攻击他国。

3. 解决毒品问题

毒品问题已经成为东南亚社会的一大毒瘤。据世界卫生组织估计，在毒品交易异常猖獗的东南亚地区，泰国、老挝、缅甸、越南和柬埔寨5国的吸毒人群总数超过200万，其中年轻人占了极大的比例。世界著名的毒品产地"金三角"在东南亚，其范围包括泰国北部地区的清莱府和清迈府部分，缅甸北部的掸邦和克钦邦，老挝的琅南塔省、丰沙里、乌多姆塞省以及琅勃拉邦省西部，总面积将近20万平方千米，共有大小村镇3 000多个。19世纪末到20世纪初，英、法等国殖民者先后到该区传授罂粟的种植、提炼、销售技术，并收购鸦片谋取暴利。20世纪50年代，东南亚国家独立之后，由于国力有限，部分地区处于失控状态，当地的鸦片生产达到了高潮，并在60年代成为世界四大毒品产地之一。

70年代，由于泰国和缅甸的军事打击以及联合国所采取的经济措施，当地罂粟产量大幅度下降。但到了80年代中期，罂粟产量再度反弹，一度成为世界上最大的海洛因出产地。进入21世纪，在中国等国的大力协助下，"金三角"地区的罂粟种植面积大幅度下降，毒品问题得到一定的控制。但毒品问题对东南亚国家来说不仅仅是一个社会治安问题，而更多地涉及其历史、民族等因素。生活在"金三角"地区的一些少数民族，世代以种植罂粟为生，为了保护自己的罂粟种植以及对抗政府，不少民族都有自己的武装。已经投降的坤沙集团，兵力一度就达3 000余人，配备了先进的武器设备。同时，"金三角"地区还是民族分离主义活动的主要区域，不管是缅甸的掸族和佤族武装、老挝的苗族分离主义势力，无一不是"以毒养军"、"以毒扩军"、"以军护毒"，依靠毒品带来的高额利润建立了自己的"独立王国"。正是由于东南亚国家有许多民族武装割据势力的存在，才使得毒品的种植和生产十分猖獗。要想根除毒品问题，仅仅依靠警察的力量是不够的，还需要军队的有效参与。缅甸政府致力于2014年成为无罂粟种植国家，其军队在缉毒、打击贩毒集团方面发挥了十分重要的作用。

（二）抵御外敌入侵，维护国家主权和领土完整

从16世纪起，欧洲殖民者就开始逐步侵占东南亚地区。20世纪初，除了泰国之外，其他国家沦为西方列强的殖民地。第二次世界大战之后，东南亚地区兴起了民族解放的浪潮。在东南亚人民的斗争之下，西方列强被迫放弃殖民统治，东南亚国家的民族武装力量在其独立斗争中发挥了重要作用。但殖民者并不甘心自己的失败，法国、荷兰、英国等国多次入侵。东南亚国家的军队在国家独立过程中发挥了重要作用，挫败了殖民者的企图。冷战期间，东南亚地区成为美苏角力的战场之一。印支三国人民经过长期的抗战，将美国侵略者赶出了东南亚地区，完成了国家统一。此后，东南亚国家又经过长期斗争，挫败了苏联扶植的越南地区霸权主义，粉碎了其在中南半岛建立印支联邦的阴谋。冷战结束后，东南亚国家进入相对和平稳定的发展时期，但由于各种历史原因，东南亚许多国家的边界划分尚未确定，存在着大量领土、领海纠纷。所以，保卫国家主权和领土完整，成为东南亚各国军事战略的核心目标。

边界领土划分是影响东南亚各国安全和稳定的重要因素。既得利益者想千方百计保住当前既得利益，而利益受损方则想尽办法夺回所失去的土地。举行边界谈判和平解决边界问题是当前的主流趋势，但也有不少东南亚国家因领土争端而兵戎相见。柬埔寨与其邻国泰国、老挝、越南的边界一直存有争议，前国王西哈努克对此深表担忧，"现在柬埔寨的领土面积只剩下14万平方千米了"（按照官方数据，柬埔寨面积为18万平方千米），他的这种说法虽然可能缺少证据，但可以从一个侧面反映柬埔寨所面临的严峻的领土问题。2008年和2009年，柬埔寨和泰国两国因为柏威夏寺及其附近地区的主权归属而大打出手，造成双方人员伤亡，边境局势一度十分紧张。泰国与缅甸、老挝也存在着类似的

领土争端，主要是边界界河中岛屿的归属问题，导致其边境局势经常出现紧张局面。缅甸与邻国孟加拉国有着水源和领土争端。

东南亚国家在领海和海洋岛屿上的主权争端更大，其中最为严重的当属南沙群岛主权争端。南沙群岛自古以来就是中国的领土，它是由中国居民最早发现、最早命名、最早开发经营的。南沙群岛及其周边海域不仅拥有巨大的水产资源、丰富的油气资源和矿产资源，还具有十分重要的军事战略地位，南沙群岛扼守太平洋、印度洋交通要道，对于保障中国海上石油补给线具有十分重要的意义。目前南沙问题已经形成"六国七方"介入、"四国五方"军事占领的局面。除中国占据8个岛礁（含台湾占领的太平岛）之外，目前有42个岛屿被他国侵占，其中越南占据29个，菲律宾占据8个，马来西亚占据5个，印度尼西亚和文莱没有占据岛屿，但对部分岛屿和海域提出了主权要求。占据南沙岛屿和海域的东南亚国家是利益既得方，它们不断利用地缘优势，强化对已占岛屿和海域的军事管控，加紧宣示"主权"和掠夺资源，并吸引美国、日本和印度等区外大国介入南海事务，进一步加深南沙问题的国际化。占领并控制南沙岛屿成为了这些国家军事战略的重要目标。其中，越南是南沙争端中最大的既得利益者，它不仅占领了最多的岛屿，并且提出了对整个南沙群岛乃至西沙群岛的主权要求。

（三）为本国在地区和国际事务中发挥作用提供军事力量保证

除了维护国家主权和领土完整，保障国内安全和政治稳定之外，东南亚国家的武装力量还为本国在地区和国际事务中发挥作用提供军事力量保证。在东帝汶独立过程中，东南亚国家就积极参与其独立过程，泰国、马来西亚、印度尼西亚、菲律宾、新加坡等国相继派兵参与维和行动，菲律宾和泰国官员先后担任了维和部队司令。泰国、菲律宾、新加坡等国积极参与联合国维和行动，参与了世界多个动乱地区的维和任务。2006年，泰国派出军事医疗队参加联合国驻黎巴嫩维和部队；翌年，泰国又派出800人的军事力量参与苏丹达尔富尔地区的联合国维和行动；2010年，泰国再次派兵参与了联合国在海地的维和行动。马来西亚部队从90年代初就积极参与国际维和行动，先后参与了两伊、西撒哈拉、安哥拉、柬埔寨等地的维和行动；此外，马来西亚军队还参加了南亚海啸、克什米尔地震等灾难的救援行动。菲律宾虽然兵力不强，但一直积极参与国际维和行动，2009年，菲律宾派出了336人的部队，承担了戈兰高地的维和任务。印度尼西亚一直积极参与国际维和行动，2006年，印度尼西亚派遣1000名官兵赴黎巴嫩参加维和行动。越南、老挝等国也开始逐步参与国际维和行动。此外，东南亚国家还积极参加区域外大国举行的军事演习和海上搜救演练，配合本国军事外交活动

二、东南亚国家的国防政策和建军思想

冷战结束后，东南亚地区安全环境逐步走向和平和稳定。地区安全环境的变化、现代化高科技军事变革浪潮的来临以及非传统安全挑战的增加，促使东南亚国家逐步走上

了军事变革之路。东南亚每个国家的国防政策虽然各有不同，但军事改革和军事发展的总体趋势相近，其主要方面可归纳如下：

（一）建设一支规模适宜、现代化程度较高的军队

冷战时期，东南亚地区局势比较动荡，军事冲突不断，各国都在扩充军备，有的国家甚至全民皆兵。例如，在70年代末越南总兵力就达到了120万。冷战结束后，东南亚国家开始逐步裁军整编，逐步缩减陆军规模。越南从1987年开始大规模裁军行动，先后裁军60万人，大批作战部队转为担负生产建设和预备役训练任务，一些作战建制撤销，至1992年，越南武装力量裁减至约60万人。但就军队与总人口的比例来说，越南军队数量仍然庞大。从1996年开始，越军开始对陆军各野战军，军区和省、县军事指挥部及地方部队进行精简整编，大力裁减机关和非作战部队人员，重点压缩陆军，总兵力被减至50万人左右。1998年，柬埔寨公布五年裁军计划，开始对军队进行整编和改革，裁减24%的兵力。2002年，在第一阶段裁军计划完成之后，柬埔寨开始了第二阶段裁军计划，柬埔寨将师缩编为旅，将团缩编为营，并将部分军队担任的边防任务转给了警察部队。泰国从90年代开始对陆军、空军开始大规模地改编，缩编指挥机关，减少指挥中间环节，理顺作战指挥程序。陆军在1992年至1996年裁减9.3万人，截至2006年，又裁减了2万人。海军裁减一些士官和常备军员额，并停止招收和聘请文职人员。截至2007年，空军裁减了9 000人，并根据防御重点和担负任务的不同将部分飞行大队缩编为飞行中队。印度尼西亚在苏哈托下台之后，开始推进军事改革，减少军队参与政治，逐步禁止军队参与商业活动，健全文官掌军制度，调整军队体制，特别是印度尼西亚的军区和国防指挥体制。

在裁军的同时，东南亚国家走上了"质量建军"之路，提高武器装备质量，大力发展海空军等高技术兵种，进一步提高军队作战能力和国防现代化水平。80年代以来，新加坡向美国等国大量购买先进战机，装备了战略预警机、空中加油机、武装直升机群，空战实力在东南亚堪称一流。2007年，新加坡一次向波音公司订购12架F-15E攻击鹰、F-15SG型双座攻击机dubled F-15SGs，预计采购金额将达到17亿美元，这些飞机在2008年和2009年已经列装部队。此外，新加坡还从美国购买大量先进的水面舰艇。泰国从90年代初着手将本国的传统步兵师改编为机械化师或装甲步兵师，组建装甲骑兵师和陆军航空兵师，并大力发展空中机动部队。泰国海军实施"蓝水海军"发展计划，在1996年购进了一艘航空母舰，并组建了航母战斗群。2003年4月，泰总理他信提出了"统一三军武器采购，争做二流军事强国"的口号。泰国防部则向国会提交了关于每年军费预算不能低于GDP总额百分之二的议案。泰陆军陆续从美国引进了3架黑鹰直升机，向瑞士订购170辆二手Pz68型主战坦克、24辆支援坦克和12辆架桥坦克。泰空军再次从美国引进16架F-16战斗机、8枚AIM-120C空空导弹，从德国购入25架阿尔法喷气攻击／教练机，从瑞典采购20架鹰狮战斗机。海军斥资14亿泰铢对"差克里·纳呖贝"号直升机航母进行

了现代化改装，从意大利引进了1艘近海扫雷艇。越南从90年代末起与俄罗斯签署了一系列武器装备订购协议，陆军购进T-90主战坦克和各型装甲车，海军购进"基洛"级潜艇、"猎豹"护卫舰，空军购进苏-27、苏-30MK战斗机等国际一流战机，并为舰艇和战机装备了先进的导弹和雷达系统。越军已引进的装备大都具有强烈的制海作战特色，强调"以空制海"、"以海制海"、"以陆制海"，能对海上目标形成较大威胁，防范中国、保卫其南沙既得利益的企图十分明显。菲律宾、印度尼西亚、马来西亚、缅甸等国军队现代化力度虽然比不上越南、泰国等国，但也纷纷采购先进武器来装备本国军队。

此外，各国开始逐步重视信息技术，跟上世界军事变革趋势。泰国军队在90年代初设立了信息技术部门，负责全军的计算机和信息技术的研发以及C3I系统的开发。泰国军队的信息化建设已经初具规模，初步具备了信息化作战能力。新加坡也十分重视信息化建设，其武器装备系统的信息化程度已经接近世界一流水平。

（二）建立能应对恐怖主义挑战的国防机制和武装力量

恐怖主义已经成为威胁东南亚国家安全的严重挑战，打击恐怖主义已经成为东南亚国家的当务之急。东南亚国家，尤其是印度尼西亚、泰国、菲律宾、马来西亚和新加坡等国已经出台各种措施来应对恐怖主义。2002年，泰国国防部拨付专项预算，组建反恐部队和增购反恐装备，成立了泰国的第一支反恐部队。泰国还加强了军队和警察之间的协调，制订并实施相关防范措施。泰国政府还积极研究有效的反恐方式，他信政府谨慎地启动了以"怀柔"为主、镇压为辅的"泰国反恐模式"。印度尼西亚出台了相关的反恐法律，加强军警联合反恐，让军队逐步成为反恐主力。2005年，苏西洛表示要建立一个全天候的反恐监控系统，处理可能的恐怖威胁，并利用印度尼西亚各军区地方军事情报系统搜集相关反恐情报。2011年3月，印度尼西亚与菲律宾签署反恐谅解备忘录，加强两国在反恐行动方面的协调和合作。此外，印度尼西亚还强化年度的军警联合军事演习，严防海上恐怖主义，保护马六甲海峡航运安全，强化公共设施安保，防止恐怖分子对密集人群发动袭击。菲律宾借助美国力量，接受美国的军事援助，要求美国向菲律宾提供反恐训练、军事装备和后勤保障方面的支援，并以联合军演的名义参加菲律宾的反恐行动。此外，菲律宾每年还组织定期反恐模拟训练，如每年的圣诞反恐演习，防范恐怖分子可能对密集人群发动袭击。东南亚国家还加强了反恐方面的军事交流和情报共享，2002年，东盟10国与美国签署了《合作打击恐怖主义联合宣言》，奠定了联合反恐的协作基础。此后，设立了地区反恐情报中心，分享各国的反恐情报；不定时举行反恐军事演习，提高军队的反恐能力。2007年1月，东盟各国领导人在新加坡共同签署了《东盟反恐公约》，标志着东盟国家的反恐协作达到了较高的程度。

（三）加强与区域外大国、区域内国家之间的军事交流与合作

东南亚国家从独立初就与区域外大国有着各种各样的军事联系。一些东南亚国家想

借助区域外的大国力量来维护本国的独立和领土完整，抵御外来的军事威胁。泰国、菲律宾、新加坡等国是美国的军事盟友，越南、老挝属于社会主义阵营国家，与苏联有着紧密的军事往来。冷战结束后，东南亚地区的军事对抗不复存在，但泰国、菲律宾、新加坡等国与美国军事关系合作仍然存在。美泰"金色眼镜蛇"联合军事演习始于1982年，已经成为制度化年度联合军事演习，年度参演兵力均达到了万人以上；2004年，菲律宾和蒙古获邀参加该演习；2011年，泰国、日本、韩国等亚洲6国及美国共派出1.1万人参加"金色眼镜蛇"演习，该演习已经成为亚洲地区规模最大的固定演习；从2003年开始，美国给予泰国"非北约主要盟国"地位，可以优先获得美国的额外军事物资以及以较优惠价格购买武器设备。菲律宾一直是美国的军事盟友，美国长期给菲律宾提供军事援助，训练菲律宾军事人员，美军长期驻扎在苏比克海军基地，一直到1989年才撤出。美菲两国的"背靠背"军事演习是美国在东南亚地区的另外一个制度化年度联合军事演习。2010年，菲律宾与美国海军陆战队举行了两栖登陆演习，美菲两国出动了多架战斗机、直升机以及快艇参加地空、海空协同作战演练。新加坡在1971年与英国、澳大利亚、新西兰和马来西亚达成"五国防务安排"协议，新西兰、澳大利亚在新加坡驻扎军队，新加坡可以使用澳大利亚和新西兰的军事设施和训练场地。新加坡与美国军事合作关系紧密，在美军撤出苏比克海军基地之后，新加坡宣布为美国舰队提供维修保养和补给基地。新加坡与多国开展军演，提高部队作战能力。2010年7月，新加坡美国舰队在南海举行了联合军演，美国海军钟云号导弹驱逐舰与新加坡海军可畏级FFG-70隐身护卫舰等先进舰艇参演。新加坡与印度之间的军事交流不断深化，2010年3月，新加坡派出了一个装甲团在印度中央邦参加了"古鲁之战"联合军演。文莱在独立后，一直依赖英国雇佣军保卫本国油田和皇宫安全。越南近年与印度、俄罗斯、日本、美国等国开展了广泛的军事交流。2010年，美国与越南军事交流十分频繁。8月10日，美国伯克级导弹驱逐舰访问越南岘港；8月12日，美国"乔治·华盛顿"号航母战斗群与越南海军在南海举行了为期一周的海上军演，主要演练了海上联合搜救演练等非战斗项目。2011年初，美国向越南发出了加入其主导的"克拉"联合军演的邀请。缅甸派出了大量军事留学生到中国、俄罗斯、英国等国进行培训，并在打击贩毒上与中国、印度展开了广泛的军事合作。

　　此外，东南亚国家之间的军事交流得以不断加强。2003年，新加坡、马来西亚、印度尼西亚三国海军建立了马六甲海峡联合反恐热线，共同维护海峡航运安全。2005年，印度尼西亚、新加坡、马来西亚和泰国启动了"天空之眼"马六甲海峡联合空中巡逻。泰国与新加坡两国陆军每年联合举行代号为"克查辛加"的军事演习。印度尼西亚与新加坡每两年举行"飞鹰—印度尼西亚坡拉"联合军事演习。

第二节　东南亚国家的国防和军队体制

一国的国防和军队体制与其社会制度、历史传统、政治形势等因素有着紧密的联系。东南亚国家国情各不相同，其国防和军队体制各不相同。越南和老挝是社会主义国家，文莱是君主国，柬埔寨、泰国、新加坡、马来西亚是内阁制国家，菲律宾、印度尼西亚、东帝汶是总统制国家，缅甸是军政权国家，每个国家的国防和军队体制都有其鲜明的特色。

一、国防体制

越南军队处于越南共产党的绝对领导之下，中央政治局为最高领导机关，政治局内设中央军事委员会，越共中央总书记担任军委书记，政治局和军队的主要领导担任常委。中央军事委员会通过国防部对全国武装力量实行行政领导。总参谋部、总政治局、总后勤局、总技术局、国防工业经济总局、情报总局隶属于国防部，分别负责军事指挥、政治工作、后勤供应、技术保障、军工生产和情报保障。此外，国防部还有监察委员会、军事科学委员会、高等军事学院、军事法院、财务局等直属机关。老挝的国防体制与越南相似，最高军事指挥机关是老挝人民革命党中央国防安全保障委员会，人民革命党主席兼任中央国防安全保障委员会主席，人民革命党主席、政府总理、内务部长、国防部长和人民军各总部最高长官担任常委。国防部是人民革命党中央国防安全保障委员会的办事机构和军队最高行政机关。国防部下设总参谋部、总政治部、总后勤部、总技术局四大机关，并有外事局、监察局、军法局、保卫局等直属单位。

泰国宪法规定，国王是全国武装力量的最高统帅，但他仅是名义上的三军统帅，由政府总理兼任主席的国家安全委员会是泰国最高国防决策机构，负责制定国防政策，并监督实施；国防部是最高军事行政机构，负责武装力量的建设和运转；最高司令部是最高军事指挥机关，隶属国防部，直接指挥和协调三军的军事行动。柬埔寨由于国内政局动荡，国防体制多次改变，2000年，柬埔寨首相洪森签署了法令，按照泰国的国防体制改组柬埔寨国防体制，优化部队结构。新加坡总统为名义上的武装力量统帅，但军队的领导和管理权归总理领导下的国防部所有，总参谋部是最高军事指挥机构，设三军总长，即陆军总长、海军总长和空军总长，掌握各兵种的军事领导权。马来西亚宪法规定国家安全委员会是最高军事决策机关，总理兼任国家安全委员会主席，国家元首是名义上的武装力量的最高统帅。国防部负责管理国防事务，下设武装部队司令部，成员包括三军司令部、陆军诸兵种司令员和三军参谋长，负责武装力量的指挥。

缅甸最高军事决策机关是国防安全委员会，委员职务由军政府高层要员担任，目前主席为缅甸国家和平与发展委员会主席丹瑞大将。国防安全委员会下设国防部和三军总司令部，国防部是军事行政机关，丹瑞大将担任国防部长；三军总司令部是军事指挥机关，丹瑞大将担任总司令。

菲律宾总统是武装力量统帅，兼任国防最高决策机关国家安全委员会主席。国防部是最高军事行政机关，武装部队司令部为最高军事指挥机构，总统通过国防部和武装部队司令部对全国武装力量实施领导和指挥。印度尼西亚军队在国家政治生活中占有重要地位，苏哈托下台后，印度尼西亚逐步减少军队对政治的干预，确立文官对军队的领导地位。根据印度尼西亚宪法，总统是武装力量的最高统帅，兼任国防委员会主席。国防委员会是印度尼西亚武装力量的最高统帅机构，下设国防部和武装部队司令部。国防部是国防行政机关，负责协助总统处理国防事务；武装部队司令部负责武装力量的指挥。

文莱苏丹兼任国防大臣和武装部队最高统帅，拥有军队指挥权。文莱国防部为军事行政和指挥机关，分为文职部门和军事部门。国防部文职部门由苏丹、文职国防副大臣、皇家武装部队司令和两名常务秘书负责，下设4个局：行政与人力局、政治与组织局、发展与工程服务局和财政与采购局。国防部军事部门由文莱皇家武装司令领导，下设6个局：作战与计划局、情报与安全局、培训与人员职责局、人事与行政管理局、后勤局和国防大臣办公室与战略策划局。

二、军事训练体制

东南亚国家独立以后，从加强本国军队建设和实际需要出发，逐步推进本国军队的正规化、现代化和职业化，形成了适合本国国情的、具有鲜明特点的训练模式。首先，逐步建立各层次、各军兵种的军事院校体系，加强军官和士兵的专业军事素养的形成。泰国军队条例规定各级军官必须经过军事院校培训，毕业合格后才能晋升。越南军队也出台相类似的规定。其次，制订了适合本国军队开展训练的条令条例。条令条例是一国军队开展训练的标尺和规定，越南、老挝参照苏联的条令条例开展训练，东南亚其他国家多参照英美等国的条令条例，如柬埔寨就按照美国《国际军事训练大纲》的要求进行训练，新加坡国情与以色列相似，其《武装部队行为法典》是由以色列军事家帮助制订的。再者，各国普遍增加了特种部队训练。泰国的陆军、海军特种部队队员多是来自一线部队的精英，他们参加热带丛林生存、陆地渗透、空降、潜水和徒手格斗等训练科目，完成敌后非常规作战、丛林反游击队、港口登陆等特种作战任务。越南加强了海军特种作战训练，多次进行海上突击、海岛登陆及野外生存等特种训练，利用特种部队增强对非法侵占的南沙岛屿的控制。最后，东南亚国家加强与外国军队的联合军事演习，提高实战能力和战术技术水平。新加坡国土狭小，训练场地缺乏，其部队的实地演练多在国外进行，新加坡与外国签订军事合作协议，派部队到外国军事基地进行训练。泰国、菲律宾与美国每年都有固定军事演习。东南亚其他国家也不断加强对外军事交流，更加广泛地参加各类军事演习。

三、兵役和军衔制度

东南亚国家多实行义务兵役制。按照各国的宪法，每个公民都负有保卫国家的义务，都要依法服兵役。按照各国的法律规定，公民必须在一定的年龄进行兵役登记；符合入伍年龄和身体要求的公民应征入伍，服役期多为一年半、两年或三年；服役期满后，退伍转入预备役。预备役期间按照政府的要求进行一定时间的国防训练。到达一定年龄后，退出预备役。但实际情况是，各国每年达到兵役登记年龄的青年人数远远超过实际征兵数量，不是所有符合征兵条件的青年都能入伍。随着军事现代化的不断深入，对士兵军事专业素质的要求也越来越高。针对以上形势，东南亚各国出台了相关国防政策，一方面加强对未入伍的预备役人员的军事训练，另一方面不断增加士官数量，加强军队的职业化建设。此外，各国还制定了《兵役法》和《军官法》，确定了军衔等级、服役年限和晋升时间。各国军官军衔分为尉官、校官和将官三等，每一等又分为三到四级，如越南为三等十二级，印度尼西亚为三等十级；士兵军衔差别较大，越南分两级（上等兵、列兵），缅甸分为八级（准尉、二级准尉、军士长、上士、文书、中士、下士、列兵），印度尼西亚分为二等十二级（士官分十级，分别是一级准尉、二级准尉、军士长、上士、一级中士、二级中士、下士长、一级下士、二级下士；士兵分三级，分别是特等兵、一等兵、二等兵）。

第三节　东南亚国家军队简史及概况

一国军力的大小取决于国家人口、国土面积、国防政策和经济状况等诸多因素。东南亚各国国情差别巨大，印度尼西亚国土面积将近200万平方千米，人口超过2亿，越南的人口也超过了7 000万，而新加坡国土面积不到700平方千米，人口不到500万，文莱人口更少，还不到40万。因此，东南亚各国军力差别较大，越南、缅甸军队将近50万人，而文莱仅有5 000人左右的军队，东帝汶军队则不到2 000人。东南亚各国经济发展差异巨大，经济发达的新加坡武器装备先进，国防开支较高，国防工业先进，而经济相对落后的柬埔寨、老挝和东帝汶武器装备落后，多依赖进口。各国军力简介如下：

一、越南

1944年，越南人民军在反对日本侵略者的斗争中建军。翌年，越南各地武装组织统一合并为越南解放军。同年，越南解放军参加八月起义，取得了抗日战争的胜利。1946年，在越南共产党的领导下，越南军队投入抗法战争，军力不断增强，先后组建了炮兵、通信兵、工程兵等兵种，形成了主力部队、地方部队和游击队相结合的武装体系。1951年，正式定名为"越南人民军"。1954年，在中国军事顾问团的协助下，越南人民军取得了奠边府大捷，取得了8年抗法战争的胜利，解放了越南北方。1964年，"北部湾事件"之后，美国于翌年发动了侵略战争，越南人民军大量扩充部队，投入抗美战争，先后组建了空军、防空军和特种作战部队。抗美战争结束后，越南人民军兵力达到了100万人。1978年，越南发动侵略柬埔寨的战争，占领了柬埔寨，并在老挝驻军5万余人。1979年，越南不断在中越边境挑起事端，中国被迫发动了自卫反击战。1987年，越南人民军开始裁军整编工作，大量裁减部队人员和编制。90年代后，越南开始实行经济革新，其军事战略和国防政策也随之发生改变。越南收缩陆地防线，重点防御北部和西南部，扩大海上控制范围，加强对侵占的南沙诸岛礁的控制；调整兵种比例结构，不断提高军队质量，建立一支"革命化、正规化、精锐化和现代化"的军队。

目前越南现役部队为49.2万人，分陆军、海军、防空—空军三个军种。

越南陆军共42万人，下辖14个军部、58个步兵师、4个机械化步兵师、10个装甲旅、15个步兵独立团、10个野战炮兵旅、8个工程兵师、若干经济建设师和若干工程兵旅。越南陆军按照区域部署和机动部署的原则，全国划分为8个军区，每个军区下辖一至四个步兵师；四个集团军担负战略机动作战任务，每个集团军下辖三个师，集团军在北部和南部地区都部署一半。从整体上看，越南陆军总兵力的50%部署在北部地区，40%部署在西南部地区，中部地区仅有10%的兵力。越南陆军主体装备为俄式装备，有主战坦克1 300余辆，其中T–54/–55型将近2/3，越南正逐步从俄罗斯购买T–90等先进主战坦克；轻型坦克600余辆，以PT–76型和PT–62/–63型为主；BM II型步兵战车300辆；BTP型装甲车1 000多辆；各口径牵引炮2 300门；自行火炮、火箭炮、迫击炮、无坐力炮、高射炮若干门；SA–7/–16地空导弹若干部。

越南海军共4.2万人，其中包括3万余人的海军陆战队。越南海军沿海岸线划分为四个海区，四个海区司令部分别设在海防、岘港、金兰湾和富国岛，海军司令部设在海防。越南海军有10余处海军基地，主要作战舰艇部署在海防、岘港、金兰湾和胡志明市等沿海地区。越南海军装备有5艘俄制"别佳"级护卫舰，2艘美制"萨维奇"护卫舰；55艘俄制巡逻艇和快艇；16艘扫雷艇；37艘各种型号登陆艇。目前，越南已经订购了俄罗斯"基洛"级潜艇和闪电导弹艇，并考虑引进美国、印度、法国等国的先进舰艇。

越南防空—空军共3万人，编为4个航空师、5个战斗机团、3个运输机团、3个教练机团和2个攻击机团。按照重点布防和机动布防的原则，越南将全国分为北、中、南三个防空作战区，每个战区下辖若干空军作战单位和空军基地。越南空军50%的兵力部署在北部，30%部署在南部，20%部署在中部。空军主要装备有65架苏–22型、10余架苏–27型攻击机，并正在引进苏–30型战机；120多架米格–21歼击机；60多架安型、图型运输机；多架米型直升机和雅克型教练机；多架侦察机和航测机；并为战斗机装备了AA–2/–8/–10型空空导弹。

此外，越南还有为数不少的地方部队、民兵自卫队和预备役人员。

二、老挝

老挝人民军始建于1949年，前身为印度支那共产党老挝区党组织领导下的巴特寮。1954年，法国军队撤离老挝之后，巴特寮控制了桑怒、丰沙里两省。1959年，在美国的支持下，老挝王国政府军向巴特寮发动了进攻，老挝内战爆发。在内战中，巴特寮军力不断扩大。1965年，巴特寮改名为老挝人民解放军。1970年，组建了第一支飞行部队。1975年，在越南军队的帮助下，老挝人民解放军解放了老挝全境。1982年，正式改名为"老挝人民军"。

老挝总兵力有6万人，但正规军不到3万人。老挝陆军兵力为2.5万人，编有5个步兵师、7个独立步兵团、5个炮兵营、9个高炮营、1个装甲营、若干工程兵团和若干独立步兵连。老挝全国划为4个军区，每个军区下辖若干作战单位。老挝陆军装备多为苏式装备，也有部分美式装备，装备有50多辆T-54/-55型、T-34型和PT-76型主战坦克，70辆BTR型装甲车，近100门各口径牵引火炮，若干门迫击炮、无坐力炮和高炮，若干具SA-3、SA-7型地空导弹。老挝内河部队由陆军指挥，兵力约600人，以连为单位，装备有12艘巡逻艇、4艘登陆艇以及40艘小艇。老挝空军兵力有3 500人，编有2个攻击机大队、1个运输机大队、1个直升机大队和10余个空军基地保障部队。主要装备有12架米格-21歼击机、14架安型运输机、27架米型直升机和18架雅克教练机，并为歼击机装备了AA-2型空空导弹。此外，老挝有2万余人的地方部队、1万多人的预备役部队和10万余人的民兵部队。

三、柬埔寨

柬埔寨皇家武装部队前身是成立于1953年的高棉皇家武装部队。法国撤出柬埔寨后，部队武力力量不断扩大，兵力增加到3.5万人。1970年，郎诺集团发动政变，推翻了西哈努克政权，将部队改名为高棉国防军。1975年，红色高棉夺取政权之后，将其武装力量整编为民主柬埔寨国防军。1979年越南入侵柬埔寨，红色高棉政权垮台，柬埔寨出现了多个抗越武装力量。1989年，越南军队撤出柬埔寨。1993年，柬埔寨举行了大选。除红色高棉武装之外，国内其他几派武装力量联合组建了柬埔寨皇家武装部队，西哈努克亲王担任了最高统帅。经过不断改组和裁军之后，柬埔寨目前有正规军近7万人。柬埔寨陆军有6.5万人，划分为6个军区，编有12个步兵师、3个独立旅、9个独立步兵团、3个装甲团、1个特种作战团和若干个独立侦察营、炮兵营和防空营。陆军主要装备有100辆俄制坦克（多数为T-59和T-64型坦克），160辆俄制BTR型装甲车，400门榴弹炮、若干迫击炮、加农炮、无后坐力炮和多管火箭炮。柬埔寨海军有3 000人，含1 500名海军陆战队，下辖有沿海防御部队、内河巡逻部队、海军陆战队和海军基地。装备有6艘俄制"斯坚卡"巡逻艇和20艘登陆艇。柬埔寨空军编有1 500人，下辖1个飞行团、1个运输机团、1个直升机团、2个防空团和5个空军基地。主要装备有19架米格-21歼击机、14架米型直升机、11架各型号运输机、10架教练机，防空团装备有SA-7型地空导弹和若干高射炮。此外，柬埔寨还有4.5万人的地方部队和数量不详的民兵武装力量。

四、泰国

泰国是近现代唯一没有沦为殖民地的东南亚国家。19世纪末，泰国沦为西方国家的半殖民地，成为英法殖民地之间的"缓冲国"。泰国国王拉玛五世朱拉隆功迫于内忧外患开始改革。在军事方面，朱拉隆功结束了落后的战时募兵制，建立了一支常备军，并于1905年开始实行义务兵役制。朱拉隆功按照西方建制改编陆军，创建海军，聘请欧洲人任军队教官，又增设京畿警察和地方治安部队，泰国军队走上近现代化的道路。第二次世界大战中，泰国军队利用法国战败的有利国际形势，在日本的支持下收复了部分被英国和法国占领的原有领土。二战结束后，泰国被迫归还了所占领的领土。越南战争期间，泰国军队派兵到越南协助美军参战，并为美国空军和陆军提供进攻基地。70和80年代，泰国左翼运动高涨，泰国军队武力镇压该运动，稳定了国内局势。泰国军队在泰国政治生活中占有举足轻重的地位，多次发动军事政变，建立军人政府，执掌国家各项大权。

泰国正规军总兵力超过了30万，其中陆军19万人。陆军编成4个军区（也称部域军，下辖省军区）、3个战术小军司令部、12个省军区、24个府军区、7个步兵师、2个骑兵师、1个防空师、1个炮兵师、1个工兵师、4个后备兵师、8个独立步兵营、3个空中机动连和1支快速反应部队，另设有防空指挥部、炮兵中心、步兵中心等多个部门和多所军事院校。泰国武器装备以美制武器为主，现拥有200多辆M-48/-60主战坦克、154辆"蝎"型和106辆"鱼工"型轻型坦克、32辆"肖兰"MK3型装甲侦察车、340辆M-113型装甲输送车、400余门各口径牵引炮、若干门各口径迫击炮以及300余门各口径高炮以及若干部"红眼睛"防空导弹。

泰国海军在东南亚实力首屈一指，是东南亚唯一拥有航空母舰的国家。海军兵力目前有7万多人，其中海军陆战队1.8万人。下辖海军作战舰队、海军陆战队、防空护岸部队和5个海军基地。海军作战舰队由分舰队和海军航空兵组成，负责暹罗湾、安达曼海和湄公河的防卫，5个分舰队部署在各海军基地。主要武器装备有1艘轻型航母"却克里·纳昌贝特"号、8艘导弹护卫舰、9艘各型号护卫舰、6艘导弹快艇、77艘巡逻艇、7艘扫雷舰艇、9艘两栖舰艇和16艘后勤支援舰船。

泰国空军现有兵力4万多人，编有4个攻击战斗机中队、3个战斗机中队、1个电子侦察机中队、3个武装侦察机中队、3个运输机中队、2个直升机中队，分别部署在廊曼、打卡里、华富里等13处空军基地。泰国空军主力机型多为美式机型，包括36架F-16型和52架F-5型战斗机，3架IAI-201型电子侦察机，36架C-130型运输机，161架教练机和41架直升机，飞机装备有若干枚"响尾蛇"和"大蟒"型空空导弹，并有"吹管"和"蝮蛇"型地空导弹若干部。

此外，泰国还有准军事部队16万多人，其中警察部队9万多人，地方性武装"猎勇"

部队2万多人，保卫国土自愿队5万多人。

五、缅甸

18、19世纪，缅甸是东南亚地区的军事强国，兵力强大，多次入侵泰国，一度控制了阿萨姆等地。19世纪的三次英缅战争之后，缅甸沦为英国的殖民地，被并入英属印度。1942年，日本入侵缅甸。昂山等独立运动领导人成立了缅甸义勇军，并参加了对英作战，宣布缅甸摆脱英国的殖民统治，成为独立自主的国家。但日本并非真心支持缅甸独立，而是想更多地掠夺缅甸的资源。昂山逐渐认清了日本人的面目，1944年昂山组织了"反法西斯人民自由同盟"，转而支持同盟国。第二次世界大战之后，英国人重新进入缅甸，但缅甸人民要求独立运动的诉求日益高涨，英国政府被迫放弃殖民统治。此后，以英缅殖民军队和缅甸义勇军力量为主，改编成立了缅甸武装部队。1947年1月，成立了缅甸空军；12月，组建了缅甸海军。

从50年代到80年代，缅甸军队一直与国内少数民族武装作战，为维护缅甸的国家统一发挥了重要作用。缅甸军队在缅甸国内政治、社会、经济生活中起着主导性作用。从1962年起，缅甸军队通过军事政变控制了国家政权，建立了军政府统治。1974年，缅甸颁布新宪法，结束军人统治。1988年，缅甸国内出现骚乱，缅甸军方再次接管政权。2008年，缅甸军政府制订了新宪法，并宣布在2010年举行大选。2010年缅甸多党大选之后，时任缅甸总理吴登盛领导的联邦巩固与发展党获胜。2011年2月4日，吴登盛担任缅甸联邦共和国总统。但缅甸高级军官仍是缅甸新政府的核心力量，缅甸军队仍然牢牢控制着国家大权。

缅甸目前总兵力超过了38万，其中陆军34万，编为13个军区、10个机动师、22个作战指挥部和8个战区。缅甸炮兵和装甲兵由国防军最高司令部下属的炮兵装甲兵局管理，目前有炮兵1.2万人，设有第707和第808野战炮兵指挥部，编有30个地炮营、8个高炮营和39个炮兵营。装甲兵兵力将近4000人，编有4个装甲营、5个坦克营、2个装甲连、5个装甲排和1个装甲分队。

缅甸海军总兵力2万多人，含800人海军陆战队。海军分为5大军区，分别为德亚瓦底军区（驻地为实兑）、班玛瓦底军区（驻地为海基岛）、伊洛瓦底军区（驻地为丹列松）、莫亚瓦底军区（驻地为毛淡棉）和丹纳沙林军区（驻地为墨吉）。每个驻地下辖1至2个舰队、4至5个海军基地以及1个陆战营。此外，缅甸还有海军训练、维修、培训基地以及海军院校。海军主要装备有护卫艇、扫雷艇、巡逻艇、登陆艇、鱼雷艇和各类炮艇，共计170余艘。

缅甸空军总兵力2万多人，下辖6个空军基地（毛比、仰光敏加拉洞、密支那、南山、东吁和墨吉）、2个训练基地（珊德航空训练基地和密铁拉地勤训练基地）、1个维修基地（仰光敏加拉洞）和23个飞行中队，装备各型飞机271架，主要机型为从中国、俄罗斯购进的歼–7、米–21和强–5等机型。缅甸在敏加拉洞设有空军通讯总站、供应运输营、空军医院等单位，并有4个雷达中队和3个空降营。

此外，缅甸还有6万多人的警察部队和近7万人的民团自卫队。

六、菲律宾

1897年，菲律宾革命领导人成立了菲律宾革命军。翌年，菲律宾乘美西战争之机宣布独立，建立共和国。但美国殖民者并不承认菲律宾共和国，美菲战争爆发，美国军队打败了装备落后的菲律宾革命军，占领了菲律宾全境。1901年，美国建立菲律宾保安队，利用菲律宾人来镇压菲律宾的革命运动。1935年，菲律宾建立自治邦，其菲律宾保安队改组为菲律宾陆军。第二次世界大战中，菲律宾陆军参加了一系列美军领导的战役。1946年，菲律宾独立，此后相继组建了海军和空军。50和60年代，菲律宾军队先后跟随美国参加了朝鲜战争和越南战争。海湾战争和伊拉克战争期间，菲律宾军队派出医疗和后勤人员参战。

菲律宾正规军总兵力10.9万人。现役陆军6.6万人，编成8个步兵师、23个步兵旅、8个炮兵营、1个装甲旅、5个特种作战旅、1个总统卫队。主要装备有80辆M–113装甲输送车，80多辆"突击队员"V–150式装甲车、80辆装甲步兵战车，8门155毫米榴弹炮，多门各口径迫击炮，多门各口径无后坐力炮。菲律宾海军2.6万人，编成1个作战舰队司令部、6个海区司令部和4个海军陆战旅。装备有1艘驱逐舰、10艘护卫舰、13艘巡逻艇、25艘巡逻快艇、20艘坦克登陆舰、42艘各型登陆舰和3艘大型登陆支援舰。海军陆战旅有100多辆两栖装甲战车。空军1.7万人，编成3个空军师、9个飞行联队和7个勤务保障联队，主要装备有7架F–5战斗机，9架大型运输机，2架"黑鹰"反潜直升机，62架UH–1H多用途直升机，34架MD–500直升机和100多架其他型号的飞机。菲律宾国家警察部队总兵力10万人，是菲律宾最主要的准军事力量。

七、马来西亚

马来西亚皇家陆军的前身是1935年英国殖民政府建立的马来兵团。马来兵团主要工作是维护当地治安，为英国军队提供后勤服务。第二次世界大战中，马来兵团参加了反对日本军队入侵的战斗。1957年，马来亚宣布独立，翌年从英国殖民者手中接管了原英国殖民海军后勤辅助部队，1963年正式改为马来西亚海军。1958年，正式建立马来西亚空军。马来西亚联邦成立之初，与印度尼西亚、菲律宾关系十分紧张，与印度尼西亚之间的边界战争时断时续，马来西亚军队为保卫国家发挥了重要作用。60年代末至80年代末，马来西亚军队镇压了马泰边境地区的共产主义运动。2000年后，马来西亚军队更多地将力量投注到打击恐怖主义，维护国内安全方面。

马来西亚总兵力将近11万人。马来西亚陆军有6.5万人，编为3个军区，下辖1个军、4个师、1个机步旅、10个步兵旅、5个炮兵团、4个装甲团、1个空降旅、1个特种作战团和

1个陆航直升机中队，并配有通讯、后勤、工程、军械等其他兵种。陆军武器装备多采购自欧美国家，有26辆"蝎"型轻型主战坦克、近400辆各式装甲侦察车、近800辆各式装甲输送车、100余门牵引火炮、300门81毫米迫击炮、若干具SS-11反坦克导弹、60部英制"标枪"等型号地空导弹以及10架"云雀"式直升机。

马来西亚海军兵力超过了1.5万人，主要包括水面舰艇部队、海军特种部队、海军防空部队、海军航空兵等部队。马来西亚国土分为西马和东马两部分，西马和东马相距遥远，马来西亚将海域分为西马和东马两部分，每部分设1个海军区，各编有1个海军司令部，共有4处海军基地。主要装备有2艘导弹护卫舰、6艘各型号护卫舰、8艘装备有"飞鱼"式反舰导弹的导弹快艇、29艘巡逻艇、5艘扫雷艇、33艘登陆艇以及3艘大型后勤支援船；海军航空兵装备有12架HAS-1型武装直升机。近年来，马来西亚不断购置新舰艇，建立了"黑将军"海军特战队，巩固对南沙岛礁和油气田的控制。

马来西亚空军人数有1.25万人。编有4个攻击战斗机中队、3个战斗机中队、1个侦察机中队、7个运输机中队和1个地空导弹中队。空军机型有美制、俄制、法制等型号，有25架"鹰"式、15架F-5型和18架米格-29型战斗机、45架运输机、50架直升机、70架教练机，战斗机装备有法制"响尾蛇"式和英制"星光"式空空导弹。

此外，马来西亚有2万多人的准军事部队。

八、文莱

文莱皇家军队正式组建于1961年5月，起初名为文莱皇家马来军团。1962年，文莱人民掀起了反英大起义，文莱马来军团协助英军镇压了本国人民起义。1965年，成立文莱皇家海军。1971年，文莱获得"完全内部独立"，但国防事务仍由英国和文莱政府共同负责，军事指挥权也由英国殖民者掌握。1984年，文莱宣布成为完全独立国家，皇家马来军团改名为文莱皇家陆军。1991年，以陆军航空部队为基础成立了文莱皇家空军。

文莱国土狭小，人口较少，文莱皇家部队总兵力约5 000人。陆军有3 900人，包括3个步兵营和1个支援营，支援营由1个装甲侦察中队、1个地空导弹连、1个特种兵中队和1个工程兵中队组成。主要装备有"蝎"型轻型坦克、轻型装甲输送车、81毫米迫击炮和"轻剑"式地对空导弹。文莱海军有700多人，编成2个舰艇分队和1个海军特种陆战中队。主要装备有3艘导弹快艇（携"飞鱼"式导弹）、3艘巡洋舰（配备有"响铃"式武装直升机）、3艘登陆舰、3艘小型巡逻艇和24艘快速突击艇。空军有400人，由4个中队、1个小队组成。主要装备有4架"黑鹰"式武装直升机、3架海上巡逻机、多架"鹰"战斗机和多架老式旋翼飞机，并为战斗机装备了"西北风"式空空导弹。此外，文莱还有一支雇佣军部队，2 300人的廓尔喀后备部队驻守在首都斯里巴加湾市，保卫王室安全，另一支800人的廓尔喀步兵营驻守在诗利亚，保卫当地油田和生产设施。此外，文莱还拥有2 500多人的皇家武装警察部队。

九、新加坡

新加坡军队的前身是成立于1922年的海峡社区志愿团。在第二次世界大战中，海峡社区志愿团参加了抗击日本军队入侵的战争。1948年，海峡社区志愿团改组为新加坡武装部队。1965年，新加坡独立之后，其军队仅有两个步兵团。新加坡领导人认为新加坡强邻环伺，而本国国土幅员狭小，几乎没有战略纵深，便参照以色列模式建军，国防力量保持一支小规模的由应征士兵和职业军人组成的常备军，但主要依靠战备服役军人。战备服役军人定期接受培训和服役，遇有战事采取先发制人的袭击，力争给予敌人以先期的沉重打击，使敌人有所顾忌，不敢对新加坡发动侵略，新加坡国防政策被人们称为"毒虾"政策。新加坡多次派遣军官到以色列参训，不断扩大军力，采购先进武器装备，目前新加坡军队已经成为东南亚的劲旅。

目前新加坡有现役军事人员7万多人，预备役31万多人。新加坡现有陆军5.5万人，包括第二人民卫国军和3个诸兵种合成师，装备有400多辆主战坦克（其中AMX–13SM1轻型坦克占多数）、720辆M113A2装甲车、多辆其他型号装甲车、150多门火炮和榴弹炮、100多门迫击炮、若干枚弩式和陶式反坦克导弹、300枚RBS防空导弹、36架西北风防空导弹以及24部各式雷达。新加坡国防科技先进，许多武器已经实现了国产化。

新加坡海军现役兵力为4 500人，预备役6 300人。海军部队主要包括海上部队、海岸舰队和后勤部队。海上部队由两个纵队组成，拥有樟宜、大士和布拉尼三个海军基地，其中樟宜海军基地为美军提供后勤补给、停泊和维修服务。海岸司令部下辖4个巡逻中队。新加坡海军装备有1艘"挑战者"级潜艇、50多艘本国制和英制导弹快艇、20余艘登陆艇、59艘巡逻艇，舰艇上装备有"捕鲸叉"型和AM39 Exocet舰对舰导弹，还装备有"福克–50"式海上巡逻飞机。

尽管新加坡空军仅有现役兵力6 000多人，预备役兵力7 500人，但其战斗力在东南亚国家处于领先地位。新加坡空军现有4个地面攻击中队、1个战斗机中队、4个运输机中队、1个联络机中队、1个预警机中队、2个武装直升机中队、3个教练机中队和4个空军基地。新加坡空军机型具有世界一流水平，拥有4架E-2C鹰眼式预警机，11架F-16、60架A4-SU和35架F-5攻击机，12架阿帕奇攻击型直升机，75架美制UH-1HS和法制AS-550、AS-332M型直升机，多架C-130大力神运输机和4架KC-135R空中加油机。

十、印度尼西亚

印度尼西亚国防军是印度尼西亚独立斗争中形成的。1940年，日本侵占了荷兰殖民地印度尼西亚，为了对抗盟军，日本从1943年开始扶持印度尼西亚当地人组建武装力量。1944年，日本承诺将给予印度尼西亚独立地位。日本投降后，在苏加诺的领导下，印度尼西亚武装力量人民安全团发动起义，宣布印度尼西亚独立。但荷兰殖民者并不甘心，在英国的支持下，荷兰殖民者卷土重来，印度尼西亚军队经过长期抗争，击退了荷兰人的入侵。1947年，印度尼西亚军队改名为"印度尼西亚人民军"。两年之后，改名为印度尼西亚国防军。50年代，印度尼西亚军队先后在西爪哇、亚齐和南苏拉威西等地与分离主义武装作战，维护了印度尼西亚的国家统一。60年代初，印度尼西亚与荷兰殖民者再次开战，收复了西伊利安。60年代中期，印度尼西亚国防军镇压了印度尼西亚国内的共产主义运动，并发动军事政变，印度尼西亚军方领导人苏哈托上台执政，印度尼西亚军队全面控制了印度尼西亚的经济、政治等领域。1975年，印度尼西亚军队占领了东帝汶。1998年，苏哈托下台之后，新任政府逐渐减少军队对政治的干预，结束了印度尼西亚军队的"双重使命"（即军队既对国家安全负责，也对政治事务负有监督权），并收回了部分军队经营的产业。

印度尼西亚国民军总兵力将近35万人。印度尼西亚陆军占了总兵力的60%以上，有兵力26.5万人。印度尼西亚陆军指挥系统包括中央和地方两级。中央一级管理陆军战略部队、特种部队和理论教育训练中心。战略后备部队兵力将近4万人，编成2个师、5个步兵营、1个独立空降旅、1个高炮团、2个野战炮兵团、2个工程营、2个装甲营、1支骑兵旅和若干后勤服务单位。该部队是印度尼西亚陆军的精锐之师，驻扎在印度尼西亚经济政治核心——爪哇岛，被称为印度尼西亚陆军的"重拳手"。特种部队人数超过6000，编为1个司令部、5个行动分队和2个空军中队，主要任务是打击恐怖主义和民族分离主义。印度尼西亚陆军地方一级分为10个军区，每个军区管理1个或多个省份，军区以下又划分卫戍区、军分区、军小区和军村大队。每个军分区至少有一个步兵营，村庄有军士担任村军大队领导。此外，印度尼西亚陆军又将国土划分了12个大区指挥机构，每个大区下辖1个或多个省份。大区指挥机构总共拥有100个营的兵力。

印度尼西亚海军下辖东、西两支舰队、海军陆战队和海军航空兵，总兵力5.7万人，其中海军陆战队1.5万人，海军航空兵1000人。西部舰队司令部在丹戎布录港，编有3个舰艇大队、4个海军基地和1个海军飞行基地。东部舰队司令部在泗水港，编有3个分舰队、4个舰艇大队、3个海军航空兵中队和7个海军基地。印度尼西亚海军舰艇来源复杂，类型多样，目前有10艘驱逐舰、20艘护卫舰、50余艘巡逻艇、13艘扫雷艇、30艘两栖登陆艇、2艘潜艇和多艘辅助舰船。海军航空兵拥有37架武装直升机和多艘侦察机。海军陆战队拥有100辆轻型坦克和多辆两栖战车。印度尼西亚海军舰艇较为老旧，维修和保养较为困难，印度尼西亚政府正在和欧盟、俄罗斯等国家和地区洽谈购进武器装备。

印度尼西亚空军有2.4万人，包括4000人的伞兵部队。印度尼西亚空军下辖防空司令部、第一和第二作战指挥司令部。防空司令部分东、中、西三个防区，管理15个雷达分队和1个导弹分队。第一作战指挥司令部负责印度尼西亚西部地区的空中作战任务，下辖6个空军基地和11个飞行中队；第二作战指挥司令部负责印度尼西亚东部地区的空中作战任务，下辖3个空军基地和8个飞行中队。印度尼西亚空军装备有252架飞机和16部雷达，其中有89架F-16、F-5、苏-27和苏-30等型号战斗机，41架C-130等型运输机，41架直升机，3架B-737侦察机以及多艘教练机。

此外，印度尼西亚还有预备役武装力量40万人。

十一、东帝汶

1975年，东帝汶宣布脱离葡萄牙殖民统治，建立独立国家，同年，印度尼西亚占领东帝汶，宣布其为印度尼西亚的第27个省。此后，东帝汶人民开展了旷日持久的抵抗运动。1991年，帝力惨案曝光之后，东帝汶独立运动开始受到国际社会，特别是葡萄牙、澳大利亚等国的广泛关注和支持。1999年，印度尼西亚宣布将在国际社会的监督之下举行关于东帝汶独立地位的公投，亲印度尼西亚的民兵组织与东帝汶独立武装发生了多起冲突。为了保持东帝汶局势稳定，保证公投能够顺利举行，联合国派出维和部队进驻东帝汶。2001年，正式组建了东帝汶国防军。2002年，东帝汶正式宣布独立。2006年，部分国防军士兵发动兵变，造成了东帝汶国内局势的严重动荡，随后在联合国维和部队的干预下才得以平息。

东帝汶国防军现有兵力1 000多人，有预备役1 500人。此外，东帝汶还有3 000多人的警察部队。东帝汶社会动荡，暴力冲突不断，东帝汶国防军还不能完全担负起维持当地治安的任务。目前，联合国仍有1 600人的维和部队驻扎在东帝汶，从2008年起，联合国开始逐步向东帝汶警察和国防军移交治安权。

第十章　外　交

东南亚地区位于亚洲与大洋洲、太平洋与印度洋之间，环抱南中国海、辖区内有马六甲海峡、巽他海峡、巴林塘海峡、巴士海峡等国际著名海峡，是东西方海上交通线的咽喉，历来是兵家必争之地。该地区不仅地理位置重要，而且具有丰富的战略资源和人力资源。自16世纪开始，西班牙、荷兰、英国、法国等西方列强先后来到该地区实施殖民统治，推行西方制度和价值理念，掠夺战略资源，控制战略要道。1945年第二次世界大战结束之后，东南亚国家纷纷取得反对殖民统治的胜利，先后建立了现代意义上的独立的民族国家。但是，战争的硝烟并没有因此而消散，就在东南亚地区，国家内部、国家之间的战争和斗争此起彼伏。在中南半岛，一场越南战争既是越南民族为了自身的独立与自由而进行的反对殖民主义和帝国主义侵略的战争，是越南人民为了国家统一而进行的民族解放战争，也是世界上资本主义和社会主义两大阵营的激烈斗争。围绕越南战争，或者更加广泛一点地说，围绕印度支那战争，东南亚地区的国家形成了"东盟六国"和"印支三国"两大针锋相对的国家集团。1975年越南战争结束，越南实现了全国的统一，但印支半岛并没有因此实现真正的和平，1978年越南派兵入侵柬埔寨，"印支三国"集团瓦解。柬埔寨问题深刻地影响了本地区的安全格局，牵动了国际社会的神经。为了和平解决柬埔寨问题，东南亚国家和国际社会付出了艰苦的努力，直到20世纪80年代末90年代初越南军队撤出柬埔寨，这个问题才得到了妥善的解决。在马来群岛，1945年8月印度尼西亚独立，随之进行了捍卫独立的抗击英国和荷兰殖民主义者的战争，其间被迫加入荷印联邦，1950年取得独立战争的胜利，1954年8月脱离荷印联邦。1965年，新加坡脱离马来亚，成立新加坡共和国。1984年1月，英国放弃其掌握的文莱外交和国防权力，文莱宣布独立。1999年10月印度尼西亚人民协商会议通过决议批准东帝汶脱离印度尼西亚，2002年5月20日，东帝汶民主共和国正式成立。

纵观冷战时期东南亚国家外交政策的演变历程，可以说该地区的外交风云激荡诡谲。冷战结束之后，该地区仍然面临着各种潜在的威胁，如边界和海洋岛屿主权纷争、恐怖主义、环境问题、民族宗教问题等，一旦出现诱因，即可能引发冲突，对东南亚地区造成破坏。2009年，柬埔寨任命泰国原总理他信为柬政府经济顾问，导致泰柬两国互相召回大使，使得原本因2008年柏威夏寺问题引起的紧张关系雪上加霜；2011年4月底泰国和柬埔寨边界再次爆发了武装冲突。近年来，围绕南海问题纠纷不断。2011年6月，菲律宾和越南就南沙主权问题表示出了更加强硬的态度，菲律宾企图把南中国海更名为"西菲律宾海"，越南国内则因中越海上争端而爆发了示威游行，越南总理阮晋勇高调表示要倾力捍卫国家的海洋和海岛主权，南海争端再次成为世界关注的焦点。此外，区域外大国及集团势力的介入也使该地区的外交活动充满了各种变数。为了生存与发展，为了维护国家利益，东南亚国家根据国际形势、地区局势以及自身特点，各自制定了相应的政治外交政策，在一定的时期内采取了不同的外交策略。目前，东南亚地区是现实主义、建构主义、地区主义等国际关系理论的实践场所，也是各种安全观实践的场所。在谈到东南亚国家外交时，人们往往更多地关注到它们的大国平衡战略，关注到东盟一个声音对外的主张，同时也关注到了东南亚国家内部之间的矛盾。东南亚国家的外交，无论在双边还是在多边机制上都表现出了显著的特点。

第一节 影响东南亚国家外交政策的主要因素

东南亚国家外交政策的制定、实施以及外交策略的调整受到来自国内和国际诸多因素的影响，其中，意识形态的斗争以及世界和地区大国的角逐对东南亚国家外交政策的制定和对外关系的走向影响至深。

一、意识形态的斗争与东南亚国家同盟之间的对峙

第二次世界大战结束之后，国际社会形成了以美国为首的西方集团和以苏联为首的东方集团两大政治阵营，这两大政治集团的对抗突出地反映在意识形态的对抗和军事力量的对峙。关于两大政治集团在意识形态方面的对抗，著名国际政治学家约翰·伯顿描述道："在世界主要分水岭的两边，都表现出某种传教士的狂热。两种意识形态都为双方宣传的使命提供了理论基础，并且互相攻击信奉不同意识形态对方的意图。苏联和美国都相信，理性、意识形态、道义、历史以及法理规范都在自己一方。双方都是布道者，都同样受到理想主义的驱使。"[1] 这种政治意识形态在人民之间造成了深刻的敌意和不信任情绪，对国家对外战略的制定和对外关系的走向起着重要的作用和影响。

长期以来，美国从意识形态角度出发仇视共产主义，表示"完全不希望看到殖民帝国政权被由苏联操纵并控制的哲学思想和政治机构所取代"[2]。美国不愿意看到中国共产党在人民解放战争中取得胜利，不愿意看到以苏联为首的东方集团力量的壮大，不愿意看到共产主义在东南亚地区的发展。1948年秋，美国国家安全委员会第48/1号文件（NSC48/1）指出：共产党中国的胜利已经引起了欧洲的不安，如果共产党在东南亚再取得胜利，西欧各国或许被迫与苏联议和；如果东南亚落入共产党之手，两极世界的战略力量对比就会发生变化，共产主义的苏联集团的力量会极大加强；东南亚的丧失，还会给美国在远东的战略部署造成重大损失，使得从日本到菲律宾的太平洋近海岛屿的防护链受到威胁，澳大利亚、中东、美国和印度之间的海空航线会被切断，从而严重阻碍战

---

[1] 转引自张骥等：《中国文化安全与意识形态战略》，人民出版社2010年版，第50页。

[2] 吕桂霞：《遏制与对抗——越南战争期间的中美关系（1961—1973）》，社会科学文献出版社2007年版，第22页。

时美国的军事行动。[①]出于这样的观念，美国抛出了"多米诺骨牌"理论[②]，提出要尽可能消除共产主义对印度支那半岛（以下简称"印支"）的影响，防止中国可能对印支的"渗透"，遏制共产主义的扩张。[③]东南亚地区特别是印度支那成为了美国遏制中国的一个前沿阵地。

印度支那通常指位于印度支那半岛上的越南、老挝、柬埔寨三国。从16世纪开始，西方各国殖民者就纷纷来到该地区。最早到来的是葡萄牙人，其后到来的有西班牙人、荷兰人、法国人和英国人。在印度支那地区进行殖民活动最积极的是法国人。他们通过开展贸易、传播基督教以及军事干预而逐步成为印度支那半岛的统治者。二战期间，日本占领了印度支那，1945年3月9日深夜，日军以突然袭击的手段解除法国驻印支军队的武装，监禁法国总督及其他高级文武官员，接管了法属印度支那殖民地的统治机构。二战结束之后，越南、老挝、柬埔寨分别取得独立，法国借助美国、英国的支持与援助重返印支，为恢复其殖民统治不惜发动战争，于1945年9月侵入越南，10月侵略柬埔寨，11月侵入老挝。从1946年起，印支三国人民相继奋起反击，印支战争即越老柬抗法战争全面爆发。

印支战争从一开始就不仅仅是宗主国与殖民地之间的战争。中华人民共和国的成立以及朝鲜战争的爆发使亚洲形势发生了巨大的变化，印度支那人民的抗法战争也随之进入了一个新的阶段。1950年1月18日，中华人民共和国政府承认越南民主共和国政府，两国建立外交关系。接着，苏联等国也与越南民主共和国建立了邦交。应越南共产党的要求，中国共产党开始向越南派遣政治顾问团和军事顾问团。1950年9月，在中国的支援下，越南人民军在越南北部发起"边界战役"，攻占了老街、谅山、高平、同登等地的法军据点，控制了长约750千米的边界地区，打通了中越通道，进一步扩大和巩固了抗法战争的根据地，并使越南的抗法战争获得了来自中国的可靠支援。1950年11月6日《人民日报》发表社论告诫人们："美国决定从三个主要方向来实行对中国的进攻：朝鲜、台湾和越南"。为了打破帝国主义的战略封锁，维护国家安全利益，中国政府不顾自己百废待兴的建设需要，尽最大的能力援助越南人民进行抗法斗争。1954年，越南人民赢得了奠边府战役的胜利，法国政府被迫在日内瓦签署了关于在印度支那停止敌对行动的协定，印支三国实现了停火。

法国在印度支那的失败并没有让美国放弃其遏制共产主义的战争思维，相反却进一步要联合其他国家加强对东南亚地区的控制。1954年4月4日，美国总统艾森豪威尔写信给英国首相丘吉尔讨论印支问题时说道："如果他们（指法国）撑不下去，让印度支那落入

① 吕桂霞：《遏制与对抗——越南战争期间的中美关系（1961—1973）》，社会科学文献出版社2007年版，第22-23页。

② 多米诺骨牌（dominuo）是西方一种长方形的骨牌，玩时把许多骨牌按一定间隔立着排成长行，碰倒第一只，其余的牌就会依次倒下。作为政治术语，最早出自美国总统艾森豪威尔的讲话。1954年4月，他在一次记者招待会上说："在东南亚，如果有一个国家落在共产党手中，这个地区的其他国家就会像多米诺骨牌一样，一个接一个地倒下去。"

③ 吕桂霞：《遏制与对抗——越南战争期间的中美关系（1961—1973）》，社会科学文献出版社2007年版，第59页。

共产党的手中，最终的结果将对我国和贵国在亚洲和太平洋地区的全球军事政策格局产生灾难性的影响。我知道，这对你我来说都是不愿意接受的。使泰国、缅甸、印度尼西亚逃脱共产党的掌握也将很难实现，对这点我们也不能接受。那将会对马来亚、澳大利亚和新西兰造成直接的威胁，沿岸岛屿链将被攻破。日本失去非共产主义的市场，食物、原材料的市场匮乏会对日本造成极大的经济压力，在一段时期后，共产党如果将日本的工业潜力和亚洲共产党阵营的人力及自然资源结合起来，日本如何防止被共产党的世界同化也将成为大问题。"[1] 美国急于在东南亚地区寻找自己的盟友，一起构筑对共产党的遏制和包围。在其策动下，1954年9月8日，美国、英国、法国、澳大利亚、新西兰、泰国、菲律宾和巴基斯坦在马尼拉签署了《东南亚集体防御条约》，宣告"东南亚条约组织"正式成立。该组织是美国在亚太地区建立的反共安全集体防御体系的延伸，宗旨在于反对所谓共产主义的渗透和侵略，它将南越、老挝和柬埔寨列入条约的保护国。美国不断加强对南越政权的军事援助，还派出军事顾问团取代法国军事顾问团对南越海空军进行训练。1961年肯尼迪当选为美国总统，开始加强对南越政权的扶植，在越南南方发动"特种战争"。美国对越南的侵略活动不断升级。而此时，随着印支局势的发展，苏联也加强了对越南的援助。中苏交恶之后，苏联加快了对东南亚地区进行政治渗透和实施控制的步伐，越南逐渐一边倒向苏联。

东南亚地区其他国家没有像越南一样被分裂为南越和北越两个意识形态针锋相对的政权，但一些国家出于国际和国内安全局势的考虑，也选择加入了美国的反共联盟。比如泰国的披汶政府，他们一方面担心共产党在中国的胜利会导致泰国国内华人们的响应和支持，危及泰国国家安全；另一方面，更害怕"一个强大的中国称霸越南、柬埔寨和老挝，使泰国成为附庸。哪怕是一个控制着老挝和柬埔寨这两个弱国的好战的越南，也会成为对泰国的一种威胁"。[2] 披汶政府认为，只有与美国结盟才能使自己的安全得到保障，才能巩固自己的政权。因此，披汶政府从一上台就制定了向美国一边倒的外交政策，成为了美国在整个东南亚大陆的战略中心。而美国则视泰国为"自由世界的堡垒、东南亚连锁的骨牌、反共的象征、印支战争的后勤支柱"。[3]

冷战时期意识形态的角逐导致了东南亚地区安全形势的急剧动荡。新生的东南亚国家为了维护国家的独立和消除安全威胁，纷纷选择了自己的发展道路，加入了不同的国际政治阵营，制定了相应的政治外交政策。为了克服自身国家政权的脆弱性，为了反对和遏制共产主义，印度尼西亚、马来西亚、菲律宾、新加坡和泰国结成同盟，在美国的主导下跟越南、老挝、柬埔寨等印支三国形成对垒。以越南为首的印支三国在苏联等社

---

① ［美］亨利·基辛格著：《基辛格越南回忆录》，慕羽译，海南出版社2009年版，第9页。

② 鲁塞尔·法菲尔德：《美国政策中的东南亚》，世界知识出版社1965年版，第94页。转引自虞群：《"尼克松主义"与泰国"等距离外交"政策的形成》，《东南亚之窗》2008年第1期。

③ 虞群：《"尼克松主义"与泰国"等距离外交"政策的形成》，《东南亚之窗》2008年第1期。

会主义国家的支持和援助下不屈不挠，为了民族独立和国家统一英勇战斗。东南亚地区出现了以美国为主导的"东盟六国"（印度尼西亚、马来西亚、菲律宾、新加坡、泰国、文莱）和以苏联为主导的"印支三国"（越南、老挝、柬埔寨）两大政治、军事集团，形成了美国以菲律宾苏比克海军基地和克拉克空军基地与苏联在越南金兰湾海军基地的长期对峙的局面。随着形势的发展，东南亚地区的对峙已经不仅仅是意识形态的对峙，它还是世界上两个超级大国军事力量的对峙，是东南亚地区国家同盟之间的对峙。

值得注意的是，东盟国家内部政权的不断巩固在很大程度上增强了其防范社会主义的信心和实力。越南战争结束后，越南在苏联的支持下出兵入侵柬埔寨，严重破坏了印支三国社会主义同盟，使东南亚地区两种制度之间的竞争实际上处于更加不平等的状态。随着苏联和美国在东南亚军事力量的退出，随着大东盟集团的建立，东南亚地区的意识形态对峙日趋淡化。当前，东南亚地区国家中坚持走社会主义道路的只有越南和老挝，在东南亚一体化的进程中，意识形态的分歧不会成为东南亚国家发展国家关系的障碍。但是，从整个国际格局来看，社会主义和资本主义之间的竞争是一个长期的竞争，不仅是实力、意识形态和价值观的竞争，更是两大制度以及支撑两大制度的各自体制、规则和机制的竞争。[①] 作为弱小的发展中国家，越南和老挝在发展本国生产力以及大力建设社会主义制度的同时还要防范西方势力"和平演变"的阴谋，抵御资本主义国家利用经济全球化和社会信息化对其进行的"分化"、"西化"和"弱化"，不断巩固国家政权。越南、老挝面临的压力空前增多。

二、大国外交战略的调整与东南亚国家外交政策的选择

正如美国学者安德鲁·内森和罗伯特·罗斯所说："东南亚是一个世纪性贸易地区，而且有各种文化、宗教、语言和种族汇集在这里。这个地区有着明显的殖民地历史，政治情况很复杂，自相残杀的冲突连绵不断。过去的大殖民国家是英国、荷兰、法国和西班牙，他们是被领土和贸易吸引到这里的。今天的大国是美国、俄罗斯、日本和中国，它们同样是被世界上这块富饶的、具有重要战略地位的地区所吸引，但它们不是来这里建立殖民地，而是谋求政治、经济和文化影响。"[②] 从地缘政治和经济资源角度来看，东南亚是大国利益交汇的地区，美国、日本、印度以及中国等世界性大国或地区大国在该地区有着重要的经济利益和战略利益。美国视该地区为自己的势力范围，是其长期称霸东亚和世界的重要基地；日本一直把该地区当作是实现政治大国目标的前沿；中国把南中国海视为国家核心利益所在，视东南亚地区为稳定周边和实现和谐世界的重要试验场所；欧盟以及印度、澳大利亚等国家则把东南亚视作它们进入东亚的桥梁与通道。

大国国家安全战略的变化和外交政策的调整对东南亚地区国家外交政策的发展具有

① 杨毅:《中国国家安全战略构想》，时事出版社2009年版，第53页。
② 郑则民:《南海问题中的大国因素——美日印俄与南海问题》，世界知识出版社2010年版，第7页。

深刻的影响。有学者指出，"大国关系是国际格局的骨架，在国际关系中占有突出地位。大国关系的调整与变化会带来国际格局中力量对比态势的变化，大国关系能否良性互动在一定程度上决定了时代主题和国际氛围，从而给一国的国家安全带来深刻的影响"。[①]如上所述，冷战时期的东南亚地区是意识形态斗争相当激烈的一个地区，其安全局势的变化很大程度上受到了中国、苏联和美国之间关系的影响。其中，中国和苏联关系的变化不仅在很大程度上决定了社会主义阵营的命运，也决定了东南亚地区政治格局的变化。20世纪50年代初《中苏同盟条约》的签订，最终决定了美国远东战略的走向，于是冷战从欧洲扩展到亚洲；60年代初中苏同盟关系的破裂，最终导致中美关系趋向缓和及正常化，以致中国实际上退出了以美苏为首的两大阵营对抗为标志的冷战舞台。[②]中国的退出直接地影响和改变了冷战时期东南亚的政治格局。随着东南亚局势的发展，美国屯兵菲律宾，苏联进驻金兰湾，使东南亚国家的安全与美苏的军事对抗捆绑在一起。美国和苏联两个超级大国在该地区展开角逐，争夺主导权和控制权。

冷战期间东南亚国家外交政策的制定和实施反映出各个国家对各自安全困境的理解和对大国势力的依赖。在"东盟六国"中，泰国、菲律宾分别与美国签署了多项军事合作条约，接受了美国大量的军事援助；新加坡、马来西亚则与英国、澳大利亚、新西兰签订了《五国联防协议》，使英国、澳大利亚和新西兰承担起了维护新加坡和马来西亚安全的义务。越南、老挝在20世纪50—60年代与中国进行军事合作，70—80年代投靠苏联，同样是寻求大国的军事援助与保护的表现特征。

中国国家力量的发展和所执行的外交战略对东南亚国家外交政策的发展无疑具有举足轻重的影响。20世纪50年代，中国采取向苏联"一边倒"的外交政策，加强了世界社会主义阵营的力量，在发展与东南亚国家外交关系过程中更多地体现的是国际主义精神。中国大力支持越南、柬埔寨等印度支那国家取得抗法战争的胜利。1954年6月，先后与印度、缅甸两个重要邻邦发表联合声明，倡议将和平共处五项原则作为国际关系的普遍准则。1955年，中国积极参加印度尼西亚、缅甸等五国发起的万隆会议，在会上提出"求同存异，协商一致"的原则，为会议的成功奠定了基础。1954年中国参加的日内瓦会议是新中国首次以世界五大国之一的身份参加的重要国际会议，在会议上，中国发挥了重要的作用，促进了《日内瓦协定》的签订。《日内瓦协定》签订后法国军队从越南、老挝和柬埔寨三国撤出，标志着印支人民抗法战争的胜利和法国在印度支那殖民统治的终结。20世纪60年代和70年代，由于各自国内安全的需要和国际形势的影响，中国和东南亚国家的外交方针发生变化，中国和东南亚国家的关系经历了一个不平凡的过程。其中最引人注目的是1967年10月30日中国与印度尼西亚的断交，70年代中美

①　杨毅：《中国国家安全战略构想》，时事出版社2009年版，第162页。

②　沈志华、李丹慧：《战后中苏关系若干问题研究——来自中俄双方的档案文献》，人民出版社2006年版，第464页。

两国相互接触和关系正常化推动了泰国、马来西亚等国跟中国建交，1979年2月17日至1979年3月3日爆发的中国对越自卫反击战。有学者认为："对越自卫反击战是中国对东盟外交中的一大事件，并构成中国外交转型的时间标志，也是中国对东南亚外交分期的更好标志。"①

20世纪80年代初，美苏争霸的战略态势和世界政治力量对比发生了重大变化，和平与发展逐渐成为时代的主题，中国政府审时度势，把重心转移到经济建设上来。在此情况下，对外战略也出现了重要调整，不与任何大国或国家集团结盟或建立战略关系。②邓小平指出："中国的对外政策是独立自主的，是真正的不结盟。中国不打美国牌，也不打苏联牌，中国也不允许别人打中国牌。中国对外政策的目标是争取世界和平。在争取和平的前提下，一心一意搞现代化建设，发展自己的国家，建设具有中国特色的社会主义"③，提出"稳定周边、立足亚太、放眼世界"的外交战略，并在周边外交中奉行睦邻友好政策。进入21世纪以来，中国新一届领导集体进一步将睦邻友好政策具体化，把"与邻为善、以邻为伴"作为周边外交的基本方针，以"睦邻、安邻、富邻"作为基本方针的具体化，这是中国外交政策史上的重大突破，意味着中国第一次拥有了明确而具体的周边外交政策。④在这些外交政策的指导下，中国积极发展与东南亚国家的关系，积极促进柬埔寨问题的政治解决，中国与印度尼西亚恢复了外交关系，中国和越南实现了关系正常化。中国政府积极参加东盟地区论坛，越来越活跃和熟练地参加各种多边主义的进程。1997年3月，中国在同菲律宾共同主办的"东盟地区论坛建立信任措施会议"上，首次正式在国际会议背景下提出适合冷战后亚太地区各国维护安全的以"互信、互利、平等、合作"为核心内容的"新安全观"。2002年7月31日，参加东盟地区论坛外长会议的中国代表团向大会提交了《中方关于新安全观的立场文件》，全面系统地阐述了中方在新形势下的安全观念和政策主张，明确提出"新安全观的实质是超越单方面安全范畴，以互利合作寻求共同安全。新安全观建立在共同利益基础之上，符合人类社会进步的要求"。与此同时，中国对新安全观的"八字"原则也做了一些调整，将其中的"合作"改为"协作"，并对其作出了详细的阐述。中国指出，新安全观的核心应是互信、互利、平等、协作。其中"互信"是指超越意识形态和社会制度异同，摒弃冷战思维和强权政治心态，互不猜疑，互不敌视。各国应经常就各自安全防务政策以及重大行动展开对话与互相通报。"互利"是指顺应全球化时代社会发展的客观要求，互相尊重对方的安全利益，在实现自身安全利益的同时，为对方安全创造条件，实现共同安全。"平等"是指国家无论大小强弱，都是国际社会的一员，应互相尊重，平等相待，不干涉别国内政，推动国际关系的民主化。

①　王逸舟、谭秀英：《中国外交六十年（1949—2009）》，中国社会科学出版社2009年版，第211页。
②　杨毅：《中国国家安全战略构想》，时事出版社2009年版，第164页。
③　邓小平：《维护世界和平，搞好国内建设》，《邓小平文选》第三卷，人民出版社1993年版，第57页。
④　杨毅：《中国国家安全战略构想》，时事出版社2009年版，第196页。

"协作"是指以和平谈判的方式解决争端,并就共同关心的安全问题进行广泛深入的合作,消除隐患,防止战争和冲突的发生。

1997年金融危机之后,中国加快了与东盟的合作进程,并在危机中给予东盟国家以巨大的支持和帮助,建立了"10+3"和"10+1"的合作机制,不断树立其"负责任大国"的形象,从各个领域加强与东南亚国家关系的发展。在2001年11月举行的第五次东盟与中国("10+1")会议上,双方决定在10年内建立中国—东盟自由贸易区。2002年11月,中国与东盟签署了《中华人民共和国与东南亚国家联盟全面经济合作框架协议》、《中国与东盟关于非传统安全领域合作联合宣言》和《南中国海各方行为宣言》,2003年10月,在巴厘岛举行的第七次"10+1"领导人会议上,中国政府宣布加入《东南亚友好合作条约》,并与东盟签署了《面向和平与繁荣的战略伙伴关系》的联合宣言。目前,中国与东盟之间建立了高官磋商、商务理事会、联合合作委员会、经贸联委会、东盟北京委员会以及科技联委会的对话合作机制。2010年1月1日,中国—东盟自由贸易区正式建成。2011年4月27日至30日,温家宝总理应邀对马来西亚、印度尼西亚进行正式访问。访问期间,温家宝总理就中国—东盟关系和东亚合作同两国领导人、东盟秘书长素林等坦诚深入地交换意见,充分肯定东盟在促进地区稳定、发展、进步中发挥的重要作用,高度评价中国—东盟关系取得的历史性进展,表示中方将一如既往地支持东盟一体化和共同体建设,深化同东盟的务实合作和人文交流,携手维护本地区的安全稳定。

随着国际形势的发展,面对中国外交政策的变化,东南亚国家在不断调整着与中国的外交政策。纵观冷战以来东南亚国家与中国的外交关系发展历程,其中有睦邻友好,有"同志加兄弟",有敌对,有猜疑,有信任与合作,经历了一个不平凡的发展过程。目前,中国与东南亚国家关系的发展进入了一个十分良好的阶段,但由于中国与部分东南亚国家之间还存在领海等问题的纠纷,也由于受"中国威胁论"的影响,少数东南亚国家对中国的和平崛起还抱有不同的疑虑,中国与东南亚国家之间关系的发展还存在不少困难需要加以解决。

美国对东南亚地区的外交战略是其全球战略的一个组成部分。冷战初期,美国视东南亚地区为遏制共产主义的一个前沿阵地,在这里与苏联展开角逐,构建反华包围圈,全面介入了东南亚地区的安全事务。美国首先建立和加强跟东南亚国家的军事合作,先后与菲律宾、泰国等国家签订了军事合作协定,并与英国、法国、澳大利亚、新西兰、巴基斯坦、泰国、菲律宾等八国组成"东南亚条约组织"。与此同时,在军事和经济上面大力援助东南亚国家,全方位积极扶植南越反共政府,甚至不惜身陷越南战争的泥沼。20世纪60年代末70年代初,随着越南战争的失败和国际形势的变化,美国开始调整对东南亚的政策,推出"尼克松主义",鼓励亚洲国家的安全问题由亚洲国家负责和处理,即亚洲事务亚洲化。美国虽然不是完全退出东南亚,但不再继续单独承担亚太地区的军事国防安全，而是把重点放在鼓励东南亚国家依靠自己的力量应付国内国际政治经济问题。在这一思想主导下，1973年美国从越南撤军，收缩其在东南亚地区的军事部署，1976年关闭在泰国的美军基地，1992年关闭在菲律宾的基地，至此基本上撤出了在东南亚的军事力量。在军事收缩的同时，美国也明显减少了对东南亚国家的经济援助，1993年，美国国会决定削减对菲律宾的援助，其幅度就达80%。①

美国东南亚地区战略的调整对东南亚国家的外交政策产生了巨大的影响。当美国安全战略收缩，面对中国、日本、印度等地区大国实力上升的时候，东南亚国家为了自身的安全和发展，一方面，新加坡、泰国、马来西亚、印度尼西亚等东盟国家逐渐缓和跟社会主义国家的关系，不同程度地改善了跟苏联和中国的关系。另一方面，东盟国家也致力于寻求以集体的力量来参与和自主东南亚地区的政治安全事务，希望通过建立"和平、自由与中立区"来达到"确保自身的安全不受任何形式或表现的外来干涉"的目的。

尽管东南亚地区在美国的战略地位下降，然而美国从来没有离开过东南亚，还时不时地干涉东南亚地区的事务。20世纪70年代末80年代初，美国向东南亚国家推行"人权外交"，强调人权在美国外交政策中的中心位置。这一政策给东南亚国家带来了极大的压力，也受到了东南亚国家的反对和抵制。到90年代下半期，美国以东盟难以有效领导东盟地区论坛为由，要求东盟放弃对论坛主席地位的"垄断"，提出与东盟分享领导权。1998年7月，美负责东亚事务的助理国务卿斯坦利·罗斯在一篇题为《地区安全的多边主义道路》的演讲中，就直言不讳地要求东盟部分地放弃对论坛的控制，让东盟以外的成员"分享"论坛主席的责任和权力。②

2001年9月11日，美国纽约世界贸易中心大楼遭到了恐怖主义袭击。"9·11事件"发生之后，美国重新调整其全球安全战略框架和优先次序，把打击国际恐怖主义、彻底消除恐怖主义对美国的威胁作为外交、安全政策的首要目标。美国人认为："尽管原苏联巨大的威胁已不存在，但是恐怖主义、无赖国家和可能造成危害的各种挑衅行为会威胁美国。伊拉克入侵科威特、世界贸易中心大楼爆炸、日本地铁毒气——都预示着更大规模、更具破坏性的事情会发生。"③随着全球反恐战争的进一步展开，美国充分认识到在东南亚地区开展反恐战争的必要性，进一步加强了跟东盟国家的军事安全合作。东南亚地区是世界上恐怖主义活动最为猖獗的地区之一，美国在这个地区保持一定的军事存在，与东盟国家联合反恐为大多数东盟国家肯定和接受。2002年，美国与东盟签署《合作打击恐怖主义联合宣言》，标志着美国与东盟在反对恐怖主义的问题上达成了更多的共识。然而，直到2008年奥巴马当选美国总统之前，美国更多的只是注重反恐方面的合作，在其他方

① 潘一宁：《冷战后美国与东南亚的集体安全》，陈乔之：《面向21世纪的东南亚：改革与发展》，暨南大学出版社2000年版，第516页。
② 郭新宁：《亚太地区多边安全合作研究》，时事出版社2009年版，第47页。
③ 转引自余潇枫等：《非传统安全概论》，浙江大学出版社2006年版，第94页。

面的合作并不积极。

奥巴马入主白宫之后，实施"巧实力外交"，公开强调要重视对话与合作，支持地区多边合作，积极主动地发展跟东南亚国家的关系。近年来，美国不断加强在东南亚地区的军事存在，加强对西太平洋地区的战略威慑，强化与传统盟国的军事安全合作，增进与东南亚国家的伙伴关系，极力扩大盟友队伍，同时加强跟中国的对话。正如希拉里所指出："在同盟条约之外，美国将加强与其他关键国家的关系，我们将与印度展开战略对话，与中国展开战略与经济对话，与印度尼西亚建立全面的伙伴关系。我们正在加强与我们的新伙伴和长期伙伴的关系，如越南和新加坡的关系。"[1]

2009年2月，美国国务卿希拉里·克林顿访问印度尼西亚和东盟秘书处，成为第一个造访东盟秘书处的美国国务卿。7月，希拉里在泰国出席东盟地区论坛期间，代表美国签署加入了《东南亚友好合作条约》，并宣布向东盟派出首任大使。美国加入《东南亚友好合作条约》被认为是美国"重返东南亚"的强烈信号。11月，美国总统奥巴马和东盟10国领导人进行了"美国—东盟领导人会议"，奥巴马成为首位与东盟10国领导人会晤的美国总统。为纪念越美外交关系正常化15周年，2010年8月，美国"华盛顿"号航母和"麦凯恩"号导弹驱逐舰抵达越南岘港进行访问，期间在南海举行为期一周的联合搜救演习。在南海问题上，美国声称南海问题关系到其国家利益，这样的表态增加了个别东南亚国家企图拉拢美国介入南海问题、把南海问题国际化的幻想，由此也增加了南海安全冲突的变数。

美国还积极参加大湄公河次区域的开发。2009年7月，希拉里在高调出席东盟地区论坛会议的同时，与泰国、越南、柬埔寨、老挝等湄公河下游四个国家的外长举行会议，向四国提出了建立湄公河流域新合作框架的提案，承诺就"河流灾害治理"提供援助，倡议建立密西西比河委员会—湄公河委员会合作关系。2009年，美国在湄公河的环保项目上投资700万美元，奥巴马政府还积极向国会争取额外的1 500万美元用于改善四国的食品安全。

美国的"重返东南亚"战略并不是严格意义上的重返东南亚，因为它从来没有离开过东南亚。有学者称奥巴马政府亚太安全战略为"重新参与战略"，这一战略是基于对小布什单边主义外交政策和强权政治的反思而提出来的，是对克林顿政府亚太安全战略的重新肯定和扩展。[2]美国日益看重东南亚地区在经济上和安全上越来越重要的地位，认为美国的利益与该地区紧密相连。希拉里强调："美国的未来与亚太地区紧密相连，而亚太的未来依靠美国。美国在经济和战略上在继续领导亚洲方面具有重要的利益。"[3]很显然，

① 许嘉：《奥巴马政府亚太战略探析》，《和平与发展》2010年第2期。
② 许嘉：《奥巴马政府亚太战略探析》，《和平与发展》2010年第2期。
③ 许嘉：《奥巴马政府亚太战略探析》，《和平与发展》2010年第2期。

美国的亚太安全战略的主要目标在于强化其对亚太地区的领导权和控制权。美国—亚洲商务委员会主席欧内斯特·鲍尔说："作为世界级的经济力量，要想参加竞争，东盟是你必须进入的市场。它是我们发展最快的主要市场。"[①] 同时，面对中国的崛起，美国也意识到自己正面临着一个强劲的挑战。美国传统基金会专家彼得·布鲁克斯毫不掩饰地说："毫无疑问，中国的崛起对美国在亚洲的利益也会造成根本性的影响。事实上，一些专家认为北京是很有野心的，并相信中国正在试图取代美国在太平洋，乃至全球的主导性地位。"[②]

2011年本·拉登被击毙，世界反恐斗争进入了新的阶段。美国是否因此把战略重心由中亚移向东亚，东南亚国家该如何应对，这其中涉及各种政治力量的博弈，也涉及对政治智慧的考量。

除中国和美国之外，日本、俄罗斯、印度以及欧盟的发展战略和外交战略也同样在影响着东南亚国家外交政策的发展，影响着东南亚国家大国平衡战略的具体实施。

第二节　大国平衡战略与东南亚国家的外交

一、东南亚国家的大国平衡战略

东南亚国家的大国平衡战略是指不排除大国在东南亚的影响，利用大国之间的矛盾以及各自对权力的追求，主动与其发展政治、经济、安全等全方位关系，但不与之结盟，同时防止任何大国势力过于强大，以达到大国在地区的势力均衡、维护地区安全与稳定的目的。

大国平衡战略是东南亚国家处理与域外大国关系的一种准则，起源于新加坡的大国平衡外交，并逐渐为其他东南亚国家所接受。新加坡是一个资源匮乏的小国，又被马来西亚和印度尼西亚两个强大的邻国所包围，因此，处理好与区域外几个大国的关系，不仅可以促进自身经济的发展，还可以抑制来自邻国的威胁。冷战时期，新加坡主要依靠英、美在新加坡和东南亚的军事存在，欢迎日本重返东南亚，接触中国，抵制苏联在东南亚的扩张。冷战后，新加坡继续加强与美国的军事合作，提升日本在东南亚的政治地位，同时加强与欧盟、俄罗斯、中国和印度的联系与合作。实践证明，新加坡大国平衡外交战略的实施不仅有利于维护新加坡的国家安全与稳定，也有利于东南亚地区的和平与发展。面对国际形势的变化，新加坡所倡导的大国平衡战略逐渐被东盟各国所接受，进而机制化为东盟的制度安排，上升为东盟的外交战略。

东南亚国家领导人对大国之间关系的平衡有深刻的认识。马来西亚前总理马哈蒂尔

---

① 郑则民：《南海问题中的大国因素——美日印俄与南海问题》，世界知识出版社2010年版，第7页。
② 许嘉：《奥巴马政府亚太战略探析》，《和平与发展》2010年第2期。

指出："我们只有一个超级大国（美国），我们和这个超级大国之间发生了很多问题。也许中国会是另外一极，不是很大，但是也足够平衡一下，如果这样的话，世界会安全一些。""中国距离马来西亚只有2 100多千米，而葡萄牙人跑了8 000多千米来征服我们，我们和中国人在一起很安全，而和葡萄牙人没有这种感觉。所以我认为中国应该变成一个强国，并不是说军事上的强国，而是能够平衡其他国家的强国。"[①]新加坡前外长杨荣文认为："我们必须适应中国经济的发展，它正在改变全球的景观。中国经济增长将给东南亚带来繁荣，一如历史上中国的强大和贸易繁荣带给我们的好处。但是，我们必须发挥东南亚的自身的优势，这里不仅有丰富的资源，不同的气候和地理环境，而且拥有历来就向国际贸易和投资开放的文化。我们不是任何大国的潜在的竞争对手。然而，只有我们在经济上相互融通、在政治上更加协调，我们才能充分利用这些优势。我们的战略必须是与所有的主要大国保持良好关系，让每个大国都从我们的发展和繁荣中受益。……在所有领域，我们都必须从战略的高度来思考并采取行动，这样东南亚才能成为中国和印度之间的主要缓冲区。这是我们的历史定位，而且这还将是我们的未来。"[②]2005年新加坡总理李显龙访问中国，期间在中共中央党校发表了题为《中国在新亚洲的和平发展》的演讲，他在演讲中直言不讳道："中国的崛起是当代最重大的事件。世界各国要如何应对中国崛起所带来的全新局面，是一大挑战。东盟国家作为一个整体，是亚洲重要的一部分。东盟国家很乐意跟中国建立更密切的关系，但是，它们也想同其他伙伴国加强关系。东盟正与印度进行自由贸易协定的谈判，也正在巩固跟美国、日本和欧盟的长久联系。东盟国家不想完全依赖中国，它们要跟中、美、日三国维持友好关系，而不愿在任何中美和中日纠纷中，被逼偏袒或靠向任何一方。这是东盟倡议建立一个开放的区域合作框架的原因。"[③]

在东盟国家领导人看来，利用区域外大国追逐权力和利益的欲望，使其在各方面的权力和利益达到某种相对平衡的状态，是保证本地区国家安全、稳定和繁荣的最佳路径。冷战后东盟大国平衡战略的实施路径主要包括：维持美国在东南亚的军事存在，不断加强与美国和印度的军事合作，提升日本在东南亚的政治影响力，以制衡中国崛起带来的"安全隐患"；扩大与中国、印度的经济合作，以减少经济上对美国、日本经济的过分依赖；与澳大利亚、新西兰、欧盟、俄罗斯合作，以制衡中国和美国的政治影响等等。通过推行大国平衡战略，东盟国家"利用大国在东南亚的角力实行以小制大、以大克大的手段策略，在美、中、俄、日、印等域外大国间巧妙周旋，让它们彼此牵制、相互制约，从而将该地区合作与竞争的主动权牢牢掌握在自己手里，并尽可能多地谋取政治利益、经

①　马哈蒂尔在北京举行的第九届CEO年会上的讲话。转引自曹云华：《东南亚国家联盟：结构、运作与对外关系》，中国经济出版社2011年版，第158页。

②　曹云华：《东南亚国家联盟：结构、运作与对外关系》，中国经济出版社2011年版，第159页。

③　贺圣达：《东盟对华关系的现状与未来》，张蕴岭：《中国与周边国家：构建新型伙伴关系》，社会科学文献出版社2008年版，第98页。

济利益和安全利益。不过，此种'大国平衡'的方法策略也给区域外大国介入东盟内部事务提供了口实和机遇，由此，东盟渐渐成为各方势力既合作又斗争的重要场所之一"①。

二、大国平衡战略下东南亚国家与大国的关系

（一）与美国的关系

作为当今世界上唯一具有全球影响力、控制力的超级大国，美国是东南亚国家大国平衡战略中首先要考虑的因素。经过几十年的发展，东南亚国家与美国的关系已由以安全合作为主发展到全面合作，由被动逐渐走向主动。冷战后，美国依然是东南亚国家最重要的经济合作伙伴。东南亚国家与美国的经济往来更加密切，贸易与投资、技术转移以及人力资源开发成为双边对话中最重要的三项内容。但是，随着中国和其他东亚国家经济的高速增长，东南亚国家开始加强与中国和其他东亚国家的经济合作，以减少对美国在经济上的依赖，由此达到大国平衡的目的。而在政治与安全战略方面，东南亚国家一方面继续依靠美国的军事力量，"拉住"美国来保持地区的均势，消除地区大国填补权力真空所带来的安全隐患；另一方面加强自身防务力量以及东南亚各国之间的军事合作，极力宣扬亚洲共同价值观，并借助中国等发展中国家的力量以"抵抗"美国。

在东南亚国家中，菲律宾、新加坡、泰国等国是美国在东南亚地区的重要盟国，"9·11事件"之后，这些国家与美国的关系变得更加密切，进一步加强了在经济领域以及在军事安全领域方面的合作。在其他东南亚国家中，越南与美国关系的发展尤其引人注目。越南和美国是两个长期敌对的国家，20世纪发生的越南战争给两国留下了深重的创伤。在经历了近20年的冷战对峙之后，越美两国于1995年7月建立外交关系，结束了长期敌对状态。

越美关系的发展首先体现在双边高层互访和交流频繁。

2000年3月，美国防部长科恩访问越南，开启了美国高层领导人访越的大门。同年11月，美国总统克林顿访越，美越关系翻开了新的一页。2006年11月，美国总统布什访越，进一步展示了美国方面对发展越美关系的重视。面对美国的主动示好，越南做出了积极的回应。2003年11月，越南国防部长范文查大将出访美国，成为历史上第一位访问美国的越南国防部长。2005年6月，在越战结束30周年、越美建交10周年之际，越南总理潘文凯率领200余人的代表团访问美国，使越美关系进入了一个发展的新时期。2008年，越南总理阮晋勇访问美国。2010年2月，美国负责东亚和太平洋事务的助理国务卿帮办斯科特·马谢尔，3月美国国务院负责国际能源问题的协调员戈尔德温率团访越，美方称希望在未来10至20年内把越美关系建设成为美国在该地区最重要的关系之一。4月，阮晋勇赴华盛顿出席核安全峰会。7月、10月，美国务卿希拉里·克林顿两次赴河内分别出席东盟地区论坛和东亚峰会并访问越南，首次明确表示在南海问题上支持越南，并声

---

① 苏开华：《从东盟角色调整看周边大国的战略竞争》，《东南亚之窗》2007年第2期。

称"南海航行自由事关美国国家利益"。10月，美防长盖茨赴越出席首届东盟防长扩大会。

越美之间的经贸关系也取得了重要的进展。2010年越南和美国贸易额达183.24亿美元，比2009年增加了19%。这是自1995年越美两国建交之后，创下的最高贸易总额（1995年双方贸易额仅为4.51亿美元）。近几年来，美国一直是越南最大的出口市场。美国贸易部的数据显示，2010年越南出口到美国的商品价值为147.84亿美元，同比增加了20%，其中进口额达35.39亿美元，增加了7%。在奥巴马政府9月公布的一份未来五年内让美国出口增长一倍的"国家出口倡议"中，越南也在美国争取的"优先市场"范围之内。2010年3月，双方都参加了在澳大利亚举行的《泛太平洋战略经济伙伴关系协定》（TPP）首轮多边谈判。此外，双方还签订了民用核能合作备忘录，在湄公河次区域合作问题上密切合作。

为纪念越美外交关系正常化15周年，2010年8月，美国"华盛顿"号航母、"约翰·麦凯恩"号导弹驱逐舰抵达越南岘港进行访问，期间在南海举行了为期一周的联合搜救演习。11月，美国陆军参谋长乔治·凯西访越，旨在恢复并进一步巩固和增强越美两国两军和人民之间的关系和相互了解，双方一致同意将重点推进军医、拆除炸弹等领域的合作以及扩大各级别的交往。两国在河内举行了第三次政治—安全—国防对话、副部长级国防对话。

虽然越美关系近年来不断升温，但两国之间仍然存在着不少难以解决的问题，如意识形态和政治制度上存在深层次的矛盾；在国际和地区安全问题上存在严重分歧；在合作解决越战遗留问题上存在较大难度等。

仅就越战遗留问题来说，越南认为，解决战争遗留问题是推进两国关系发展的一个最好方式，其中一个要求就是清除化学毒剂和爆炸物，为受害者提供帮助。从1961年至1971年，美军在越南实施"农场雇员行动"，向越南农村喷洒大量俗称为"橙色剂"的落叶剂（以及失能性毒剂BZ毒剂和CS刺激剂等），以能够发现隐藏在森林和草丛中的北越军队。落叶剂对人体的伤害，不仅是经历过战争的那一代人，而且延续到他们的后代，他们的第三代，甚至还更长久。他们所生育的子女，智力迟钝，身体畸形。美国在越南战争中使用橙剂（落叶剂）等化学武器后，大面积的植物在生长期便落叶死亡，众多野生动物栖息地被破坏，土地和水中含有大量有毒成分，进而导致了严重的生态灾害和人体伤害，并且其严重后果一直延续到现在。记录表明，美国使用的橙剂使约100万越南人死亡或身患各种恶疾，包括癌症，特别是高发时期，越南医院里死婴增加了一倍。越南西贡儿童医院的医生们发现，病孩中患脊柱裂和腭裂的婴儿增加了两倍。[①] 尽管化学毒剂和爆炸物给越南人民造成了极大的伤害，然而，美国政府并不愿就越战问题向越南作出正式道歉，并拒绝对战争所造成的伤害给予赔偿，在清除遗留化学毒剂和爆炸物方面也

---

① 余潇枫、潘一禾、王江丽：《非传统安全概论》，浙江人民出版社2006年版，第52页。

不够积极，这种态度和行为在很大程度上影响了越美关系的发展。

越美两国近年在军事和安全方面的联系与合作令人关注。在2011年6月发生的中、越、菲南海争端问题上，越南和菲律宾呼吁国际社会特别是美国介入调解，其拉拢美国以制衡中国的企图十分明显。

（二）与日本的关系

长期以来，东南亚国家与日本的关系主要体现在经济合作上。二战之后，日本通过对东南亚国家的战争赔款与之建立了密切的经济联系。除此之外，日本政府为了消除东南亚国家的仇恨以及振兴日本经济的双重目的，开始向东南亚国家提供官方贷款与援助。战后东南亚国家经济的恢复在很大程度上与日本的援助与投资有关，而日本也通过从东南亚获取初级原料以及对东南亚国家的出口创造了经济腾飞的奇迹。在越南入侵柬埔寨问题上，日本政府积极作为，促进了柬埔寨问题的和平解决，赢得了东南亚国家的普遍好感。

东南亚国家与日本关系的发展更多是出于现实国家利益的需要，尤其是经济上对日本的需求与依赖。另外，在东南亚国家看来，除美国外，日本也是东南亚国家实施大国平衡战略需要借助的一个重要力量。在亚洲，最引人注目的大国关系是中日关系。鉴于经济利益和平衡中国两方面的考虑，东盟逐渐接受甚至欢迎日本在本地区发挥政治安全作用。近年来，东南亚国家与日本的关系有了长足的发展。以越南与日本关系的发展为例，2009年4月，越共总书记农德孟对日本进行正式友好访问，期间发表的《越日联合声明》明确指出，"日本是越南的战略合作伙伴"。2010年，越日继续在多个领域加强战略合作伙伴关系，重心是经贸领域。在日首相菅直人2010年10月访问越南期间，双方发表了《关于发展全面战略合作伙伴关系的联合声明》，一致同意有效落实《越南—日本经济合作伙伴协定》，加大合作力度以促进越南工业的发展。2010年12月，日本副外相别所浩郎赴越出席"越南—日本首次战略伙伴关系对话"，就越日战略伙伴关系、各国外交政策、安全政策、国防政策以及双方共同关心的地区和国际问题进行交流。越南副总理兼外长范家谦对双方举办本次对话给予了高度评价，认为这是两国间互信关系的生动体现。本次对话的成果将进一步推动越南和日本在各领域的合作关系，将有利于维护本地区和世界的和平、稳定、合作和发展。经济方面，日本是越南的第二大贸易合作伙伴，2010年越南与日本双边贸易达160亿美元，同比增长24%。日本仍是继美国之后越南的第二大出口市场，日本是对越南提供官方发展援助最多的国家，同时也是对越南直接投资落实资金总额最多的国家，现已承诺下一财年将继续为越南提供17亿美元官方发展援助。越南已挑选日本作为宁顺二号核电厂及在越南勘探、开采和加工稀土的合作方。

（三）与俄罗斯的关系

由于美国在东南亚国家军事存在的逐渐增强、日本在美日战略伙伴关系体系中作用的提升，以及中国同东盟经济合作的加强这三个因素的共同作用，打破了东盟同东亚大国关系中原有的力量平衡，也促使东盟国家在地区国际舞台上开始建立新的"战略遏制和对抗"体系。这集中表现在东盟国家试图优化与俄罗斯的合作。

冷战后东盟国家与俄罗斯的合作更多体现在政治合作方面。2003年6月俄外长同东盟外长签署的《关于亚太地区和平与安全、繁荣与发展的伙伴关系的联合声明》主要关注的是政治合作，文件中表述最清晰的部分是在反恐以及反对各种跨国犯罪领域中可能采取的共同措施。2004年7月2日，俄联邦和东盟签署了《关于双方在打击国际恐怖主义方面合作的联合宣言》。俄与东盟还商定就成立俄罗斯—东盟反恐工作组问题进行讨论。仅隔两个月，双方又就联合宣言中所提出的措施举行了磋商。可见，打击国际恐怖主义已成为双方合作的主要方向。而俄与东盟研究的其他问题主要涉及双方在预防和消除自然灾害后果和由技术引发的灾难后果方面的相互协作、科技合作，以及在旅游、文化和教育领域的合作。2004年7月28日在东盟首脑会议期间，俄罗斯加入《东南亚友好合作条约》，对确保俄在亚太地区的国家利益具有极为重要的意义，同时也有助于该地区的和平、安全与稳定。

在东南亚国家中，最注重发展跟俄罗斯关系的国家莫过于越南。俄罗斯是越南的首个战略合作伙伴，俄方不仅将越南视为其传统友好国家，而且把越南看作俄在亚洲外交的"重要一环"。2010年适逢两国建交60周年。5月，越南国家主席阮明哲赴俄罗斯出席反法西斯胜利65周年纪念仪式。7月，越共总书记农德孟对俄罗斯进行正式访问，两国首脑发表《越俄联合声明》。10月底，俄罗斯总统梅德韦杰夫正式访问越南并出席第二次东盟—俄罗斯峰会，两国发表《越俄联合公报》。

近年来，越俄两国在能源、通信、机械制造、石油开采、金融和航天领域的合作发展迅猛，特别是在梅德韦杰夫年底的访越之行中，双方签署了一系列大型合同，包括在越南兴建首个核电站合作协定、能源领域合作协定、军事技术领域合作协定等，极大地丰富了两国战略合作的内涵，将两国多领域合作推入新阶段。其中，合作建设核电站项目总投资超过50亿美元，被俄方称为俄越建立更广泛能源联系的重大成果，标志着两国能源和科技合作提升到了新水平。俄罗斯希望扩大同越南的经贸合作，特别是加强两国在石油和天然气、农业、化工以及交通等领域的合作。2010年前8个月越俄双边贸易额达到11.7亿美元，两国将继续扩大经贸交往，力争到2012年双边贸易额达到30亿美元，到2020年达到100亿美元。2010年10月11日，越俄两国举行自由贸易协定谈判互助研究小组首轮会议。

越俄两国还积极开展国防安全、科技、教育培训、文化、旅游等领域的合作。尤为引人注意的是，越南向俄罗斯武器装备的订货在过去两年稳定增加，2008年首超10亿美元，2009年超过35亿美元，2010年一季度已超10亿美元。现在，越南已经发展成为俄罗斯最重要的武器客户之一，俄制先进武器系统不断进入越军的作战序列。2011年6月，越南国防部长冯光青在新加坡举行的香格里拉对话会上证实，越南将从俄罗斯采购6艘636型"基洛"柴电潜艇。随后，越南副防长阮志咏也正式确认，越南还从俄罗斯采购苏—30MK歼击机和防空导弹系统。俄罗斯与越南在军事技术领域中的合作规模在亚太地区正逐渐排在前列，在该领域中仅次于俄罗斯与印度、俄罗斯与中国的合作。

关于东南亚国家跟中国的关系问题，本书另有专章介绍，在此不赘言。除了上面所阐述的东南亚跟美国、日本、俄罗斯的关系外，其跟印度、欧盟等国家和集团的关系也十分值得关注。

冷战结束之后，东盟的大国平衡战略与印度的东向政策不谋而合，双方积极主动开展多方位的接触，不断促进经贸关系的发展，加强在政治与安全方面的合作。2003年，印度签署了《东南亚友好合作条约》，双方还同意建立东盟—印度自由贸易区，双边贸易额不断提升。军事安全合作关系也日益密切，合作层次不断提升，从最初的军事交流逐步扩大到"全面防务合作"，军事互访不断增多，举行各种联合军事演习，演习规模不断扩大。

东南亚国家与欧盟的关系近年来也取得了很好的成绩。以越南为例，2010年，越南与欧盟关系中广受关注的当属双方签订《全面合作伙伴协定》（PCA），宣布启动自由贸易协定谈判。这是越南和欧盟建交20年来极具意义的典型事件，为双方今后全面深入的发展关系创造了新机会。该协定的签订表明，20年来越南与欧盟以及越南与欧盟各成员国的关系与合作取得了积极、稳定的发展，标志着越南—欧盟合作关系已转向全面合作伙伴关系，不仅扩大了双边框架内的合作（与欧盟及其各成员国），还扩大了在地区、泛地区乃至国际范围内解决全球性问题（应对气候变化、确保国际和平与安全等）以及越南和欧盟共同关心的地区问题上的合作。双方承诺将在25个专门领域开展合作，为未来与欧盟各核心成员国之间的关系升级为战略合作伙伴关系提供有利框架。另外一个值得注意的进展是，双方已经一致决定尽快启动《越南—欧盟自由贸易协定》谈判。

第三节　东南亚国家的多边合作

从20世纪90年代起，东盟就孜孜不倦地推行大国平衡战略，成立东盟地区论坛，倡议召开亚欧首脑会议，积极推动中国—东盟自由贸易区的构想，提议成立亚太经合组织，主导"10+3"会议等等，这些都是东盟实践大国平衡战略的重要措施。经过这些年的实践，东盟的大国平衡战略取得了积极的效果。首先，推动了东亚经济一体化进程。东亚经济一体化的进程始于东南亚的区域合作，冷战结束后，东盟积极开展东南亚区域的经济整合，促进东南亚区域经济一体化的进程。东盟促进东南亚经济一体化的努力为东亚经济合作与一体化提供了源源不断的动力。其次，提升了东盟的国际地位。冷战时期，东盟的地位和作用基本上从属于美国的战略意义，在地区事务上很少有发言权。冷战结束后，东盟利用亚太多极化发展的趋势，积极利用大国平衡手段，提升自己的地位。再次，孕育着亚太安全机制的建立。冷战结束后，亚太地区各大国关系处于不断的调整状态中，没有形成稳定的地区安全格局。东盟正是利用这一空档，穿梭于各大国间，积极推行大国平衡战略，推动了亚太地区安全机制的建立。正如联合国前秘书长安南所说的："今天，东盟不仅是本地区一支发展良好、不可或缺的现实力量，而且它也是本地区之外必须加以考虑的现实力量。它也是联合国在发展领域可以信任的伙伴。"[①]

东南亚国家在大国平衡战略框架下积极开展多边合作。

第一，提出安全合作理念，大力发展双边和多边合作关系，构建地区安全防御能力。1970年，印度尼西亚提出了"国家抵御力"（national resilience）思想，其主要内涵指一个国家在促进经济发展和政治稳定的基础上，提高武装部队的素质，发展各政治集团间的团结，使各民族、各宗派教派之间友好相处，从而使大国失去干涉本地区内部事务的借口。1972年印度尼西亚在"国家抵御力"思想的基础上提出了"地区抵御力"（regional resilience）思想，其主要内涵包括：（1）"地区抵御力"是一个地区内国家集团力量的体现，要增强地区抵御力，首先要增强各国的"国家抵御力"；（2）反过来，"地区抵御力"又能增强集团各成员的"国家抵御力"；（3）如果地区内各个国家都具备了较强的"国家抵御力"，并能够保持成员国之间的协调一致关系，那么这个地区就具备了韧性、刚性和耐性，地区的稳定也就有了牢固的基础，从而能够应付一切来自外部和内部、直接或间接危及国家生存和地区利益的威胁和挑战。[②]"国家抵御力"和"地区抵御力"概念后来成为了具有东盟特色的"综合安全"理论的基础，东盟反复强调，"综合安全"与"国家抵御力"和"地区抵御力"的概念是等同的，"综合安全"是手段，"国家抵御力"和"地区抵御力"则是内容或结果。[③]在"国家抵御力"和"地区抵御力"基础上形成的东盟综合安全观呈现以下三个特点：第一，军事安全让位于经济安全；第二，海上安全超越陆上安全；第三，国家安全拓展到地区安全。冷战后，东南亚地区安全形势面临很大的不确定性，而东盟各成员国自身力量薄弱，只要地区安全得不到保障，东盟各国自己的安全也难以得到保障。因此，构建地区安全防御能力具有极其重要的意义。

第二，东南亚国家同盟之间由对抗转向合作，"大东盟"集团形成。1975年4月30日，

① 联合国秘书长安南在印度尼西亚议会上所做的有关世界事务的发言，转引自肖欢容、刘欣宜：《冷战后东盟的大国平衡战略》，《东南亚纵横》2009年第8期。

② 郑翠英：《冷战后东盟安全战略的调整与发展前景》，梁志明：《面向新世纪的中国东南亚学研究：回顾与展望》，香港社会科学出版社2002年版，第190页。

③ 张炜：《国家海上安全》，海潮出版社2008年版，第346-347页。

越南实现了南北统一，1976年将国名改为越南社会主义共和国。1975年4月17日，金边市解放，1976年1月，柬埔寨王国废除君主立宪制，改国名为民主柬埔寨。1975年12月，老挝宣布废除君主制，成立老挝人民民主共和国。越南战争的结束使东盟国家领导人对地区形势产生了严重的担忧，他们担心国内颠覆活动会由于共产主义在地区的扩张而加剧。这种担心成为推进东盟组织进行实质性合作的关键。1976年2月，东盟国家领导人在巴厘岛举行了东盟成立以来的首次会晤，签署了《东南亚友好合作条约》和《东盟协调一致宣言》，其中《东南亚友好合作条约》规定了成员国行为的原则，规定成员国要在"促进在经济、社会、技术、科学和行政管理领域，以及国际和平、地区稳定等共同理想和愿望以及所有其他共同关心的问题"展开积极的合作，同时还规定以和平的方式解决彼此争端，并成立部长级的高级委员会来处理争端局势。[1] 在这次会议上，东盟集团初步形成了独具特色的合作方式，即不使用武力，和平解决争端；不干预他国内政；双边防务合作；当事国利益优先的"东盟方式"。20世纪70、80年代，东盟国家不断改善跟中国的关系，其中很大的原因是因为中苏交恶以及中美关系的改善，另外一个重要原因是因为越南入侵柬埔寨，东盟国家改善跟中国的关系是为了对付来自越南与苏联的威胁。进入90年代，在国际社会的共同努力下，柬埔寨问题得到和平解决，以越南为首的印支集团不复存在。1995年越南加入东盟，1997年缅甸、老挝入盟，1999年柬埔寨加入东盟，至此，东南亚国家同盟之间由对抗转向合作，"大东盟"集团形成。

第三，建立东盟地区论坛，构建安全对话机制，担当东亚合作"导航员"的角色。1992年，联合国秘书长加利发表了《和平纲领：预防性外交，建立和平与维持和平》，主张在发挥联合国主导作用的同时，充分发挥区域性国家组织的作用，共同维护世界的和平与稳定。这份文件对发挥东盟这个次区域国际组织在这一进程中的作用起到了巨大的推进作用。经过一段时间的酝酿，1993年第26届东盟外长会议正式确定成立旨在进行亚太地区安全对话与合作的"东盟地区论坛"（ARF），1994年7月东盟地区论坛首次外长会议在曼谷举行，开始形成以东盟为主导、地区各大国参加的多边机制。[2] 1995年在文莱举行的东盟地区论坛第二届外长会议通过了《东盟地区论坛：概念文件》这一重要文件，提出论坛将分三步走，即建立信任措施、开展预防性外交和探讨解决冲突的途径。会议具体确定论坛在建立信任措施、核不扩散、维和、交换非机密军事信息、海上安全和预防性外交等六大领域开展合作。此后，论坛就建立信任措施、维和、预防性外交等问题，多次举行官方、半官方对话与合作会议，取得了一系列成果。东盟地区论坛一个重要的特征是小国主导、大国均衡。由于亚太地区的主要大国彼此之间的猜忌较深，在一些重要的安全领域存在战略性矛盾和竞争，因而没有一个大国可以安然占据主导地位。相反，

---

① 曹云华：《东南亚国家联盟：结构、运作与对外关系》，中国经济出版社2011年版，第43页。
② 郭新宁：《亚太地区多边安全合作研究》，时事出版社2009年版，第45页。

东盟的主导地位可以为各方接受。通过掌握地区论坛主导权，东盟积极开展大国平衡外交，在多边合作中谨慎处理与大国的关系，在大国间出现矛盾时积极进行调解并提出建设性建议，从而起到一种大国间"润滑剂"的作用。一度出现"小国领导大国"的局面。在论坛的发展过程中，东盟国家利用美、日制约中国的意图十分明显，同时也希望借助中国来顶住美国在人权等问题上的压力。在接纳印度为东盟地区论坛成员的问题上，东盟国家始终扮演了十分积极的角色，尽管遭到美日等国家的反对，仍于1996年使印度成为论坛正式成员。其中的一个重要意图就是通过引入区域外大国来增加框架内的大国数量，加强对中国的牵制力度。[①]

第四，建设中国—东盟自由贸易区，加强与中国的经济联系。1997年的金融危机使东盟国家遭受惨重打击，整体经济实力下降，资金大量外流。亚洲金融危机充分暴露了东盟国家经济结构的内在缺陷以及国际金融资本的潜在危险，东盟国家意识到仅仅依靠自身的力量是无法应对全球经济的挑战的。为此，东盟国家一方面加速东盟自由贸易区的建设；另一方面，还将东亚区域经济合作问题提上日程。2001年11月，中国国务院总理朱镕基应邀出席在文莱首都举行的第5次中国东盟领导人会议。在这次会议上，中国和10个东盟成员国宣布了将在未来10年内建成自由贸易区的目标。2002年11月4日，第6次东盟与中国领导人会议在柬埔寨首都金边举行。朱镕基总理和东盟10国领导人签署了《中国与东盟全面经济合作框架协议》，宣布2010年建成中国—东盟自由贸易区，从而启动了中国—东盟自由贸易区的进程。2010年1月1日，中国—东盟自由贸易区正式建成并全面启动。中国—东盟自贸区的建成不仅促进了中国和东盟在经济上的互惠双赢，而且也有利于在政治上和安全上的合作。

第五，致力建设由东盟主导的"10+3"机制，利用多边合作机制主导区域的合作进程。1997年启动的中国、日本、韩国与东盟之间的"10+3"机制最初主要致力于经济领域的合作。随着经济合作的顺利开展，这一机制开始逐步加入推动安全合作的内容。特别是"9·11事件"以后，"10+3"成为成员国开展反恐等非传统安全合作的现实平台，而且发展迅速。2004年开始建立打击跨国犯罪的合作机制，2005年12月又提出在应对高致病性禽流感等突发公共卫生事件和重大自然灾害、环境保护、打击恐怖主义和跨国犯罪等方面加强合作。目前，"10+3"合作形成了良好的态势，开辟了18个合作领域，建立了50多个对话机制，各类合作项目超过100多个，成为推进亚洲合作的重要渠道。

第六，致力于建设东盟共同体，拓宽区域性组织的合作领域并提高合作的能力，实现地区一体化。实现地区一体化是东盟国家多年来努力追求的目标，也是《东盟宪章》规定的内容。2003年10月召开的第九届东盟首脑会议首次就东盟共同体作出决定，通过了《东盟第二协约宣言》，宣布至2020年将东盟建设成为政治安全、经济和社会文化安全的

[①] 郭新宁：《亚太地区多边安全合作研究》，时事出版社2009年版，第25页。

共同体。在2007年年初举行的第12届东盟首脑会议上，决定加快东盟建设进程，规划了提前5年即于2015年建成东盟共同体的目标。2007年11月在新加坡举行的第13届东盟领导人会议通过了《东盟经济共同体蓝图宣言》，提出将在东盟创造一个单一市场与生产基地，实现人口的自由流通，并确保本区域经济平衡发展的前进方向。2010年4月在越南召开的东盟第16届峰会重申要尽快落实《东盟宪章》内容，于2015年建成由政治安全共同体、经济共同体和社会文化共同体为三大支柱的东盟共同体。

当然，东盟要在2015年建成东盟共同体还面临很多困难。首先是东盟国家内部政治体制、价值观和社会文化的多样性，为政治安全的协调增加难度。其次，创造单一市场和生产基地以及基础设施的改造与更新需要大量基金，而基金不足会成为加速一体化进程的制约因素。另外，柬泰边境冲突以及其他成员国之间的新旧矛盾暴露出东盟国家内部难以回避的利害冲突，如果处理不好都可能成为加速东盟一体化的障碍。

第十一章　中国与东南亚国家关系

　　研究国际关系离不开政治因素和经济因素分析，其中政治因素是影响国际关系的核心因素，经济因素则是最具活力的因素，它们是影响国际关系的决定性力量。

　　二战的结束催生了大量拥有主权的民族国家，它们构成了当今国际关系的主体，主权是这些新兴国家进行国内整合、自立于世界民族之林、谋求发展的根本保障，但历史和现实都证明，只有那些具有相当实力的资本主义发达国家才有可能享有充分的主权，新兴民族国家的主权特别容易受到来自国内外的各种挑战，因此维护主权是每一个发展中国家的首要政治目标。正因为要维护主权免遭践踏，发展中国家在进行对外交往时天然地具有排斥性，这就是所谓的政治排斥力。这种天然的排斥力与一个主权国家的政局稳定、经济发展和社会进步成反比。除了天然的政治排斥力外，冷战时期，美苏两个超级大国在全球范围内挑起了意识形态和政治制度的尖锐对立，这种因意识形态和政治制度的尖锐对立而导致的政治排斥力被强化到了顶点。在不同的历史阶段，政治排斥力的强弱也会有所不同。它与国家利益息息相关。国际关系的本质是利益关系，它包括利益共同和利益矛盾两个方面，当利益矛盾大于利益共同时，政治排斥力就强，而当利益共同大于利益矛盾时，政治排斥力就弱。

　　经济因素是国际关系中最具活力的因素，它是国际关系中的黏合剂。生产力水平的提高、社会进步、人们生活条件的改善是任何时代、任何国家根本的追求目标，而实现上述目标的基本途径就是国际间的经济交往和联系，因此经济因素是国际关系中天然的吸引力，这就是所谓的经济吸引力。在人类社会早期，人类的活动范围限定在以人的双腿所能及的范围，所以在封闭的条件下发展的自给自足的自然经济占据了主导地位，经济交往只具有偶然性和区域性。随着科技的不断发展，人类不再以双腿所及来划定自己的活动半径，工业时代的汽车、火车、轮船、飞机和信息时代的网络使得人类的生产方式和生活方式发生了彻底的改变，为数众多的生产方式不同、发展水平各异的国家间的经济交往日益密切，世界经济国际化、全球化和区域一体化向纵深发展，经济吸引力因之变得越来越强劲。

　　政治排斥力和经济吸引力是国际关系中的两个基本作用力，国际关系正是在这两个基本作用力的互动下，呈现出复杂的态势。其中政治因素是决定性因素，它能增强或削弱经济吸引力，严重时甚至可以阻断经济吸引力。当政治排斥力作用增强时，经济吸引力就被削弱，而当政治排斥力减弱时，经济吸引力就得以正常发挥作用。同时经济吸引力对政治排斥力又有反作用，经济吸引力除了在特定条件下完全被阻断外（如冷战两大集团对峙时期），无时无刻、或多或少地都在推动着世界各国进行着经济交往与联系，长此以往就逐渐形成你中有我、我中有你、相互依存、相互制约、相互渗透的局面，经济问题政治化的趋势越来越凸显，政治排斥力在这种错综复杂的经济条件下必然会受到限制。

二战摧毁了世界殖民体系，催生了中国和东南亚地区各新兴民族国家的解放或独立。当代中国与东南亚国家关系得以由此为历史起点全面展开。二战后东南亚在"不幸"成为冷战时期的热战场后，严峻的安全形势催生了东南亚地区主义。虽屡遭失败，但联合自强始终是东南亚各国的合作目标。东南亚国家联盟（东盟）应运而生，并奇迹般地由小到大、从弱到强，不断发展壮大，冷战后更是以巨大的魄力和胆识努力发展成为亚太一极。因此要全面考察当代中国与东南亚国家关系，必须从冷战时期和后冷战时期两个时间段，从中国与东南亚国家关系和中国与东盟组织关系两个视角方能全面把握。

第一节　冷战时期中国与东南亚国家的关系

红色新中国的诞生，极大地改变了亚洲地区的战略格局。刚刚拉开冷战序幕的美国将东南亚地区视为围堵共产主义运动南下的主战场，东南亚不幸成为冷战的最前沿。中国与东南亚各国的关系正是在这样的国际和地区大背景下铺陈开来。虽然毗邻而居，但在非敌即友的冷战时期，中国和一些东南亚国家因为选择了相同的意识形态而结为同盟，同时与另一些东南亚国家因意识形态的不同而变成敌人。20世纪70年代后，亚太地区战略格局发生了深刻变化，东西方两大阵营力量出现此消彼长，美苏中三大战略势力出现了分化和重组，中国跳出了美苏两极争霸的格局，开始作为独立的一极出现在亚太战略场上，中国与东南亚各国的关系也随之发生翻天覆地的变化。可以说一部冷战时期中国与东南亚各国的关系史其实就是一部意识形态领域的斗争史，一部美苏中三大国的角力史。

东南亚地区十国虽然于冷战结束前后全都与中国建立了友好外交关系，但冷战时期中国与东南亚十国的关系都程度不同地历经曲折与坎坷。总体上可以将冷战时期中国与东南亚国家关系分为三大类，一是相对稳定的关系，如中国与缅甸；二是由友变敌的关系，如中国与印支三国、印度尼西亚；三是化敌为友的关系，如中国与老东盟五国。

表11-1　中国与东南亚国家建交情况

类型	东南亚国家	建交时间	断交时间	复交时间
相对稳定	缅甸	1950年6月8日	—	—
由友变敌	越南	1950年1月18日	1979年2月17日	1991年11月
	老挝	1961年4月25日	—	—
	柬埔寨	1958年7月19日	—	—
	印度尼西亚	1950年4月13日	1967年10月30日	1990年8月8日

续表

类型	东南亚国家	建交时间	断交时间	复交时间
由敌变友	马来西亚	1974年5月31日	—	—
	菲律宾	1975年6月9日	—	—
	新加坡	1990年10月3日	—	—
	泰国	1975年7月1日	—	—
	文莱	1991年9月30日	—	—

一、中国与缅甸：相对稳定的关系

冷战时期中国与缅甸的关系堪称中国与东南亚国家关系中的典范。可以说和平友好基本贯穿该段时期中缅双边关系的始终。

缅甸是东南亚地区较早独立的国家之一，虽然与中国的社会制度不同，但勇于坚持独立自主的外交原则，在尖锐的意识形态对立中保持绝对的中立，始终坚持对华友好，对新中国的建立和发展给予了巨大的支持。中缅关系开创了新中国外交史上的多个第一。

——不同社会制度国家中第一个承认新中国的国家。1949年12月16日，反法西斯人民自由同盟领导的缅甸联邦政府宣布承认中华人民共和国，12月28日，缅甸政府宣布断绝与台湾国民党政府的关系。

——第一个打破帝国主义对华禁运，向新中国出口战略物资的国家。1952年底，缅甸东方贸易公司向中国出口1万吨橡胶烟花片。

——新中国成立后第一个与之通过谈判协商和平解决边界问题的国家。1960年10月1日在北京由周恩来总理和吴努总理共同签署了《中华人民共和国和缅甸联邦边界条约》。

缅甸同时还是"恢复中华人民共和国在联合国组织合法权利"的提案国、与中印两国一道同为和平共处五项原则的倡导国、拒绝参加美国在东南亚地区拼凑的以反共反华为目的的《东南亚集体防务条约》组织的中立国、坚决要求中国参加万隆会议的邀请国等等。

作为对缅甸对华友好政策的回应，中国政府在边界划分问题上主动作出让步，同时在道义上和物质上给予历届政府和人民以巨大的支持。中国领导人对1962年奈温军政府上台表示热烈欢迎。1956年中国耗资1 770万缅元向缅方提供2万纱锭纺织厂的成套设备，1961年中国向缅方提供3 000万英镑的无息贷款等。

当然中缅友好也并非一帆风顺。由于缅甸国内的经济危机和中国外交政策受极"左"思潮影响，中缅关系出现过短暂的波折，奈温政府上台后，由于采取了一系列错误的急躁冒进的经济政策，国内很快爆发了经济危机，大米和其他生活日用品出现严重短缺，甚至在价格昂贵的黑市上也难觅，奈温的支持率因此下降到了极点。在美国的怂恿、苏联的支持下，为了转嫁国内矛盾，奈温政府将华商作为替罪羊，把商品短缺的根源归结为华商囤积居奇，缅甸民众因此产生了强烈的仇华排华心理，1967年爆发了"6·26"反华排华事件，大量华人住所、商铺被焚毁，包括中国援缅专家刘逸在内的50多名华人被杀。双方因此互撤大使，中国召回所有援缅专家和技术人员，中止一切援缅项目。1969年11月6日奈温在社会主义纲领党会议上表示希望恢复与中国的友好关系。后在西巴基斯坦的帮助下，1970年11月，中缅关系恢复正常。

但当时中国外交战线仍深受极"左"思潮的影响，在坚持发展中缅两国友好关系的同时，不断加强与缅共的关系，特别是1971年在云南建立了对缅秘密电台，定期报道缅共的政治和军事活动。这使得刚刚恢复的中缅两国关系再次蒙受阴影。中国共产党十一届三中全会以后，中国对国际形势的判断发生了根本性的改变，中缅两国关系遂逐渐摆脱了中国共产党和缅甸共产党关系的羁绊，1985年5月4日奈温以缅甸社会主义纲领党主席身份访华标志着中缅两国的关系真正迈入正常的轨道。

随着中缅两国政治关系不断发展，中国不断加大对缅援助力度，双边经贸关系也有了进一步的发展。1979年中国向缅甸提供6 300万美元的援助，1985年李先念主席访缅时向缅甸提供了一座室内剧场，1986年先后签订了4个经济技术合作协定和贸易协定，中国向缅甸提供了3.17亿元人民币的无息贷款等。

二、中国与印支三国、印度尼西亚：从友变敌的关系

（一）中国与印支三国的关系

新中国自诞生之日起就以其庞大的身姿、决不屈服的桀骜的性格而挺立于亚太战略场。

中国军民面对美国的围堵，奋勇抗美援朝，遏制了美国在东北亚的寻衅，基本确立了中国与美苏在亚太地区的三足鼎立之势。纵观冷战时期中国与印支三国的关系，之所以会出现从并肩浴血奋战到反目成仇直至兵戈相见这样巨大的变化，主要是由于美苏中三国的角力与博弈的结果。印支地区在冷战时期先后被美苏两大霸权国家作为反华的主战场，最初中国援越抗美，后来苏联援越反华。持续几十年的战争给印支人民带来了巨大的创伤，也让中国人民警醒，理想的国际主义是虚幻的，现实的国家利益才是根本。

新中国成立后就全力支持印支三国反对外来侵略的斗争。1953年12月至1954年5月，中国军事顾问团帮助越南军民组织和发动了著名的奠边府战役，迫使法国在日内瓦关于恢复印支和平的协议上签字，越南、老挝、柬埔寨三国取得抵抗法国侵略的最后胜利。

1954年美国总统艾森豪威尔抛出"多米诺骨牌理论"，试图争夺印支地区以封堵共产主义中国在东南亚的扩张而不致大洋洲于不保，中国抗美援印支再度在东南亚地区上演。中国军民的无私援助铸就了中越"同志加兄弟"的战斗友谊。在越南十多年的抗美斗争中，"中国始终是越南人民的'坚强后盾'和'可靠后方'"。据统计，从1949年新中国成立至1978年中越关系恶化前，中国对越南的援助总金额达203.684 5亿元人民币，这一数字再加上中国援越部队在越南的开支，实际价值超过200亿美元，数以千计的中国援越官兵为越南人民的抗美斗争献出了宝贵的生命。1964年老挝右派在美国的支持下挑起了

内战，应老共的要求，中国政府先后派出了数以十万计的援老人员，提供了总计11.89亿元人民币帮助老挝人民医治战争创伤，重建家园。60年代中期到70年代中期老挝与中、苏、越保持等距离的外交关系，奉行积极友善的亲华政策，中老关系十分密切。在柬埔寨1956至1969年的抗美救国战争中，中国向柬总计提供了2.15亿元人民币的无偿援助。柬埔寨由于奉行和平中立的外交政策，招致美国的不满，被亲美的朗诺集团于1970年发动政变取而代之。由于朗诺政权推行亲美反华政策，因此中国宣布断绝同朗诺政府的一切外交关系。同时为了支持柬埔寨人民的反美斗争，中国帮助西哈努克和柬共在北京成立了柬埔寨王国民族团结政府，柬共于1975年推翻朗诺政权。中柬两国关系重新回到正常轨道。柬埔寨在遭到越南入侵后，中国政府一直致力于柬埔寨问题的和平解决，并在其中发挥了重要作用。

在美国深陷越战泥潭时，社会主义阵营出现分裂，中苏意识形态冲突公开化。越南一方面继续大量接受中国的援助，一方面在中苏意识形态冲突中亲苏反华。在国内公开刊物《历史研究》中刊登一系列反华文章，利用历史问题，宣传"北方的侵略"；支持1968年苏联武装入侵中国珍宝岛等。

持续十多年的越战耗费了美国大量的元气，在美苏冷战格局中由战略攻势被迫转为战略守势。1968年主张缓和的尼克松上台，决意从东南亚实行战略收缩。中美对抗失去了存在的理由，中美关系开始解冻。但越南认为这是中国拿越南同美国做交易，是对越南的"背弃"和"出卖"，破坏了社会主义阵营的团结。同时无视中国的领土主权，在中越海域划界问题上持强硬立场。认为1974年中国收复被南越侵占的西沙群岛是对越南的侵略，在1974年中越两国就划分北部湾海域的谈判会上坚称将继续占领北部湾三分之二的海域，在1975年4月解放南越过程中非法侵占中国南沙群岛中的6个岛屿。

如果说越南对华不友好从1965年就早已显现，但由于当时还不得不需要中国的援助而有所收敛的话，那1975年越南实现南北统一后，越南反华的嘴脸就暴露无疑了，彻底走上了联苏反华的错误轨道。首先是对越南国内的华侨华人进行迫害和驱逐。至1978年底，有28万华侨华人被驱赶回中国，还有几十万华人华侨为逃避越南当局的迫害而沦为难民。其次频频制造领土纠纷和边境冲突。如1974年越方指控中国在1955年中越铁路的连接处向直南方面推进了300米；1975—1977年，对中国的云南和广西提出了15处领土要求，并擅自挪动或毁坏界碑；1978—1979年越军先后潜入云南、广西等地50余次，埋设地雷、破坏交通、袭击并企图绑架中国边防部队哨兵。1979年2月17日，中国边防部队在云南和广西被迫对越自卫还击。

70年代中期至80年代中期，越南派出6 000多名顾问和专家进驻老挝的各个部门，还专门设立了老挝政策制定和人事安排的"西方工作委员会"，全面控制了老挝内政外交各项事务。至此老挝根本不可能保持独立的对华政策，开始加入越南的反华阵营。在越南的控制下，对于中国对越自卫反击战，老挝公开指责中国"侵犯越南"、"和美国勾结危害本地区的和平与稳定"、"与泰国合谋破坏老挝"，将两国外交关系降至代办级，强行命令中国援老人员撤出老挝，80年代初甚至制定"东方战略"，希望以"社会主义的东方前哨"的地位加入以苏联为首的社会主义大家庭，希望发展同苏联的"全面合作关系"和同越南的"特殊关系"。

1978年12月随着越南悍然出兵10多万全面入侵柬埔寨，推翻柬埔寨波尔布特政权。

以韩桑林为首的金边政权建立后推行亲苏、亲越、反华的外交政策，中国对金边政权不予承认，公开支持以西哈努克亲王为首建立的民柬三方联合政府，并为民柬联合政府保留在联合国的合法席位给予了有力的支持，而且还通过自己在联合国的作用、对红色高棉的影响力与本地区国家和组织进行密切合作，最终以1991年10月签署的《柬埔寨冲突全面政治解决协定》等四份文件为标志，使柬埔寨问题在联合国的框架下得以和平解决。

戈尔巴乔夫上台后，中苏关系得以缓和。与中国本无根本利害冲突的老挝迅速调整对华政策，1986年老挝人民革命党总书记凯山·丰威汉表示希望改善老中关系。1988年6月，两国互派大使，两国关系实现了正常化。随着1989年中苏关系实现正常化，1990年越共"七大"把"恢复同中国共产党和中国的友好关系"确定为其对外政策的重要目标之一。1990年，中越两国领导人在成都举行秘密会谈，就中越关系正常化问题达成协议。1991年11月5日至10日越共中央总书记杜梅和越南政府总理武文杰率领高级代表团访华，标志着中越关系实现了正常化。

（二）中国与印度尼西亚的关系

如果说中国与印支三国的关系主要受美苏两大国影响的话，那么印度尼西亚这个东南亚地区最大的国家，其对外政策则相对更为独立，其与中国间关系的波折起伏更多地受制于其国内政治需要。

对于一个地理破碎、历史上从未形成大一统的、种族和宗教异常繁多而复杂的国家，1945年获得独立后的印度尼西亚将"不结盟"奉为外交准则，坚持走第三条道路，基本保持了对华友好：1955年主动邀请中国参加万隆会议，中印尼等国共同提出"万隆会议十项原则"，两国政府签订了有关双重国籍问题的条约等。特别是在60年代初印度尼西亚在与马来西亚的对抗中与美英矛盾加剧而受到孤立时，中国给予了宝贵的支持，因此中印尼双边政治关系日益密切，并积极扩大经济技术交流与合作。双方在国际舞台上相互支持，形成了所谓"北京—雅加达轴心"。但"9·30事件"的发生让中印尼关系急转直下，由互为友好转为相互对抗，并一直持续25年。

中印尼关系的恶化看似偶然，实为必然。冷战时期中印尼关系的起与落主要受制于印度尼西亚内政外交的需要，主要表现为意识形态的对立和对华人华侨的迫害。早在

1948年印度尼西亚哈达内阁就与美国政府签署了一份"消灭赤色分子"的协议，在随后发生的"茉莉芬"事件中印尼共力量第一次遭受重创。1950年印度尼西亚又与美国签订了"共同安全条约"，拒绝迎接中国首任驻印度尼西亚大使王任叔。1951年宣布对华"禁运"。虽在此后两国关系逐渐密切，但这是印度尼西亚为了摆脱西方外交孤立的需要。至于"9·30事件"后中印尼关系急剧恶化则是印度尼西亚政坛内部斗争的结果。印度尼西亚共产党曾经是当时世界上第一大非执政的共产党，但由于其领导人参与了"9·30事件"，遭到印度尼西亚陆军的疯狂镇压。据不完全统计，先后有20万人惨遭杀戮，约30万人被监禁。同时印度尼西亚政府还捕风捉影地认定中国为此事件的幕后指使者，将矛头直指中国，由此印度尼西亚国内出现了一股强烈的反华浪潮。所有的中文学校、侨团、报社被关闭；对华侨任意逮捕，非法审讯，严刑拷打，大批华侨惨遭屠戮；成千上万的华侨房屋被焚烧，财产被劫掠一空。特别是在苏哈托军政府上台后印度尼西亚的反华运动达到登峰造极的地步，制造了国际关系史上罕见的暴行，中国驻印度尼西亚各大外交机构遭遇数十次的武装袭击，发生武装劫持中国驻雅加达总领事等一系列恶性事件，中印尼关系降至冰点。

粉碎"四人帮"后，中国逐渐回到周恩来总理1952年就确立的"外交要以国家关系为对象"的原则，将两国关系与两党关系区分开来，并更为重视两国关系的发展。1985年，中国外长吴学谦访问印度尼西亚时表示："中国坚持和平共处五项原则和万隆会议精神的外交政策……中国早已停止对印度尼西亚共的支持，在中国避难的大多数印度尼西亚共领导人已经离开中国前往欧洲。"作为回应，1985年印度尼西亚宣布恢复中止了18年之久的两国直接贸易。

1989年2月23日，中国外长钱其琛借参加日本天皇葬礼之机与印度尼西亚总统苏哈托举行了会谈，并就两国关系实现正常化达成三点意见。中印尼此次"葬礼外交"开启了两国复交的大门。

三、中国与老东盟五国：化敌为友的关系

在冷战这个非敌即友的时代，很少有国家可以独善其身。细究起来，其实"中国威胁论"自新中国成立伊始在东南亚地区就拥有市场。老东盟国家就是在红色中国威胁论的影响下因"恐共"而"反华"，决然对中国采取敌视态度。但随着20世纪70年代以后东南亚地区战略格局发生变化，英国、美国先后从东南亚地区实行战略收缩，苏联则依靠其在东南亚地区的"代理人"加紧向东南亚地区扩张，虚妄的"红色中国威胁"被现实的越南侵柬威胁击碎，挣脱了美苏两极格局羁绊的中国遂成为老东盟国家"防苏反越"的重要政治依靠力量，中国与老东盟国家的关系完成了由敌到友的转变。

（一）20世纪70年代前：相互敌对时期

菲泰两国是美国在东南亚地区的战略盟友，在反华态度上最为积极。朝鲜战争爆发

后，菲律宾总统不仅叫嚣要组织"太平洋联盟以对付共产主义侵略"，而且还派出1 500士兵直接参加朝鲜战争。泰国于1954年9月与菲律宾一起参加了由美英等国以反共反华为目的的《东南亚集体防备条约》组织，并同意将总部设在曼谷。

马来亚建国伊始就采取反共反华政策。1957年8月30日马来亚宣布独立后中国领导人致电祝贺，但马却拒绝承认中华人民共和国。马来亚虽然拒绝参加《东南亚条约组织》，但在与英国签订的《英马防务协定》的保护下，其反共反华的态度之坚决与菲律宾和泰国相比丝毫也不逊色。

对于上述东南亚国家对己所持的敌意，中国政府并未简单地以怨报怨，而是本着宽容、理解的态度，以"团结、突破"的方式，利用难得的参加万隆会议的机会耐心细致地宣传中国所奉行的和平外交政策，部分消解了菲泰等国对中国所存的误解和偏见，中泰、中菲双边关系随后出现了短暂的松动。但在意识形态尖锐对立的年代，各自带有不同意识形态烙印的国家间的矛盾是不可调和的。因中柬两国的建交让泰菲两国稍许放松的"恐共"神经再度紧张，开始在国内大肆排华，并对中国平息西藏叛乱进行攻击，马来亚在联合国大会上发起了讨论中国"西藏问题"的提案。菲律宾和马来亚还通过加强与台湾的关系来对抗中国。为了对抗中国在"马来西亚计划"上支持印度尼西亚的立场，1964年11月23日马来西亚与台湾建立了"领事关系"。在越南战争期间菲律宾和泰国还为美军提供军事基地，马来亚向南越政权提供武器装备等。

在中国与上述东南亚国家关系恶化的时期新加坡独立建国。人口中的80%为华人的新加坡在独立伊始就展示了其领导人高超的政治智慧，反共但不反华，罕有地将对华关系超然于意识形态的对立。在处理对华关系问题上采取了一种务实、灵活的作法，一方面拒绝与中国进行政治接触，一方面不反对中国加入联合国，允许与中国保持经贸往来。作为回应中国对新加坡也采取"既不承认，也不批评，既不谴责，也不赞扬"的中立立场。在激越的意识形态对抗的年代，不同意识形态的中新两国能够保持和平共处实属罕见。政治上的非对抗性使得中新经济关系得以建立并有所发展。双边贸易额由新加坡建国时的1965年的6 629万美元升至1976年的2.5亿美元。

（二）20世纪70年代后：化敌为友时期

美国深陷越战泥潭不能自拔、英国势力提前撤出东南亚等事件让菲、泰、马三国深感不安，"保持中立"遂成为菲、泰、马三国的对外政策目标，对华敌对的态度开始减弱。1971年10月马来西亚在联合国第26届联大上投票赞成恢复中华人民共和国在联合国的合法席位。菲律宾为解决国内粮食危机、减少世界石油危机对本国经济的影响接受中国善意的援助。1972年泰国政府经过认真研究决定派出乒乓球队赴北京参加亚洲乒乓球锦标赛，宣告中断了14年的两国交往史开始恢复。在1972年中美建交这一历史性事件的示范作用下，菲、泰、马三国先后转身与中国握手言和。1974年中国与马来西亚，1975年中国与菲律宾和泰国建立正式外交关系。

1975年越战的结束标志着美国与苏联在东南亚的争夺中败北。苏联欲"乘胜追击"，怂恿刚刚摆脱战火的越南实现"印支联邦"的旧梦，越南走上了侵略柬埔寨的道路。由于英美势力相继撤出东南亚，泰、菲、马等国都将中国视为遏制苏联霸权、反对越南侵柬威胁东南亚安全的重要政治依靠力量。一向珍视国家主权与领土完整、反对外来侵略的中国在反越侵柬问题上与东盟国家有着相同的立场和观点，1978年11月邓小平副总理在访问泰国、马来西亚和新加坡时就曾告诫东盟国家不要忽视越南对东南亚所构成的威胁。对于东盟国家特别是泰国作为前线国家所面临的现实军事威胁，中国给予了理解和同情，中泰关系迅速发展。在泰国要求中国承诺其安全的情况下，1979年10月邓小平在接见来华访问的泰国议长哈林时表示"如果越南进攻泰国，中国将站在泰国一边"。为了体现与泰国政府的协调一致，1979年中国停止了对泰秘密电台广播，同时减少了对泰共的物质支持。泰国政府对泰共武装人员也采取既往不咎、欢迎弃暗投明的态度，长期困扰中泰两国关系的泰共问题逐步得以和平解决。考虑到中国政府对达赖问题的敏感性，泰国政府还于1984、1987和1990年先后三次拒绝达赖入境。

越南悍然侵柬虽然也让马、菲两国视越南为地区最大威胁，但出于国内政治、经济利益考虑，马来西亚仍将中国视为现实威胁之一，而菲律宾则为了本国的利益不惜挑衅中国的主权。1975年4月马共成立45周年之际，中国共产党发去贺电，这引起马国政府的强烈抗议。马共问题成为纠结于马来西亚政府心中的、难以接近中国的一个最大的障碍。1978年菲律宾声称对南沙群岛拥有主权并侵占了其中9个岛礁、沙礁，同时不惜以损害中菲关系为代价来继续获取台湾的援助、投资，保持与台湾这个主要贸易伙伴的经贸联系。为了贯彻邓小平"不想让周边国家都反对中国，中国的现代化需要和平的环境，需要与街坊邻居的相安无事"的思想，1981年6月中国停止对马共秘密电台广播，对马共的经济援助也有计划地递减。1986年初菲律宾政治风波迭起。阿基诺夫人发动政变推翻马科斯独裁统治宣誓就任总统，中国政府第一时间给予积极支持。1989年中国因春夏之交的那场政治风波遭受国际孤立时，阿基诺总统发表讲话称菲律宾对华政策不会改变。

中国与泰、马、菲三国政治排斥力的减弱，使得经济吸引力得以正常发挥并不断发展。从1975年至1990年间，中泰双边贸易不断发展。1976年双边贸易额为1.056亿美元，1989年突破10亿美元，1990年又增至13.6亿美元。与1980年相比，1990年泰国对中国出口额增长了115.4%，从中国进口额增长了165.1%。1985年马哈蒂尔率领庞大的经贸代表团访华，提出以经济关系带动两国关系发展。双边贸易额也急速增长，由1977年的2亿美元上升至1989年的10亿美元，累计相互投资达9亿美元。中菲经贸关系也取得了长足的发展，双边贸易额也由1975年建交时的6 000万美元增至1988年的4亿美元。

意识形态的分歧虽然没有上升为影响中新关系的主要因素，但国小民寡、经济尚不发达的新加坡尚不能自由地执行独立的外交政策，在对华关系上不得不看"印度尼西亚、马来西亚眼色行事"。李光耀总理多次声明"只有所有的东盟国家都同中国建交之后，才能考虑新、中建交问题"。70年代中期东盟国家纷纷与中国建交后，新加坡外长拉贾拉南于1975年访华，1976年新加坡总理李光耀访华。自此双方政治交往频繁，高层互访不断，经贸联系日益密切。双边贸易额由1979年的12.6亿新元增至1989的56.5亿新元。至1989年新加坡共计对中国投资6.4亿美元，为中国的第四大外来投资国。1990年中印尼恢复邦交后仅两个月，中新建交也就水到渠成了。

文莱是东盟中独立最晚的国家。1984年文莱宣布独立后，中国政府立即电贺并予以承认。但同样是国小民寡的文莱自独立伊始就自然地存有一种"恐共"心理，甚至独立庆典都拒绝所有社会主义国家媒体的采访。其对华政策是承认但不进行政治接触，1984年10月文莱外交大臣电贺中国国庆。在如此清淡的政治关系下，直接的经贸交往当然受到限制，但两国通过新加坡进行的转口贸易却从未中断。1989年中国经贸代表团首次访问文莱，1991年4月中国外交部副部长徐敦信出访文莱后，两国开始建立直接的政治经贸联系。在其他所有东盟国家与中国建立外交关系后，1991年文莱与中国顺利建交，实现双边关系正常化。

第二节　冷战后中国与东南亚各国关系

冷战后，随着美苏两极格局的解体，世界政治多极化、区域化，全球经济一体化进程不断加快。提高本国综合国力成为中国和东南亚各国首要的战略发展目标，协调与合作成为中国与东南亚国家关系的主流。作为本地区大国，中国在处理同属中小国家的东南亚各国关系时坚决奉行和平共处五项原则，根据"国家不分大小，一律平等"的国际准则，以政治关系为基础、以经贸文化合作为纽带，在互利互惠原则的指导下，发展同东南亚各国的全面友好关系。东南亚各国对于中国这个强邻，都将对华关系视为各自最重要的双边关系之一，积极发展对华友好关系。中国和东南亚十国关系有如中国东南亚友谊之树上开出的十朵友谊之花，在两国政府和人民的共同培育下含苞吐蕊、竞相绽放。

一、中国与中南半岛五国关系

冷战后中南半岛各国彻底摆脱了战争的梦魇，但与战争如影相随的贫穷与落后却不能立即烟消云散。如何维护来之不易的和平，尽快摆脱贫穷与落后的面貌成为中南半岛各国不得不正视的严峻课题。发展对华友好关系是中南半岛各国必须和必要的选择。

中南半岛各国位于中国西南腹地，是中国维护和平的周边环境的重要一环，该地区的稳定与否、发展与否同中国休戚相关，发展与中南半岛各国的友好关系是中国周边外交的重要组成部分。

因此冷战后中国与中南半岛各国和平友好、互利互惠的友好关系不断得到发展和加强。

（一）中国与缅甸

苏联解体、东欧剧变让冷战的铁幕轰然倒塌，国际政治天空逐渐由阴暗变得明晰。冷战时期小心翼翼在两大阵营的夹缝中求得生存的缅甸在1988年后却因为"民主"和"人权"问题受到西方国家的政治打压、外交孤立和经济封锁。1989年后中国也同样遭受到以美国为首的七国集团的孤立和制裁。相同的遭遇让中缅两国相互理解，两国在共同倡导的"和平共处五项原则"基础上发展友好关系。长期的自我孤立导致外交资源非常贫乏的缅甸更是在对外关系方面采取了对中国"一边倒"的外交政策，1989年10月恢委会副主席丹瑞中将和1991年8月恢委会主席苏貌大将两次率高级代表团访华，足以显现当时中国在缅甸外交领域的重要地位。

缅甸在政治上倚重中国的同时，在经济上也依赖中国。以苏貌为首的第二代军人执政集团在发动军事政变夺取政权时缅甸经济几近崩溃的边缘，为了迅速摆脱经济困境，1988年10月缅甸政府宣布全面开放中缅边境贸易，缅甸和中国云南省都从边境贸易中受益匪浅，在一定程度上缓解了西方国家对缅甸经济制裁所带来的影响。

1994年后缅甸加入东盟进程进入实质性阶段，为了显示其加入东盟的诚意，缅甸努力发展与东盟国家关系，逐步改变此前的完全"一边倒"的对华政策，中缅关系由过密逐步回归到正常状态。

2001年12月中国国家主席江泽民对缅甸进行国事访问，这是中国最高领导人首次访缅，为中缅传统睦邻友好关系在新世纪不断发展奠定坚实基础。新世纪新阶段，中缅两国全面继续保持密集的高层互访。

当然，中缅关系在稳定发展的过程中也存在不稳定的因素。2011年9月底，缅甸政府单方叫停价值36亿美元的中缅合资密松水电站建设项目，引起了国际社会的关注。

（二）中国与印支三国关系

冷战后越、老、柬三国彻底摆脱了战争的阴影，真正走上了独立自主、自由发展之路。中越、中老和中柬关系在互利合作的基础上得到不断发展。

1. 中国与越南

冷战时期中国和东南亚国家关系中中越关系是最富戏剧性变化的双边关系之一。在新的国际和地区形势下，两国在总结过去经验和教训的基础上展望未来，基于现实国家利益基础上的互利合作取代了理想的意识形态结盟或军事对抗，双边关系走上了良性发展的轨道。

首先政治关系日益密切。自1991年开始至今，两国领导人互访频繁。中共中央总书记、国家主席江泽民（1994年），国务院总理李鹏（1992、1996年）、朱镕基（1999年），全国政协主席李瑞环（1997年），国家副主席胡锦涛（1998年）、尉健行（1998年）、李铁映（2000年）、黄菊（2000年）等中国领导人分别访越。越共中央前总书记杜梅（1991、1995和1997年）、前国家主席黎德英（1993年）、总书记黎可漂（1999年）、国家主席陈德良（2000年）、政府总理潘文凯（1998、2000年）、国会主席农德孟（1994、2000年）、政治局常委范世阅（1999年）、常务副总理阮晋勇（1999年）先后访华。1999年初，两党总书记确定了新世纪两国"长期稳定、面向未来、睦邻友好、全面合作"十六字方针和"四好"（好邻居、好朋友、好同志、好伙伴）新关系框架。2000年，两国发表关于新世纪全面合作的《联合声明》，对发展双边友好合作关系作出了具体规划。2008年5月，中越两国最高领导人提出发展两国全面战略合作伙伴关系的目标。2011年10月，越共新一届总书记阮富仲访问中国，访华期间，中越签署了经贸合作五年规划和关于解决海上问题协议。2011年12月，中国国家副主席习近平访问越南。这些互访，对推进中越全面战略合作伙伴关系具有重要意义。

其次经贸联系日益增强。中越关系正常化以来，两国经贸关系发展迅速。双边贸易额从1991年的3 223万美元增至1997年的14.4亿美元，增长近50倍；受亚洲金融危机影响，1998年双边贸易额为12.45亿美元，有所下降。1999年双边贸易呈现恢复性增长，达13.18亿美元；2000年中越贸易额为24.66亿美元，2008年双边贸易额上升为194.6亿美元。中国已经连续五年成为越南的最大贸易伙伴。截至2008年底，中国企业在越南累计签订对外承包工程、劳务合作和对外设计咨询合同额112.7亿美元，完成营业额54.3亿美元，中方累计对越南直接投资5.9亿美元，越南对华累计投资额4.7亿美元。越南还是中国在东盟地区最大的工程承包市场之一。

越南是中南半岛五国中唯一与中国存在领土领海争端的国家，双方为此发生过边境战争和海战。领土领海争端成为制约中越两国友好关系的重大障碍。自1993年8月开始越中举行边界问题政府级谈判。经过双方努力，1999年12月30日，中越两国在河内签署了《中国和越南陆地边界条约》。2000年12月25日两国在北京正式签署《中国和越南关于两国在北部湾领海、专属经济区和大陆架的划界协定》和《中国政府和越南政府北部湾渔业合作协定》。2008年12月31日两国就陆地边界勘界剩余问题达成一致，并共同对外宣布如期完成陆界全线勘界立碑工作的目标。自1995年起，中越成立海上问题专家小组，就南沙群岛争议问题举行谈判，迄今已举行了11轮谈判。双方同意通过友好协商寻求妥善的解决办法，同时探讨开展合作的可能性。

2. 中国和老挝、柬埔寨

1989年中老关系实现正常化后，两国政府又通过友好协商，在较短时间内圆满解决了边界问题。1991年10月，两国在北京签署了《中老边界条约》。此后，双方先后签署了《中老边界议定书》《中老边界制度条约》和《中老边界制度条约的补充议定书》。两国政府通过友好协商，在较短时间内圆满解决了边界问题。自此两国关系得到迅速发展。

首先是中老两国领导人频繁互访，在政治、经济、军事、文化、卫生等领域的友好交流与合作不断深化，双方在国际和地区事务中保持密切协调与合作。1990年12月，国务院总理李鹏对老挝进行正式友好访问。2000年11月，中国国家主席江泽民对老挝进行国事访问，这是中国国家元首首次访问老挝，在双边关系史上具有里程碑意义。访问期间，两国签署发表了关于双边合作的《联合声明》，确定发展两国长期稳定、睦邻友好、彼此信赖的全面合作关系。2006年11月，中共中央总书记、国家主席胡锦涛对老挝进行国事访问，双方发表《联合声明》，决定进一步深化两党两国传统友好与全面合作关系，推动中老关系不断迈上新的台阶。中老两国关系正常化以来，老挝的国家主席、总理、部长级人物每年都会访问中国。

经贸方面，中国企业于1990年开始赴老投资办厂，投资领域涉及水电、矿产开发、服务贸易、建材、种植养殖、药品生产等。中国企业在老挝还积极参与劳务和工程承包，占老挝承包工程市场1/4份额。2008年中老双边贸易额4.2亿美元，同比增长57.5%，其中中国出口2.7亿美元，进口1.5亿美元。双方在资源、技术、资金、管理经验方面互通有无，发挥互补性的优势。

冷战后中柬两国关系进入了新的发展阶段。江泽民、李鹏、朱镕基、李瑞环等国家领导人先后访柬。西哈莫尼国王、西哈努克太皇、参议院主席谢辛、国会前任主席拉纳烈、政府首相洪森等分别访华。2006年4月，国务院总理温家宝访柬，双方发表《联合公报》，宣布建立"全面合作伙伴关系"。

2002年朱镕基访柬时，两国领导人一致同意将农业、基础设施建设和人力资源开发作为两国重点合作领域。2008年双边贸易额为11.3亿美元，提前实现2010年双边贸易额突破10亿美元的目标。

3. 中国与泰国

冷战后期被誉为"不同制度国家关系的典范"的中泰关系在冷战后继续发展。双方高层互访频繁。国家主席江泽民（1999年）、人大常委会委员长李鹏（1999、2002年）、国家副主席胡锦涛（2000年）、国务院总理朱镕基（2001年）、主席胡锦涛（2003年）等中国领导人先后访泰。2000年，泰国诗丽吉王后代表普密蓬国王对中国进行访问。哇集拉隆功王储、诗琳通公主、朱拉蓬公主和王姐等王室成员多次访华，历任总理、国会主席和军队领导人多次访华。

冷战后中泰两国的经贸关系取得长足的发展。泰国是中国在东盟的第三大贸易伙伴，中国是泰国的第二大贸易伙伴。2003年10月，两国在中国—东盟自贸区框架下实施蔬菜、水果零关税。自从泰国与中国签订了蔬果自由贸易协定，泰国向中国输出的水果数量持续增长。泰水果出口年总值超过2亿美元，其中8 000多万美元是运销中国。2004年6月，泰国承认中国完全市场经济地位。2009年6月，两国签署《扩大和深化双边经贸合作的协议》。2009年双边贸易额约382亿美元，其中中国出口133.1亿美元，进口249亿美元。1996年以来中国对泰贸易连年逆差。

二、中国与海岛国家关系

东南亚海岛五国散布在太平洋的西南端，扼守从太平洋到印度洋、亚洲至大洋洲的战略十字通道。冷战的结束使东南亚海岛五国终于摆脱了大国的羁绊，对内发展经济，提高国家综合实力，对外实行平衡外交，不再依附于任何大国。发展对华友好关系是新时期东南亚海岛五国明智而正确的选择。

东南亚海岛五国与中国有着广阔的海域交接，是中国友好睦邻外交政策的重要组成部分。虽然中国与上述五国政治制度不同、文化宗教差异，且中国与其中的菲、马、印度尼西亚、文等国存在海洋主权之争，但中国真诚地愿意求同存异，以扩大共识、互利共赢来化解彼此间存在的矛盾和纷争，因此冷战后中国与东南亚海岛五国关系总体上呈现不断发展的良好趋势。

（一）中国与印度尼西亚

两国恢复邦交后，双边高层互访频繁。1993年中国全国人大常委会委员长乔石、1994年中国国家主席江泽民访问印度尼西亚，1995年印度尼西亚外长阿拉塔斯访华。1999年底，两国就建立和发展长期稳定的睦邻互信全面合作关系达成共识。2000年5月两国签署《关于未来双边合作方向的联合声明》，成立由双方外长牵头的政府间双边合作联委会。2005年4月两国元首签署中印尼战略伙伴关系联合宣言。2006年两国启动副总理级对话机制。2009年11月，两国政府确定2010年为"中印尼友好年"。

1990年两国成立了经济贸易技术合作联委会。2001年底，双方将农业、能源和资源开发以及基础设施建设确定为经贸合作重点领域。2002年3月成立两国能源论坛，成为两国开展能源合作的重要平台。

华人问题是双边关系发展中不容回避的问题。1998年5月印度尼西亚发生骚乱，当地华人受到冲击。在中国政府的积极努力下，2006年7月和2008年10月，印度尼西亚国会通过新《国籍法》和《消除种族歧视法》，华人从法律上获得了与其他民族平等的权利。

（二）中国与新加坡

政治上互为好伙伴。冷战结束后，时任新加坡最高领导人的李光耀正确认识到与中国发展关系的重要性，及时调整了对华外交政策，批驳"中国威胁论"，为中新关系的发展做出了不可估量的贡献。李光耀在任新加坡总理期间曾四次访华，1990年双方建交后他担任新加坡内阁资政，每年访问中国，架起了中国与新加坡的友谊桥梁。1991年9月，新加坡总统黄金辉访问中国，1992年1月，中国国家主席杨尚昆访问新加坡，1993年4月和1994年2月，吴作栋总理两次访华，1994年11月，中国国家主席江泽民访问新加坡。

经济上互利共赢。新加坡是经济发达的城市国家，经济的腾飞与国土面积的狭小使其迫切地需要开拓国外市场。冷战后，无论是国际形势还是双方的国内形势都呼唤中新合作。相较于其他东南亚国家，新加坡和中国在经济上的互补性最强，而竞争性最弱。中国广阔的市场和新加坡雄厚的外汇储备为中新合作找到了最佳切入点。仅1992年，新加坡在中国的投资项目742项，协议投资金额9.97亿美元。至1994年6月止，新加坡累计在中国投资68亿美元，成为中国的第五大投资国。2010年1—3月双边贸易额达179.4亿美元，同比增长42.2%，其中中国出口106.8亿美元，同比增长34.9%，进口72.6亿美元，同比增长54.4%。目前，中国已成为新加坡的第三大贸易伙伴，新加坡是中国第十大贸易伙伴、第二大海外劳务市场和第四大工程承包市场，对华贸易和投资均占东盟国家首位。

（三）中国与马来西亚

政治上的"蜜月期"。冷战后，马来西亚大幅度调整对华关系，马哈蒂尔总理任期内6次访华，创下访华次数最多的国家领导人纪录。马来西亚媒体曾形象地称90年代的中马关系为"蜜月时期"、"水乳交融"等，由此可见一斑。对于"中国威胁论"，马哈蒂尔总理也是持反对态度，他多次发表讲话反驳"中国威胁论"，他认为中国经济的发展为各国提供了机遇。1994年5月，他在北京发表演讲时这样说："面对一个富裕而强大的中国，东南亚不应该感到担忧。东南亚应该对一个富裕的中国表示欢迎。它们将通过贸易和经济交往共享财富。"[1]面对马来西亚对华外交政策的调整，中国也作出了积极的回应。在马来西亚深陷金融危机期间，中国积极进口马来西亚的棕油、木材、电子电器产品，帮助其缓解金融危机的负面影响。在政治方面，中国更是坚决站在马政府一方，无论是国际还是国内事务中都与马政府保持一致。1998年马来西亚因前总理安瓦尔·易卜拉欣被罢黜而引起了声势浩大的反政府运动，以美国为首的国家和国际组织激烈抨击马来西亚政府，而中国始终坚持不干涉别国内政的原则，给予深陷孤立的马来西亚政府莫大的支持。

经济方面，冷战后马来西亚对华贸易以年均30%~40%的速度增长，2002年马来西亚取代新加坡成为东盟国家中最大的对华贸易国。在对华投资方面，冷战前与冷战后也呈现出很大的差别。冷战结束前的1984年—1990年，马来西亚实际对华投资总额为240万美元，而1991年一年就投资196万美元，[2]是以前几年的总和。马来西亚是仅次于新加坡的东盟对华投资第二大国。

（四）中国与菲律宾

高层互访不断，政治互信增强。国务院总理李鹏（1990年12月）、人大常委会委员长乔石（1993年8月）、国家主席江泽民（1996年11月）、国务院总理朱镕基（1999年11月）、

①　廖小健：《冷战后中马关系的互动与双赢》，《当代亚太》2005年第4期。
②　廖小健：《冷战后中马关系的互动与双赢》，《当代亚太》2005年第4期。

人大常委会委员长李鹏（2002年9月）、人大常委会委员长吴邦国（2003年8月）、国家主席胡锦涛（2005年4月）、国务院总理温家宝（2007年1月）等先后访菲。而菲律宾历任总统拉莫斯总统（1993年4月）、埃斯特拉达总统（2000年5月）、阿罗约总统（2001年11月、2004年9月）等先后访华。中菲两国尽管存在南海主权争端，甚至还发生了不愉快的"美济礁事件"，但双方都能从和平友好的大局出发，共同致力于发展战略伙伴关系。国家主席江泽民1996年对菲进行国事访问期间，两国领导人同意建立中菲面向21世纪的睦邻互信合作关系，并就在南海问题上"搁置争议，共同开发"达成重要共识和谅解。中国海洋石油总公司与菲律宾国家石油公司于2004年9月1日签署了《在南中国海部分海域开展联合海洋地震工作协议》，是"搁置争议，共同开发"南海的成功示范。2000年，双方签署了《中华人民共和国政府和菲律宾共和国政府关于二十一世纪双边合作框架的联合声明》，确定在睦邻合作、互信互利的基础上建立长期稳定的关系。国家主席胡锦涛2005年对菲进行国事访问期间，两国领导人确认建立致力于和平与发展的战略性合作关系。2007年1月，国务院总理温家宝对菲进行正式访问，双方发表了联合声明，愿共同全面深化中菲致力于和平与发展的战略性合作关系。

经贸方面，2009年，双边贸易额达205.3亿美元。截至2010年3月底，菲累计对华实际投资额为26.8亿美元；中国累计在菲签订承包工程和劳务合作合同额73.8亿美元，营业额28.5亿美元。中国在农业领域帮助菲政府解决长期困扰其发展的粮食安全问题，中方援建的"中菲农业技术中心"于2003年3月在菲竣工。中国优良杂交稻种和玉米在菲试种成功，现正逐步推广。

（五）中国与文莱

自1991年9月30日双边建立外交关系以来，双边关系发展顺利，各领域友好交流与合作逐步展开。双方友好关系的一个重要基础是文莱坚持一个中国原则，在涉台问题上态度谨慎，政府明令不与台湾进行官方往来。在此基础上双方高层互访频繁，每年几乎均有高级别官员互访。国务院副总理兼外长钱其琛（1992年）、国务委员罗干（1995年）、人大常委会副委员长谢非（1998年）、国家主席江泽民（2000年）、人大常委会委员长李鹏（2001年）先后访文莱。2004年11月，国务院总理温家宝在老挝出席"10+3"、"10+1"会议期间会见文莱苏丹哈桑纳尔·博尔基亚。2005年4月，国家主席胡锦涛对文莱进行了国事访问。9月国务院副总理吴仪访文莱。文莱苏丹哈桑纳尔·博尔基亚先后于1993年、1999年和2004年三次访华，2001年5月和10月先后来华出席APEC人力资源能力建设峰会和APEC领导人非正式会议，2006年10月来华出席中国—东盟纪念峰会。文王储比拉、外交大臣穆罕默德·博尔基亚亲王及苏丹胞妹、外交和贸易部无任所大使玛斯娜公主均曾访华。

经贸领域，由于文莱人口稀少、市场狭小等原因，中文双边贸易额一直维持在低位。

2000年后由于中国开始从文莱大量进口原油，双边贸易额迅速扩大，由2000年的0.74亿美元升至2009年的4.2亿美元。

三、冷战后中国与东南亚关系发展的新特点

冷战后东南亚地区区域共同性与国别差异性并存。东盟这个意欲涵盖整个东南亚地区各国的区域性组织有其整体利益，如建立大东盟乃至后来的东盟共同体、确保东南亚成为东南亚人的东南亚、努力成为亚太一极等。因此在发展与中国关系时必须从整体的层面去考量。同时，东南亚十个国家在政治制度、经济发展水平方面的差异性和在历史文化、宗教信仰、自然资源禀赋等方面的多样性突出，使得以本国的国家利益和本国国内需要为基本出发点的东南亚各国对中国的认识不尽相同，各国制订的对华外交战略不可能"十篇一律"。如东南亚十国中既有如新加坡的新兴工业化国家，又有如越南、缅甸、老挝、柬埔寨等的世界上最不发达国家，新加坡的人均GDP目前已近3万美元，而越、老、缅、柬四国还不到400美元，人均GDP相差约70倍，远远高于欧盟内部的16倍和北美自由贸易区内部的30倍的差距水平。因此冷战后中国与东南亚关系发展呈现出双边关系和多边关系共同发展、区域合作和次区域合作共同进行、多头并进、相互促进等特点。

（一）以双边模式促多边合作

中国与东盟的多边合作是建立在中国与东南亚各国双边合作基础之上，中国与东南亚所有国家恢复和建立外交关系后才成就了中国与东盟外交关系的建立，中国与东盟的多边合作是水到渠成的。同样中国与东盟多边合作之所以能够快速推进也是中国与东南亚各国双边关系的不断发展的结果。中国本着不干涉他国内政的原则，对双方敏感问题采取冷静克制的态度，赢得了所有东南亚国家的普遍欢迎，中国与东盟关系才能在短时期内一步步跃升。

（二）以多边模式带动双边合作

主要体现在经贸合作领域。由于东盟十国发展的不平衡性，为了如期建立中国—东盟自由贸易区，在"早期收获计划"、货物贸易开放时间、关税削减时间、服务贸易开放时间设定上首先把越、老、缅、柬东盟新四国和其他东盟六国区分开，在新东盟四国中越南和其他国家的时间设定也是有差别的。对于个别条件成熟的国家，通过双边谈判，协议将实施时间提前，例如"早期收获计划"从2004年1月1日起对500多种产品实行降税，2006年，这部分产品的关税降为零。而中国与泰国先行了一步，于2003年10月1日开放实施。

（三）区域合作和次区域合作并行

中国与东盟开始推进和发展区域合作的同时，范围更窄、更易进行、更为务实的次区域合作也蓬勃发展起来。由于地域上的毗邻，中国云南和广西与中南半岛五国的次区域合作（即大湄公河次区域合作，简称GMS）自1992年起开始建立，至今已形成一个完

整、正式的合作机制。其中包括首脑峰会(每三年一届)、部长会议(每年度一届)和司局级高官会议及各领域论坛、工作组会议三个层次。通过 GMS 合作机制,三条南北走向的经济走廊(昆明—河内、昆明—曼谷、昆明—曼德勒—仰光)正在顺利推进,中国与越南的"两廊一圈(昆明—河内、南宁—河内、北部湾经济圈)"已经启动,中、老、泰和中缅间的基础设施建设也全面启动。中国与中南半岛各国间的次区域合作极大地改善了本区域的物流、人流和信息流通道,多边关系与双边友好合作关系相互促进、共同发展。

中国在与东南亚海岛各国双边关系不断发展的同时,为了进一步加强与该地区各国的关系,于 2006 年 7 月在广西南宁举行的"环北部湾经济合作论坛"上,提出扩大"北部湾经济圈"的地域范围,以两广(广东、广西)、海南省为中方的参与前沿,加强与越南、新加坡、马来西亚、菲律宾、文莱、印度尼西亚等国的"环北部湾"合作。2007 年 1 月,国务院总理温家宝在第 10 次中国与东盟领导人会议上正式提出"要积极探索泛北部湾经济合作的可能性"。一些东南亚海岛国家对此提议也做出了积极回应。可以预见,中国与东南亚海岛国家将会在多层次、多层面不断向前推进。

以双边推动多边、以多边带动双边、区域合作与次区域合作并行是被实践证明了的富有成效的方法。冷战后,中国与东盟成员国双边关系的发展没有脱离中国和东盟整体关系的框架。同时,在这个大框架下,各个国家又根据自身的实际情况和中国开展有各自标签的差别化外交。多边、双边模式的互动,使中国与东盟及东盟成员国的关系既符合整体利益又丰富多彩。

第三节　中国与东盟关系

东盟成立于 1967 年 8 月,但具有实质意义的中国与东盟关系却始自冷战后。

一、冷战时期中国与东盟关系:由对抗、和解到合作

东盟诞生于冷战最为激烈的年代,不可避免地打上了深深的意识形态烙印,成立之初成员国内部虽然纷争不断,但在"防共反华"问题上却非常默契,因此"东盟在成立伊始,作为一个整体,就处在与中国对峙的对立面"。这不能不引起包括中国在内的社会主义国家的敌对反应,因此在相当一段时间内中国与东盟间基本没有往来。

随着国际和地区形势的变化,资本主义阵营在东南亚地区逐渐式微,东盟"防共反华"的调门开始下降,1971 年 11 月东盟五国外长发表《东南亚中立化宣言》,决心把东南亚地区变成"一个不受外部强国的任何形式或方式的干涉的和平、自由和中立地区"。对于东盟的这种识时务的、务实的中立化主张中国给予了积极支持。1972 年 7 月东盟马尼拉外长会议上确定同中国建立和平友好关系。1975 年中国正式承认东盟的存在,并将东盟视为维护东南亚地区和平与稳定的重要力量。1978 年 11 月 5 日至 14 日,国务院副总理

邓小平应邀访问泰国、马来西亚、新加坡三个东盟国家，这是中国领导人首次到访东盟成员国，中国与东盟关系从此迈入一个新的阶段。

东盟自成立后危机不断，但都只是来自内部的纷争，而越南武装侵柬则让东盟第一次感受到来自外部的真正的军事威胁。因为印支联邦一旦建立将会彻底改变东南亚地区格局，属于"敌对阵营"的印支联邦将不可避免地与东盟形成直接对峙。为了阻止"印度支那联邦"计划的实施，东盟积极寻求途径以迫使越南从柬埔寨撤军。东盟的这一战略目标符合中国的战略利益，因为中国历来是反对霸权主义、维护世界和平的坚定力量。东盟认识到中国在和平解决柬埔寨问题上所具有的不可替代的作用，遂主动与中国加强政策协调，双方为此进行了卓有成效的合作。

冷战时期中国与东盟虽然由最初的敌对状态到最后携手合作，但双方因意识形态鸿沟的阻隔一直未能建立正式关系。

二、冷战后中国与东盟关系的发展

东盟六国在结盟的二十多年时间里，尝到了联合的甜头，整体经济实力明显增强，特别是在促使柬埔寨问题和平解决的成功经验，让东盟各成员国认识到只有联合才能够实现自立自强。冷战后东盟各成员国与中国全部建立或恢复了正常外交关系，为东盟与中国正式关系的建立奠定了基础。尽快以东盟组织的形式与中国这个地区大国建立联系、以整体的力量处理对华关系以进一步增强抗衡外部大国的影响成为东盟各成员国的共同愿望。1990年12月国务院总理李鹏访问马来西亚时，马来西亚总理马哈蒂尔就表示："目前东盟共与6个国家有对话关系，虽然中国还不是其中的一个对话国，但是作为一个有经济潜力的大国，而且又是亚太地区的国家之一，中国最终是可能成为东盟的对话伙伴国的。"

（一）中国东盟正式关系的建立

冷战后伴随着美苏在亚太地区力量的减弱和中国综合国力的增强，中国在亚太地区的地位不断提升。维护亚太地区的和平与稳定对于中国来说不仅是美好的愿望，更是义不容辞的责任。中国认为东盟是维护东南亚地区和平与稳定的重要力量，是实现地区繁荣与稳定的重要生力军。加强与东盟的协调与合作，必将有助于亚太地区的和平、稳定与发展。因此中国与东盟建立正式官方关系符合双方的共同利益和愿望，是历史的必然选择。

1991年7月在马来西亚的邀请和东盟其他各成员国的欢迎下，中国外长钱其琛以贵宾的身份出席了第24届东盟外长开幕式和东盟外长后续会议。钱其琛外长利用这一机会表达了中国愿同东盟组织发展友好关系的强烈愿望。这次会晤标志着中国与东盟组织正式建立官方联系。

（二）中国与东盟关系从"全面友好合作"到"睦邻互信伙伴"再到"面向和平与繁荣的战略伙伴"，双方关系实现了一次又一次飞跃

第一，全面友好合作关系（从20世纪90年代初到1997年12月）

中国与东盟正式关系建立后，双方各领域的合作逐步深入并全面展开。在政治领域，双方在已有合作的基础上继续努力，于1991年10月最终促成柬埔寨问题《巴黎和平协定》的签署。1993年9月，东盟秘书长阿吉特·辛格率团首次访华。1994年7月中国作为始创国之一出席了首届东盟地区论坛会议。1996年3月中国明确提出希望成为东盟全面对话国并得到东盟各国积极响应，并于当年东盟外长会议上得到确认。同时为了夯实双方合作基础，更为有效地巩固、协调和促进双方合作，逐步建立起一套卓有成效的合作机制。高官磋商、商务理事会、联合合作委员会、经贸联委会以及科技联委会共同构建了中国—东盟五大平行对话合作机制。中国与东盟国家的贸易总额从1991年的79.6亿美元上升到1994年的132.08亿美元，1997年再度升至243.6亿美元。这一时期还出现了东盟对华投资热潮，到1996年底，东盟国家在华直接投资达2 117项，投资合同金额累计达107.76亿美元。

第二，睦邻互信伙伴关系（1997年12月到2003年10月）

中国在1997年东南亚金融危机爆发后以"舍己救人"的国际主义精神转"危"为"机"，促使中国与东盟的关系再上一个新的台阶。面对深陷金融危机的东南亚各国，中国一方面坚持人民币不贬值，另一方面积极伸出援助之手，实践了努力维护亚太地区的和平与稳定、维护中国东盟友好关系的政治承诺，帮助东南亚国家度过难关。东盟对于中国这种负责任的、不附带任何政治条件的真诚的支持和援助深表赞赏，"一致认为中国的行动是负责任的、有帮助的"。患难见真情，中国无私地帮助东盟国家摆脱金融危机的举动拉近了中国与东盟间的距离，中国与东盟的政治关系在此基础上得到了进一步提升。

1997年12月16日，在东盟成立30周年之际、在大东盟即将完成的重要时候，中国与东盟国家领导人在吉隆坡实现首次非正式会晤，这也是中国与东盟所有成员国领导人的第一次集体会晤。它表明中国愿意看到大东盟的实现，愿意看到东南亚地区各国在东盟的旗帜下和谐共处，愿意发展与东盟及东盟各成员国的友好关系。国家主席江泽民在世纪之交、在东盟大家庭即将建成之时发表了题为《建立面向21世纪的睦邻互信伙伴关系》的重要讲话，受到与会的东盟成员国领导人的普遍欢迎，为新世纪中国与东盟关系的进一步发展指明了方向。会后发表的《中华人民共和国与东盟国家首脑会晤联合声明》是中国与东盟第一次共同发表的政治性文件，它标志着中国东盟关系迈入了新的阶段。1997年中国东盟领导人非正式峰会开创了中国东盟领导人每年定期会晤机制（"10+1"），它的建立使中国东盟合作步入实质性的、快速发展的轨道，有力地促进了中国东盟合作关系的全面发展。

2000年11月，国务院总理朱镕基在参加第4次中国东盟领导人峰会（"10+1"）时，首次提出了构建"中国—东盟自由贸易区"的设想，引起了东盟各成员国的广泛兴趣。东盟各国认识到与中国加强互利合作，推动经济一体化，是实现共同发展与繁荣的必由之路。2001年第5次中国东盟领导人会议上双方同意将在10年内建立中国—东盟自贸区。在2002年中国东盟领导人峰会上双方进一步签署了《中国与东盟全面经济合作框架协议》，为自贸区的建设奠定了法律基础。

2002年11月，在中国东盟第6次领导人会议上，双方签署了《南海各方行为宣言》，虽然该宣言对南海有关各方并无法律效力，但明确地表明了中国与东盟在南海问题上的态度，即"为维护南海地区的和平与稳定，促进该地区的共同繁荣，双方将通过友好协商和谈判，以和平方式解决南海有关争议，避免诉诸武力"。

世纪之交的这6年间，中国东盟政治关系取得长足进展的同时，经贸合作也更加蓬勃地展开。1999年以后，随着东盟各国逐步摆脱金融危机的影响，中国东盟间的贸易迅猛发展。1999年至2003年，中国东盟间的贸易总额从272亿美元上升至782.49亿美元，年均增幅高达22.3%。同时相互投资也再次迈上新的台阶。1999至2003年，东盟逐年对华实际投资额分别为32.9亿美元、28.4亿美元、29.8亿美元、32.6亿美元和29.3亿美元。同期中国对东盟投资也逐年增加，2000年中国企业对东盟投资4.58亿美元，2001年上升至6.55亿美元。

第三，面向和平与繁荣的战略伙伴关系（2003年10月至今）

迈入新世纪后，中国继续加强睦邻友好，坚定执行与邻为善、以邻为伴的周边外交政策。中国东盟关系再次迈上一个新的台阶。2003年10月，国务院总理温家宝在出席第7次中国东盟"10+1"峰会期间，提出"睦邻"、"安邻"、"富邻"的新主张，并与东盟10国领导人共同签署并发表了《中华人民共和国与东盟国家领导人联合宣言》，宣布双方一致同意中国和东盟建立"面向和平与繁荣的战略伙伴关系"。中国成为东盟的第一个战略伙伴国，这也是中国第一次与一个地区组织建立战略伙伴关系。也是在此次峰会上，中国签署了《东南亚友好合作条约》，成为第一个签约的非东南亚大国。

中国不仅积极促进与东盟关系的不断发展，而且充分认识到东盟在东亚地区合作中所具有的不可替代的"平台"作用和唯一没有争议的"舵手"作用，继续鼓励和支持东盟"主导"东亚事务，带动了东盟与日、韩对话合作，推动了以东盟为主导的中国与中、日、韩"10+3"峰会和东亚峰会等东亚合作机制的相继建立，成就了国际关系史上罕见的"小球推动大球"的合作模式，东盟的国际地位得以日益提高。

作为对中国积极友好姿态的回应，2004年3月在越南下龙湾举行的东盟外长非正式会议上，东盟常务委员会主席印度尼西亚外长哈桑代表东盟第一次就台湾问题发表官方声明，宣称"奉行一个中国政策"。2004年9月在雅加达举行的"10+1"经济部长会议上，东盟国家一致承认中国的完全市场经济地位。

2006年10月30日，为纪念中国与东盟建立对话关系15周年，来自东盟10国领导人、东盟秘书长与中国领导人齐聚广西南宁，举行了首届中国—东盟纪念峰会并签署了《中国—东盟纪念峰会联合声明》，致力于加强中国—东盟战略伙伴关系。这是中国东盟关系史上承前启后的一次盛会，它既是对过去十五年来双方关系不断发展的肯定，也包含了对未来中国东盟关系不断发展的期盼。2008年12月15日《东盟宪章》生效后半个月，根据《东盟宪章》的规定，中国即任命薛捍勤为首任驻东盟大使，以推动中国—东盟战略伙伴关系的深入发展，加强中国与东盟的沟通与协调。2010年1月1日中国东盟自由贸易区正式启动，它是发展中国家中经济规模最大、世界第三大自贸区，也是涵盖人口最多的自贸区，"自贸区建成启动后，中国与文莱、菲律宾、印度尼西亚、马来西亚、泰国、新加坡6个东盟成员国间，将有93%的产品实行零关税，中国对东盟的平均关税将从目前的9.8%降至0.1%，上述东盟成员国对中国的平均关税将从12.8%降至0.6%。越南、老挝、柬埔寨和缅甸4个东盟新成员将在2015年对90%的中国产品实现零关税的目标。"

中国统计资料显示，2010年上半年，中国东盟双边贸易额达1 365亿美元，同比增长55%，其中中国从东盟进口719亿美元，同比增长64%。中国对东盟出口646亿美元，同比增长45%；投资方面，截至2010年6月底，双方累计相互投资总额约694亿美元，其中东盟对华投资累计约598亿美元，中国对东盟非金融类投资累计约96亿美元。

（三）冷战后中国与东盟关系持续发展的主要原因

第一，"大东盟"的建立为中国东盟关系不断发展提供了必需条件。冷战结束后，随着国际关系中意识形态因素淡化，东南亚地区的紧张关系逐渐缓和，原来意识形态相互对立的老东盟六国和印支三国失去了相互敌视的理由，加上外部大国势力纷纷从本地区撤出，东南亚地区国际关系面临难得的重组机遇，东盟将缅甸、印支三国统一到自己旗下的时机已经成熟。先后吸纳越南（1995），老、缅（1997），柬（1999）入盟。随着"大东盟"的不断推进，东盟的国际地位日益攀升，集体自信心明显增强，摆脱大国羁绊、按照东方人的价值观选择发展道路、主导地区事务的意识与日俱增。在国际事务和对外关系中表现出较之以前更强的独立性，成为建立国际政治经济新秩序的一支不容忽视的力量。

第二，中国"与邻为善、以邻为伴"的周边外交战略为中国东盟关系不断发展提供了必要条件。冷战结束后，中国通过三次全国人民代表大会（1992年的十四大、1995年的十五大和2002年的十六大）逐步确立和完善了对周边国家的外交政策。中国共产党第十四大政治报告关于与周边国家的论述是："我们同周边国家的睦邻友好关系处于建国以来的最好时期"，"中国不同任何国家或国家集团结盟，不参加任何军事集团"。中共十五大报告又指出，"在相当长的时期内，避免新的世界大战是可能的，争取一个良好的国际和平环境和周边环境是可以实现的。""要坚持睦邻友好。这是我国的一贯主张，决不会改变。对我国同邻国之间存在的争议问题，应该着眼于维护和平与稳定的大局，通过友好协商和谈判解决。一时解决不了的，可以暂时搁置，求同存异。""我们进行社会主义现代化建设，需要一个长期的和平国际环境特别是良好的周边环境。中国的发展不会对任何国家构成威胁。"中共十六大报告再次强调，"新的世界大战在可预见的时期内打不起来。争取较长时期的和平国际环境和良好周边环境是可以实现的。""我们将继续加强睦邻友好，坚持与邻为善、以邻为伴，加强区域合作，把同周边国家的交流和合作推向新水平。"到2003年，国务院总理温家宝提出"睦邻"、"安邻"、"富邻"的主张，中国的周边外交政策逐步趋向成熟，为中国发展与东盟的关系指明了方向。

　　第三，是全球化和地区化不断深入发展的必然要求。在经济全球化不断深入发展的大背景下，加强区域经济一体化和政治合作的要求日益迫切。经济上，东南亚国家与中国毗邻而居，隔海相望，总体经济发展水平不高，是中国实施"走出去"经济发展战略的重要示范区。东南亚地区资源丰富，有囊括5亿人口的潜在大市场，可以为中国经济的进一步发展提供源泉和动力。东南亚地区还是连接亚洲、大洋洲、太平洋和印度洋之间的重要战略通道，是中国能源生命线的必经之地。与此同时东盟深知现在其之所以能够充当东亚合作中的"导航员"角色并不是因为自身实力的结果，而是"因为东盟组织的松散，并且不对任何一国构成威胁，所以各国姑且让东盟坐上导航的位子"。东盟这个"小球"要想真正推动"大球"，使自身"导航员"的角色名副其实，自身实力特别是经济实力的提升刻不容缓。搭上中国这趟经济高速发展的快车，提升东南亚区域整体经济水平是东盟及东盟各国的共同企盼。政治上，中国和东南亚国家同属发展中国家，在推动建立国际政治经济新秩序方面有着共同的利益和诉求。东盟在大国林立的亚太战略场上努力争当独立的一极，需要得到本地区大国中、日、韩等国的支持。而日本和韩国在和东盟的合作中由于受到美国的影响而容易瞻前顾后，而始终不附带任何政治条件地鼓励和支持东盟发展壮大的中国无疑成为东盟最好的战略合作伙伴。

第十二章 东南亚国家联盟

东南亚国家联盟，简称东盟（Association of Southeast Asian Nations—ASEAN），成立于1967年8月8日。东盟在其建立之初就声明其目标是要建立一个包括所有东南亚国家在内的"东南亚国家共同体"，这一设想在冷战结束后被正式提上东盟议事日程。2003年10月7日，东盟10国领导人在东盟第9次首脑会议上签署了旨在2020年成立类似于欧盟的"东盟共同体"的宣言。2008年《东盟宪章》生效。东盟一体化建设进入新阶段。

在长期合作实践中，东盟的组织机构日益完善并形成了极富特色的东盟决策原则，有效保障了东盟组织的正常运作及长远发展。东盟的产生与发展使东南亚乃至亚太地区格局发生了重大变化。作为一个由发展中国家组成的地区性国际组织，东盟已经成为国际舞台上一支重要的力量，在亚太地区发挥着不可替代的作用，是该地区名副其实的"第五极"力量。

第一节 东盟的成立与发展

20世纪60年代的东南亚地区形势乃至世界形势的发展变化，给东盟这个区域组织的产生提供了难得的机遇，东盟五个创始国及时抓住这个机遇，建立了东盟这个地区性组织，并且在以后的进程中根据地区形势变化及时调整思路和策略，一步步把东盟的发展推向前进。

一、东盟的成立

东盟正式成立于1967年，但在此之前的东南亚区域合作实践为东盟的产生提供了丰富的经验与教训。

1947年3月，印度尼西亚和菲律宾在参加完亚洲国家会议后，试图召开东南亚国家会议以加强东南亚国家间的联系，这是东南亚国家实行东南亚区域合作的首次尝试。1949年7月，菲律宾、泰国、缅甸、印度尼西亚又在新德里亚洲国家会议期间，商谈共同维护东南亚国家独立与主权的区域合作新途径。1950年后，菲律宾试图建立东南亚联盟，马来亚（1963年9月改为马来西亚）提出过要建立泛马来联盟，印度尼西亚也曾提议建立泛亚洲联盟，但均未获成功。对东盟影响最大的区域合作尝试是东南亚联盟以及马菲印联盟的建立。

1961年7月31日，马来亚、泰国和菲律宾三国在泰国首都曼谷宣布建立"东南亚联盟"，这标志着东南亚区域合作进入崭新阶段。东南亚联盟完全由区域内国家发起和组成，展现了东南亚国家的自主意识。这一组织存在了6年并在成立后的头两年开展了一些实际活动，促进了东南亚的区域合作，特别是为东南亚国家联盟的建立和发展提供了宝贵的经验。它在区域合作的组织形式方面进行的探索，对后来的东盟组织模式具有直接的示范作用，如它创立的外长会议、常务委员会和下级委员会的三级决策与执行机构，都为后来的东盟所借鉴。

1963年，成立伊始的马来西亚联邦因为沙巴主权问题和菲律宾发生冲突，相互断绝关系，东南亚联盟也因此而被迫停止活动。1963年8月，由马来亚（同年9月后改称马来西亚）、菲律宾和印度尼西亚在菲律宾首都马尼拉宣布成立马菲印联盟（或译马菲印多MAPHIINDO）。马菲印联盟成立后仅12天就因沙巴问题恶化而实际解体。尽管寿命极短，但马菲印联盟也同样为后来东盟的组织和运作提供一些宝贵的经验。马菲印联盟既有文字宣言标明其宗旨，又建立了较为固定的组织形式——成员国外长会议和成员国首脑会议，这些对后来的东盟都有借鉴作用。尤其是其在成立宣言中，公开将努力维护各成员国共同的政治利益，促进地区的稳定与和平，作为自己的政治目标，对后来的《东盟（曼谷）宣言》有明显的影响。

经历了东南亚联盟和马菲印联盟两次不太成功的区域合作之后，东南亚国家在如何开展有效的区域合作方面吸取了不少教训，也积累了一定的经验。而20世纪60年代中后期国际、地区局势的发展以及相关国家国内政局的变动为东南亚区域合作提供了必要条件。

进入60年代以来，国际形势和东南亚地区形势发生了显著的变化。在以美苏为首的两大力量之间进行的全球性冷战对抗的大背景下，东南亚地区政治格局基本定型，各国走上了不同的发展道路。印度支那三国共产党先后掌权，缅甸走上了缅甸式的社会主义道路，其余国家在经历了战后议会民主制政治尝试失败后，集权主义重新抬头，先后形成了以军队或强有力的政治组织及领袖人物为特征的相对稳定的政治模式和政府。50年代末，通过军事政变上台的沙立政府，在泰国确立了军人执政的政治格局，这种政治格局又因他侬政府的继任而得以延续。1965年，苏哈托利用"9·30事件"上台，确立军人集团在印度尼西亚政治中的主导地位。菲律宾的独裁者马科斯也于同年登上总统宝座。同样在1965年，新马分治则使李光耀成为新加坡的政治领袖。唯一没有在60年代中期发生政治变化的马来西亚也没有支撑多久，到1969年，强硬政治领袖拉扎克成为马来西亚领导人。相关国家政局的分化和定型，为东南亚的区域合作提供了政治基础，即为政治利益相近的国家提供了结成某种形式的联盟的现实可能性。

60年代中期上台的新一代政治领导人逐渐认识到区域合作可以促进区域安全和社会经济的发展，同时，面对地区国际局势的变化，一些东南亚国家也感到有必要通过区域合作来遏制共产主义的发展。因此，无论是从稳固国内局势、稳定周边环境还是提升在国际舞台上的作用考虑，强化东南亚区域合作都已是当务之急。

1966年6月，在苏哈托的授意下，印度尼西亚外长马立克首先正式提出建立东盟的设想，而且四处周旋，在东南亚国家中游说，争取其他国家对建立东盟设想的支持。印度尼西亚和泰国在成立新的区域合作组织方面本来就有某种默契，因此，马立克的游说工作得到了泰国外长他纳·科曼的鼎力支持。他纳·科曼主持了两次调解活动，缓和了马来西亚与印度尼西亚以及马来西亚与菲律宾之间的矛盾，对东盟的最终建立起到了至关重要的作用。而1962年通过军事政变上台的奈温军人政权由于奉行锁国政策，对参加东盟这样一个新的区域合作组织没有多大的兴趣。这样，经过近一年的外交斡旋，东盟正式成立的条件成熟。

1967年8月，受他纳·科曼的邀请，印度尼西亚外长阿达姆·马立克、马来西亚外长拉扎克、菲律宾外长纳西索·拉莫斯、新加坡外长拉贾拉南齐聚泰国首都曼谷，参加在这里召开的东盟首届外长会议。这次外长会议的主要议题是讨论东盟采取何种组织形式以及讨论由他纳·科曼起草的《东盟宣言》。8月8日，首届东盟外长会议结束，公开发表了《东盟（曼谷）宣言》，向全世界宣布"东南亚国家联盟"正式成立。

《东盟（曼谷）宣言》是一个简明扼要、措词严谨的纲领性文件，仅一千余字，共包括一个序言和五条正文。《宣言》言简意赅地叙述了加强东南亚区域合作、建立区域组织的重要性和必要性，归纳了东盟建立的动机，规定了东盟的目的和宗旨，确立了东盟组织机构的基本框架等，反映了五个东盟创始国为了本地区的和平、自由和繁荣而寻求友谊的愿望，在东盟历史发展中发挥了划时代的作用。

《曼谷宣言》把东盟建立的动机归结为几点：首先，强调建立东盟的基础是"东南亚国家之间存在着共同利益和共同问题，并相信有必要进一步加强已经存在的区域团结和合作联系"；接着强调东盟各国关系是"平等伙伴关系"，"希望本着平等和伙伴关系的精神为促进东南亚的区域合作而奠定共同行动的坚实基础，从而对本地区的和平、进步和繁荣做出贡献"；然后，宣言又指出，区域合作是实现地区和平、自由、社会正义和经济福利的最好途径，而且东南亚国家对于加强本地区的经济和社会稳定，保障本国的和平发展负有重大责任。

《宣言》第二条扼要地阐明了东盟的目的和宗旨，明确规定其性质主要是社会、文化和经济性的，而其中经济合作显然又占主要地位。①在宣言第二条所包含的七款中，直接和间接提到经济、社会和文化合作的就有四款，明确规定了合作目的、合作方式和具体的合作内容。关于合作目的，第一款提出"为了增强东南亚国家繁荣与和平的社会基础"。第五款规定，"为了更充分地利用它们（指各成员国）的农业和工业，扩大它们的贸易，包括国际商品贸易问题的研究、交通运输设施的改进和提高人民的生活水平"。关于合作方式，第一款规定"通过共同努力来加速本地区的经济增长、社会进步和文化发展"。第四款规定"在教育、职业、技术和行政方面"采用培训和提供研究条件的方式相互援助。关于合作内容，第三款规定"在经济、社会、文化、技术、科学和行政管理领域的积极合作和互助"。由此可见，经济、社会、文化和科技方面的合作特别是经济合作是《曼谷宣言》的主题。

宣言明确表示，东盟的目标是建立一个包括所有东南亚国家在内的"东南亚共同体"，"联盟对赞成上述目的、原则和宗旨的所有东南亚国家开放，欢迎参加"，"联盟代表东南亚国家集体的意志，友谊和合作把它们联结在一起，通过共同努力和牺牲，确保它们的人民和子孙后代得享和平、自由和繁荣"。

《曼谷宣言》突出经济、社会、文化和科技方面的合作，极力避免在政治合作方面承担真正的义务，明确指出东盟无意要成为一个军事联盟，妥善地处置了政治合作与经济、社会、安全、文化合作的关系，为东南亚地区的国际关系和国际政治格局规划了一幅既美妙又现实的蓝图。这样的安排既能为成员国普遍接受，又能最大限度地减弱其意识形态色彩和亲西方色彩，最大限度地减弱非东盟的东南亚国家以及苏联、中国等外部国家对它的怀疑甚至敌视程度，使东盟在后来的岁月里能够应付各种棘手难解的地区问题与危机，平稳地发展下去。

---

① 关于东南亚国家联盟的目标和宗旨，即它是要成为一个政治联盟还是一个经济、社会、文化联盟的问题，在国内外学术界一直存在着四种看法。一种看法认为东盟"是其成员国主要基于政治方面而不是经济方面的考虑而建立的"。另一种观点认为（包括五个东盟创始国领导人也这样认为）东盟"仅仅是经济、文化联盟"。第三种观点认为东盟是为推进经济合作而建立的，当然也有一些政治目的："经济、社会和文化领域的合作被列为优先考虑的主要目的……经济合作不仅为其他领域的合作奠定了基础，而且也是其他领域——包括政治和文化合作的先决条件。"第四种观点认为，成立初期的东盟"基本上是一个政治联盟，目的是维护成员国内部的和平与稳定，它也不完全排除经济合作。……从上述四种观点来看，前两种观点都有绝对化的倾向，要么把东盟成立的意图说成是单纯为了政治方面的合作，要么说成是单纯为了经济方面的合作。而后两种观点则在强调主要意图的同时，又附带有次要意图，所不同的只是主次不同，一种观点强调以经济因素为主，政治因素为辅，另一种观点强调以政治因素为主，经济因素为辅。事实上，从东盟国家为建立东盟而进行的一系列协调活动以及东盟成立宣言和东盟成立后公布的一系列文件及其活动来看，把东盟成立意图绝对化，即要么说成单纯为了经济合作，要么说成单纯是为了政治方面的合作都是不切实际的。比较可取的还是"政治和经济意图兼而有之"的观点。但是，到底是政治意图为主还是经济意图为主？我们认为，就其成立的动机而言，恐怕应该是政治意图为主。我们还认为，政治意图和经济意图同时并存，贯穿于东盟迄今为止的整个发展史中，而在其多年的发展史中，有时候是以经济、社会和文化合作为主，有时候又是以政治合作为主。经济和政治合作（包括军事和安全合作）是东盟发展史上的主旋律。我们通常说东盟是一个非政治联盟，并不意味着它的成立和发展不带有政治动机，反之亦然。事实上，一些东盟国家主要领导人也不否认这一点。为东盟的成立立下过汗马功劳的印度尼西亚前外长阿达姆·马立克曾就此有过坦率的表述。他说："虽然从一开始东盟就被认为是一个经济、社会和文化合作组织，虽然在这方面的考虑无疑是主要的，但事实上，五个未来成员国在政治观点上的一致——是使它们在东盟内部联合起来的主要促进因素。"但是，不管怎么说，这样一个事实必须承认："不管1967年《曼谷宣言》后面的政治动机如何，东盟的正式目标和宗旨主要是'非政治的'。这是有据可考的，是《曼谷宣言》里明文规定的。"引自王士录、王国平：《从东盟到大东盟：东盟30年发展研究》，世界知识出版社1998年版，第59—61页。

二、东盟的发展

在40多年的发展历程中，东盟大致经历了三个阶段。第一阶段为1967年至1975年，是磨合期；第二阶段从1976年至1989年，为整合发展期；第三阶段从1990年至今，为深化合作期。

（一）磨合期

从东盟成立的1967年到1976年巴厘会议前，将近10年的东盟发展尚处在"磨合期"。东盟成立之初，越南战争爆发，外部环境相当严峻。而初次合作的5个成员国之间矛盾不断，冲突时有发生。因此，在1976年之前，东盟的主要目标是减少东盟各国间的摩擦，增加彼此之间的信任与默契，平稳度过成立初期的各种危机，在政治、经济等方面的实际作为不大，1971年发表《和平、自由和中立区宣言》是这一阶段最显著的成就。

东盟五国之所以能走到一起，是经过了长达11个月的调解矛盾的过程。这种调解以取得各国对建立东盟的支持为最高目标，虽然在一定程度上化解了一些国家之间的恩怨，但并没有完全消除，这给东盟的发展，特别是东盟的团结留下了隐患。1968年3月，离东盟成立尚不满一年，菲律宾和马来西亚之间的矛盾就因沙巴问题再度激化。马来西亚政府公开指责菲律宾政府在科列吉多岛训练特种部队，准备在沙巴挑起事端。马来西亚政府在提出公开抗议的同时，还撤回了驻菲律宾的大使。这一行动已经在很大程度上损害了东盟的团结，但马来西亚政府的回应并没有到此为止。稍后，马来西亚政府又借抵制在马尼拉召开的一次东盟会议之机，公开宣布暂停参加东盟组织的一切活动。这一举动导致东盟组织陷于近8个月的瘫痪状态，甚至东盟这一新成立的区域合作组织能否继续存在下去都成了问题。在马菲关系恶化带来的冲击尚未完全消除之际，新加坡和印度尼西亚又因新加坡处死两名印度尼西亚船员导致两国关系紧张，这无疑给已经陷入困境的东盟雪上加霜。

在此紧要关头，东盟内部的协调机制开始发挥作用。东盟在濒临瓦解之际，当即做出决定，让泰国和印度尼西亚充当"说客"，由他纳·科曼和马立克从中斡旋，劝说马来西亚和菲律宾以东盟的事业和地区和平与稳定、经济发展的大局为重，化干戈为玉帛，息事宁人，让东盟能够平稳地发展下去。这次调停基本上还是成功的，缓和了两国间的矛盾，特别是说服了马来西亚重新参加东盟的活动。新加坡与印度尼西亚之间的矛盾因双方采取了比较克制的态度，没有对东盟的发展产生太多的消极影响。特别是印度尼西亚政府的回应相当克制，因为印度尼西亚一心想在东盟未来的发展中执牛耳，苏哈托和马立克都不希望"船员事件"扩大化，危及东盟的团结和稳定。

经历了1968年危机，东盟发展逐渐趋于平稳，逐渐开展各项合作，但发展步伐缓慢，区域合作取得的成就不多，其中引人注目的莫过于《和平、自由和中立区宣言》的签署。

"和平、自由和中立区"是由马来西亚政府提出来的，这一概念是东南亚中立化问题的核心所在。1970年9月，代表马来西亚政府出席在赞比亚首都卢萨卡召开的不结盟国家首脑会议的拉扎克首次公开提出东南亚地区中立化设想，该设想主要包括三个方面的内容：第一，本地区国家实现中立化，既不与地区外大国结盟，也不与它们为敌，同时，维护各大国在本地区的合法利益；第二，美国、苏联以及中国保证不在本地区角逐，不卷入本地区国家的内部事务；第三，本地区国家相互合作，消除引起紧张局势的根源。东南亚地区中立化设想提出后，在东盟内部引起了极大的反响，其中，以印度尼西亚的兴趣为最大，泰国和菲律宾也对马来西亚的东南亚地区中立化设想表示赞同。新加坡在东南亚地区中立化设想出炉后，态度则显得较为平淡，它仅从道义和策略方面对中立化设想表示赞同和支持。

1971年11月，东盟外长特别会议在马来西亚首都吉隆坡召开，会议通过了《和平、自由和中立区宣言》。尽管《和平、自由和中立区宣言》最终获得东盟五个成员国的承认，但除马来西亚外，其余四国对东南亚地区中立化都有不同程度的保留。因此，即使最乐观地来评估东盟政治合作的成就，也只能说东盟政治合作才刚刚起步。但是，这一艰难起步毕竟是东盟加强政治合作的一个标志，从东盟的整个历史发展过程来看，这可以视作东盟形成自己对外政策的一个良好开端，为东盟国家营造长期和平的外部环境打下了基础。尽管道路还很曲折，步调不是很协调，但合作毕竟已经开始。

（二）整合发展期

1975年越南战争结束以后，东盟各国深感急需加强彼此之间在政治、经济方面的合作，大力推动相关进程，东盟进入整合发展阶段。1976年东盟五国领导人在印度尼西亚巴厘岛举行了东盟成立后的首次首脑会议，会议正式通过将政治合作作为东盟的一项目标，同时就经济合作制订了具体原则。此后，东盟各国积极协调立场，在争取柬埔寨问题政治解决上发挥了重要作用。

1976年是东盟历史上划时代的一年。是年2月，东盟五国首脑——印度尼西亚总统苏哈托、马来西亚总理奥恩、菲律宾总统马科斯、新加坡总理李光耀和泰国总理克立·巴莫在印度尼西亚旅游胜地巴厘举行了东盟第一次首脑会议。东盟首脑会议的召开，表明东盟各国经过近10年的磨合，在区域合作方面逐步积累了经验，增强了区域合作的信心，因而希望东盟合作能够在合作的领域和水平上都有一个大的提升。

首届东盟首脑会议取得的最重大成果是签署了东盟历史上两个极其重要的文件——《东南亚友好合作条约》和《东盟协调一致宣言》。《东南亚友好合作条约》对东盟的区域合作作了详细的原则规定，而《东盟协调一致宣言》则对东盟区域合作的具体方式作了详细的规定，这在东盟的历史上是前所未有的。1967年签署的《曼谷宣言》只是对区域合作的动机、目标和宗旨等问题作了一般性的原则规定。

《东南亚友好合作条约》的内容包括序言和5章，涉及宗旨和原则、友好、合作、和平解决争端、一般规定等五个方面的内容。《条约》强调，"本条约的宗旨是促进缔约国人民之间的和平与持久的友好与合作"，"缔约国在彼此的关系中应当以下列根本原则为指导"，即相互尊重彼此的独立、主权、平等、领土完整和民族特征；每个国家都有权保持其民族生存，不受外来的干涉、颠覆或压力；互不干涉内政；用和平手段解决分歧或争端；放弃使用武力或武力威胁；在缔约国家内实行有效的合作。《条约》对东盟的政治、经济、社会等方面的合作制定了9条规定，其中，对政治合作的作用和地位有了新的强调，认为政治合作与东盟其他合作的关系是密不可分的，"缔约国将努力加强合作，以促进地区的和平、和睦和稳定。缔约国为此将定期接触，就全球和地区事务进行磋商，以协调彼此的看法、行动和政策。""缔约国在努力实现本地区的繁荣和安全方面，应当在各个方面进行合作，根据自信、自力更生、相互尊重、合作和团结的原则，增强本地区的抗御力。这些原则将奠定在东南亚建立一个强大而能够生存下去的国际社会的基础。"为处理好区域合作下的成员国之间的关系，《条约》特别对"和平解决争端"作了五项规定。《东南亚友好合作条约》的签署为东盟的进一步发展，特别是为吸收新的成员国作了预先的准备，签署《东南亚友好合作条约》将成为新成员国加入东盟的必要手续。《东南亚友好合作条约》所确立的平等伙伴关系原则与和平解决争端原则，对东南亚地区的其他国家开始产生了越来越强大的吸引力。

　　《东盟协调一致宣言》的内容分为前言、政治方面、经济方面、社会方面、文化和知识、安全、改善东盟机构等7项内容。这个宣言的最大特点是将政治合作置于东盟合作的首要地位，对东盟的国际政治格局作了明确的规划。它强调东盟的合作在谋求政治稳定方面应特别考虑下列目标和原则：一是每个成员国的稳定以及东南亚国家联盟地区的稳定对国际和平和安全是一种必不可少的贡献。每个成员国决心消除颠覆活动对它的稳定所造成的威胁，从而加强各成员国以及东南亚国家联盟的抗御力。二是成员国应分别地和集体地为早日建立和平、自由和中立区采取积极步骤。三是消灭贫穷、饥饿、疾病和文盲是各成员国关注的首要事项。由此，各成员国应加强经济发展和社会发展方面的合作，特别侧重于促进社会正义和改善本国人民的生活水平；各成员国在执行各自国家和整个地区的发展计划方面应采取合作行动，尽量利用东南亚国家联盟地区现有的资源，以扩大在经济上互相补充的范围；各成员国应本着东南亚联盟团结，在互相尊重和互利的基础上促进东南亚国家间的和平与合作；各成员国应大力培养地区特性概念，竭尽全力在互利关系的基础上并按照自决、主权平等和互不干涉内政的原则创建一个受到各国尊重，并尊重所有国家的强大的东南亚国家联盟共同体。这几项原则为东盟的政治合作和其他合作定下了基调。

　　东盟首脑会议的召开以及《东南亚友好合作条约》、《东盟协调一致宣言》的签署标志着东盟作为一个国际组织的架构日趋完善，东盟合作和发展的步伐开始加快。自此，东盟区域合作进入了一个崭新的发展阶段。

第一次首脑会议为东盟的合作和发展规划了一幅美妙的蓝图。1977年8月，东盟紧接着又举行了第二次首脑会议。正当东盟雄心勃勃地准备大干一番时，1978年12月25日，越南悍然出兵柬埔寨，导致了东南亚地区局势的恶化，也直接威胁着东盟实现东南亚地区和平以及实现东南亚各国友好合作的政治目标的实现。同时，越南出兵柬埔寨也打乱了东盟业已制订的合作计划，使得东盟不得不放弃政治、经济、社会诸方面的合作计划，集中精力解决柬埔寨问题。但另一方面，正是在谋求以政治方式和平解决柬埔寨问题的过程中，东盟的内部凝聚力以及国际影响力都得到了极大的增强，东盟在危机中日益成长为一个成熟的地区组织。

越南出兵柬埔寨，对东盟最现实的威胁是，越南出兵柬埔寨得手后，不时在泰柬边境挑起冲突，侵犯泰国边境，直接威胁着东盟成员国泰国的国家安全。泰国政府首先坚定了抵制越南扩张的立场，在东盟内部多次呼吁对越南出兵柬埔寨进行谴责。对越南扩张心存恐惧的新加坡，很快表示了对泰国立场的同情和支持。一开始主张东盟以退让求得同越南友好的印度尼西亚和马来西亚，也因柬埔寨问题日益恶化，直接威胁到东盟的稳定与和平，对越南的疑虑逐渐增加。

面对越南出兵柬埔寨带来的政治危机，经过一段时间的协调立场，东盟在政治解决柬埔寨问题上逐渐取得了一致并制订了相应的对策：重新明确地将政治合作置于优先地位，同时加强其政治合作中同越南对抗的一面。1982年，东盟明确指出，东盟组织作为一个整体，优先考虑的突出问题是如何就共同关心的政治问题进行合作。而在强调对越南采取对抗立场方面，虽然各国采取这一立场的时间有先有后，但毕竟最后殊途同归，取得了共识。从70年代末至90年代初，东盟依靠自身的团结和集体的努力，成功地使每一届联合国大会都通过了东盟提出的谴责越南侵略柬埔寨的议案。这是东盟自成立以来在联合国大会上获得的最大成功，也标志着东盟政治合作取得了相当大的成果。东盟说服世界各国拒绝承认越南扶植起来的金边韩桑林政权，使韩桑林政权在国际社会中一直难以立足。东盟还鼓动美、日和西欧国家停止对越南的一切援助，迫使越南从柬埔寨撤军。此外，东盟帮助意见分歧的柬埔寨三方抵抗力量建立起联合政府，这有力地推动了柬埔寨问题的政治解决。到80年代末，柬埔寨问题进入到关键性的谈判阶段，东盟又推举印度尼西亚外长阿拉塔斯作为东盟的代言人，参加柬埔寨问题的四方会谈，为最终政治解决柬埔寨问题作出了应有的贡献。

东盟在长达13年的时间内，围绕柬埔寨问题而进行的较为有效的政治合作，使其在抵制越南扩张和促进地区稳定方面发挥了重要作用，这也使得东盟在地区内外国家心目中的地位明显提升。东盟作为一个重要的区域组织，逐渐赢得了国际社会的广泛尊重。美国、欧共体、加拿大、澳大利亚、新西兰以及日本和东盟保持着密切的联系，它们都是东盟的对话国。而苏联、中国，同时还包括越南，也逐渐改变了与东盟对立的立场，关系也逐渐改善。此外，东盟在1984年还成功地吸收文莱为东盟的第六个正式成员国。这次东盟组织的扩大，增强了东盟的力量，显示了东盟具有较强的凝聚力和吸引力。

在整合发展阶段，尽管东盟在经济领域的合作成就并不显著，但东盟通过政治和安全合作，保持了内部的长期稳定，为各成员国经济持续快速增长创造了和平的环境。"东盟的政治活动有助于成员国之间建立和保持和平气氛。没有这种和平气氛，东南亚是不可能如此迅速成长的"。

（三）深化合作期

随着东西方冷战结束，东南亚一些热点问题降温，东盟积极调整自己的内外政策，东盟发展进入深化合作阶段。1992年1月，第4次东盟首脑会议（新加坡首脑会议）召开。新加坡首脑会议被认为是东盟发展史上的第二个最重要的里程碑，其作用和意义与1976年的第一届首脑会议即巴厘首脑会议一样重要。会议签署了《新加坡宣言》《加强东盟经济合作框架协定》和《共同有效优惠关税协定》3个重要文件，确定了东盟处理内外关系的基本思路。以此为起点，东盟在冷战后的20年里将组织扩大至覆盖整个东南亚地区，在推进地区一体化建设上成绩斐然。

在冷战结束以前，由于国际与地区环境的制约，东盟并没有实现成为一个包括东南亚地区所有国家在内的区域合作组织这一目标。20世纪90年代初，冷战结束，意识形态因素对东南亚地区国家间关系影响急剧下降，东南亚国家不再面临着在两大政治集团之间选择其一的困境，从而有了扩大地区合作的机会。于是，东盟的扩大被提上了议事日程。东盟国家积极采取行动，对加强地区合作表现出强烈的主动性，努力改善同越南、老挝、柬埔寨和缅甸四个国家的关系，力争把它们吸收到东盟组织中来，从而实现"大东盟"的计划。而印支三国和缅甸也希望加入东盟，积极为加入东盟创造条件。

1994年5月，来自东盟六国以及越、老、柬、缅的高级官员和专家在菲律宾首都马尼拉举行会议，讨论建立东南亚10国共同体的问题。会议决定加快东南亚一体化进程，把东盟扩大为包括东南亚所有国家在内的大东盟。会议签署和发表了一项关于建立东南亚10国共同体设想的声明。该声明明确提出"东南亚应成为一个共同体。这个共同体应该在21世纪世界舞台上成为一个重要的政治、经济、文化和精神实体"。在1994年5月的马尼拉会议后不久，越南率先提出了加入东盟的申请。1994年7月召开的第27届东盟外长会议原则上同意越南加入东盟。在次年7月第28届东盟外长会议上，越南被正式批准加入东盟，同时老挝还被接纳为东盟观察员。在1995年12月第5届东盟首脑会议上，柬埔寨被接纳为东盟观察员，缅甸作为贵宾国应邀出席会议。这次会议还对老挝、柬埔寨和缅甸三国在2000年以前加入东盟的问题进一步达成了共识。1996年7月，第29届东盟外长会议正式接受老挝和柬埔寨提出的于1997年加入东盟的要求，并且邀请缅甸参加会议并将其升格为东盟观察员国。老挝和缅甸于1997年7月相继成为东盟的第八个和第九个成员国，而柬埔寨则由于内部政治与军事冲突，1999年才正式加入东盟。由此，根据《建立东南亚10国共同体设想的声明》，越、老、缅、柬四国先后被吸收入盟，"大东盟"计划最终得以实现，在促进东南亚地区一体化的过程中，迈出了重要的一步。

在东盟扩大的同时，一体化建设也在经济、政治、安全等各领域深入推进。1992年东盟各国领导人达成共识，发表《新加坡宣言》，通过《有效普惠关税协定》和《加强东盟经济合作框架协议》，决定从1993年起的15年内建成东盟自由贸易区，为东盟自由贸易区设立了时间表。1998年，东盟决定将建成自贸区的时间提前到2002年。1995年，在第5届东盟首脑会议（曼谷会议）上，东盟各国签署《东南亚无核武器区条约》①，强调建立东南亚无核武器区是东盟建立和平自由中立区的重要因素，强化了东盟共同安全意识。

进入21世纪，东盟明显加快了合作乃至融合的步伐。2003年10月7日，东南亚国家联盟（东盟）第9次首脑会议在印度尼西亚巴厘岛举行，与会的东盟10国领导人签署了一份旨在2020年成立类似于欧盟的"东盟共同体"的宣言。这份被称为"巴厘第二协约宣言"的文件主要包括"东盟安全共同体"、"东盟经济共同体"和"东盟社会与文化共同体"三个部分。

关于"东盟经济共同体"，文件强调到2020年把东盟地区建成为以商品、服务与投资自由流动和资本更为自由流通为特点的单一市场与生产基地，实现《东盟2020年设想》所确定的实现经济一体化的最终目标，并使东盟成为全球供应链最有活力和强劲的组成部分。而在2007宿务首脑会议上，建成经济共同体的时间被提前至2015年。届时东盟将成为一个统一市场，实现商品、服务以及投资的自由流动。

关于建立"东盟安全共同体"，文件强调了几项基本原则：只能通过和平手段解决东盟国家之间的分歧，不许使用武力或以武力相威胁；尊重国家主权，各国有权采取独立的外交政策和国防措施，这一共同体绝不是军事同盟；遵守联合国宪章和其他国际法以及东盟所确定的互不干涉内政、以协调一致为基础的决策等。

关于建立"东盟社会与文化共同体"，东盟各国将加强公共卫生、教育、文化等领域的合作，提高农村人口生活水平，增强东盟意识和认同感，促进各层次的社会融合。文件强调了社会发展方面的合作，以提高劣势社团群体和农村人口，特别是妇女、儿童和地方社区生活水准。随着共同体的逐步形成，东盟国家将加强在包括传染性疾病，比如预防和控制艾滋病和非典型肺炎等公共卫生领域合作。此外，东盟国家还将加强在人口

① 作为对其"中立化"思想的发展，在1987年马尼拉首脑会议上，东盟第一次公开提出了建立"东南亚无核区"的主张，并将其作为奋斗目标写入了《马尼拉宣言》之中。建立"东南亚无核区"的主张是在马尼拉首脑会议上由印度尼西亚总统苏哈托首先提出来的。1987年12月15日通过并发表的《马尼拉宣言》把印度尼西亚关于建立东南亚无核区的主张作为整个东盟组织集体的主张写入了其中，指出："应加紧努力，争取早日实现无核地带的设想。"《马尼拉宣言》第五段说："东盟应加紧努力争取早日建立东南亚无核武器区，这包括继续商讨一切与建立无核武器区有关的事宜并商定一项关于建立无核武器区的适当的文件。"

增长、失业、环境保护和跨国界污染以及灾难管理等方面的合作。

为实现上述目标，2004年11月举行的东盟首脑会议还通过了为期6年的《万象行动计划》，签署并发表了《东盟一体化建设重点领域框架协议》《东盟安全共同体行动计划》等。

为进一步确立东盟的法律地位，为东盟共同体建设奠定法律基石，2004年11月东盟领导人签署的《万象行动计划》正式将制订《东盟宪章》列为东盟的一个目标，加强东盟机制建设。2005年12月，东盟领导人签署《吉隆坡宣言》，并指定一个由10人组成的"名人小组"负责为宪章的制订提出建议，希望将东盟带入一个拥有坚实法律基础、依法运作的更高层次。2007年1月，东盟领导人确认了"名人小组"提出的关于制订《东盟宪章》的具体建议，同时签署了关于制订《东盟宪章》的宣言，并指定一个由10人组成的"高级别特别小组"负责起草宪章文本。2007年7月，"高级别特别小组"向东盟外长会议提交宪章草案，同年11月20日，东盟领导人在新加坡签署《东盟宪章》。2008年12月15日，《东盟宪章》正式生效。

这份长达31页的文件确立了东盟的目标、原则和地位。

关于东盟的目标，在政治安全方面，东盟要"维护并加强本地区和平、安全与稳定。保持本地区无核武化，支持民主、法制和宪政，为东盟居民提供公正、民主与和谐的和平环境"。在经济发展方面，东盟要"致力于经济一体化建设，构建稳定、繁荣和统一的东盟市场和生产基地，实现商品、服务和投资自由流动，促进商界人士、技术人才和劳动力的自由往来；增强合作互助，在本地区消除贫困，缩小贫富差距"。在社会文化发展方面，东盟要"加强开发人力资源，鼓励社会各部门参与，增强东盟大家庭意识"《东盟宪章》展示了一个政治、经济、文化、民族与宗教均相当多元化的地区对有关利益的认同，规划了区域发展的未来。

在原则规定上，文件继续坚持不干涉内政的基本原则；尊重各成员国的独立、主权、平等、领土完整和民族特性；坚持以和平手段解决纷争；不干涉成员国内政；就涉及关系东盟共同利益事宜加强磋商机制，依照东盟条约和国际惯例解决纷争，棘手问题将交由东盟首脑会议协商决定。

《东盟宪章》对各成员国具有约束力，赋予东盟法人地位。宪章进一步理顺了东盟的组织架构，将英文定为东盟的工作语言，并规定每年8月8日为"东盟日"，并对东盟旗帜、徽章做出相关规定。

《东盟宪章》是东盟成立40年来第一份具有普遍法律意义的文件，成为整合东盟的法律基础，其核心是将东盟从一个松散的"政治联盟"转化为具有规章基础的法律实体，为在2015年实现以经济、安全、社会与文化为三大支柱的"东盟共同体"奠定了坚实的发展基石。

尽管近年来东盟内部合作和一体化进程发展比较顺利，但东盟仍面临许多复杂问题和挑战。首先，东盟国家在政治制度、意识形态、民族文化和安全价值取向等方面差异较大，阻碍了东盟成员国深化合作。而一些西方大国不时打着"民主"和"人权"的旗号向东盟施压，加大了东盟内部的分歧。第二，东盟内部经济发展不平衡，国家之间贫富差距悬殊。例如，新加坡已跻身发达国家行列，而柬埔寨、缅甸和老挝是世界最贫穷的国家。由此，东盟成员国在经济一体化等方面的合作上经常出现不同立场和观点。第三，东盟国家对海外市场、资金、技术依赖度较高，易受外部因素干扰，地区经济的稳定性和抗风险能力还有待加强。此外，东盟各国由于经济的同质性，彼此之间的竞争也很激烈，避免成员国之间陷入恶性竞争也成为一项重要课题。此外，恐怖主义、跨国犯罪、毒品走私等非传统安全领域的挑战也困扰着东盟。

为实现"一个关爱和共享的大家庭"梦想，东盟国家正积极应对上述挑战，制订共同的地区发展战略，避免内部恶性竞争；加强金融合作，防止金融危机再度发生；努力缩小成员国之间的贫富差距，加大内部互助；理性对待政治、宗教和文化等领域的分歧，加强与大国以及其他地区和国际组织的合作。人们有理由相信，不断发展壮大的东盟会带给东南亚地区一个更美好的未来。

第二节　东盟的组织机构与决策原则

东盟40多年发展壮大的历程，是根据内外形势变化，不断自我调整，应对挑战的过程。东盟的组织机构与决策原则一直处于不断发展、完善过程中，一些不合时宜的机构设置与原则做法被废弃，适应新形势的新原则和新方法则得到肯定。发展至今，东盟已成为一个机构健全、决策过程较为科学的区域合作组织。

一、东盟的组织机构

东盟从一开始就十分重视组织建设，而成立于东盟之前的东南亚联盟与马菲印多为东盟的机构建设提供了很好的借鉴。

东南亚联盟规定以一系列各成员国享有平等地位的联席会议分别负责该组织各级的决策和行动。这些联席会议大体分为三级，最高一级是外长会议，组织的一切决定均由它批准；次一级叫常务委员会，负责日常工作，由各成员国有关部门的高级官员组成；最低一级是一系列的工作委员会，负责各具体部门的工作。此外，每个成员国都在其外交部下专设一个秘书处，负责处理有关该国同其他成员国关系的事务。马菲印多则将组织机构分为两级：一是成员国外长会议，负责制订各项具体原则和规划；二是成员国首脑会议，为最高决策机构。东盟成立之初的机构设置全盘继承了东南亚联盟，1976年之后则增设了成员国首脑会议。

东盟成立前夕，围绕着建立何种类型的组织机构这一问题，五个成员国领导人之间曾进行了多次磋商，最后达成了较为一致的意见。根据会前协商所达成的一致意见，《曼谷宣言》第三条就建立机构的问题作了如下规定：

（1）外交部长年度会议，它将轮流举行并为一东盟部长级会议。也可视需要召集外长特别会议；

（2）常务委员会，由外长会议东道国外交部长或其代表为主席，成员包括其他成员国驻东道国的全权大使，在外长会议休会期间执行本联盟的工作；

（3）由专家和专务官员组成的特别委员会和常设委员会；

（4）各成员国的秘书处，代表各自国家执行本联盟的工作，并为外长会议和外长特别会议、常务委员会和今后可能设立的其他委员会服务。

宣言的这一规定，确立了东盟组织机构的基本框架，为东南亚联盟创立了一套比较符合本地区国家实际情况的，能较好发挥制约、协商作用的组织机构。从宣言的相关条款可以看出，东盟是以东南亚联盟为参照，建立了结构较为松散的四级决策和执行机构———一级决策机构，即被称为部长级会议的外长年会；常务委员会、特别委员会和常设委员会、东盟国家秘书处为三级执行机构。

外长会议每年召开一次，因此又称"外长年会"。外长会议由东盟五个成员国轮流主办，会议地点为各国首都或东道国决定的其他地点。此外，东盟还根据需要，不定期召开外长特别会议。外长会议主要负责解释政策，协调活动，审查下级部门的决议和提案、签署重要宣言、条约、协定和发布会议公报、声明等。在1976年之前，外长会议一直是东盟最高一级的决策机构，一些重要的政策、方针均由外长会议签署通过。如1967年外长会议签署的《曼谷宣言》[①]，1971年东盟外长特别会议签署的《和平、自由和中立区宣言》。

常务委员会负责处理外长会议休会期间的日常工作。常务委员会的主席由外长会议东道国的外交部长担任，委员会成员则为其他成员国驻东道国的大使。常务委员会所在地实行每年轮换制，设在外长会议的当年主办国。常务委员会一年召集若干次会议，向外长会议提交年度工作报告，供外长会议审查。常务委员会还负责收集下级机构的意见，并转交外长会议研究。

在1976年东盟第一次首脑会议召开之前，东盟先后建立了11个隶属于常务委员会之下的东盟常设委员会，它们分别是民用航空运输委员会、交通航空运输委员会、粮食和农业委员会、海上运输委员会、商业和工业委员会、财政和金融委员会[②]、传媒委员会、旅游委员会、陆上交通运输委员会、科学和技术委员会、社会文化活动委员会。这些委员会的所在地每2~3年轮换一次。为了处理东盟的对外关系，常务委员会还设置了3个

---

① 在《曼谷宣言》上签字的敦·阿卜杜拉·拉扎克时任马来西亚副总理兼国防和国家发展部部长。
② 1969年，东盟建立了由东盟常设财金委员会管理的东盟基金，旨在对东盟国家的经济发展提供援助。

特别委员会，分别是东盟国家特别协调委员会、东盟布鲁塞尔委员会以及东盟日内瓦委员会。

东盟—印度尼西亚国家秘书处、东盟—马来西亚国家秘书处、东盟—菲律宾国家秘书处、东盟—新加坡国家秘书处、东盟—泰国国家秘书处等五个国家秘书处由"东盟各国秘书长会议"领导，是一个比较稳定的官员小组，负责协调、管理东盟的活动，处理常务委员会的日常工作以及审查各类常设委员会和特别委员会呈送的报告。

尽管这一组织结构总体能使东盟组织有效运转，但也存在一些问题。一是没有确定政府首脑会议为一级机构，外长会议为最高决策机构。在1976年首脑会议召开之前，东盟的决策完全依靠外长会议，形成了外长会议"主打天下"的局面。但在某些重大问题上，外长会议实际上也不能最后决定，还需报请政府首脑会议批准，决策过程极为冗长。二是只在各成员国分别设立成员国秘书处而没有设立整个东盟的秘书处来作为固定的中央执行机构，东盟机构显得比较松散，办事效率不高。三是在这一阶段，东盟事实上操在各国外交部长之手（经济部长们尚未被起用），而外长们虽然在处理政治合作事务方面也许是专家，但在处理经济、社会和文化合作事宜方面却并不擅长，因而难免影响东盟经济、社会和文化合作的发展。四是机构的职能重叠，机构之间缺乏有效的协调，机构的权限划分不明确，特别是委员会设置得过多、过杂。

1976年2月东盟第一次首脑会议后，东盟组织机构发生了重大变化。

其一是出现首脑会议。《东盟协调一致宣言》规定"必要时召开成员国政府首脑会议"，由此东盟首脑会议开始发挥决策作用，并且其权威性至少在形式上已高于外长会议。尽管由于是不定期召开会议，首脑会议发挥决策作用受到了一定局限，但首脑会议事实上已成为东盟最高决策机构。

其二是增设经济部长会议和其他部长会议[①]，改变了外长会议包揽一切的局面。巴厘会议前，东盟部长会议实际上只有外长会议唯一一种形式。巴厘会议上各国同意将于1976年3月在吉隆坡召开一次经济部长会议，以便切实有效地执行东盟政府首脑会议关于经济合作的决定。巴厘会议后，东盟经济部长会议开始成为东盟的决策机构，其地位和外长会议相同。东盟经济部长会议一年召开两次，会议主要审查东盟各个领域内的经济合作的进展，研究各东盟委员会的报告和建议。

其三是成立了东盟秘书处[②]。巴厘会议签署了《关于东南亚国家联盟秘书处的协议》并提名哈托诺·雷克索·达索诺担任东盟秘书处秘书长，进一步完善了东盟的组织机构。根

---

① 其他部长会议包括劳工部长会议、社会福利部长会议、教育部长会议、新闻部长会议、卫生部长会议、能源部长会议、科技部长会议、环境部长会议。这些会议当时并非东盟的正式机构。

② 随着东盟秘书处的建立，各国东盟国家秘书处的秘书长改称总监（directors-general），以避免和东盟秘书处秘书长相混淆。但是，东盟秘书处的建立并没有改变各国东盟国家秘书长的职能权限。总监仍然发挥着对东盟日常事务的管理作用，并通过他们的工作加强常务委员会的作用。

据这一协议，即将成立的秘书处为常设机构，地址在印度尼西亚的雅加达。秘书长将由东盟外长按缔约国的提名来任命，任期为两年，其主要职责和权力是在东盟外长会议开会期间对会议负责，其余时间对常务委员会负责；主管秘书处并负责执行东盟部长会议和常务委员会授予他的全部职责。需要指出的是，秘书长不是东盟的秘书长（因为他不是东盟的政治发言人），而只是东盟秘书处的秘书长。协议第四条规定，除秘书长外，秘书处的主要成员包括三位局长，一位外贸和经济关系官员，一位行政官员，一位新闻官员，一位秘书长助理以及由缔约国提名、从国内职务调到秘书处的工作人员若干，工作人员的任期为三年。第五条规定，三位局长分别主持经济局、科学技术局和社会文化局的工作。东盟秘书处的建立，使东盟在成立八年之后有了一个中心服务机构，为提高办事效率，推进东盟各方面的工作奠定了重要基础。

其四是精简了常设委员会，进一步划分了权限。巴厘会议后的东盟常设职能委员会由五个经济委员会和三个非经济委员会组成。常设职能委员会的五个经济委员会是贸易和旅游委员会，工业、矿业和能源委员会，财政和金融委员会、粮食，农业和林业委员会，交通运输委员会，负责制定东盟规划和项目。每个常设职能委员会都由一个临时技术秘书处主持日常工作，常设职能委员会的主席由东道国官员担任。这五个经济委员会直接对东盟经济部长会议负责。非经济委员会是科学和技术委员会、社会发展委员会、文化和新闻委员会。经济委员会的设置地点是固定的，而非经济委员会则轮流设在东盟各成员国的首都，每三年轮换一次。非经济委员会直接对常务委员会负责。

进入20世纪90年代后，东盟组织机构进行了进一步的调整与改革。

首先是首脑会议机制化。尽管90年代以前也召开过三次东盟首脑会议，但一直未能实现制度化，第二次与第三次之间竟然相隔了10年。1992年第四次东盟首脑会议通过《新加坡宣言》，宣布将使政府首脑会议正规化，宣言规定"为了加强东盟的力量，东盟各国政府首脑每三年举行一次正式会议，在两次正式会议之间举行非正式会议"。正式会议按国名英文字母顺序在成员国首都轮流召开。值得指出的是新加坡首脑会议在决定使首脑会议成为制度化的决策机构的同时，并没有限制或削弱部长会议的决策职能，这表明东盟希望保持外长会议、经济部长会议的决策职能，使东盟的决策形式多样化、专业化，东盟的决策更具灵活性。

第二是将"东盟秘书处秘书长"改称"东盟秘书长"，扩大其权限，使之能够发挥更大作用。《新加坡宣言》宣布，为提高工作效率，将对东盟机构特别是东盟秘书处加以改组以提高其工作效率，并向它们提供更多的资源以加强它们的力量。东盟秘书长将根据其资格和条件来任命，获得部长级地位。东盟秘书长虽然没有决策权，但可以对部长会议提出"忠告性意见"，并且有权协调东盟的各项活动。东盟秘书处的专业职员将通过公开征聘和按一定的配额来聘请，以确保各成员国在秘书处里都有代表。通过机构的调整，东盟秘书处确实得到了很大的加强，其在东盟组织中的地位和作用也有很大的改变。

第三是改组常设职能委员会，进一步提高经济合作效率。《新加坡宣言》决定撤消原属东盟经济部长会议领导下的五个常设经济委员会：贸易和旅游委员会，工业、矿业和能源委员会，财政和金融委员会，粮食、农业和林业委员会，运输和交通委员会。新成立了高级经济官员委员会，统一负责原来由五个常设经济委员会分别负责协调处理的经济合作事务。高级经济官员委员会向经济部长会议负责，其成员为各成员国的高级经济官员。此外，为更好地协调计划中的东盟自由贸易区工作，东盟又增设了东盟自由贸易区委员会，这就是《新加坡宣言》所提到的"一个部长级委员会"，其职能是"监督、协调和审查为东盟自由贸易区制定的有效普惠关税协议的实施情况"，专门负责"推动东盟自由贸易区计划的实施"。为显示东盟各国对实施东盟自由贸易区计划的高度重视，东盟将东盟自由贸易区委员会的成员级别定为部长级。

迈入21世纪后，东盟松散的组织结构日益不能满足发展的需要，东盟各国越发认识到，只有更紧密地联合在一起才能走得更远，走得更稳，在地区和国际上更有影响力。为此，东盟急需一份具有普遍法律意义的文件，《东盟宪章》的制订迫在眉睫。2004年11月，东盟领导人签署《万象行动计划》，正式将制订《东盟宪章》列为东盟的一个目标，以加强东盟机制建设。2007年11月20日，东盟10国领导人在新加坡举行的第13届首脑会议上签署了《东盟宪章》。2008年12月15日，《东盟宪章》正式生效。《东盟宪章》是东盟成立40多年来第一份具有普遍法律意义的文件，对各成员国都具有约束力。《东盟宪章》确立了东盟的目标、原则，赋予东盟法人地位，明确了东盟组织架构，要将东盟从一个松散的组织向具有一定法律机制性约束的组织转化。《东盟宪章》对东盟组织机构的规定主要集中在第四章与第十章。

根据《东盟宪章》第四章第七条，东盟首脑会议是东盟的最高决策机构，授权设立与解散事务部长级机构和其他机构。首脑会议必须包括成员国的国家元首或政府首脑，每年举行两次，由出任东盟主席的成员国主持，在必要时，召开特别或临时会议，会议由出任东盟主席的成员国主持，地点由成员国一致同意决定。

东盟内设协调理事会和三个共同体理事会，其中东盟协调理事会必须由各国外交部长组成，至少每年召开两次会议，主要负责协调实施首脑会议达成的协议与决定，同各东盟共同体理事会取得协调以加强理事会间的政策连贯性、效率与合作。政治安全共同体理事会、经济共同体理事会以及社会文化共同体理事会构成东盟共同体理事会，每个理事会各由一名副秘书长负责。每个共同体理事会下设相关事务部长级机构，每年至少举行两次会议，由出任东盟主席成员国的适当部长主持。事务部长级机构主要负责加强其负责领域的合作以支持东盟一体化与共同体建设。

《东盟宪章》规定，东盟秘书长必须由东盟首脑会议委任，任期5年，不得连任。秘书长必须按照其国名英文字母的顺序，轮流从成员国的国民中选出。秘书长出任东盟行政长官，参加首脑会议、共同体理事会、协调理事会、事务部长级机构的会议以及其他相关的东盟会议，根据经批准的政策指导原则以及给予秘书长的授权，表达东盟的观点，并参加同外部举行的会议。现任东盟秘书长素林，任期从2008年1月1日开始至2012年12月31日止。秘书长由四名具备副部长级别和地位的副秘书长协助。四名副秘书长在执行职务时必须向秘书长负责。四名副秘书长必须与秘书长属于不同国籍并来自四个不同的成员国。其中两名任期三年，不能连任，根据国名的英文字母顺序，轮流从成员国的国民中选出。另两名任期为三年，之后可再连任三年，凭才能公开选录。

东盟内部还设立了常任代表委员会，各成员国必须委任一名具大使级别的东盟常任代表派驻雅加达。常任代表共同组成的常任代表委员必须协助共同体理事会和事务部长级机构的工作，同东盟秘书处协调，促进东盟与外部伙伴的合作等。

东盟保留了东盟国家秘书处。《东盟宪章》规定东盟成员国必须各自成立东盟国家秘书处以作为各国的国家协调中心，在国家层次协调实施东盟的决定、促进对东盟的认同和意识，为建设共同体做出贡献。

按照《东盟宪章》有关促进和保护人权和基本自由的宗旨和原则，东盟成立一个东盟人权机构，该机构根据东盟外交部长会议确立的职权范围运作，致力于改进本地区人权状况。

此外，《东盟宪章》第四章第十五条就东盟基金会相关情况进行了规定：东盟基金会必须协助东盟秘书长，通过提高对东盟认同感的认识，促进民间交流以及商界、公民社会、学术界和其他东盟利益相关者的紧密协作，与相关的东盟机构合作，共同为东盟共同体的建设提供协助。东盟基金会向秘书长负责，秘书长通过协调理事会将该基金会的报告提交首脑会议。

《东盟宪章》第十章第三十一、三十二条规定东盟设立东盟主席。东盟主席一职须按成员国国名英文字母的顺序每年轮换。东盟在一个日历年内只有一个主席，担任主席的成员国将主持或领导：东盟首脑会议及相关峰会、东盟协调理事会、三个东盟共同体理事会、有关事务部长级机构及高级官员以及常任代表委员会。东盟主席的职责在于：积极促进及增进东盟的利益与福祉，通过政策措施、协调、共识与合作，建设东盟共同体；确保东盟的中心地位；确保有效应对东盟出现的紧急情况或危机，包括提供斡旋和其他安排以尽快解决这些问题；代表东盟加强并促进同外部伙伴的关系，在获得授权的情况下，执行其他工作与职务。

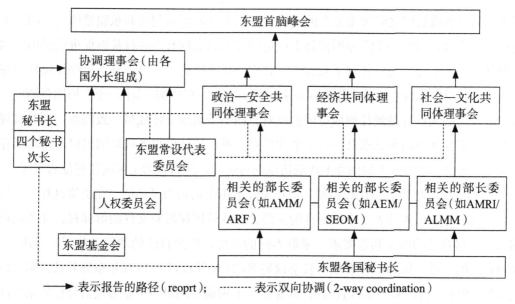

图12-1　东盟现行组织架构示意图

作为地区性国家组织，东盟自1967年8月正式成立以来，不断完善其协调和管理机制，目前已形成一套比较完善的决策、执行机构。东盟的组织机构，特别是决策机构本身所具有的联接松散、缺乏决策核心的特点，从制度上保证了每个成员国的绝对平等的地位，杜绝了某个成员国主导东盟事务成为可能，确保东盟成为一个以相互平等协商为基础的共同利益集团。

二、东盟的决策原则

为了能够较好地满足在历史、文化、政治和经济等方面差异明显的各成员国的不同要求，兼顾平等与效率，在长期的实践中，东盟形成了一套独具特色的决策原则，主要包括以下几条基本原则：

（一）"全体一致"原则

东盟与其他类似的国家间组织不同，不是以"少数服从多数"为主要的决策原则，而是在决策中奉行"全体一致"的原则。全体一致原则是指，任何议案只有在全体成员都没有反对意见的时候才能够通过成为东盟的决议，才能以东盟的名义采取行动。

"全体一致"原则反映了东盟所有成员国，不论大小和国力强弱，在东盟事务的决策过程中绝对平等。东盟国家对于国家主权和国家利益特别重视，强烈要求国家间必须一律平等。《曼谷宣言》、《东南亚友好合作条约》和《东盟协调一致宣言》、《东盟宪章》等重要文件都反复强调了东盟的平等原则。平等原则不仅体现在东盟的各项文件中，而且还有根本的制度保证。而"全体一致"的决策原则正是建立在尊重各国平等地位和国家利益的基础之上，符合东盟的内在特点。它不是依靠强制少数成员国放弃自身立场，而是靠在成员国中间寻求最低限度的共同点和相互让步来完成决策过程。这一特色同时也反映了东盟国家在成员国之间关系复杂的前提下，努力寻求国家利益和东盟整体利益间的平衡点。一方面，"全体一致"原则使每个成员国都对议案拥有否决权从而促进成员国之间的相互尊重和平等，充分体现了东盟政治合作的显著特点——合作基石是确保民族利益优先的原则得以执行并通过合作表现出来。另一方面，东盟的"全体一致"原则强调的是通过决议时必须没有遭到任何成员国的反对，而不是追求全体成员一致同意，同时又规定只能依靠相互协商和寻求共同点来消除反对意见，这就使得各成员国可以通过求同存异和相互妥协，增加在不同问题上达成协议的可能性，从而有助于区域性利益的实现。

"全体一致"原则看似比较僵硬，但在实际运用中是相当灵活的。在决策过程中，如难以形成一致，可先签署一个原则性的文件，各成员国保留对文件的解释权，即各成员国可以根据自己的国家利益要求，采取不同的态度，按照自己的理解去执行某项决策，保留自己的意见。如1967年首届外长会议签署的《曼谷宣言》、1971年东盟外长特别会议签署的《和平、自由和中立区宣言》，都保留了个别成员国对有关东盟政治合作的某些问题的特殊理解，泰国、菲律宾保留了自己认可美军军事基地在东南亚的合法存在，新加坡则保留了大国应对东南亚地区事务保持适度的干预的看法。正是在"全体一致"原则的保障下，所有成员国都可以在平等的平台上探讨问题，这为东盟的和平发展奠定了基础。

（二）"不干涉内政"原则

不干涉内政原则是指：对成员国的内政不指手划脚，不公开进行批评，更不能进行政治、经济或军事方面的干预，对于反对意见只能依靠相互协商和寻求共同点来消除。此外，在处理同组织外国家或国家集团关系的重大问题时，各成员国通常向在该问题上利害关系最大的那个成员国所持的观点靠拢。

"不干涉内政"原则与"全体一致"原则是东盟最基本的组织原则和决策原则，是东盟赖以存在和发展的基础，它同样是基于对东盟各国平等地位和国家利益的充分尊重。东盟的决策在涉及成员国政治、经济、文化及社会等领域内具有共同利益的合作事宜上，保持各成员国在国家发展道路上的独立性。1996年，东盟国家不顾西方国家的压力，将缅甸接纳为新成员，就充分体现了东盟在决策中奉行"不干涉内政"的原则。

（三）"Y-X"原则

"Y-X"原则，即成员总数减去一个或几个成员的原则。它是指：如果东盟中一个或少数几个成员国表示将暂不参加某个议案所规定的集体行动，但却又不反对该议案，而其他成员国却表示不仅支持而且愿意参加该议案所规定的集体行动，则该议案可以作为东盟的决议通过。这一原则同样是建立在所有成员国不反对的基础之上，保持着对成员国平等地位的尊重，但它使得在寻求一致的目标在短期内难以达到的情况下，东盟可以退而求其次，在大多数国家同意的情况下通过某项决议，同时允许持不同意见的国家保留自己的意见，不参加相关的合作计划，但保留其将来重新加入该计划的权力，这样，就在保障各成员国国家利益的同时，实现东盟的区域利益。

"Y-X"原则是东盟决策机制中最有特色，也最为灵活的一个原则，它是对"全体一致"原则的补充和发展。"Y-X"原则的最初形式是新加坡总理李光耀在1980年4月第9届东盟经济部长会议上提出的"5-1"原则。1986年文莱加入东盟以后改为"6-1"。80年代末，由于出现在一个以上成员国退出某项议案前提下，该议案仍能以东盟决议的形式在其他成员国内推行的情况，"6-1"又进一步改为"6-X"。随着东盟规模的扩大，这一原则也就相应的被表达为"Y-X"原则。鉴于东盟各成员国经济发展水平存在实际的差距，东盟在制订和实施经济合作计划时多次运用这一原则。例如，在1992年1月新加坡首脑会议举行前，东盟各国对建立自由贸易区的文件草案进行最后修改时，新加坡提出对例外商品条款作一些限制性规定，使其应用的范围逐步缩小，但这一建议遭到印度尼西亚和菲律宾的反对。为了不影响建立东盟自由贸易区文件的签署，东盟运用"6-X"原则，成功地在首脑会议期间解决了这一难题。新加坡首脑会议签署的三个文件在规定"所有成员国应参与东盟内部的经济安排"的同时，又作出另一项规定："如果其他成员国还没有为实施这些安排作好准备，两个或两个以上的成员国可以着手实施"。"Y-X"原则在东盟决策无法取得一致的情况下，允许少数国家对决策持保留意见，这样既能保证在大多数成员国同意的情况下通过某项决策，又能充分尊重对决策持不同意见的国家的利益。

（四）会前协商原则

会前协商原则同样是一个具有东盟特色的决策原则。在每次首脑会议和部长会议召开以前，东盟各成员国都会频繁地进行双边和多边的非正式磋商，以便在正式会议开始前就一些决策达成一致意见，使决策过程能够顺利进行。由于非正式磋商具有形式多样、方式灵活、回旋余地大等特点，有利于成员国之间充分交换意见，从而进一步增进理解，减少分歧。会前协商原则使得东盟各国能不将东盟内部的分歧公开化，从而保证对外"用一个声音说话"的形象，维护东盟内部的凝聚力，增进各成员国之间以合作为基础的团结。例如，第一届东盟首脑会议召开前，泰国总理克立·巴莫和新加坡总理李光耀频繁地来往于成员国之间，就是否召开东盟首脑会议进行磋商，最后使各成员国就召开一次东盟首脑会议达成了一致意见。再如，为了使《东南亚友好合作条约》顺利签署，东盟各国在第一届东盟首脑会议召开之前，就注意以多边和双边磋商的形式，尽量在成员国之间寻求一致。协商一致，尤其是会前协商的原则适应于东盟这个在东南亚地区产生的区域合作组织。它不是通过集权方式而是通过协商方式来决策，兼顾了各成员国的利益，有利于维系各成员国之间的团结以实现既定目标，确保了各成员国持续的合作积极性。

东盟各国在一体化过程中，既对国家主权和利益问题高度敏感，又渴求进行国家间整合以追求共同发展，他们的心态是矛盾的。而东盟的决策原则有效地实现了两个平衡——各成员国国家利益之平衡、区域整体利益与单个国家利益之平衡，保证了东盟的团结和发展，使东盟各成员国之间的关系能够相对容易协调，确保了每个国家都可以通过加入东盟确保自身的独立自主，并从东盟的合作中获得好处。

需要指出的是，东盟决策原则并非在实践中完全没有问题，"全体一致"与"不干涉内政"原则正遭到越来越多的挑战，但到目前为止，东盟坚持了这些原则。

负责《东盟宪章》草拟工作的名人小组在其报告书第5章曾建议，东盟改革其决策程序，在除安全和对外政策之外的其他领域，如果成员国之间不能达成一致，可以按照简单多数原则，或者按照2/3或3/4多数原则，通过投票表决。但最后在《东盟宪章》中却没有加入这个条款，而是更强调成员国之间协商一致的重要性。宪章第20款规定：协商一致是东盟决策的基本原则。这就表明，在立法精神上，《东盟宪章》延续了东盟一贯的理念，即强调"协商和一致同意"原则，在尊重主权独立的基础上处理东盟内部关系问题。

在坚持不干涉内政原则上，东盟面临的困境更多。1975年印度尼西亚吞并东帝汶时，尽管联合国和国际社会进行强烈谴责，并一直不予承认，但因为印度尼西亚一直坚持认为东帝汶是印度尼西亚的内部事务，致使东盟国家在东帝汶问题上难以发挥作用，东盟只能始终保持沉默。1999年8月东帝汶通过全民公决决定独立，随后支持独立和反对独立的两派之间发生了大规模流血冲突，印度尼西亚政府却无力控制局势。因东盟坚持不干涉内政原则，东盟也没有采取任何调解行动，最后只能由联合国出面，授权由澳大利亚为首的多国维和部队进驻东帝汶，接管了当地治安。同样，东盟在环境问题上也是作用有限。1997年印度尼西亚发生森林火灾，影响到了邻近各国的环境和公众健康。东盟反应迟缓，最后还得求助于联合国有关机构。面对这些问题，东盟曾试图做出一些建设性改进[①]，但还是最终坚持"不干涉内政"原则。《东盟宪章》第2款明确规定"尊重各成员国的独立、主权、平等、领土完整和民族特性"，"不干涉各国内政"。

在未来的东盟共同体建设过程中，东盟内部的关系日趋复杂，东盟的决策难度进一步加大，在实践中遇到的阻力或困难在增加，尽管东盟目前坚持了这些原则，但在实际运用中将会有更灵活的处理。东盟在决策过程中越来越多的采用"Y-X"原则，正式与非正式协商变得越来越重要。

---

① 1997年金融危机爆发后不久，当时担任马来西亚副总理的安瓦尔首先提出了"建设性干预"（constructive intervention）的概念。在1998年6月召开的东盟外长会议上，泰国外长素林再次提出要对东盟的核心——不干涉内政原则做出改变，要求以"弹性介入"（flexible engagement）取而代之。同年12月，在河内召开的东盟首脑会议提出了"加强相互影响"的方针：在某一成员国发生将会对邻国的安全造成严重威胁的事态时，东盟其他成员国可进行适当的干预，以维护自身和整体的利益。2000年7月东盟外长会议，根据泰国总理川·立派的提议，东盟在联合声明中，提出设立"东盟三驾马车"机制，主要负责根据东盟部长会议的意见处理地区危机事宜，对付"可能跨越国界波及数个国家的冲突和问题"。2000年7月，东盟外长会议决定建立"东盟三驾马车"机制，但效力十分有限，因为启动该机制"必须在接到当事成员国的请求后，获得全部外长的共识才能组建并实施职责"。

第三节　东盟的地位与作用

东盟是东南亚中小国家在美苏争霸的夹缝中求生存的背景下成立的，40多年来，东盟国家不断探索，开辟出一条团结协作、共同发展的道路，从一个生存前景并不被人看好的弱小组织发展成为一支重要的地区力量。今天，东盟已是东南亚地区一体化的代名词、东亚一体化进程的主导者、亚太地区合作机制的主要参与者和推动者，对东南亚及国际关系产生重大影响，在确立新型的地区政治和国际政治格局中发挥了重要的作用。

一、作为东南亚地区最重要的组织，对该地区繁荣稳定发挥着不可替代作用

东盟的宗旨和目标是本着平等与合作精神，共同促进本地区的经济增长、社会进步和文化发展，为建立一个繁荣、和平的东南亚国家共同体奠定基础，以促进本地区的和平与稳定。从成立这一天起，东盟就一直为此目标进行不懈努力，并发挥了至关重要的作用。

（一）确保地区和平与稳定

首先，东盟促进了组织内部的团结，保证了组织内部的和平。东盟成立以前，东南亚国家之间存在着错综复杂的矛盾和斗争。东盟作为"解决政治问题的有用工具"，协调成员国之间的国家利益，调和、淡化成员国之间的一些固有矛盾，增强了成员国之间的凝聚力。如马来西亚与菲律宾之间关于沙巴主权的争端几次达到剑拔弩张，一触即发的地步。东盟组织以东盟的事业和地区的大局为重，及时让泰国和印度尼西亚调解菲马争端。在1977年8月的第2届东盟首脑会议上，通过各方的共同努力，使菲马两国就沙巴问题初步达成妥协，即菲律宾同意放弃对沙巴的主权要求，同时马来西亚保证不以沙巴为基地支持菲南部穆斯林的反政府武装斗争。再如，马来西亚与印度尼西亚之间在领海问题上的争端；马来西亚、新加坡和印度尼西亚之间关于马六甲海峡通航权的争端；1968年10月新加坡和印度尼西亚之间的"船员事件"，以及后来新加坡和菲律宾之间的"女佣事件"等，都是通过东盟内部的调解，最终得以解决的。可见，东盟的成立使成员国之间原来存在的或新产生的紧张关系得以缓解，从而未发展成为冲突，保证了组织内部的和平与团结。通过几十年的努力，东南亚地区已建立起一种新型的国家关系。东南亚国家之间的关系目前已进入历史的最好时期，呈现出前所未有的太平盛世景象。东盟在其所走过的曲折历程中，逐渐强化成员国的"东盟意识"，在这些彼此有较大差异的成员国中"培育出一种大家庭似的融洽和同甘共苦的气氛"，"使其成员国更加注意协调和兼顾彼此的利益"。

其次，东盟通过积极参与和促进和平解决柬埔寨问题，对维护东南亚地区的和平与稳定做出了贡献。在20世纪80年代期间，东盟为柬埔寨问题的和平解决做出了巨大努力，在东盟的积极努力下，延续了多年的柬埔寨问题最终由一个地区性、国际性的热点问题变为柬埔寨的内政问题，从而改善了东南亚的安全形势，维护了东南亚地区的和平与稳

定。90年代柬埔寨问题通过政治途径最终得以全面解决，事实上使东盟获得了双丰收，一是消除了其自身所感受到的安全威胁，维护了东南亚地区的和平与安宁；二是为东盟的扩大奠定了基础。

最后，东盟通过推行地区安全合作，使东盟保持了相对独立的行动，实现了东盟成立伊始制订的"大国保证下的东南亚地区安全"的目标。东南亚地区各国大多都是小国，军事力量相对弱小。再加之这一地区又是战略要地，历史上常是外部军事大国特别是海上强国的角逐场所，易受外来军事力量干扰，因而地区的和平与稳定常常引起东盟各国领导人的担忧。为改善地区安全环境，20世纪70年代初期，东盟提出了建立东南亚和平自由和中立区的目标，要"使东南亚作为一个不受外部强国的任何形式和方式干涉的和平、自由和中立，得到承认与尊重"。1987年又提出了建立东南亚无核区的目标。《马尼拉宣言》指出，"应加紧努力，争取早日实现无核地带的设想"。1995年东南亚国家签署了《东南亚无核区条约》，并呼吁拥有核武器的国家承担核不扩散的长期义务，为实现东南亚无核区发挥建设性作用；同时敦促这些国家迅速缔结全面禁止核试验的条约。通过这些举措，东盟巧妙地在世界各主要大国中间巧妙周旋，寻求大国势力的平衡，避免了因大国争夺激化而对该地区安全造成的损害，巩固了地区的和平与稳定。

（二）促进地区发展与繁荣

40多年来，东盟积极推进内部合作的全面开展，努力实施"大东盟"战略，推进东南亚一体化进程，使东盟在组织上不断发展壮大，综合实力迅速增强。东南亚地区已经成为发展中世界中最耀眼的地区。

1977年，东盟国家正式签署《东盟特惠贸易安排协定》(ASEAN Preferential Trading Arrangement, ASEAN PTA)，东盟区域经济一体化迈出重要的一步。1991年10月，第23次东盟经济部长会议同意在15年内建成一个区域性的自由贸易区。1992年1月，东盟6国政府首脑在第4次东盟首脑会议上正式决定设立东盟自由贸易区(ASEAN Free Trade Area, AFTA)，会后发表的《新加坡宣言》和《加强东盟经济合作的框架协议》提出了东盟自由贸易区的建设目标，即从1993年1月1日起的15年内建成东盟自由贸易区，旨在增强东盟作为单一生产单位的竞争优势；通过减少成员国之间的关税和非关税壁垒，期待创造出更高的经济效益、生产率和竞争力；加强东盟区域一体化和促进东盟区内贸易与投资。同时，各国经济部长正式签署了《共同有效优惠关税协定》(Agreement on the Common Effective Preferential Tariff Scheme for AFTA, CEPT Scheme)，东盟自由贸易区的进程正式启动。从1993年东盟自由贸易区进程正式启动，到2002年6个老成员国初步实现区内贸易自由化，东盟自由贸易区的经济效应得以逐渐显现。2002年11月，新加坡总理吴作栋正式提出了在2020年建立"东盟经济共同体"(ASEAN Economic Community, AEC)的构想。从"东盟自由贸易区"到"东盟经济共同体"，实现商品、劳务、资本和人员的相对自由流动，标志着东盟的区域经济一体化向更高的层次迈进。东盟经济共同体的建立，将使东盟成为一个拥有5亿多人口的单一市场。

此外，在加强自身经济一体化的同时，为了促进地区的发展与繁荣，东盟还积极协调各成员国对外经济政策，力争"用一个声音说话"，以一个整体的形象出现，采取共同立场，积极开展同西方国家的对话，成功地发挥了集体讨价还价的能力，维护了各成员国的民族经济权益，争取了更多的外援，吸引了更多的投资，取得了引人注目的成就。

1976年，东盟还是一个拥有2.365亿人口，国内生产总值837亿美元，人均354美元的小规模市场，目前东盟10国的总面积有450万平方千米，人口约5.5亿，2008年GDP总量超过1.5万亿美元[1]。面对风起云涌的全球化浪潮和复杂多变的国际形势，东盟正努力推进各领域的紧密合作，立志用更快的速度、更高的效率建立起一个真正的东盟共同体，成为一支更强有力的地区力量。

二、作为东亚合作的首倡者，主导东亚一体化进程

随着经济实力和影响的不断加强，东盟在地区事务中发挥着越来越重要的作用。20世纪90年代初，东盟率先发起东亚区域合作进程，积极推动东亚一体化进程。1995年东盟第5次首脑会议决定每年举行一次非正式首脑会议，欢迎其他亚洲国家的首脑参加。1997年亚洲金融危机激发了东亚各国推进地区合作的强烈愿望，同年底，东盟与中日韩领导人聚首马来西亚首都吉隆坡，"10+3"合作机制正式启动[2]。"10+3"与"10+1"合作机制目前已成为东亚合作的主渠道。

2001年，由参加"10+3"会议的东亚13国26位专家组成的"东亚展望小组"提出了建立"东亚共同体"的报告，为东亚地区合作勾勒出发展蓝图。在2004年的"10+3"领导人会议上，各国领导人决定，2005年在吉隆坡召开首届东亚峰会[3]。2005年4月，东盟10国在菲律宾宿务举行外长会议，就东亚峰会的日程、形式和参与国等问题进行了讨论，一致赞同东盟应在东亚峰会中发挥核心和主要驱动作用。2005年7月，在万象举行的第38届东盟外长会议建议：东亚峰会定期在东盟成员国举行，由东盟轮值主席国主办。2005年12月，在东盟主导下，首届东亚峰会在马来西亚首都吉隆坡举行。峰会为年度领导人会议机制，由当年的东盟轮值主席国主办，峰会议题由所有参与国共同审议。2009年东亚峰会有16个参与国，即东盟10国和中国、日本、韩国、印度、澳大利亚和新西兰6国，因此峰会也被称为"10+6"峰会。目前，峰会已初步形成经贸、能源、环境部长的定期会晤机制，但仍主要通过外长工作午餐会或非正式磋商以及高官特别磋商，就峰会后续行

---

① GDP数据来源：ASEAN COMMUNITY IN FIGURES（ACIF）2009，Table 4：ASEAN GDP，rate of growth，and share of CLMV，http：//www. aseansec. org /22109.htm.

② 作者注：1997年，东盟与中、日、韩首次召开的实际为"9+3"领导人会议（此时柬埔寨尚未入盟，东盟为9国），在柬埔寨入盟后"9+3"发展为东盟与中日韩"10+3"机制。

③ 东亚峰会的概念最早是由马来西亚总理马哈蒂尔于2000年提出的。

动以及未来发展方向交换意见。东亚峰会作为东亚地区一个新的合作形式，致力于推动东亚一体化进程，实现东亚共同体目标。

作为东亚峰会的主导者，东盟组织为东亚峰会的参加者设定了三个基本条件：应是东盟的全面对话伙伴；已加入《东南亚友好合作条约》；与东盟组织有实质性的政治和经济关系。美、俄的最终加入峰会，将给东盟核心地位造成挑战，但东盟秘书长素林在就美俄加入东亚峰会问题接受记者采访时信心百倍地表示："在6个对话伙伴国的支持下，以后不管哪个国家加入，东盟都应处于领导地位，因为我们是中小国家组成的集合体，对其他国家不存在威胁，我们每个成员在这一机制下都保持着合作。我们已经证明，我们有能力避免成员的相互冲突，大多数成员感觉非常愉快。大家认为我们过去举办的会议在严肃、坦率的讨论方面是有成果有益处的。我想，在此基础上，东盟是可以担当领导角色的。"

三、亚太地区"一极"力量，推动亚太地区安全合作

东盟除了努力促进东南亚地区以及东亚地区合作之外，还以一个重要的非国家行为体的身份，倡议建立亚太地区多边安全制度，积极推动亚太地区的多边安全合作，在地区安全事务中发挥着十分独特的作用。

从20世纪90年代初开始，东盟积极开展同美国、加拿大、欧盟、澳大利亚、新西兰、日本、韩国、中国、俄罗斯等国的政治和安全对话。最引人注目的是，东盟倡导建立起了亚太地区重要的多边安全机制——东盟地区论坛（ARF）。

东盟地区论坛作为一种多边安全合作机制，最初就是由东盟战略与国际关系研究所（ASEAN—ISIS）于1991年提出来的。1991年，该研究所向第四届东盟首脑会议准备了一份题为《创新的时代》的研究报告，指出东盟必须扮演主导角色，要成为亚太地区多边安全机制之创造性的倡导者。这份研究报告提出以东盟外长扩大会议作为地区安全对话的场所，建议"在每一次部长扩大会议即将结束之时，再选择一个适当的空隙，召开一次东盟外长扩大会议，为亚太地区的和平稳定进行建设性磋商"，"而每一次东盟部长扩大会议发起的有关亚太地区和平、稳定的会议的议程安排，由来自东盟和其他的对话伙伴国高级官员组成的高级官员会议决定"。报告还指出，"召开此类会议时，还应设法让中华人民共和国、朝鲜、越南等经常参加。至于其他国家和地区参加与否，则根据具体议程而定"。这个建议为东盟所采纳，此后，东盟首脑会议和外长会议讨论了这个问题，并且同东盟对话国、观察员国和贵宾国等进行磋商。1992年初，东盟首脑会议就加强地区政治、安全对话达成共识。1993年7月，第26届东盟外长会议在新加坡举行。会议特别安排了东盟6个成员国、7个对话伙伴国、3个观察员国和2个来宾国外长参加"非正式晚宴"。各国外长同意于1994年在曼谷召开东盟地区论坛，就地区政治安全问题进行非正式磋商。

1994年7月25日，东盟在与对话国会议[①]的基础上，发起召开了东盟地区论坛。东盟在东盟地区论坛中的重要地位不仅体现在东盟是倡议主办国，更重要的是体现在东盟地区论坛所依据的准则上。1994年第一届东盟地区论坛的主席声明就是以东盟的《东南亚友好合作条约》（TAC）原则为依据。东盟地区论坛主要目标是，就共同关心的政治与安全问题举行建设性对话和磋商，以维护亚太地区的稳定和安全。论坛每年在轮值主席国举行一次外长会，之前举行高官会，为外长会议做准备。东盟地区论坛现有27个成员[②]：文莱、柬埔寨、印度尼西亚、老挝、马来西亚、缅甸、菲律宾、新加坡、泰国和越南（东盟10国），澳大利亚、加拿大、中国、印度、日本、新西兰、韩国、俄罗斯、美国和欧盟（10个东盟对话伙伴），以及孟加拉国、朝鲜、蒙古国、巴基斯坦、巴布亚新几内亚、斯里兰卡和东帝汶。在东盟的努力下，东盟地区论坛已经成为亚太地区目前最主要的官方多边安全对话与合作渠道。可以说，目前亚太地区的任何重大事务，尤其是安全事务，没有东盟的参与都是不可想象的。东盟向世界证实了自己是亚太地区一个值得尊重的，有战略眼光、行动能力和创造力的组织，是美日等大国都无法轻视的一极。

四、作为重要的地区组织，东盟在世界舞台上发挥越来越大的作用

从单个方面看，东盟所有成员国在政治、经济等方面的发展都有这样或那样的缺陷，他们任何一个国家都不足以发挥多大的影响作用，但是，作为一个区域性组织，东盟的综合实力不可低估。40多年来，通过内部合作以及加强对外联系，东盟自身国际地位和声望不断提高，东盟不仅在地区事务中影响力日增，在世界舞台上发挥的作用也日益重要。

东盟就其本质而言，是一个外向型的区域合作组织。近些年来，东盟外向型的特点更加明显。随着区域合作的发展和各国经济实力的增强，独立自主的"东盟意识"或"东南亚意识"越来越强烈，东盟在国际事务和对外关系中表现出比过去更多的独立性和主动性。东盟决策过程越来越公开化，它的首脑会议，特别是一年一度的外长会议都邀请有关国家、组织派遣高级官员出席，这增加了东盟的国际影响力，提高了它的国际地位。

东盟强化其国际影响力的最主要方式是，积极同所有国家和国际组织，特别是有关大国以及重要国际组织进行深入交往。不可否认，东盟在成立初期有着较明显的亲西方色彩，但东盟一直努力改变这一状况，并没有在亲西方的道路上走得太远，从而使东盟作为一支地区政治力量赢得了世界所有大国的认同，与世界主要大国都建立了对话伙伴关系，东盟同广大的发展中国家也建立了良好的合作关系，例如，1999年东盟倡议成立了东亚—拉美合作论坛。

特别值得一提的是，东盟于1994年倡议召开亚欧会议，促进东亚与欧盟的合作。

[①]　东盟与对话伙伴国会议始于1978年，是东盟外长会议的后续会议。其10个对话伙伴是澳大利亚、加拿大、中国、欧盟、印度、日本、新西兰、俄罗斯、韩国和美国。每年由东盟成员国和对话伙伴国的外长出席会议，主要讨论政治、经济、东盟与对话伙伴国的合作等问题。中国于1996年成为东盟全面对话伙伴国。

[②]　截至2010年7月第17届东盟地区论坛外长会议闭幕。

1996年3月，首届亚欧会议（Asia-Europe Meeting，ASEM）在泰国首都曼谷举行。这是亚欧国家领导人第一次共商亚欧合作大计。会议的召开本身就展现了东盟的国际影响力。参加此次会议的有26个成员。①会议通过的《主席声明》确定亚欧会议的目标是在亚欧两大洲之间建立旨在促进增长的新型、全面的伙伴关系，加强相互间的对话、了解与合作，为经济和社会发展创造有利的条件，维护世界的和平与稳定。亚欧合作应遵循以下原则：相互尊重、平等相待、促进基本权利、遵守国际法义务、不干涉他国内部事务；合作进程开放和循序渐进；后续行动基于协商一致；增加新成员由各成员领导人协商一致决定。亚欧会议是亚洲与欧洲之间级别最高、规模最大的政府间论坛。亚欧会议主要包括政治对话、经贸合作、社会文化及其他领域交流三大支柱。自成立以来，亚欧会议合作总体进展顺利，在三大领域均取得积极成果。亚欧双方就重大国际和地区问题在各层面开展政治对话，增进了相互了解和信任；在经贸合作方面，亚欧双方积极开展宏观经济和金融政策对话，共同致力于促进两地区经济和贸易稳定增长；在文化交流和文明对话方面，双方共识不断增多并制订了中长期文化合作规划，还通过亚欧基金开展了近400项学术和人员交流活动。此外，亚欧会议在科技、劳动与就业、执法、环境、教育和青年等领域也开展了多层次的交流与合作。

东盟已成为国际舞台上的一支不可忽视的重要力量，这已是毋庸置疑的事实。中国、日本、俄罗斯、法国、美国、印度、澳大利亚、新西兰、韩国、巴基斯坦、东帝汶、斯里兰卡、孟加拉国等先后加入东盟对外合作的政治性文件《东南亚友好合作条约》，标志着东盟越来越受到国际社会认可。就在2010年第17届东盟地区论坛外长会议上，加拿大、土耳其也分别与东盟国家签署《东南亚友好合作条约》，成为加入该条约的新成员。所有缔约国还签署了《东南亚友好合作条约》的第三议定书，允许国际组织加入该条约，为欧盟加入该条约铺平道路。

当然，我们也要看到，在东盟战略地位得到提升以及不断发挥作用的同时，各大国在东南亚地区的投入增加和利益角逐也随之展开，东盟的作用发挥将受到内部和外部各种复杂因素的制约。东盟国家在政治、制度、民族文化、经济水平和安全政策取向等方面存在较大差异；大国从政治、经济、安全等多方面介入东南亚地区，争夺地区事务主导权，对东盟的大国平衡战略形成挤压，将加剧东盟的内部分化；整个东南亚周边地区存在多个跨区域多边合作机制，这也在一定程度上削弱东盟的影响力，制约东盟作用的发挥。如何确保东盟继续作为一个活力高效的组织持续发展，这将是东盟必须解决的重大问题。

---

① 26个成员包括亚洲的泰国、马来西亚、菲律宾、印度尼西亚、文莱、新加坡、越南以及中国、日本和韩国，欧洲的15国奥地利、比利时、丹麦、芬兰、法国、德国、希腊、爱尔兰、意大利、卢森堡、荷兰、葡萄牙、西班牙、瑞典、英国以及欧盟委员会。2004年10月，亚欧会议实现首轮扩大，吸收东盟3个新成员柬埔寨、老挝、缅甸和欧盟10个新成员塞浦路斯、捷克、爱沙尼亚、匈牙利、拉脱维亚、立陶宛、马耳他、波兰、斯洛伐克、斯洛文尼亚，亚欧会议成员增至39个。2006年9月，第六届亚欧首脑会议同意接纳蒙古、印度、巴基斯坦、东盟秘书处、保加利亚及罗马尼亚6个新成员，亚欧会议实现第二轮扩大。至此，亚欧会议成员增至45个，其中包括亚洲16国、欧洲27国以及东盟秘书处和欧盟委员会。

附录（一）

曼谷宣言
Bangkok Declaration[①]
1967年8月8日

印度尼西亚政治常务部长兼外交部长、马来西亚副总理、菲律宾外交部长、新加坡外交部长和泰国外交部长：

鉴于东南亚国家间存在着共同的利益和问题，相信有必要进一步加强业已存在的本地区的团结和合作；

希望本着平等和伙伴关系的精神，为促进东南亚的区域合作奠定共同行动的坚实基础，从而为本地区的和平、进步和繁荣做出贡献；

意识到在一个日益相互依存的世界里，和平、自由、社会公正和经济上的福祉只有通过促进被历史和文化纽带联结在一起的本地区国家间的相互理解、睦邻关系和富有意义的合作才能最后实现；

考虑到东南亚国家担负着促进本地区经济与社会稳定和确保每个国家和平与进步的基本职责，并决心确保自己的稳定和安全，摆脱任何形式或表现的外来干涉以按照自己国家人民的意志和愿望保存自己的民族特性。

肯定所有外国基地都是暂时的，只是在有关国家明白表示同意的情况下才能保留，并且并不是直接或间接用以破坏本地区国家的独立和自由，或者损害各国的发展进程；

特此宣告：

第一，建立东南亚国家的地区合作联盟，即"东南亚国家联盟"（东盟）。

第二，本联盟的目标和宗旨是：

（1）本着平等的伙伴关系的精神，通过共同努力促进本地区的经济增长、社会进步和文化发展，以便为把东南亚国家建设成一个繁荣、和平的社会加强基础；

（2）通过维护正义和法律的准则以及遵循联合国宪章所规定的各项原则，来促进本地区国家间的和平与稳定；

（3）在经济、社会、文化、技术、科学和管理等领域促进对共同有利的事业的积极合作和互助；

（4）相互提供有关教育、职业、技术和管理等方面的培训和研究设施的援助；

（5）为了更充分地利用它们的农业和工业，扩大贸易往来，包括对国际贸易问题的研究以及改善交通和运输设施与提高人民的生活水平进行更加有效的合作；

（6）促进东南亚研究；

（7）为与现有的具有类似目标和目的的国际和地区组织保持更密切，更有益的合作，

① 引自中国—东盟博览会官方网站http://www.caexpo.org/gb/news/special/cafta/ziliao/t20051222_55473.html.

探索使这些合作更加紧密的一切途径。

第三，为了实现上述目标和宗旨，有必要建立如下机构：

（a）外交部长年度会议，它将轮流举行并为一东盟部长级会议。也可视需要召集外长特别会议；

（b）常务委员会，由外长会议东道国外交部长或其代表为主席，成员包括其他成员国驻东道国的全权大使，在外长会议休会期间执行本联盟的工作；

（c）由专家和专务官员组成的特别委员会和常设委员会；

（d）各成员国的秘书处，代表各自国家执行本联盟的工作，并为外长会议和外长特别会议、常务委员会和今后可能设立的其他委员会服务。

第四，联盟对赞同上述目标、原则和宗旨的所有东南亚国家开放，欢迎参加。

第五，本联盟代表东南亚国家的集体意志、友谊与合作从而把它们联结在一起，通过共同的努力和牺牲以确保各国人民和他们的子孙后代享受和平、自由和繁荣。

1967年8月8日于曼谷

印度尼西亚政治常务部长兼外交部长阿达姆·马利克（签字）

马来西亚副总理兼国防和国家发展部部长敦·阿卜杜拉·拉扎克（签字）

菲律宾外交部长纳西索·拉莫斯（签字）

新加坡外交部长S·拉贾拉南（签字）

泰国外交部长他纳·科曼（签字）

附录（二）

东南亚友好合作条约[①]
Treaty of Amity and Cooperation in Southeast Asia
1976年2月24日

前言

缔约国：

意识到把各国人民联结在一起的既存历史、地理和文化联系；

渴望通过尊重公正、法规和法律以及加强彼此关系中的地区性恢复力来增进本地区的和平与稳定；

期望本着《联合国宪章》、1955年4月25日万隆会议通过的"十项原则"、1967年8月8日在曼谷签署的《东盟宣言》和1971年11月27日在吉隆坡签署的《吉隆坡宣言》的精神和原则以加强和平、友谊和在东南亚问题上相互合作；

相信国家间分歧和争端的解决将按照理性的、有效的和充分灵活的步骤，以避免出现可能的危害和妨碍合作的消极态度；

相信为促进世界和平、稳定与和谐必须同东南亚内外的一切爱好和平的国家进行合作；

郑重地赞同缔结友好合作条约如下：

第一章　宗旨和原则

第一条　本条约的宗旨是促进缔约国间人民的持久和平、永远友好和合作以为各国力量的增强、团结和关系的进一步密切做出贡献。

第二条　在处理国与国之间的关系时，缔约国将遵循以下基本原则：

（a）各国相互尊重彼此的独立、主权、平等、领土完整和民族特性；

（b）每个国家都有维护其民族生存，反对外来干涉、颠覆和强制的权力；

（c）互不干涉内政；

（d）用和平方式解决分歧和争端；

（e）不以武力相威胁或使用武力；

（f）在缔约国间进行有效的合作。

[①]　1987年12月15日，《第一修改议定书》在原《条约》基础上增加两款，分别作为《条约》的第十八条第三款和第十四条第二款，内容分别为："东南亚以外的国家，经过东南亚所有缔约国及文莱达鲁萨兰国的同意，也可加入"该条约，"但是，加入本条约的东南亚以外任何国家只有直接涉及以及需要通过上述地区程序解决的争端时，才适用"第十四条第一款。1998年7月25日，东盟外长在马尼拉签署了《条约》的《第二修改议定书》，内容为：将《条约》第十八条第三款中"东南亚以外的国家，经过东南亚所有缔约国及文莱达鲁萨兰国的同意，也可加入"修改为"经东南亚所有国家，即文莱达鲁萨兰国、柬埔寨王国、印度尼西亚共和国、老挝人民民主共和国、马来西亚、缅甸联邦、菲律宾共和国、新加坡共和国、泰王国和越南社会主义共和国的同意，东南亚以外的国家也可加入"该条约。从而使非东南亚地区的国家也可加入《东南亚友好合作条约》。2010年7月23日所有缔约国在河内签署《条约第三修改议定书》，允许国际组织加入该条约。

第二章　友好

第三条　根据本条约的宗旨，缔约国将努力发展和加强传统的文化的和历史的友好、睦邻合作关系，并且应该真诚地履行本条约所规定的义务。为了加强相互间的了解，缔约国应当为成员国人民之间的接触和交往创造有利条件。

第三章　合作

第四条　缔约国应当促进在经济、社会、科学和管理方面的积极合作，同时也要为在本地区实现国际和平与稳定的共同理想和愿望以及所有其他共同感兴趣的问题积极合作。

第五条　为了履行第四条所作的规定，缔约国应本着平等、互不歧视和互利的原则，多边和双边地做出最大的努力。

第六条　为了加速建立繁荣与和平的东南亚共同体的基础，缔约国应当开展合作以促进本区域的经济增长。为此，缔约国应该为本国人民的利益更大限度地促进农业和工业生产，扩大贸易，改进经济基础结构。在这一点上，缔约国应该继续探索同其他国家以及本地区以外国家和地区性组织开展紧密有效的合作的所有途径。

第七条　为了实现社会公正和提高本区域人民的生活水平，缔约国应加强经济合作。为了实现这一目标，它们应当为经济发展和相互援助而采取适当的地区性战略。

第八条　缔约国应当努力在最大范围内开展最紧密的合作，并且应当探讨在社会、文化、技术、科学和管理领域提供便利的培训和研究条件相互提供援助。

第九条　缔约国应当努力为促进本区域出现和平、和谐和稳定的局面开展合作。为此，缔约国彼此间应当相互就国际和地区性问题保持定期的接触与磋商，以协调各自的观点、行动和政策。

第十条　每个缔约国决不能以任何形式或方式参与对其他任何一个缔约国的政治和经济稳定、主权和领土完整构成威胁的活动。

第十一条　缔约国应当按照自己的理想和愿望，努力加强各自在政治、经济、社会—文化和安全方面的国家恢复力，摆脱外来干涉和内部颠覆活动，以保持各自的国家特性。

第十二条　缔约国在努力实现本区域的繁荣和安全方面，应当本着自信、自立、相互尊重、合作和团结的原则以增强地区恢复力，这些原则将奠定在东南亚建立一个强大而充满活力的国家共同体的基础上。

第四章　和平解决争端

第十三条　缔约国应有决心和诚意防止争端的发生。当直接影响到它们的争端发生时，缔约国应不以武力相威胁或使用武力。在任何时候都应通过友好协商来解决它们之间的争端。

第十四条　为了通过地区内部程序来解决争端，缔约国应当建立一个由各缔约国的一个部长级代表组成的高级委员会来受理已经出现的而且有可能破坏区域和平、和谐的争端或情况。

但是，加入本条约的东南亚以外任何国家只有直接涉及以及需要通过上述地区程序解决的争端时，才适用。

第十五条　如果无法通过直接协商达成解决，高级委员会将受理这种争端或情况，向有争议的各方建议适当的解决办法，诸如斡旋、调停、调查与和解。高级委员会可以直接斡旋，或者在争议各方同意的情况下建立调停、调查和调解委员会。在认为必要时高级委员会可以建议采取适当的措施以阻止某一争端或情况的恶化。

第十六条　本章前述条款只是在争议各方都同意运用于这一争端时才能执行。然而，这并不排除采用《联合国宪章》规定的其他程序前主动通过友好协商来解决争端。

第五章　一般性条款

第十七条　本条约将由印度尼西亚共和国、马来西亚、菲律宾共和国、新加坡共和国和泰王国签署。它将按照各个签字国的法规程序予以批准。它将向东南亚其他国家开放。

经东南亚所有国家，即文莱达鲁萨兰国、柬埔寨王国、印度尼西亚共和国、老挝人民民主共和国、马来西亚、缅甸联邦、菲律宾共和国、新加坡共和国、泰王国和越南社会主义共和国的同意，东南亚以外的国家也可加入。

第十八条　本条约将从把第五份批准书交由签署国政府保存的那一天起开始生效，本条约的文本、批准书或其他国家加入联盟的文件指定由签署国保存。

第十九条　本条约用缔约国的官方文字写成，各种文本具有同等效力。同时还有一个一致同意的共同的英文文本。对这个共同文本若有不同解释，将通过谈判解决。

1976年2月24日于巴厘登巴萨

印度尼西亚总统苏哈托（签字）

马来西亚总理达图克·胡赛因·奥恩（签字）

菲律宾共和国总统费迪南德·E·马科斯（签字）

新加坡共和国总理李光耀（签字）

泰王国总理克立·巴莫（签字）

参考文献

一、中文文献

[1] [澳]约翰·芬斯顿.东南亚政府与政治[M].张锡镇等,译.北京:北京大学出版社,2007.

[2] [加拿大]阿米塔·阿查亚.建构安全共同体:东盟与地区秩序[M].上海:上海世纪出版集团,2004.

[3] [美]亨利·基辛格.基辛格越南回忆录[M].慕羽,译.海口:海南出版社,2009.

[4] [美]亨廷顿.第三波:20世纪后期民主化浪潮[M].刘军宁,译.上海:上海三联出版社,1998.

[5] [新]尼古拉斯·塔林.剑桥东南亚史(第一、二卷)[M].贺圣达等,译.昆明:云南人民出版社,2003.

[6] [英]罗德·黑格,马丁·哈罗普.比较政府与政治导论(第五版)[M].张小劲,丁韶彬,李姿姿,译.北京:中国人民大学出版社,2007.

[7] 埃里克·诺德林格.军人与政治:亚非拉美国家的军事政变[M].洪陆训,译.台北:时英出版社,2002.

[8] 白万纲.国家战略与国家管控[M].北京:科学出版社,2008.

[9] 曹云华,唐翀.新中国—东盟关系论[M].北京:世界知识出版社,2005.

[10] 曹云华.新加坡的科技发展战略[J].东南亚研究,1991(4).

[11] 曹云华.东南亚国家联盟:结构、运作与对外关系[M].北京:中国经济出版社.

[12] 陈继章,兰强,徐方宇.越南研究[M].北京:军事谊文出版社,2003.

[13] 陈键锋.中国传统文化对老挝的影响与老挝的传统伦理[J].东南亚纵横,2007(9).

[14] 陈明明.所有的子弹都有归宿——发展中国家军人政治研究[M].天津:天津人民出版社,2003.

[15] 陈乔之等.冷战后东盟国家对华政策研究[M].北京:中国社会科学出版社,2001.

[16] 陈乔之.面向21世纪的东南亚:改革与发展[M].广州:暨南大学出版社,2000.

[17] 陈衍德等.全球化进程中的东南亚民族问题研究[M].厦门:厦门大学出版社,2008.

[18] 陈奕平.依赖与抗争——冷战后东盟国家对美国战略[M].北京:世界知识出版社,2006.

[19] 陈舟.面向未来的国家安全与国防[M].北京:国防大学出版社,2009.

[20] 邓兵.亚洲国家历史与政治制度[M].北京:军事谊文出版社,2009.

[21] 古小松.越南国情与中越关系[M].北京:世界知识出版社,2009.

[22] 古小松.越南国情报告[M].北京：社会科学文献出版社，2010.

[23] 郭新宁，徐弁郁.从历史走向未来[M].北京：时事出版社，2007.

[24] 郭新宁.亚太地区多边安全合作研究[M].北京：时事出版社，2009.

[25] 郭渊.南海地缘政治研究[M].哈尔滨：黑龙江大学出版社，2007.

[26] 贺圣达.东南亚文化发展史[M].昆明：云南人民出版社，1996.

[27] 姜宝海.泰国乐器与乐队[J].天津音乐学院学报，1999(1).

[28] 黎巧萍.试述外来文化对越南文化的影响[J].东南亚纵横，2002(5).

[29] 李路曲.东亚模式与价值重构[M].北京：人民出版社，2002.

[30] 李文.东南亚：政治变革与社会转型[M].北京：中国社会科学出版社，2006.

[31] 梁立基，李谋.世界四大文化与东南亚文学[M].北京：经济日报出版社，2000.

[32] 梁立基.东南亚文学：世界四大文化体系的汇聚之所[J].外国文学，2004(2).

[33] 梁敏和，孔志远.印度尼西亚文化与社会[M].北京：北京大学出版社，2002.

[34] 梁英明.东南亚史[M].北京：人民出版社，2010.

[35] 梁志明.面向新世纪的中国东南亚学研究：回顾与展望[M].香港：香港社会科学出版社，2002.

[36] 楼耀亮.地缘政治与中国国防战略[M].天津：天津人民出版社，2002.

[37] 吕桂霞.遏制与对抗——越南战争期间的中美关系（1961—1973）[M].北京：社会科学文献出版社，2007.

[38] 骆沙舟，吴崇伯.当代各国政治体制——东南亚诸国[M].兰州：兰州大学出版社，1998.

[39] 迈克尔·利弗.当代东南亚政治研究指南[M].薛学了等，译.厦门：厦门大学出版社，2003.

[40] 彭辉.柬埔寨出版印刷业及报刊发行现状[J].东南亚，1996(4).

[41] 齐欢，高玉梅，曾爱民.越南科技发展情况解读[J].云南科技管理，2004(1).

[42] 任一雄.东亚模式中的威权政治：泰国个案研究[M].北京：北京大学出版社，2002.

[43] 少林，天枢.浅谈柬埔寨的文化艺术[J].东南亚，1995(1).

[44] 沈志华，李丹慧.战后中苏关系若干问题研究——来自中俄双方的档案文献[M].北京：人民出版社，2006.

[45] 孙关宏，胡春雨，任军峰.政治学概论[M].上海：复旦大学出版社，2003.

[46] 王邦佐，孙关宏，王沪宁，李惠康.新政治学概要（第二版）[M].上海：复旦大学出版社，2006.

[47] 王建族.2009年新加坡科技发展的政策调整与措施[J].全球科技经济瞭望，2010(7).

[48] 王杰,张海滨,张志洲.全球治理中的国际非政府组织[M].北京:北京大学出版社,
2004.

[49] 王联.世界民族主义论[M].北京:北京大学出版社,2002.

[50] 王士录.东盟科技发展与对外科技合作[M].昆明:云南大学出版社,2006.

[51] 王以俊.老挝新闻出版印刷业概况[J].东南亚之窗,2005(7).

[52] 王以俊.文莱新闻出版印刷业概况[J].东南亚之窗,2005(11).

[53] 王逸舟,谭秀英.中国外交六十年(1949—2009)[M].北京:中国社会科学出版社,
2009.

[54] 韦红.地区主义视野下的中国—东盟合作研究[M].北京:世界知识出版社,2006.

[55] 吴士存.南沙争端的起源与发展[M].北京:中国经济出版社,2010.

[56] 吴瑛.文化对外传播:理论与战略[M].上海:上海交通大学出版社,2009.

[57] 肖欢容,刘欣宜.冷战后东盟的大国平衡战略[J].东南亚纵横,2009(8).

[58] 许嘉.冷战后中国周边安全态势[M].北京:军事科学出版社,2003.

[59] 燕继荣.发展政治学:政治发展研究中的概念与理论[M].北京:北京大学出版社,
2006.

[60] 杨匡民.缅甸歌乐舞戏及其风格[J].武汉音乐学院学报,1996(2).

[61] 杨毅.国家安全战略理论[M].北京:时事出版社,2008.

[62] 杨毅.中国国家安全战略构想[M].北京:时事出版社,2009.

[63] 余潇枫.非传统安全概论[M].杭州:浙江人民出版社,2006.

[64] 月关山.印度尼西亚的科技发展战略[J].全球科技经济瞭望,1994(9).

[65] 张炜.国家海上安全[M].北京:海潮出版社,2008.

[66] 张锡镇.东南亚政府与政治[M].台湾:台湾扬智文化事业股份有限公司,1999.

[67] 张蕴岭.中国与周边国家:构建新型伙伴关系[M].北京:中国社会出版社,2008.

[68] 郑则民.南海问题中的大国因素——美日印俄与南海问题[M].北京:世界知识出版
社,2010.

[69] 中国现代国际关系研究院课题组.外国非政府组织概况[M].北京:时事出版社,
2010.

[70] 钟智翔,陈扬.东南亚国家军事地理[M].北京:军事谊文出版社,2009.

[71] 朱威烈.国际文化战略研究[M].上海:上海外语教育出版社,2002.

[72] 子杉.国家的选择与安全[M].上海:上海三联出版社,2006.

二、外文文献

[1] [东]纽曼·苏阿尔加那.东帝汶民间故事[M].雅加达:印尼格拉斯出版公司,1993.

[2] [马]罗斯兰·扎伊努丁.马来西亚历史[M].马来西亚:忠诚曙光出版社,2003.

[3] [马] Hasmah Ahmad. 马来西亚1993年年鉴 [M]. 吉隆坡：质量印刷私人有限公司，1993.

[4] [马] Gulrose·Karim. 马来西亚1989年年鉴 [M]. 吉隆坡：新闻出版私人有限公司，1989.

[5] [马] Mohd·Taib Osman·Wan. 马来西亚文化与社会研究 [M]. 吉隆坡：马来西亚国家语文局，1983.

[6] [马] 哈卜瑞扎·阿沙里·卡伊. 马来西亚法律原理 [M]. 马来西亚：PTS出版和发行有限公司，2003.

[7] [马] 西蒂·哈迪贾·法乌兹. 马来西亚经济 [M]. 马来西亚：PTS出版与发行私人有限公司，2003.

[8] [缅] 缅甸翻译协会. 缅甸百科全书 [M]. 仰光：文学官出版社，1972.

[9] [缅] 缅甸联邦政府宣传部. 缅甸概况 [M]. 仰光：缅甸联邦政府宣传部，1999.

[10] [缅] 那努埃. 缅甸北部 [M]. 仰光：蒲甘书局出版社，2009.

[11] [缅] 吴昂欣翁. 缅甸风俗记 [M]. 仰光：仰光韦雅得纳出版社，1971.

[12] [缅] 吴巴当. 缅甸革命史 [M]. 仰光：馨香出版社，1967.

[13] [泰] 查体·那属帕. 泰国的经济史 [M]. 曼谷：朱拉隆功大学出版社，2000.

[14] [泰] 高蒙·通坦查. 泰国的政治与民主 [M]. 曼谷：班纳吉出版社，1976.

[15] [泰] 玛妮·钟巴. 泰国法律基础知识 [M]. 曼谷：朱拉隆功大学出版社，1999.

[16] [泰] 沙瓦·社那纳降. 泰国地理 [M]. 泰瓦塔那拍尼出版社，1986.

[17] [泰] 颂猜·立潘. 泰国的经济、金融、财政以及税收 [M]. 曼谷：朱拉隆功大学出版社，1998.

[18] [泰] 武泰·西兰多. 泰国的穆斯林 [M]. 曼谷：吾田思泰出版社，1978.

[19] [文] Abdullah Hussain·Mu. 文莱马来文学集 [M]. 吉隆坡：马来西亚国家语文局，1984.

[20] Malik Haramain. *Gus Dur Militer dan Politik*. Yogyakarta: Lkis, 2004.

[21] Abdoel Fattah. *DEMILITERISASI TENTARA. Pasang Surat Politik Militer 1945-2004*. Yogyakarta: Lkis, 2005.

[22] Acharya, Amitav. *Asia-Pacific Security Cooperation. National Interests and Regional Order*, 2004.

[23] Acharya, Amitav. *Constructing A Security Community in Southeast Asia. ASEAN and the Problem of Reginal Order*, London: Routledge, 2001.

[24] Acharya, Amitav. *Regionalism and Multilateralism. Essays on Coperative Security in the Asia - Pacific*, 2003.

［25］Acharya, Amitav. *The Quest for Identity. International Relations of Southeast Asia*, 2000.

［26］Agus Wirahadikusumah. *Indonesia Baru dan Tantangan TNI-Pemikiran Masa Depan*. Jakarta: Pustaka Sinar Harapan, 1999.

［27］Alagappa, Muthiah ed., *Asian Security Practice: Material and Ideational Influences*, Standford. California: Standford University Press, 1998.

［28］Anne Munro-Kua. *Authoritarianism Populism in Malaysia*. London: Macmillan Press LTD, 1996.

［29］Arif Yulianto. *Hubungan Sipil Militer di Indonesia Pasca Orba*. Jakarta: PT Grafindo Persada, 2002.

［30］Arifin Rahman. *Sistem Politik Indonesia—Dalam Perspektif Struktural Fungsional*. Penerbit: SIC Cetakan ketiga, 2002.

［31］Azca, Muhammad Najib. *Hegemoni Tentara*. Yogyakarta: LkiS, 1998.

［32］Barbara Watson Andaya and Leonard Y. Andaya. *A History of Malaysia*. London: Macmillan, 1982.

［33］BhaktiIkrar Nusa et al. *Tentara yang gelisah: Hasil Penelitian YIPIKA tentang posisi ABRI dalam gerakan reformas*, Bandung:Asia Foundation, PPW-LIPI and Mizan, 1999.

［34］Bresnan, John. *From Dominoes to Dynamos: the Transformation of Southeast Asia*. New York: Council on Foreign Relations Press, 1994.

［35］Collins, Alan. *Security and Southeast Asia: Domestic, Regional, and Global Issuses*. Singapore: Institute of Southeast Asian Studies, 2003.

［36］Edmund Terence Gomez. *The State of Malaysia: Ethnicity, Equity and Reform*. London: Routledge Curzon, 2004.

［37］Ganguly, Rajat, Ian Macduff ed. *Ethnic Conflict and Secessionism in Southeast Asia: Causes, Dynamics, Solutions*. New Delhi: Sage Publications India Pvt Ltd. , 2003.

［38］Gomez Edmund Terence and Jomo K. S. *Malaysia's Political Economy: Politics, Patronage and Profit*. Cambridge: Cambridge University Press, 1997.

［39］Harold Crouch. *Government and Society in Malaysia*. New York: Cornell University Press, 1996.

［40］Hoa, Tran Van ed. *Economic Development and Prospects in the ASEAN: Foreign Investment and Growth in Vietnam, Thailand, Indonesia, and Malaysia*. New York: St. Martin's Press, 1997.

［41］Juan Linz. An Authoritarian Regime: Spain. in *Cleavages, Ideologies, and Party Systems: Contributions to Comparative Political Sociology.*, ed. by Erik Allardt and Yrjo Littunen.

Helsinki: Transactions of the Westermarck Society, 1964.

［42］Kim, Young C., ed. *The Southeast Asian Economic Miracle*. New Brunswick, N.J., U.S.A.: Transaction Publishers, 1995.

［43］Leon Hurwitz. *Contemporary Approaches to Political Stability in Comparative Politics*. New York: Ph.D. Program in Political Science of the City University of New York, 1973, Vol. 5, No. 3: pp449-463.

［44］Lindblad, J. Thomas. *Foreign Investment in Southeast Asia in the Twentieth Century*, Houndmills, Basingstoke, Hampshire: Macmillan; New York: St. Martin's Press, 1998.

［45］Neher, Clark D. *Southeast Asia in the New International Era*, Boulder, Colo. Westview Press, 1999.

［46］P. Jacob and H. Teune. *The Integrative Process*: *Guidelines for Analysis of the Bass of Political Communities*, *in The Integration of Political Communities*, ed. by Jacob, Philip E. and Henry Teune, Philadelphia: J.B. Lippincott, 1964.

［47］Ruslan Zainuddin. *Sejarah Malaysia*. Selangor: Penerbitan Fajar Bakti SDN.BHD., 2003.

［48］Salim Said. *Militer Indonesia dan Politik*: *Dulu, Kini dan Kelak*, Jakarta: Pustaka Sinar Harapan, 2001.

［49］Simon, Sheldon. *Managing Security Challenges in Southeast Asia*, Seatle, Washington: The National Bureau of Asian Research, 2002.

［50］Siti Hadijah Che Mat, Fauzi Hussin, Mohd Razani Mohd Jali. *Ekonomi Malaysia*. Bentong: PTS Publications & Distributors, 2003.

［51］Thayer, Carl, Ramses Amer ed. *Vietnamese Foreign Policy in Transition*. Singapore: The Institute of Southeast Asian Studies, 1999.

［52］Bộ Quốc phòng Việt Nam. *Quốc phòng Việt Nam*, Hà Nội, Nhà xuất bản Thế giới, 2009.

［53］Đào Duy Anh, *Việt Nam văn hóa sử cương*, Nhà xuất bản Văn hóa thông tin, 2002.

［54］Học viện quan hệ quốc tế bộ Ngoại giao. *Chủ tịch Hồ Chí Minh với công tác ngoại giao* HN: Nxb Sự thật, 1990.

［55］Lưu Văn Lợi. *50 năm ngoại giao Việt Nam (1945-1995) (Tập I, tập II)* HN: Nhà xuất bản Công An Nhan Dân, 1996/1998.

［56］Lưu Văn Lợi. *Ngoại giao Việt Nam(1945-1995)* HN: Nxb Công An Nhân dân, 2002.

［57］Nguyễn Di Niên. *Tư tưởng ngoại giao Hồ Chí Minh* HN: Nxb Chính trị Quốc gia, 2002.

［58］Nguyễn Đình Bin (chủ biên), *Ngoại giao Việt Nam(1945-2000)* HN: Nxb Chính trị Quốc gia, 2002.

［59］Trần Ngọc Thêm. *Tìm về bản sắc văn hóa Việt Nam*, Nhà xuất bản TP Hồ Chí Minh, 2001.

三、网络文献

[1]　中华人民共和国外交部：http://www.fmprc.gov.cn/chn/gxh/tyb/

[2]　联合早报网：http://www.zaobao.com/

[3]　云南东南亚研究网：http://www.ynuseas.cn/

[4]　厦门大学东南亚研究中心网站：http://ny.xmu.edu.cn/

[5]　暨南大学中国—东南亚研究所网站：http://portal.jnu.edu.cn/portal/group/dny

[6]　柬埔寨之窗网站：http://www.cambwin.com/

[7]　英国经济情报所网站：http://www.eiu.com/

[8]　越南新闻社网站：http://www.vnagency.com.vn/

[9]　越南经济时报网站：http://www.vneconomy.com.vn/

[10]　越南共产党网站：http://www.cpv.org.vn/

[11]　越南政府网站：http://www.chinhphu.vn/

[12]　越南外交部网站：http://www.mofa.gov.vn/

[13]　越南国会网站：http://www.na.gov.vn/

[14]　越南人民军队报网站：http://www.qdnd.vn/

[15]　越南之声网站：http://vov.vn/

[16]　越南人民报网站：http://www.nhandan.com.vn/

[17]　老挝人民网：http://www.pasaxon.gov.la

[18]　老挝电视台：http://www.laotv.org.la

[19]　老挝商业部：http://www.mot.gov.vn/laowebsite/lao/index.asp

[20]　老挝外交部：http://www.mofa.gov.la

[21]　老挝新闻文化部：http://www.mic.gov.la